U0567195

商务馆对外汉语教学专题研究书系
总主编 赵金铭
审 订 世界汉语教学学会

对外汉字教学研究

主 编 孙德金

商务印书馆
2012年·北京

图书在版编目（CIP）数据

对外汉字教学研究/孙德金主编．—北京：商务印书馆，2006
（商务馆对外汉语教学专题研究书系）
ISBN 978-7-100-04937-5

Ⅰ.对… Ⅱ.孙… Ⅲ.汉字—对外汉语教学—教学研究—文集 Ⅳ. H195-53

中国版本图书馆 CIP 数据核字（2006）第 021743 号

所有权利保留。
未经许可，不得以任何方式使用。

DUÌWÀI HÀNZÌ JIÀOXUÉ YÁNJIŪ
对外汉字教学研究
主编 孙德金

商 务 印 书 馆 出 版
（北京王府井大街36号 邮政编码 100710）
商 务 印 书 馆 发 行
北 京 瑞 古 冠 中 印 刷 厂 印 刷
ISBN 978-7-100-04937-5

2006年7月第1版	开本 880×1230	1/32
2012年5月北京第2次印刷	印张 17	

定价：36.00 元

总主编 赵金铭
主　编 孙德金
作　者（按音序排列）

卞觉非	陈　曦	崔永华	费锦昌
冯丽萍	顾安达	康加深	李大遂
李培元	李　蕊	梁彦民	刘社会
孟坤雅	孟柱亿	钱学烈	全香兰
任　远	施正宇	石定果	苏培成
田惠刚	万业馨	汪　新	王幼敏
邢红兵	易洪川	张静贤	张旺熹
郑　杰	周小兵	朱志平	

目 录

从对外汉语教学到汉语国际推广（代序） …………… 1
综述 ………………………………………………… 1

上编 汉字本体研究

第一章 字形研究 ……………………………………… 3
　第一节 笔画与笔顺 ……………………………… 3
　　壹 汉字笔画规范 …………………………… 3
　　贰 汉字的折笔 ……………………………… 14
　　叁 汉字的笔形 ……………………………… 21
　　肆 汉字的笔顺 ……………………………… 32
　第二节 部件 ……………………………………… 49
　　壹 汉字部件切分 …………………………… 49
　　贰 汉字部件统计 …………………………… 56
　　叁 汉字部件区别特征 ……………………… 67
　第三节 整字 ……………………………………… 76
　　壹 汉字的构形 ……………………………… 76
　　贰 汉字的几何性质 ………………………… 90

第二章 字音研究 ……………………………………… 105
　第一节 字音 ……………………………………… 105
　　壹 汉字字音特点 …………………………… 105

贰　字音状况分析 …………………………………… 113
　　第二节　表音偏旁 ………………………………………… 127
　　　壹　汉字的表音偏旁 …………………………………… 127
　　　贰　汉字的理想声旁 …………………………………… 143
　　　叁　形声字的声旁 ……………………………………… 162

第三章　字义研究 ……………………………………………… 179
　　第一节　形声字表义状况分析 …………………………… 179
　　第二节　形声字形符分析 ………………………………… 192
　　第三节　汉字偏旁的表义度 ……………………………… 208

下编　汉字教学研究

第四章　汉字教学总论 ………………………………………… 227
　　第一节　汉字教学理论 …………………………………… 227
　　　壹　汉字教学概述 ……………………………………… 227
　　　贰　汉字能力与汉字教学 ……………………………… 242
　　　叁　汉字研究与汉字教学 ……………………………… 255
　　　肆　汉字部件与汉字结构 ……………………………… 272
　　第二节　汉字教学原则 …………………………………… 286
　　　壹　遵循汉字认知规律的原则 ………………………… 286
　　　贰　多项分流、交际领先的原则 ……………………… 298

第五章　汉字教学模式与教学方法 …………………………… 309
　　第一节　汉字教学模式 …………………………………… 309
　　第二节　汉字教学方法 …………………………………… 320
　　　壹　汉字怎么教？ ……………………………………… 320
　　　贰　利用"字族理论"教汉字 ………………………… 332
　　　叁　汉字教学十八法 …………………………………… 345

第六章　汉字国别教学 ………………………… 358
第一节　韩国学生的汉字教学 ………………… 358
　　壹　韩国人的汉字字音认知基础及其教学 ……… 358
　　贰　汉字对韩国学生的正负迁移 ………………… 376
第二节　日本学生的汉字教学 ………………… 386
　　壹　对日汉字教学分析 …………………………… 386
　　贰　日本学生汉字书写问题分析 ………………… 394
第三节　西方国家学生的汉字教学 …………… 403
　　壹　西方国家学生汉字教学的理论性思考 ……… 403
　　贰　波兰学生汉字教学的分析和思考 …………… 419

第七章　汉字教学调查与实验 ………………… 435
第一节　教学调查 ………………………………… 435
第二节　教学实验 ………………………………… 449
第三节　心理实验 ………………………………… 461
　　壹　留学生形声字声旁规则性效应 ……………… 461
　　贰　初学汉语的美国学生汉字正字法意识 ……… 470

后记 ………………………………………………… 482

从对外汉语教学到汉语国际推广
（代序）

赵 金 铭

新中国的对外汉语教学在经过55年的发展之后，于2005年7月进入了一个新时期。以首届"世界汉语大会"的召开为契机，我国的对外汉语教学在继续深入做好来华留学生汉语教学工作的同时，开始把目光转向汉语国际推广。这在我国对外汉语教学发展史上是一个历史的转捩点，是里程碑式的转变。

语言的传播与国家的发展是相辅相成的，彼此互相推动。世界主要大国无不不遗余力地向世界推广自己的民族语言。我们大力推动汉语的传播不仅是为了满足世界各国对汉语学习的急切需求，也是我国自身发展的需要，是国家软实力建设的一个有机组成部分，是一项国家和民族的事业，其本身就应该成为国家发展的战略目标之一。

回顾历史，对外汉语教学的每一步发展，都跟国家的发展、国际风云的变幻以及我国和世界的交流与合作息息相关。

新中国对外汉语教学肇始于1950年7月，当时清华大学开始筹办"东欧交换生中国语文专修班"，时任该校教务长的著名物理学家周培源先生为班主任;9月成立外籍留学生管理委员会,前辈著名语言学家吕叔湘先生任主任;同年12月第一批东欧学生入校学习。这是新中国对外汉语教学事业的滥觞。那时,全部留学生只有33人。十几年之后,到1964年也才达到229人。1965年猛增至3 312人。这自然与当时中国的国际地位和世界局势变化密切相关。经"文革"动乱,元气大伤。1973年恢复对外汉语教学,当时的留学生也只有383人。此后数年逐年稍有增长,至1987年达到2 044人,还没有恢复到1965年的水平。①

改革开放以后,特别是近十几年来,对外汉语教学事业飞速发展。从20世纪90年代开始,来华留学生数量呈逐年上升趋势,至2003年来华留学生已达8.5万人次。据不完全统计,目前全球学习汉语的人数已达3 000万。

对外汉语教学事业的蓬勃发展,一直得到国家的高度重视和大力支持。早在1988年,国家教委、国家对外汉语教学领导小组在北京召开"全国对外汉语教学工作会议"时,时任国家对外汉语教学领导小组常务副组长、国家教委副主任的滕藤同志在工作报告中,就以政府高级官员的身份第一次提出,要推动对外汉语教学这项国家与民族的崇高事业不断发展。

会议制定了明确的发展目标,即"争取在半个多世纪的时间内做到:在教学规模上能基本满足各国人民来华学习汉语的需求;在教学理论和教学方法上,赶上并在某些方面超过把本民族语作为外语教学的世界先进水平;能根据各国的需要派遣汉

---

① 参见张亚军《对外汉语教法学》,现代出版社1990年版。

教师、提供汉语教材和理论信息;在教学、科研、教材建设及师资培养和教师培训等方面都能很好地发挥我国作为汉语故乡的作用"。①

今天距那时不过十几年时间,对外汉语教学的局面却发生了翻天覆地的变化。对外汉语教学不再仅仅是满足来华留学生汉语学习的需要,汉语正大步走向世界。对外汉语教学的持续、快速发展,以至汉语国际推广的迅猛展开,正是势所必至,理有固然。目前,汉语国际推广正处在全新的、催人奋进的态势之中。

国家在世界范围内推广汉语教学,我们谓之"致广大";我们在此对对外汉语教学进行全方位的研讨,我们谓之"尽精微"。二者结合,构成我们的总体认识,这里我们希望能"博综约取",作些回首、检视和瞻念,以寻求符合和平发展时代的汉语国际推广之路。

一 汉语作为第二语言教学的理论研究

对外汉语教学,即汉语作为第二语言教学,作为一个学科,从形成到现在不过几十年,时间不算太长,学科基础还比较薄弱,理论研究也还不够深厚。但汉语作为第二语言教学作为一个学科有它持续的社会需要,有自身的研究方向、目标和学科体系,而且更重要的是它正按照自身发展的需要,不断地从其他的有关学科里吸取新的营养。诚然,要使对外汉语教学形成跨学科的边缘学科,牵涉的领域很广,理论的概括和总结实非易事。

---

① 参见晓山《中国召开全国对外汉语教学工作会议》,《世界汉语教学》1988年第4期。

综览世界上的第二语言教学，真正把语言教学（在西方，"语言教学"往往是指现代外语教学）作为一门独立学科而建立是在上一个世纪60年代中叶。

桂诗春曾引用Mackey(1973)说过的一句意味深长的话："（语言教学）要成为独立的学科，就必须像其他科学那样，编织自己的渔网，到人类和自然现象的海洋里捞取所需的东西，摒弃其余的废物；要能像鱼类学家阿瑟·埃丁顿那样说，'我的渔网里捞不到的东西不会是鱼'。"①

应用语言学是一门独立的交叉学科，分广义和狭义两种。狭义的应用语言学研究语言教学。广义的应用语言学指应用于实际领域的语言学，除传统的语言文字教学外，还包括语言规划、语言传播、语言矫治、辞书编纂等。我们这里取狭义的理解，即指语言教学，主要研究汉语作为第二语言教学或外语教学。所以，我们说对外汉语教学是应用语言学，或者说是应用语言学的一个分支学科。我们把对外汉语教学归属于应用语言学，或者说对外汉语教学的上位是应用语言学。

应用语言学作为一门应用型的交叉学科，它的基本特点是在学科中间起中介作用，即把各种与外语教学有关的学科应用到外语教学中去。组织外语教学的许多重要环节（如教育思想、教学管理、教学组织、教学安排、教材、教法、教具、测试、教师培训等等），既有等级的，也有平面的关系。而教学措施上升为理论之后，语言教学就出现了很大的变化。② 那么，这些具有不同

---

① 参见桂诗春《外国语言学及应用语言学研究》第一辑发刊词，首都师范大学外国语学院主办，中央编译出版社2002年版。

② 参见桂诗春《外语教学的认知基础》，《外语教学与研究》2005年第4期。

等级的或处于同一平面的各种关系是如何构筑成对外汉语教学的学科理论的呢？

李泉在总结对外汉语教学学科基本理论时，提出应由四部分组成：(1)学科语言理论，包括面向对外汉语教学的语言学及其分支学科理论，面向对外汉语教学的汉语语言学；(2)语言学习理论，包括基本理论研究、对比分析、偏误分析和中介语理论；(3)语言教学理论，包括学科性质理论、教学原则和教学法理论；(4)跨文化交际理论。①

这些理论，在某种意义上都有其自身存在的客观规律，这也是作为学科的对外汉语教学所必须遵循的。我们尤其应该强调的是对语言教学理论的应用，这个应用十分重要，事关教学质量与学习效率，这个应用包括教学设计与技巧、汉语测试的设计与实施。只有应用得当，理论才发生效用，才能在教学和学习过程中起提升与先导作用。

几十年来，我们一直把对外汉语教学作为一个学科来建设，建设中也是从理论与应用两方面来思考的。陆俭明在探讨把汉语作为第二语言教学当作一个独立的学科来建设时，提出了更高的要求，他认为这个学科应有它的哲学基础，有一定的理论支撑，有明确的学科内涵，有与本学科相关的、起辅助作用的学科。② 我们认为，所谓的哲学基础，关涉到对语言本质的认识，反映出不同的语言观。比如语言是一种交际工具，还是一种能

---

① 参见李泉《对外汉语教学的学科基本理论》，《海外华文教育》2002年第3、4期。

② 参见陆俭明《增强学科意识，发展对外汉语教学》，《世界汉语教学》2004年第1期。

力？语言是先天的,还是后得的？这都关系着语言教学的发展,特别是教学法与教学模式的确立。总之,我们应树立明确的学科意识,共同致力于对外汉语教学的学科理论建设。

二 关于学科研究领域

汉语作为第二语言教学,作为一个学科,业内是有共识的,并且希望参照世界上第二语言教学的学科建设,来完善和改进汉语作为第二语言教学的学科体系,不断推进学科建设的开展,其中什么是学科的本体研究,是首先要考虑的问题。

本体的观念是古希腊亚里士多德范畴说的核心。亚里士多德把现实世界分成本体、数量、性质、关系、地点、时间、姿态、状况、动作、遭受等十个范畴。他认为,在这十个范畴中,本体占有第一的、特殊的位置,它是指现实世界不依赖任何其他事物而独立存在的各种实体及其所代表的类。从意义特征上看,本体总是占据一定的时间,是看得见、摸得着的事物。其他范畴则是附庸于本体的,非独立的,是本体的属性,或者说是本体的现象。因此,本体是存在的中心。[①]

早在上世纪末,对外汉语教学界就有人提出对外汉语教学"本体研究"和"主体研究"的观点。"对外汉语教学学科研究的领域,概而化之,可分为两大板块:一是对汉语言本身,包括汉语语音、词汇、语法和汉字等方面的研究,可谓之学科本体研究;二是对作为第二语言教学的汉语理论与实践体系和学习与习得规

---

① 参见姚振武《论本体名词》,《语文研究》2005年第4期。

律、教学规律、途径与方法论的研究,可谓之学科的主体研究。学科本体研究是学科主体研究的前提与基础,学科主体研究是学科本体研究的目的与延伸。对这种学科本体、主体研究的辩证关系的正确认识与把握,是至关重要的,它关系着对外汉语教学学科发展的方向与前途。否则,在学科理论研究上,就容易偏颇、失衡,甚至造成喧宾夺主。"①

不难看出,这里所说的"本体研究"即为"知本",它占有第一的、特殊的位置,是存在的中心。这里所说的"主体研究"即为"知通",是附庸于本体的,本固枝荣,只有把作为第二语言的汉语研究透、研究到家,在此基础上"教"与"学"的研究才会不断提高。

我国对外汉语教学的历史毕竟不长,经验也不足,对于汉语作为第二语言教学之本体研究,也还存在不同的认识。当然,若从研究领域的角度来看,大家是有共识的。只是观察的视角与侧重考虑的方面有所不同。总的说来,对对外汉语教学的基础研究还应进一步地深入思考,以期引起有关方面的足够重视。

对此,陆俭明是这样认识的:"在这世纪之交,有必要在回顾、总结我国对外汉语教学的基础上,认真思考并加强汉语作为第二语言的本体研究,特别是对外汉语教学的基础研究。汉语作为第二语言之本体研究,按我现在的认识和体会,应包括以下五部分内容:第一部分是,根据汉语作为第二语言教学的需要而开展的服务汉语教学的语音、词汇、语法、汉字之研究。第二部分是,根据汉语作为第二语言教学需要而开展的学科建设理论

---

① 参见杨庆华《对外汉语教学研究丛书·序》,北京语言文化大学出版社1997年版。

研究。第三部分是,根据汉语作为第二语言教学需要而开展的教学模式理论研究。第四部分是,根据汉语作为第二语言教学需要而开展的各系列教材编写的理论研究。第五部分是,根据汉语作为第二语言教学需要而开展的汉语水平测试及其评估机制的研究。"① 这里既包括理论研究的内容,也包括应用研究的内容,可供参酌。根据第二语言教学的三个组成部分的思想,即"教什么""怎样学""如何教",上述的观点非常正确地强调了"教什么"和"如何教"的研究,却未包括"怎样学"的研究。

陆先生认为,对外汉语教学学科的本体研究必须紧紧围绕一个总的指导思想来展开,这个总的指导思想是:"怎么让一个从未学过汉语的外国留学生在最短的时间内能最快、最好地学习好、掌握好汉语。"② 正是基于这样的指导思想,才有上述五个方面的研究。

业内也有人从研究对象的角度出发,认为"教学理论是对外汉语教学的本体理论"。吕必松认为,"每一门学科都有自己特定的研究对象,这种特定的研究对象就是这门学科的本体"。那么,"对外汉语教学的研究对象是作为第二语言的汉语教学,作为第二语言的汉语教学就是对外汉语教学研究的本体"。③

我们认为,几十年来,对外汉语教学这门学科的建设取得了长足的进步与巨大的发展。它由初始阶段探讨学科的命名,学科的性

---

① 参见陆俭明《汉语作为第二语言之本体研究》,载《作为第二语言的汉语本体研究》,外语教学与研究出版社 2005 年版。

② 参见陆俭明《增强学科意识,发展对外汉语教学》,《世界汉语教学》2004 年第 1 期。

③ 参见吕必松《谈谈对外汉语教学的性质与对外汉语教学的本体理论研究》,载《语言教育与对外汉语教学》,外语教学与研究出版社 2005 年版。

质和特点,学科的定位、定性和定向,发展到今天,概括汉语作为第二语言教学需要而开展的服务于汉语教学的汉语本体研究,与教学研究互动结合已成为学科建设的主要内容,教学理论与学习理论研究,形成有力的双翼,加之现代教育技术的应用,从而最终构架并完善了学科体系。对外汉语教学作为第二语言教学或外语教学,经业内同仁几代人的苦心孤诣、惨淡经营,目前在世界上汉语作为第二语言教学领域已占主流地位,这是值得欣慰的。

对于学科建设上的不同意见,我们主张强调共识,求大同存小异。面对欣欣向荣、蓬勃发展的"汉语国际推广"的大好局面,共同搞好汉语作为第二语言教学的学科建设,以便为"致广大"的事业尽力,是学界同仁的共同愿望。因此,我们赞赏吕必松下面的意见,并希望能切实付诸学术讨论之中:

"我国对外汉语教学界在对外汉语教学的学科性质和特点等问题上一直存在着不同的意见。因为对外汉语教学是一门年轻的学科,学科理论还不太成熟,出现分歧在所难免。就是学科理论成熟之后,也还会出现新的分歧。开展不同意见的讨论和争论,有利于学科理论的发展。"[①]

三 关于汉语作为第二语言研究

汉语作为第二语言研究,不少人简称为"对外汉语研究"。比如上海师范大学创办的刊物就叫《对外汉语研究》,已由商务

[①] 参见吕必松《语言教育与对外汉语教学·前言》,外语教学与研究出版社2005年版。

印书馆于2005年出版了第一期。

1993年,中共中央和国务院颁布了《中国教育改革和发展纲要》,里面提到要"大力加强对外汉语工作"。此后,在我国的学科目录上"对外汉语"专业作为学科的名称出现。

汉语作为一种语言,自然没有区分为"对外"和"对内"的道理,这是尽人皆知的。我们理解所谓的"对外汉语",其实质为"作为第二语言的汉语",也即"汉语作为第二语言"。它是与汉语作为母语相对而言的。在业内,在"对外汉语"的"名"与"实"的问题上,也存在着不同意见。我们认为,随着"汉语国际推广"大局的推进,"对外汉语教学"无论从内涵还是外延看都不能满足已经变化了的形势。我们主张从实质上去理解,也还因为"名无固宜","约定俗成"。

在这个问题上,我们同意刘珣早在2000年就阐释清楚的观点:"近年来出现了'对外汉语'一词。起初,连本学科的不少同仁也觉得这一术语难以接受。汉语只有一个,不存在'对外'或'对内'的不同汉语。但现在'对外汉语'已逐渐为较多的人所认同,而且已成为专业目录上我们专业的名称(专业代码050103)。这一术语的含义也许应理解为'作为第二语言教学与研究的汉语',也就是从一个新的角度来研究汉语。""对外汉语教学是汉语作为第二语言的教学,它与汉语作为母语的教学的巨大差别也体现在教学内容,即所要教的汉语上,这是从对外汉语教学事业初创阶段就为对外汉语教学界所重视的问题。"[①]

[①] 参见刘珣《近20年来对外汉语教育学科的理论建设》,《世界汉语教学》2000年第1期。

汉语作为第二语言,这是对外汉语教学的主要内容,是要解决"教什么"的问题,故而对外汉语作为第二语言的研究就成为学科建设的极其重要的组成部分,随着国家"汉语国际推广"战略的提出,汉语作为第二语言教学,无论从学术研究上,还是从应用研究上,都会得到极大的提升,名实相副的情况,当会出现。

　　还有人从另一个新的角度,即世界汉语教育史的研究,阐释了作为第二语言的汉语研究之必要,张西平说:"世界汉语教育史是一个全新的研究领域。这一领域的开拓必将极大地拓宽我们汉语作为第二语言教学的研究范围,使学科有了深厚的历史根基。我们可以从汉语作为第二语言教学的悠久历史中总结、提升出真正属于汉语本身的规律。"[1]

　　那么,服务于对外汉语教学的汉语本体研究,或称作作为第二语言的汉语本体研究,其核心是什么呢?潘文国对此作出解释:所谓"对外汉语研究,应该是一种以对比为基础、以教学为目的、以外国人为对象的汉语本体研究"。[2]

　　我们认为,"对外汉语"作为一门科学,也是一门学科,首先应从本体上把握,研究它不同于其他学科的本质特点及其成系统、带规律的部分,这也就是"对外汉语研究",也就是汉语作为第二语言的研究。

　　这种汉语作为第二语言的研究,以及汉语作为第二语言的教学研究和汉语作为第二语言的学习研究,加之所有这些研究

---

[1] 参见张西平《简论世界汉语教育史的研究物件和方法》,载李向玉等主编《世界汉语教育史研究》,澳门理工学院 2005 年印制。

[2] 参见潘文国《论"对外汉语"的科学性》,《世界汉语教学》2004 年第 1 期。

所依托的现代科技手段和现代教育技术,共同构筑了对外汉语教学研究的基本框架。这就是我们所说的本体论、方法论、认识论和工具论。①

从接受留学生最初的年月,对外汉语教学的前辈们就十分注意汉语作为第二语言的研究。这是因为"根本的问题是汉语研究问题,上课许多问题说不清,是因为基础研究不够"。也可以说"离开汉语研究,对外汉语教学就无法前进"。②

我们这里分别对作为第二语言的汉语语音、词汇、语法和汉字的研究与教学略作一番讨论,管中窥豹,明其现状,寻求改进。

(一) 作为第二语言的汉语语音

作为第二语言的汉语语音的研究与教学,近年来因诸多原因,重视不够,有滑坡现象,最明显的是语音教学阶段被缩短,以至于不复存在;但是初始阶段语音打不好基础,将会成为顽症,纠正起来难上加难。本来,对外汉语教学界曾有很好的语音教学与研究的传统,有不少至今仍可借鉴的研究成果,包括对汉语语音系统的研究和对《汉语拼音方案》的理解与应用,遗憾的是,近来的教材都对此重视不够。

比如赵元任先生那本《国语入门》,大部分是语音教学,然后慢慢地才转入其他。面对目前语音教学的局面,著名语音学家、对外汉语教学的前辈林焘先生发出了感慨:"发展到今天,语音

---

① 参见赵金铭《对外汉语研究的基本框架》,《世界汉语教学》2001 年第 3 期。
② 参见朱德熙《在纪念〈语言教学与研究〉创刊 10 周年座谈会上的发言》,《语言教学与研究》1989 年第 3 期。

已经一天一天被压缩,现在已经产生危机了。我们搞了52年,外国人说他们学语音还不如在国外。这说明我们在这方面也是太放松了,过于急于求成了,就把基础忘掉了。语音和文字是两个基础,起步我们靠这个起步;过于草率了,那么基础一没打稳,后边整个全过程都会受影响。"[1]加强语音教学是保证汉语教学质量的重要一环,无论是教材还是课堂教学,语音都不应被忽视。

(二)作为第二语言的汉语词汇

长期以来,在汉语作为第二语言教学中,比较重视语法教学,而在某种程度上却忽视了词汇教学的重要性,使得词汇研究和教学成为整个教学过程中的薄弱环节。

其实,在掌握了汉语的基本语法规则之后,还应有大量的词汇作基础,尤其应该掌握常用词的不同义项及其功能和用法,唯其如此,才能真正学会汉语,语法也才管用,这是因为词汇是语言的唯一实体,语法也只有依托词汇才得以存在。学过汉语的外国人都有这样的体会,汉语要一个词一个词地学,要掌握每一个词的用法,日积月累,最终才能掌握汉语。近年来,我们十分注意汉语词汇及其教学的研讨,尤其注重词汇的用法研究。

有两件标志性的事可资记载:

一是注重对外汉语学习词典的编纂研究。2005年在香港

---

[1] 参见林焘(2002)的座谈会发言,载《继往开来——新中国对外汉语教学52周年座谈会纪实》,北京语言大学内部资料。

城市大学召开了"对外汉语学习词典国际研讨会",其特色是强调计算语言学家和词典学家密切合作,依据语料库语言学编纂学习词典的思路,为对外汉语教学的词汇教学与学习服务,有力地推动了汉语的词汇研究与教学。

二是针对汉语词汇教学中的重点,特别是中、高级阶段,词义辨析及用法差异是教学之重点,学界努力打造一批近义词辨析词典,从释义、功能、用法方面详加讨论。例如《汉英双语常用近义词用法词典》《对外汉语常用词语对比例释》《汉语近义词词典》《1700对近义词语用法对比》。[①]

这些词典各有千秋,在释文、例证、用法、英译等方面各有特色,能在一定程度上满足汉语教学和学习者的需要。

(三) 作为第二语言的汉语语法

作为第二语言教学的汉语语法研究与语法教学研究,如果从数量上看一直占有最大的分量,这当然与它受到重视有关。近年来,汉语语法研究范围更加广泛,内容也更加细致、深入,结合教学的程度也更加紧密,达到了前所未有的高度。

首先,理清了理论语法与教学语法之关系,为汉语作为第二语言教学语法的研究理清了思路。理论语法是教学语法的来源与依据,教学语法的体系可灵活变通,以便于教学为准。目前,

---

① 参见邓守信主编《汉英双语常用近义词用法词典》,北京语言学院出版社1996年版;卢福波编著《对外汉语常用词语对比例释》,北京语言文化大学出版社2000年版;马燕华、庄莹编著《汉语近义词词典》,北京大学出版社2002年版;王还主编《汉语近义词词典》,北京语言大学出版社2005年版;杨寄洲、贾永芬编著《1700对近义词语用法对比》,北京语言大学出版社2005年版。

教学语法虽更多地吸收传统语法的研究成果,而一切科学的语法都会对汉语作为第二语言教学语法有帮助。教学语法是在不断地吸收各种语法研究成果中迈步、发展和不断完善的。

其次,对汉语作为第二语言的教学语法进行了科学的界定,即:第二语言的教学目的决定了教学语法的特点,它主要侧重于对语言现象的描写和对规律、用法的说明,以方便教学为主,也应具有规范性。

再次,学界认为应建立一部汉语作为第二语言教学的汉语教学参考语法,无论是编写教材,还是从事课堂教学,或是备课、批改作业,都应有一部详细描写汉语语法规则和用法的教学参考语法作为依据。其中应体现汉语作为第二语言教学的自己的语法体系,应有语法条目的确定与教学顺序的排序。

最后,应针对不同母语背景的教学对象,排列出不同的语法点及其教学顺序。事实证明,很难排出适用于各种母语学习者的共同的语法要点及其顺序表。

对欧美学生来说,受事主语句、存现句、主谓谓语句,以及时间、地点状语的位置,始终是学习的难点,同时也体现汉语语法特点。而带有普遍性的语法难点,则是"把"字句、各类补语以及时态助词"了""着"等。至于我们所认为的特殊句式,其实并非学习的难点,比如连动句、兼语句、"是"字句、"有"字句以及名词谓语句、形容词谓语句。这也是从多年教学中体味出的。

(四)汉字研究与教学

汉字教学是对外汉语教学的重要组成部分。然而,与其他汉语要素相比,汉字教学从研究到教学一直处于滞后状态。为了改变这一局面,除了加强对汉字教学的各个环节的研究之外,要突破汉字教学的瓶颈,首先应澄清对汉字的误解,建立起科学的汉字观。汉字本身是一个系统,字母本身也是一个系统。字母属于字母文字阶段,汉字属于古典文字阶段,它们是一个系统的两个阶段。这个概念的改变影响很大,这是科学的新认识。①当我们把汉字作为一个科学系统进行研究与教学时,要清醒地认识到汉字是汉语作为第二语言教学与其他第二语言教学的重要区别之一。在对外汉语教学中,究竟采用笔画、笔顺教学,还是以部件教学为主,或是注重部首教学,抑或是从独体到合体的整字教学,都有待于通过教学试验,取得相应的数据,寻求理论支撑,编出适用的教材,寻求汉字教学的突破口,从而使汉语书面语教学质量大幅度提高。与汉字教学相关的还应注意"语"与"文"的关系之探讨,字与词的关系的研究,以及汉语教材与汉字教材的配套,听说与读写之关系等问题的研究。

四 关于汉语作为第二语言教学研究

我们所说的教学研究,包括以下五个部分:课程教学设计、教学方法与教学技巧、教材编写理论与实践、语言测试理论与汉语考试、跨学科研究之一——现代教育技术在教学中的应用。

(一) 关于教学模式研究

近年来,对外汉语教学界尤其注重教学模式的研究,寻求教

---

① 参见周有光《百岁老人周有光答客问》,《中华读书报》2005年1月22日。

学模式的创新。什么是教学模式？教学模式是指具有典型意义的、标准化的教学或学习范式。

具体地说，教学模式是在一定的教学理论和教学思想指导下，将教学诸要素科学地组成稳固的教学程序，运用恰当的教学策略，在特定的学习环境中，规范教学课程中的种种活动，使学习得以产生。① 更加概括简洁的说法则为：教学模式，指课程的设计方式和教学的基本方法。②

教学模式具有不同的类型。我们所说的对外汉语教学模式，就是从汉语和汉字的特点及汉语应用的特点出发，结合汉语作为第二语言的教学理论，遵循大纲的要求，提出一个全面的教学规划和实施方案，使教学得到最优化的组合，产生最好的教学效果。这是一种把汉语作为第二语言教学的特定的教学模式。

教学模式研究表现在课程设计上，业内主要围绕着"语"和"文"的分合问题而展开，由来已久，且持续至今。

早在1965年，由钟梫执笔整理成文的《十五年汉语教学总结》就对"语"与"文"的分合及汉字问题进行了讨论。③ 当时提出三个问题：

1. 有没有学生根本不必接触汉字，完全用拼音字母学汉语？即学生只学口语，不学汉字。当时普遍认为，这种学生根本不必接触汉字。

---

① 参见周淑清《初中英语教学模式研究》，北京语言大学出版社2004年版。
② 参见崔永华《基础汉语教学模式的改革》，《世界汉语教学》1999年第1期。
③ 参见钟梫(1965)《十五年汉语教学总结》，载《语言教学与研究》(试刊，第4期，1977年内部印刷)，又收入盛炎、砂砾编《对外汉语教学论文选评》，北京语言学院出版社1993年版。

2. 需要认汉字的学生是否一定要写汉字？即"认"与"写"的关系。一种意见认为不写汉字势必难以记住，"写"是必要的；另一种意见认为，"认离不开写"这一论点根本上不能成立，即不能说非动笔写而后才能认，也就是说"认"和"写"可以分离。

3. 需要认（或认、写）汉字的学生是不是可以先学"语"后学"文"呢？后人的结论是否定了"先语后文"，采用了"语文并进"。而"认汉字"与"写汉字"也一直是同步进行的。

这种"语文并进""认写同步"的教学模式，从上世纪50年代起一直是占主流的教学模式，延续至今。80年代以后，大多沿用以下三种传统教学模式："讲练—复练"模式，"讲练—复练＋小四门（说话、听力、阅读、写作）"模式，"分技能教学"模式。

目前，对外汉语教学界广泛使用的是一种分技能教学模式，以结构—功能的框架安排教学内容，采用交际法和听说法相结合的综合教学法。这种教学模式大约在80年代定型。

总的看来，对外汉语教学界所采用的教学模式略显单调，似嫌陈旧。崔永华认为："从总体上看，这种模式反映的是60年代至70年代国际语言教学的认识水平。30年来，国内外在语言学、第二语言教学、语言心理学、语言习得研究、语言认知研究等跟语言教学相关的领域中都取得了巨大的进步，研究和实验成果不可计数。但是由于种种原因，目前的教学模式对此吸收甚少。"①

这种局面应该改变，今后，应在寻求反映汉语和汉字特点的教学模式的创新上下功夫，特别要提升汉字教学的地位，特别要

---

① 参见崔永华《基础汉语教学模式的改革》，《世界汉语教学》1999年第1期。

注意语言技能之间的平衡,大力加强书面语教学,着力编写与之相匹配、相适应的教材,进行新的教学实验,切实提高汉语的教学质量。

(二) 教学法研究

教学方法研究至关重要。"用不同的方法教外语,收效可以悬殊。"①对外汉语教学界历来十分注重教学方法的探讨。早在1965年之前,对外汉语教学界就创造了"相对的直接法"的教学方法,强调精讲多练,加强学生的实践活动。同时,通过大量的练习,画龙点睛式地归纳语法。②

但是,对外汉语教学还是一个年轻的学科,教学法的研究多借鉴国内外语教学法的研究,这也是很自然的事情。而国内外语教学法的研究,又是跟着国外英语教学法的发展亦步亦趋。有人这样描述:

"纵观20世纪国外英语教学法历史,对比当前主宰中国英语教学的各种模式,不难发现很多早被国外唾弃的做法或理念,却仍然被我们的英语老师墨守成规地紧追不放。"③

对外汉语教学界也有类似情况。在上个世纪70年代,当我们大力推广"听说法",强调对外汉语教学应"听说领先"时,这个产生于40年代末的教学法,已并非一家独尊。潮流所向,人们

---

① 参见吕叔湘《语言与语言研究》,载《语文近著》,上海教育出版社1987年版。
② 参见钟梫(1965)《十五年汉语教学总结》,载《语言教学与研究》(试刊,第4期,1977年内部印刷),又收入盛炎、砂砾编《对外汉语教学论文选评》,北京语言学院出版社1993年版。
③ 参见丁杰《英语到底如何教》,《光明日报》2005年9月14日。

已不再追求最佳教学法，而转向探讨各种有效的教学法路子。70年代至80年代，当我们在教学中引进行为主义，致力于推行"结构法"和"句型操练"之时，实际上行为主义在国际上已逐渐式微，而代之以基于认知心理学的"以学生为中心"的认知法。

在国际外语教学界，以结构为主的传统教学法与以交际为目的的功能教学法交替主宰语言教学领域之后，80年代末至90年代初，在英语教学领域"互动性综合教学法"便应运而生，盛行一时。所谓综合，偏重的是内容；所谓互动，强调的是方法。[1]

90年代末，体现这种互动关系的任务式语言教学模式在欧美逐渐兴盛起来。这种教学方法的基本理论可概括为：通过"任务"这一教学手段，让学习者在实际交际中学会表达思想，在过程中不断接触新的语言形式并发展自己的语言系统。

任务法是交际教学法中提倡学生"通过运用语言来学习语言"，这一强势交际理论的体现，突出之处是"用中学"，而不是以往交际法所强调的"学以致用"。

这种通过让学生完成语言任务来习得语言的模式，既符合语言习得规律，又极大地调动了学习者学习的积极性，本身也具有极强的实践操作性。因此，很受教师和学生的欢迎。以至于"20世纪末、21世纪初在应用语言学上可被称为任务时代"。[2]

在我国英语教学界，人民教育出版社于2001年遵循任务型教学理念编写并出版了初中英语新教材《新目标英语》，并在若干中学进行教学模式试验，取得了可喜的成绩。在对外汉语教

---

[1] 参见王晓钧《互动性教学策略及教材编写》，《世界汉语教学》2005年第3期。

[2] 参见周淑清《初中英语教学模式研究》，北京语言大学出版社2004年版。

学界,马箭飞基于任务式大纲从交际范畴、交际话题和任务特性三个层次对汉语交际任务项目进行分类,提出建立以汉语交际任务为教学组织单位的新教学模式的设想,并编有教材《汉语口语速成》(共五册)。①

这种交际教学理论在教学中被不断应用,影响所及,所谓"过程写作"教学即其一。"写"是重要的语言技能之一,"过程写作法"认为:写作是一个循环式的心理认知过程、思维创作过程和社会交互过程。写作者必须通过写作过程的一系列认知、交互活动来提高自己的认知能力、交互能力和书面表达能力。②

过程写作的宗旨是:任何写作学习都是一个渐进的过程。这个过程需要教师的监督指导,更需要通过学生自身在这个过程中对文章立意、结构及语言的有意学习。由过程写作引发而建立起来的过程教学法理论,也对第二语言教学的大纲设计、语法教学、篇章分析等产生了深刻的影响。③

交际语言教学理论的另一个发展,是近几年来在西方渐渐兴起的体验式教学。这种教学法的特点是把文化行为训练纳入对外汉语教学之中,而不主张单纯从语言交际角度看待外语教学。在整个教学过程中,自始至终贯穿着"角色"和"情景"的观念。2005年,我国高等教育出版社出版有陈作宏、田艳编写的《体验汉语》系列教材,是这种理念的一次尝试。

---

① 参见马箭飞《任务式大纲与汉语交际任务》,《语言教学与研究》2002年第4期。
② 参见陈玫《教学模式与写作水平的相互作用——英语写作"结果法"与"过程法"对比实验研究》,《外语教学与研究》2005年第6期。
③ 参见杨俐《过程写作的实践与理论》,《世界汉语教学》2004年第1期。

今天,在教学法研究中人们更注重过程,外语教学是个过程,汉语作为第二语言教学也是一个过程。过程是组织外语教学不可忽视的因素。桂诗春说:"在 70 年代之前,人们认为提高外语教学质量的关键是教学方法,后来才发现教学方法只是起局部的作用。"[1]我们已经认识到并接受了这样的观点。

现在我们可以说,汉语作为第二语言教学在教学法研究方面,我们已经同世界上同类学科的研究相同步。

(三)教材研究与创新

教材的创新已经提出多年,教材也已编出上千种,但无论是数量还是质量均不能完全满足世界上学习汉语的热切需求。今后的教材编写,依然应该遵循过去总结出来的几项原则:(1)要讲求科学性。教材应充分体现汉语和汉字的特点,突破汉字教学的瓶颈,要符合语言学习规律和语言教学规律。体系科学,体例新颖。(2)要讲求针对性。教材要适应不同国家(地区)学习者的特点,特别要注意语言与文化两方面的对应性。不同的国家(地区)有不同的文化、不同的国情与地方色彩,要特别加强教材的文化适应性。因为"语言是文化的符号,文化是语言的管轨"[2],二者相辅相成。因此,编写国别教材与地区教材,采取中外合编的方式,是今后的发展方向。(3)要讲求趣味性。我们主张教材的内容驱动的魅力,即进一步提升教材内容对学习者的驱动魅力。有吸引力的语言材料可以引起学习者浓厚的学习兴

---

[1] 参见桂诗春《外国语言学及应用语言学研究》第一辑发刊词,首都师范大学外国语学院主办,中央编译出版社 2002 年版。

[2] 参见邢福义《文化语言学·序》,湖北教育出版社 2000 年版。

趣。要靠教材语言内容的深厚内涵，使人增长知识，启迪学习；要靠教材的兴味，使人愉悦，从而乐于学下去。（4）要注重泛读教材的编写。要保证书面语教学质量的提高，必须编有大量的、适合各学习阶段的泛读教材。远在1956年以前就曾有人提出"学习任何一种外语都离不开泛读"。认为"精读给最必需的、要求掌握得比较牢固的东西，泛读则可以让学生扩大接触面，通过大量、反复阅读，也可以巩固基本熟巧"。① 遗憾的是，长期以来，我们忽视了泛读教材的建设。

（四）汉语测试研究

语言测试应包括语言学习能力测试、语言学习成绩测试和语言水平测试。前两种测试的研究相对薄弱。学能测试多用于分班，成绩测试多由教师自行实施。而汉语水平考试（HSK）取得了可观的成绩，让世界瞩目。HSK是一项科学化程度很高的标准化考试。评价一个考试的科学化程度，最关键的是看它的信度和效度。所谓信度，就是考试的可靠性。一个考生在一定的时段内无论参加几次HSK考试，成绩都是稳定的，这就是信度高。所谓效度，就是能有效地测出考生真实的语言能力。HSK信守每一道题都必须经过预测，然后依照区分度选取合适的题目，从而保证了试卷的科学水准。目前，国家汉办又开发研制了四项专项考试：HSK（少儿）、HSK（商务）、HSK（文秘）、HSK（旅游）。这些考试将类似国外的

---

① 参见钟梫（1965）《十五年汉语教学总结》，载《语言教学与研究》（试刊，第4期，1977年内部印刷），又收入盛炎、砂砾编《对外汉语教学论文选评》，北京语言学院出版社1993年版。

TOEIC。HSK作为主干考试,测出考生汉语水平,可作为入学考试的依据。而四个分支考试,是一种语言能力考试,它将测出外国人在特殊职业环境中运用语言的能力。主干考试与分支考试形成科学的十字结构。目前,HSK正致力于改革,在保证科学性的前提下,考虑学习者的广泛需求,鼓励更多的人参加考试,努力提高汉语学习者的兴趣,吸引更多的人学习汉语,以适应汉语国际推广的需要。与此同时,"汉语水平计算机辅助自适应考试"正在研制中。

(五)跨学科研究

近十几年来,对外汉语教学界的跨学科研究意识越来越强烈,集中表现在两个方面。一方面是与心理学、教育学等相结合进行的学习研究。另一方面便是与信息科学和现代教育技术的结合,突出体现在对外汉语计算机辅助教学的研究与开发上。

对外汉语计算机辅助教学是个大概念。我们可以从三个不同的角度来观察。

一是中文信息处理与对外汉语教学。研究重点是以计算语言学和语料库语言学为指导,研究并开发与对外汉语教学相关的语料库,如汉语中介语语料库、对外汉语多媒体素材库和资源库,以及汉语测试题库等。这些库的建成,有力地推动了教学与研究的开展。

二是计算机辅助汉语教学,包括在多媒体条件下,对学习过程和教学资源进行设计、开发、运用、管理和评估的理论与实践,比如多媒体课堂教学的理论与实践,多媒体教材的编写与制作,多媒体汉语课件的开发与运用。这一切给传统的教学与学习带来一场革命,运用得当,师生互动互利,教学效果会明显提高。目前国家对外汉语教学领导小组办公室正陆续推出的重大项目《长城汉语》,就是一种立体化的多媒体系列教材。

三是对外汉语教学网站的建立和网络教学的研究与开发。诸如远程教学课件的设计、网络教学中师生的交互作用等,都是研究的课题。中美网络语言教学项目所研制的《乘风汉语》是目前网络教材的代表作。

所有这一切都离不开对现代教育技术的依托。诸如影视技术、多媒体技术、网络技术以及虚拟现实技术等在教学与研究中都有广泛应用。

放眼未来,人们越来越认识到计算机辅助教学的作用与前景。当然,与此同时,仍然应当注重面授的优势与不可替代性。教师的素质、教师的水平、教师的指导作用仍然不容忽视,并有待不断提高。

五 关于汉语作为第二语言的学习研究

20世纪90年代,对外汉语教学学科理论研究的一个重要进展是开拓了语言习得理论的研究。① 近年来汉语习得研究更显上升趋势。

中国的对外汉语教学中的学习研究,因诸多因素,起步较晚。80年代初期,国外有关第二语言习得理论开始逐渐被引

---

① 参见李泉《对外汉语教学学科理论研究概述》,载《对外汉语教学理论思考》,教育科学出版社2005年版。

进,对外汉语教学研究的重心也逐步从重视"教"转向对"学"的研究。回顾近 20 年来对外汉语教学领域的第二语言习得研究,主要集中于四个方面:汉语偏误分析、汉语中介语研究、汉语作为第二语言的习得过程研究、汉语习得的认知研究。而从学习者的外部因素、内部因素以及学习者的个体差异三个侧面对学习者进行研究,还略嫌薄弱。

学习研究是逐步发展起来的,徐子亮将 20 年的对外汉语学习理论研究历史划分为三个阶段:1992 年以前,在语言对比分析的基础上,致力于外国人学汉语的偏误分析;1992—1997 年,基于中介语理论研究的偏误分析成为热点,并开始转向语言习得过程的研究;1998—2002 年,在原有基础上研究深化、角度拓展,出现了学习策略和学习心理等研究成果。研究方法向多样化和科学化方向发展。[1]

汉语认知研究与汉语习得研究是两个并不相同的研究领域。对外汉语教学的汉语认知研究是对把汉语作为第二语言的学习者的汉语认知研究(或简称非母语的汉语认知研究)。国内此类研究始于 20 世纪 90 年代后期,20 世纪 90 年代末和本世纪初是一个成果比较集中的时期。因其使用严格的心理实验方法,研究范围包括:学习策略的研究、认知语言学基本理论的研究、汉语隐喻现象研究、认知域的研究、认知图式的研究、语境和语言理解的研究等。[2] 我国心理学界做了不少母

---

[1] 参见徐子亮《对外汉语学习理论研究二十年》,《世界汉语教学》2004 年第 4 期。

[2] 参见崔永华《二十年来对外汉语教学研究热点回顾》,《语言文字应用》2005 年第 1 期。

语为汉语者的汉语认知研究,英语教学界也做了一些外语的认知研究,而汉语作为第二语言的学习者的汉语认知研究,还有待深入。

语言学习理论的研究方法是跨学科的。彭聃龄认为:"语言学习是一个极其复杂的过程,其自变量、因变量的关系必须通过实验法和测验法相结合来求得。实验可求得因果,测验能求得相关,两者结合才能得出可靠的结论。"①

汉语作为第二语言的习得与认知研究,以理论为导向的实验研究已初见成果。与国外同类研究相比,我们的研究领域还不够宽,研究的深度也有待提高。在研究方法上,经验式的研究还比较多,理论研究比较少;举例式研究比较多,定量统计分析少;归纳式研究多,实验研究少。总之,与国外第二语言习得与认知研究相比,我们还有许多工作要做。②

今后,对外汉语学习理论研究作为一个可持续发展的领域,还必须在下列方面进行努力:(1)突出汉语特点的语言学习理论研究;(2)加强跨学科研究;(3)研究视角的多维度、内容的丰富与深化;(4)研究方法改进与完善;(5)理论研究成果在教学实践中的应用。③

这五个方面的努力,会使学习理论研究这个很有发展前景

---

① 参见《语言学习理论座谈会纪要》,载《世界汉语教学》编辑部、《语言文字应用》编辑部、《语言教学与研究》编辑部合编《语言学习理论研究》,北京语言学院出版社 1994 年版。

② 参见王建勤《汉语作为第二语言的习得研究·前言》,北京语言文化大学出版社 1997 年版。

③ 参见徐子亮《对外汉语学习理论研究二十年》,《世界汉语教学》2004 年第 4 期。

的领域,为进一步丰富学科基础理论发挥重要作用。

六 回首·检视·瞻念

(一) 回首

回首近十几年来,正是对外汉语教学如火如荼蓬勃发展的时期,学科建设取得了令人瞩目的成绩。赅括言之如下:

1. 明确了对外汉语教学的学科定位,对外汉语教学在国内是汉语作为第二语言教学,在国外(境外)是汉语作为外语教学。目前,汉语国际推广的大旗已经揭起,作为国家战略发展的软实力建设之一,随着国际汉语学习需求的激增,原有的对外汉语教学的理念、教材、教法以及师资队伍等,都将面临新的挑战,自然也是难得之机遇。我们经过几十年的努力所建立起的汉语作为第二语言教学学科的覆盖面会更宽,对学科理论体系的研究更加自觉,学科意识更加强烈。

2. 对外汉语教学开辟了新的研究领域。重要的进展就是开拓了语言习得与认知理论的研究,确立了对外汉语研究的基本框架,即:作为第二语言教学的汉语本体研究(本体论)、作为第二语言的汉语认知与习得研究(认识论)、作为第二语言教学的教学理论和教学法研究(方法论)、现代科技手段与现代教育技术在教学与研究中的应用(工具论),在此基础上规划了学科建设的基本任务。

3. 更加清醒地认识到要不断更新教学理念,特别是教材编写、教学法以及汉语测试要有新的突破。要深化汉语作为第二语言教学的教学模式与教学方法的探索,加强教学实验,以满足世界上广泛、多样的学习需求。更加强教材的国别(地区)性、适应性与可接受性研究,不断创新,以适应汉语国际推广的各种模式。要加强语言测试研究,结合世界上汉语学习的多元化需求,努力开发目的明确、针对性强、适合考生心理、设计原理和方法科学、符合现代语言教学和语言测试发展趋势的多类型、多层次的考试。

4. 跨学科意识明显加强,汉语作为第二语言教学与相关学科的结合更加密切,不同类型语言教育的对比与综合研究开始引起注意,在共性研究中发展个性研究。跨学科研究特别表现在现代教育技术与多媒体技术在教学中的广泛应用,以及心理学研究与汉语作为第二语言教学研究的联手,共同研究汉语作为第二语言的认知与习得过程、习得顺序、习得规律。

5. 不断吸收世界第二语言教学的研究成果,与国外第二语言教学理论的结合更加密切,"新世纪对外汉语教学——海内外的互动与互补"学术演讲讨论会的召开即是标志①,"互动互补"既非一方"接轨"于另一方,亦非一方"适应"另一方,而是互相借鉴、相互启发,但各有特色,各自"适应"。就国内汉语教学来说,今后还应不断借鉴国内外语言教学与研究的先进成果,充分结合汉语的特点,为我所用。

(二) 检视

在充分肯定汉语作为第二语言学科建设突出发展的同时,

---

① 北京语言大学科研处《"新世纪对外汉语教学——海内外的互动与互补"学术演讲讨论会举行》,《世界汉语教学》2005 年第 1 期。

检视学科建设之不足,我们发现在学科理论、学科建设、教材建设、课堂教学与师资队伍建设上均存在尚待解决的问题。从目前汉语国际推广的迅猛态势出发,教学问题与师资问题是为当务之急。

1. 关于教学。

目前,汉语作为第二语言的课堂教学依然是以面授为主,绝大多数学习者还是通过课堂学会汉语。检视多年来的课堂教学,总体看来,教学方法过于陈旧,以传统教法为主,多倾向于以教师为主,缺乏灵活多变的教学路数与教学技巧。我们虽不乏优秀的对外汉语教师以及堪称范式的课堂教学,但值得改进的地方依然不少。李泉在经过详细地调查后发现的问题,值得我们深思。他归结为四点:(1)教学方式上普遍存在"以讲解为主"的现象;(2)教学原则上对"精讲多练"有片面理解现象;(3)课程设置上存在"重视精读,轻视泛读"现象;(4)教学内容上仍存在"以文学作品为主"现象。①

改进之方法,归结为一点,就是加强"教学意识"。我们赞成这样的观点:

"对外汉语是门跨文化的学科,不同专业的教师只要提高教学意识,包括学科意识、学习和研究意识、自尊自重的意识,就一定能把课上好。"②

2. 关于师资。

---

① 参见李泉《对外汉语教学理论和实践的若干问题》,载赵金铭主编《对外汉语教学研究的跨学科探索》,北京语言大学出版社 2003 年版。

② 参见陆俭明《汉语作为第二语言之本体研究》,载《作为第二语言的汉语本体研究》,外语教学与研究出版社 2005 年版。

对外汉语教学事业发展至今，已形成跨学科、多层次、多类型的教学活动，因之要求对外汉语教师也应该是多面手，在研究领域和研究内容上也应该是宽阔而深入的。

据国家汉办统计，目前中国获得对外汉语教师资格证书的共3 690人，国内从事对外汉语教学的专职、兼职教师共计约6 000人。其中不少人未经严格训练，仓促上阵者不在少数。以至外界这样认为："很多高校留学生部的教师都是非专业的，没有受过专业训练，更没有搞过语言教学，其教学效果可想而知。"[①]而在国际上，情况更为不堪，简直是汉语教师奇缺，于是人们感叹，汉语教学落后于"汉语热"的发展，全球中文热引起了"中文教师荒"，成为汉语国际推广的瓶颈。

据调查，我们认为，在教学实践中带有普遍性的问题，还是教师没能充分了解并掌握汉语作为第二语言教学的特点和规律，或缺乏作为一名语言教师的基本素质，没有掌握汉语作为第二语言教学的方法与技巧。其具体表现正如李泉在作了充分的观察与了解之后所描述的现象，诸如：忽视学习者的主体地位，忽视对学习者的了解，忽视教学语言的可接受性，忽视教学活动的可预知性，缺乏平等观念和包容意识。[②]

什么是合格的对外汉语教师，已经有很多讨论。国外也同样注重语言教师的素质问题，如，2002年美国国会通过了No Child Left Behind(《没有一个孩子掉队》)的新联邦法。于是，

---

① 参见许光华《"汉语热"的冷思考——兼谈对外汉语教学》，《学术界》2005年第4期。

② 参见李泉《对外汉语教学理论和实践的若干问题》，载赵金铭主编《对外汉语教学研究的跨学科探索》，北京语言大学出版社2003年版。

各州都以此制定教师培训计划,举国上下都讨论什么样的教师是合格、称职的教师。①

我们可以说,教好汉语,不让一个学习汉语的学生掉队,这是对教师的最高要求。

(三) 瞻念

当今昌昌盛世,汉语国际推广的前景已经显露出曙光,我们充满信心,也深感历史责任的重大。汉语国际推广作为国家和民族的一项事业,是国家的战略决策,是国家的大政方针。而汉语作为第二语言教学,或汉语作为外语教学,则是一门学科。作为学科,它是一门科学,它是一项复杂的系统工程,要进行跨学科的、全方位的研究。在不断引进国外先进的教学理念的同时,努力挖掘汉语和汉字的特点,创新我们自己的汉语作为第二语言的教学模式和教学法。我们要以自己的研究,向世人显示出汉语作为世界上使用人口最多的一种古老的语言,像世界上任何一种语言一样,可以教好,可以学好,汉语并不难学。我们认为,要达此目的,重要的是要转变观念,善于换位思考,让不同的思维方式互相渗透和交融,共同建设好学科,做好推广。

1. 开阔视野,放眼世界学习汉语的广大人群。

多年来,我们的对外汉语教学是面向来华留学生的。今后,随着国家汉语国际推广的展开,在做好来华留学生汉语教学的同时,我们要放眼全球,更加关注世界各地的3 000万汉语学习者,要真正地走出去,走到世界上要求学习汉语的人们中去,带

---

① 参见丁杰《英语到底如何教》,《光明日报》2005年9月14日。

着他们认同的教材,以适应他们的教学法,去满足他们多样化的学习需求。这是一种观念的转变。

与此同时,我们应建立一种"大华语"的概念。比如我国台湾地区人们所说的国语,新加坡的官方语言之一华语,以及世界各地华人社区所说的带有方言味道的汉语,统统归入大华语的范畴。这样做的好处首先在于有助于增强世界华人的凝聚力和认同感;其次更有助于推进世界范围的汉语教学。我们的研究范围大为拓展,不仅是国内的汉语作为第二语言教学,还包括世界各地的汉语作为外语教学。

2. 关注学习对象的更迭。

对外汉语教学的对象是来华留学生,他们是心智成熟、有文化、母语非汉语的成年人。当汉语走向世界,面向世界各地的汉语学习者,他们的构成成分可能十分繁杂。其中可能有心智正处于发育之中的青少年,可能有文化程度不甚高的市民,也可能有家庭主妇,当然更不乏各种希望了解中国或谋求职业的学习者。我们不仅面向大学,更要面向中、小学,甚至是学龄前的儿童。从学习目的上看,未来的汉语学习者中,为研究目的而学习汉语的应该是少数,绝大多数的汉语学习者都抱有实用的目的。

3. 注意学习环境的变化。

外国人在中国学习汉语,是处在一个目的语的环境之中,耳濡目染,朝夕相处,具有良好的交际环境。世界各地的汉语学习者在自己的国家学习汉语是母语环境,需要设置场景,才能贯彻"学以致用"或"用中学"。学习环境对一个人的语言学习会产生重大影响,比如关涉到口语的水平、词汇量的多寡、所见语言现象的丰富与否、学习兴趣的激发与保持等。特别是不同的学习环境会在文化距离、民族心理、传统习惯等方面显示更大的差距,这又会对学习者的心理产生巨大的影响。于是,这就涉及教材内容的针对性问题。我们所主张的编写国别(地区)教材,可能某些教材使用的人数不一定多,但作为一个泱泱大国,向世界推广自己的民族语言时,应关注各种不同国家(地区)的汉语学习者的心态。

4. 教学理念的更新与教学法的适应性。

对国内来华留学生的汉语教学,囿于国内的语言环境及所受传统语言教学法的影响,课堂上常以教师为主,过多地依赖教材,课堂教学模式僵化,教学方法放不开,不够灵活多变。在国外,外语教学历史较长,理论纷呈,教学法流派众多,教学中多以学生为主,不十分拘泥教材,强调师生互动,教师要能随机应变。

一般说来,在东方的一些汉字文化圈国家如东北亚的日、韩等国,以及海外华人社区或以华人为主的教学单位,我们的教学理念与教学方法基本上可以适应,变化不甚明显。在西方,在欧美,特别是在北美地区,因语言和文化传统差异较大,我们在国内采用的教学方法在那里很难适应,必须做相应的改变,入乡随俗,以适应那里的汉语教学。

5. 汉语国际推广:普及为主兼及提高。

新中国的对外汉语教学已经走过 55 个春秋。多年来,我们一直竭力致力于汉语作为第二语言教学的学科建设,重视学科基础理论的扎实稳妥,扩大、拓宽学科的研究领域,搭建对外汉语教学的基本框架,探讨教学理论和学习理论,这一切都在改变社会上认为对外汉语教学"凡会说汉语都能教"以及对外汉语教学是"小儿科"等错误看法。而今,汉语作为第二语言教学已经成为一门新兴的、边缘性的、跨学科的科学,研究日益精深,已成"显学"。今天,我们已经可以与国际上第二语言教学界的同行对话,在世界上成为汉语作为第二语言教学的主流。目前,随着国家发展战略目标的建设,汉语正加速走向世界,我们要面向世界各地的3000万汉语学习者。这将不仅仅是从事国内对外汉语教学的几千名教师的责任与义务,更是全民的事业,是民族的大业,故而需要千军万马,官民并举,千方百计,全力推进。面对这种局面,首先是普及性的教学,也就是首先需要的是"下里巴人",而不是"阳春白雪"。我们要在过去反复强调并身体力行地注重对外汉语教学的科学性、系统性、完整性的同时,更加注重世界各地汉语教学的大众化、普及性与可接受性。因此,无论是教材、教学大纲还是汉语考试大纲,首先要考虑的是普及,是面向大众,因为事实上,目前我们仍然是汉语教学市场的培育阶段,要想尽办法让世界上更多的人接触汉语、学习汉语,在此基础上,才能培养出更多的高水平的国际汉语人才,也只有在此基础上才能"尽精微",加深研究,不断提高。

七 关于研究书系

恰是香港回归祖国那一年,当时的北京语言文化大学编辑、出版了一套《对外汉语教学研究丛书》,凡九册。总结、归纳了该校对外汉语教师在这块难以垦殖的处女地上,几十年风风雨雨,辛勤耕耘所取得的成果。这是一定范围内一个历史阶段的成果,不是结论,更不是终结。至今,八易春秋,世界发生了巨大的变化,祖国更加繁荣、富强,对外汉语教学,正向汉语国际推广转变,这项国家和民族的事业获得了空前的大发展,也面临着重大的机遇与挑战。

目前,多元文化架构下的"大华语"教学的新格局正逐渐形成,汉语国际推广正全面铺开。欣逢其时,具有百年历史的商务印书馆以其远见卓识,组织编纂"对外汉语教学专题研究书系",计七个系列,22种书,涵盖对外汉语教学研究的方方面面。所涉研究成果虽以近十年来为主,亦不排斥前此有代表性的、具有影响的论文。该书系可谓对外汉语教学成果50年来的大检阅。从中不难看出,对外汉语教学作为一个学科,内涵更加丰富,体系更加完备,视野更加开阔,范围更加广泛,研究理念更加先进,研究成果更加丰厚。汉语作为第二语言教学作为一门科学,已跻身于世界第二语言教学之林,或曰已取得与世界第二语言教学同行对话的话语权。

"对外汉语教学专题研究书系"的七个系列及其主编如下:

1. 对外汉语教学学科理论研究

 主编:中国人民大学 李泉

 《对外汉语教学学科理论研究》

 《对外汉语教学理论研究》

 《对外汉语教材研究》

 《对外汉语课程、大纲与教学模式研究》

2. 对外汉语课程教学研究

 主编:北京大学 李晓琪

 《对外汉语听力教学研究》

 《对外汉语口语教学研究》

 《对外汉语阅读与写作教学研究》

《对外汉语综合课教学研究》
《对外汉语文化教学研究》

3. 对外汉语语言要素及其教学研究
    主编:北京语言大学　孙德金
    《对外汉语语音及语音教学研究》
    《对外汉语词汇及词汇教学研究》
    《对外汉语语法及语法教学研究》
    《对外汉字教学研究》

4. 汉语作为第二语言的学习者习得与认知研究
    主编:北京语言大学　王建勤
    《汉语作为第二语言的学习者语言系统研究》
    《汉语作为第二语言的学习者习得过程研究》
    《汉语作为第二语言的学习者与汉语认知研究》

5. 语言测试理论及汉语测试研究
    主编:北京语言大学　张凯
    《汉语水平考试(HSK)研究》
    《语言测试理论及汉语测试研究》

6. 对外汉语教师素质与教学技能研究
    主编:北京师范大学　张和生
    《对外汉语教师素质与教师培训研究》
    《对外汉语课堂教学技巧研究》

7. 对外汉语计算机辅助教学研究
    主编:北京语言大学　郑艳群
    《对外汉语计算机辅助教学的理论研究》
    《对外汉语计算机辅助教学的实践研究》

这套研究书系由北京语言大学、北京大学、北京师范大学和中国人民大学的对外汉语教师共同协作完成,赵金铭任总主编。各系列的主编都是我国对外汉语教学界的教授,他们春秋鼎盛,既有丰富的教学经验,又有个人的独特的研究成果。他们几乎是穷尽性地搜集各自研究系列的研究成果,涉于繁,出以简,中正筛选,认真梳理,以成系统。可以说从传统的研究,到改进后的研究,再到创新性的研究,一路走来,约略窥测出本领域的研究脉络。从研究理念,到研究方法,再到研究手段,层层展开,如剥春笋。诸位主编殚精竭虑,革故鼎新,无非想"囊括大典,网罗众家",把最好的研究成果遴选出来,奉献给读者。为了出好这套书系,世界汉语教学学会陆俭明会长负责审订了全书。在此,向他们谨致谢忱。

我们要特别感谢商务印书馆对这套书系的大力支持,从总经理杨德炎先生到总经理助理周洪波先生,对书系给予了极大的关怀和帮助。诸位责编更是日夜操劳,付出了极大的辛苦,我们全体编者向他们致以深深的谢意。

书中自有取舍失当或疏漏、错误之处,敬请读者不吝指正。

2005 年 12 月 20 日

综　述

孙　德　金

　　汉字在对外汉语教学中占有特殊位置，因为汉语作为第二语言的教学和学习一般不会只是口语的教和学，书面语的教和学就离不开语言的书写系统，而汉语又是以汉字这种非拼音文字作为书写符号，因此突破汉字难关就成为了对外汉语教学的一项特殊而重要的任务。

　　近年来，有关现行汉字各方面的研究都有了深入的发展。究其原因，主要由于以下两方面需求的推动。

　　一是电脑的普及与信息时代的到来。电脑的普及使得中文信息处理中的汉字编码问题成为全社会关注的焦点。计算机本是西方人根据字母拼写成词的特点设计的，中国人输入汉字时用拼音方法自然最为便捷。但由于汉字中存在大量的同音字，加上输入时不分四声，相当一部分使用者还有方言的困扰，使用拼音法时多有不便，形码的设计自然成为人们心目中的理想方案。为将所有汉字中的基本形体构件提取出来在键盘上加以分配，就必须对汉字形体进行切分，用提取公因式的数学方法提取构件、合并同类项，然后设计编码。这种对汉字形体的全面分析和解体（而且参与者远远超出了语文工作者的范围）有别于一般大型辞书只提取部首、对提取后的剩余部分采取依笔画多寡排列的做法,使得人们对汉字构形有了更丰富的认识。这种认识不仅直接用于形码的设计,而且引起了汉字教学界的极大关注。信息化时代的需求,使汉字本身以及与汉字应用有关的各种信息都成为研究和记录的对象。可以说:现行汉字应用研究被关注的程度和进展都是前所未有的。

二是世界范围内持续升温的汉语热的推动。以汉语作为第二语言的教学(一般称之为"对外汉语教学")已经有50多年的历史,近年来,随着国力的增强和地位的提高,越来越多的外国人要求学习汉语,这些学习者绝大部分是成人,希望日后来中国观光旅游或参加与中国有关的工作等动机明确而迫切,而可以专门用来学习汉语的时间又相对比较短。因此,对外汉语教学无论在总体设计或具体手段上都面临着新的挑战,尤其是汉字教学。长期以来,汉字教学在整个对外汉语教学中处于滞后状态已是不争的事实。而国内母语教学中对初学者(刚入学的小学生)的汉字教学是在学习者已经具有几千口语词的基础上进行的,以书写为主要内容,而且学习者对汉字各种自然属性总体把握的形成时间相对比较漫长(约需5年左右),因此母语教学中的经验可资直接借鉴的部分非常有限。"突破瓶颈、别辟蹊径"的强烈愿望成为推动汉字与汉字教学研究向深入发展的主要动力,并已取得了丰硕的研究成果。

一 汉字及汉字教学研究的现状与趋势

在上述两大动力的推动下,汉字及汉字教学研究在近十几年中发展迅速,发表的成果明显多于以往,也举办过专题性学术讨论会，如1997年在武汉举办的汉字与汉字教学研讨会。以下我们按照本书编排顺序进行评述，从中可以窥见近些年汉字及汉字教学研究的基本面貌。

对现行汉字研究的深入发展首先表现在为满足信息化需求对现行汉字各种属性的全面观察与统计分析。如80年代末期出版的为教学、研究、中文信息处理等用途编写的《汉字信息字典》提供了关于汉字的音、义、部首、笔画数、笔顺、部件、结构、频度、国家标准码、电报码、四角号码等二十多项综合信息和十多项综合统计对比信息。① 而与汉字教学有关的研究则主要把注意力集中在汉字的自然属性，即通常所说的形、音、义现状的分析统计和研究方面。

字形研究是汉字研究的一个重要方面，在这一章中我们选收了9篇文章。费锦昌的《现代汉字笔画规范刍议》是目前所见讨论笔画规范问题的重要文章，文章对四种资料的笔画类别和名称作了调查统计。对于笔画的种类，作者认为"种类的区分可以根据不同的需要确立不同的标准"，但要注意保持标准统一；关于笔画的名称，作者指出了目前名称不统一、称说不方便等问题；关于笔形的归类，作者认为应把"竖钩"归入"折"；关于笔画的组合和形变问题，作者指出存在的两个问题；一是对笔画形变规律性的认识尚需加强，二是有些笔画的形变失度，影响了字形的规范；关于笔顺问题，作者认为"现有的笔顺规则离开规范标准的要求还有差距"。基于上述五个方面笔画规范问题的讨论，

---

① 详见上海交通大学汉字编码组、上海汉语拼音文字研究组编著（李公宜、刘如水主编）《汉字信息字典》科学出版社1988年版。

文章认为这些问题的存在"影响对外和对内汉字教学的效率",这种应用取向值得赞赏。易洪川的《折笔的研究与教学》主要讨论的问题是,某个笔形是不是折笔?这个折笔该怎么指称?在折笔的教学问题上,作者认为"应从笔向教学入手,强调指出横、提的基本笔向是从左至右,竖、点、撇、捺的基本笔向是从上至下",作者的这一教学策略应该说是正确的,可以大大地提高教学效率。张静贤的《现代汉字笔形论》是最早从对外汉语教学角度讨论笔形问题的文章,发表于1988年,至今仍有重要参考价值。文章从对外汉语教学需要出发,把笔形分成基本笔形和派生笔形。根据汉字应用实际的要求,作者认为应该尽量减少新笔形的出现,归并构字频率极低的笔形。文章还描述了笔形的形变规律,并对外国学生笔形方面的错误作了分类描述。万业馨的《汉字笔顺刍议》讨论了汉字构形诸因素对笔顺规则的影响和支配作用,并讨论了笔顺规则约定的根据。文章据大量字例,认为决定笔顺的主要因素是均衡,"在做法上则有均才有衡,故首重合理分割空间"。这种认识理据充分,富有启发意义。

部件被看做汉字的第二级构形单位,是过去的十几年中的一个研究热点。苏培成的《现代汉字的部件切分》主要讨论两个问题:一是如何确定末级部件,二是如何确定切分层次。关于第一个问题,作者分五种类型讨论了末级部件的确定规则。关于第二个问题,作者提出了两个确定层次的原则:一是单纯字形原则,二是构字原则,前者主要是说不考虑字音和字义,后者是说不但要考虑字形,还要考虑字音和字义。作者认为在两个原则的运用上首先要采取构字原则,因为这样可以说明构字理据。对于那些构字理据不明,古今字形不同的字,就不能使用构字原则,只能用单纯字形原则。文章充分考虑了现代汉字的有序性和无序性,确定的规则和原则具有很强的合理性和可操作性。邢红兵的《〈(汉语水平)汉字等级大纲〉汉字部件统计分析》按照部件拆分的六个原则对大纲中的 2 905 个汉字进行拆分,并分别进行了各等级的汉字部件、成字部件、部件构字能力、汉字结构类型四个方面的统计分析,据此认为,利用部件进行汉字教学是可行的并且是经济的。文章还基于统计提出三个教学建议:一是基本字带动部件教学,二是根据构字能力各有侧重,三是根据能否成字强调不同方法。文章的主要特点是认识和结论都基于数据统计,实证性强。梁彦民的《汉字部件区别特征与对外汉字教学》依据汉字构形学理论,结合外国学生书写的错别字实例,讨论了汉字部件区别特征的表现形式,并且提出了汉字教学的两个原则意见:一是对外汉字教学应贯彻汉字理据性教学的原则,二是对外汉字教学应贯彻汉字系统性教学的原则。

  整字是汉字构形的最大单位,对整字特点的研究虽然文章不多,但研究有一定的深度。朱志平的《汉字构形学说与对外汉字教学》主要讨论了汉字整体的构形关系及其在对外汉语教学中的运用,还讨论了教学中运用构形理论应遵循的原则,一个原则是识字应先于写字,另一个是根据汉字的多元属性来设计教学。施正宇的《现代汉字的几何性质及其在汉字教学中的意义》探讨了汉字笔画、笔顺、部件、结构等在几何上的向量特征,在此基础上,文章特别强调了书写字形在基础阶段的重要作用,认为"按照向量特征的要求书写,不仅能写出符合拓扑性质的方块形体,而且也奠定了识字和用字的基础。加强字形的书写训练是对外汉字教学中的首要任务。"

字音的研究和教学在汉字研究和教学中同样重要。近年来，汉字与汉字教学研究已初步改变以往偏重于表意方面的做法，开始关注汉字读音的探讨。本章我们选收了 5 篇文章。易洪川的《汉字字音特点对汉语教学法的影响》概括了现行汉字字音的四个特点：存在复杂的音、形、义关系；表示指称音；是整体认读的带声调的单音节；有丰富的聚合类。根据这四个特点，文章讨论了字音教学法的若干类型，并比较了字音教学和拼音教学的不同之处。文章对字音教学法的讨论在已见文献中不多见，尽管没有限定在对外汉字教学上，有些方法（比如属对法）也不一定适用于外国人，但还是有一定的参考价值。冯丽萍的《对外汉语教学用 2 905 汉字的语音状态分析》对《汉语水平词汇与汉字等级大纲》中四级共 2 905 个汉字中的 1 920 个形声字进行了封闭性统计考察，并根据考察结果提出三条汉字教学原则。文章实证性的研究路线值得欣赏，提出的教学意见也有启发意义。李大遂的《略论汉字表音偏旁及其教学》、德国学者孟坤雅的《通用汉字中的理想声旁与汉字等级大纲》、万业馨的《略论形声字声旁与对外汉字教学》这三篇文章均讨论形声字表音偏旁及其教学问题，但侧重点不同。李文对表音偏旁的由来、现代汉语形声字与表音偏旁的关系、表音偏旁教学在汉字教学中的地位等问题进行了讨论，对自古以来存在的重意轻音倾向的原因作了比较深入的分析，并提出了三点教学建议。孟文提出了"理想声旁"的概念，定义为"声旁和由它组成的形声字的读音完全相同（包括声调），声旁本身不是多音字，由它组成的字中间也没有多音字"。据此对通用汉字中和汉字等级大纲中的理想声旁进行了统计分析。在理想声旁的教学方面，文章认为"既要考虑声旁的能产性,又要考虑形声字的频率级别"。文章还附有"理想声旁表",很有参考价值。万文是一篇理论和应用结合得很紧密的文章,也是目前所见讨论形声字及其教学问题比较深入的重要文章。文章首先指出当前汉字教学中存在重形不重音的偏向,分析了产生这种偏向的原因:一是对汉字性质认识的偏误,把汉字看做表意文字;二是对形声字声旁表音能力的悲观态度;三是在对外汉字教学中存在着两种心理定势。文章提出了几个主要认识:一是汉字和其他文字体系一样也是表音的;二是声旁字不是了解形声字读音的唯一途径;三是要帮助留学生获得汉字语音的认识,就应当以三方面情况作为教学依据:(1)声旁字与由它组成的形声字的读音关系;(2)声旁字与由它组成的形声字的常用程度比较;(3)形声字阅读时的语音转录机制。文章最后提出了具体的教学建议。

字义和字形一样,历来在汉字研究和教学中很受重视。在"字义研究"一章,我们选收了3篇文章。李蕊的《对外汉语教学中的形声字表义状况分析》、康加深的《现代汉语形声字形符研究》和德国学者顾安达的《汉字偏旁表义度探索》都对汉字的形符(偏旁)表义状况进行了探讨。李文以1 789个形声字作为考察对象,从形旁表义能力、构字能力等方面作了统计分析,得出了对教学有一定参考价值的认识。康文对形符作了全面的统计分析,表义度是其中的一个部分。文章提出的关于表义度确定的标准值得重视,认为"无论是确定形符义还是确定字义,都必须依据一定的客观标准。确认形符表义度,还应该是系统的、联系的,而不是孤立的"。文章确定了操作性强的确定标准和细则,并把表义度分成三级。文章还对形符表义的基本方式和表示义类的某些规律作了描述,这些对教学都有参考意义。顾文基于传统的偏旁分析法对《汉字属性字典》①中 4 000 个高频字进行了分析。文章采用实验方法验证偏旁的表义情况,研究视角和方法上有新意。根据实验结果,作者认为"在教学中介绍偏旁的表义性可以及时减轻学习汉字的难度"。

汉字教学研究是过去一些年来对外汉语教学研究中的一个重要领域,突破汉字难关是业内人士的一个共识。加强汉字教学研究,寻找切实可行且高效实用的教学途径和方法,应该是大家的共同愿望和目标。总体上看,可以把近十几年来对外汉字教学研究的主要特点概括为对教学内容与途径的重新认定。

在"汉字教学总论"一章中,我们选收了 6 篇文章。李培元、任远的《汉字教学简述》是一篇概述性文章,虽发表于上世纪 80 年代,但对今天的汉字教学仍有参考价值。文章介绍了至当时为止对外汉语教学三十多年中汉字教学在总体安排中的几种探索,总结了汉字教学的经验教训。这几种模式包括:先语后文,语文并进,拼音汉字交叉出现,听说与读写分别设课。作者指出,这些模式各有优点和不足。我们认为,这些探索的意义和价值不仅仅体现在汉字教学本身,而且对于思考对外汉语教学理论中"语""文"关系、诸语言技能间关系等重大问题有重要的参考价值和借鉴意义。文章还总结了汉字教学的基本步骤和主要方法。施正宇的《论汉字能力》讨论了汉字能力的五个要素,即:写、念、认、说、查,认为写、念、认是成就汉字能力的基础要素,属本体范畴;说和查属应用范畴。对说和查的能力及其在对外汉

---

① 傅永和主编《汉字属性字典》,语文出版社 1989 年版。

字教学中的应用的讨论,是该文的一个亮点。万业馨的《从汉字研究到汉字教学》重点讨论汉字研究和汉字教学的结合问题,认为汉字教学的滞后主要是因为以教学为目的的汉字研究不够,对怎样把汉字研究的成果运用到教学中去注意不够。文章分别以汉字性质问题和笔形、笔顺问题为例,提出了合理运用已有研究成果,改进和提高汉字教学的认识,所论很有启发意义。张旺熹的《从汉字部件到汉字结构》从汉字的生成体系、立体结构、部件变异、字形相似四个方面讨论了汉字的特点,并以此为基础具体分析了外国学生书写汉字错误及其原因。文章对 1 000 个最常用汉字的部件和结构进行了统计,并且提出了汉字部件结构教学的基本原则和方法。该文是对外汉语教学研究领域较早讨论汉字部件分析及其教学问题的重要文章,所提出的"部件结构教学"思想有参考价值。冯丽萍的《汉字认知规律与汉字教学原则》和周小兵的《对外汉字教学中多项分流、交际领先的原则》讨论了汉字教学中的一些原则问题。冯文主要对近年来心理学界对汉字认知的研究成果进行了综述,强调汉字教学要遵循汉字认知规律,认为应该根据汉字认知规律和特点,在教学对象的确定、语音意识的培养、教学汉字的选择、教学单位的编制等方面进行设计。周文主要强调的是,"在对外汉字教学中,针对不同的对象和情况,分别采用不同的方法,提出不同的要求。而在这些分流中,始终贯彻的则应该是交际领先"。也许作者的观点概括表述为针对性和交际性并举的原则较为妥当。

对汉字教学采用怎样的教学模式和教学方法,才能更好地提高教学效率和质量,一直是大家关注的问题。本章选收了 4 篇文章。崔永华的《关于汉字教学的一种思路》重点讨论了对外汉语教学用的汉字教学单位问题,提出了一个教学单位体系。该体系由"基本部件"和"基本字"构成。文章认为,在对外汉字教学中,把"基本部件"和"基本字"二者结合起来,符合汉字的认知规律,可以更充分地利用汉字及其构件所提供的形、音、义信息,提高汉字教学的质量。作者提出的教学思路有其新意。卞觉非的《汉字教学:教什么?怎么教?》讨论了汉字教学的定位、目的、现状、内容、方法等六个方面的问题。陈曦的《关于汉字教学法研究的思考与探索》认为汉字教学法研究不够是导致汉字教学事倍功半的重要原因,强调加强两个方面的研究:一是教哪些字的问题,二是怎样教或学的问题。文章提出了利用"字族理论"教汉字的思路,认为利用同族字特点和孳乳规律教授汉字,不仅可明字理,可明形音义及其关系,而且便于记忆、联想,有举一反三、触类旁通之效。文章提出的加强汉字教学法研究的意见无疑是正确的,利用字族理论教汉字有其新意,但在对外汉字教学中可否使用,恐怕需要试验。刘社会的《对外汉字教学十八法》提出了"词本位""字本位"相结合的教学路子,结合《新实用汉语课本》的编教实践,介绍了对外汉字教学十八法。文章对口语教学和书面语教学关系的讨论和处理有参考价值,值得重视。

汉字教学同语音教学一样,存在着针对不同国别学生的母语文实际、开展有针对性的教学的问题,这是近十几年来大家普遍比较关注的一个课题。尽管所开展的研究还不够,但毕竟有了一定的基础。本章选收了6篇文章。全香兰的《韩国人的汉字字音认知基础及其教学》和韩国学者孟柱亿的《韩国汉语教学的特点和问题——兼说汉字对韩国学生的正负迁移》讨论的是对韩汉字教学的问题。全文以《汉语水平词汇与汉字等级大纲》

中的2 905个汉字为主要研究对象,从韩国汉字音的认知单位、音节结构、音节数、语流音变中的特点以及中韩两国汉字音的对应关系等方面进行比较,揭示韩国人学习中国汉字字音的认知基础,提出了汉字学习和教学中需要克服的障碍、干扰和对策。文章材料丰富、描述细致,对于对韩汉字教学,尤其是字音教学有重要的参考价值。孟文尽管重点讨论的是韩国人汉语教学和学习的问题,但汉字对韩国人的影响是问题的主线。文章对汉字给韩国人在汉语学习中带来正面和负面影响进行了具体的分析,所举的很多实例在对韩国学生的教学中有很好的应用价值。郑杰的《试论对日汉字教学——日本留学生汉字生字考察统计分析》和王幼敏的《对日本人书写中文汉字差错规律的分析及思考》讨论了对日汉字教学的问题。郑文依据HSK汉字等级大纲,对大纲中汉日同形字、汉日异形字分布情况和分布形式作了考察,确定了日本学生汉字生字的数量和范围,这对于有的放矢地进行对日汉字教学有很好的参考价值。王文对日本学生汉字书写错误作了分类描述,指出日本学生的汉字错误有和欧美学生不同的特殊性,其中受日文汉字干扰是一个重要因素。文章同时提出了纠正错误的方法。田惠刚的《关于对西方国家学生汉字教学的理论性思考》和朱志平的《波兰学生暨欧美学生汉字习得的考察、分析和思考》是对西方国家学生进行汉字教学的探讨。田文讨论了汉字教学十四个方面的问题,其中有的是汉字本体,有的是教学方法,还有其他包括教师、教材等问题。朱文以波兰一所大学汉语专业学生为对象,并以美国一所大学的一组学生为对比组,对欧美学生汉字习得状况和特点进行了考察。文章认为,施之以有效的教学手段,保证足够长的有效训练时间,并在教学中注重汉字形、音、义的全方位训练,就有助于以拼音文字为母语文字的学生克服自身母语背景条件的干扰而习得汉字。该文材料扎实,分析具体,有启发意义。

　　近些年来,汉字及汉字教学研究领域实证性研究越来越多,注重第一手资料的获得,注重调查和实验,这是个十分可喜的现象,也是学科不断深化的标志之一。在"汉字教学调查与实验"一章我们选收了4篇文章。石定果和万业馨的《关于对外汉字教学的调查报告》是一篇有分量的研究报告。文章得出了几点重要认识:一是留学生对字音的高度重视超乎我们的想象;二是留学生多数希望采取先整字然后归纳分析的教学步骤,与我们惯常主张的由独体到合体、由部件到整字的程序相悖;三是留学生多数赞成汉字和汉语教学同步进行。这些都启发我们重新思考一些重要问题。钱学烈的《对外汉字教学实验报告》介绍了一次为期16天的教学实验。根据实验得出几点认识,有一定的启发价值。邢红兵的《留学生形声字声旁规则性效应调查》设计了一项心理实验,试图回答三个问题:一是二年级的外国留学生在认读汉语形声字时有没有形成规则性效应;二是外国留学生认读汉语形声字规则性效应和汉字频率有没有关系;三是规则性效应和留学生的汉语水平、母语背景的关系等。江新的《初学汉语的美国学生汉字正字法意识的实验研究》也是一篇心理实验报告,通过一些实验任务发现了一些规则性正字法效应及其应用范围。文章据此提出了两条建议:一是应当重视培养学生的汉字正字法意识,二是应当对汉字的正字法规则进行研究和概括总结。

二 汉字及汉字教学研究的不足

如上所述，近十几年来汉字及汉字教学研究已经取得了很大的进展，无论是成果的量还是质都大不同于以往，两大推动力无疑起了重要作用。同时我们也要看到，汉字教学效率和质量问题仍然没有很好地解决，这与研究中存在的缺陷有直接的关系。

1. 汉字理论研究和汉字教学研究缺乏有机结合

汉字教学研究中存在的问题主要是理论与实践相结合的问题。虽然已经出现了相互渗透的可喜趋势，但其中有些问题尚未得到解决。

从事本体研究，进行理论探讨完全可以自成一家，但作为教学基础的本体理论则无法忽略以下问题：首先，这一理论是否符合汉字体系的真相。因为汉字教学的目的就是让学习者了解并学会掌握、运用汉字，如果我们自身对汉字的了解并不清楚或相对片面，势必会导致学习者在认识上的偏误。其中典型的例子，当属汉字是表意文字的看法。作为汉字性质讨论，自可见仁见智，继续进行下去。但根据这一认识，汉字教学中几乎没有音符教学的位置。结果是学生只是学了独体表意字，既不能就此得到形声字字义，又无法了解声旁的表音状况。其次，是否作过可行性论证。即这样的理论或看法在教学实践中有无实施的可能。例如先教独体字，后教合体字，对这一主张的根据自然也经过认真思考，如：符合汉字造字的历史进程；认知上由易到难，符合循序渐进的学习规律等等。姑且不论是否真的符合历史进程,也不论现行汉字教学是否应该符合历史进程,只要考察一下作为声旁的独体字(或非独体字)的常用程度,就可以知道这样的主张实行起来绝非易事。①

2. 汉字教学研究的可行性论证尚需加强

汉字教学研究的目的是改进教学模式和方法,进而提高教学效率和质量,因此,比较理想的做法是先进行一定的理论思考,再进行教学设计,并进行教学实验,最后拿出成果。遗憾的是,有不少文章在作了理论探讨后常常只是提出一些构想,但是否已经实施并未作明确交代。因此,这类研究的可信性就要打折扣了。

3. 非汉字文化圈汉字教学研究不够深入

针对性教学是多年来一直强调的理念,但在汉字教学研究中做得还很不够,尤其是针对非汉字文化圈学生的汉字教学研究非常欠缺,以至于选文很困难。有的文章谈的虽然是西方国家汉字教学问题,但好像对汉字圈学生也适用。很难看到微观的、实证性的好文章。对非汉字文化圈学生的汉字教学应该是对外汉语教学的重点,加强这方面的研究属当务之急。

4. 调查手段和分析过程存在缺陷

教学研究早已越过了经验介绍的阶段,对教学对象的已有能力和学习策略的调查受到了重视,对认知规律以及第二语言习得的研究取得了可喜的进展。但与此同时,调查手段和分析过程中也存在一些缺陷。例如对学习者的知识来源尚缺少足够

---

① 详见万业馨《略论形声字声旁与对外汉字教学》,《世界汉语教学》2000年第1期。

的重视和深入的分析。尤其是零起点学生,他们对汉字的了解和认识绝大部分来自教师的讲授和教材所作的说明。他们所具有的看法或采取的学习策略很大一部分是课堂教学的结果而非自然语言环境中的习得所获。根据他们这时的表现或表述进行分析统计,稍有不慎,便有可能陷入循环论证的泥潭。

2006 年春

上编　汉字本体研究

第一章

字形研究

第一节 笔画与笔顺

壹 汉字笔画规范[①]

语言文字规范工作的水平,在很大程度上取决于规范标准科学性的高下。

中国的现代汉字字形规范工作,在这四五十年间,经过几代语文工作者的不懈努力,取得了令人瞩目的成绩。但信息社会的汉字学习和使用,呼唤着更高的规范水平,归拢、梳理、研究、解决现存的不足,进一步提高现代汉字规范化的水准,无论对于对外汉字教学,还是对于一般的识字教学以及汉字的书写、汉字的检索、汉字汉语的计算机处理等都是十分重要的。下面仅就现代汉字笔画的进一步规范问题,提出初步建议,供大家讨论。

一 笔画的种类

笔画是组成现代汉字字形的最小单位。现代汉字的笔画到

---

① 本文以"现代汉字笔画规范刍议"为题发表在《世界汉语教学》1997年第2期,作者费锦昌。

底有多少种？这是现代汉字最基本的问题。无论是用于对内还是对外汉字教学的课本，在交代了汉字的概况以后，第一课的内容就会涉及这个问题。遗憾的是，现代汉字笔画的分类至今还不统一。我们从众多著述中选出四种作了一个小小的统计。其中，傅永和的《汉字结构和构造成分的基础研究》（简称《研究》）①可看做主管语文工作部门的代表，张静贤的《现代汉字教程》（简称《教程》）②和李大遂的《简明实用汉字学》（简称《简明》）③可以看做是对外汉语教学部门的代表，胡裕树的《现代汉语》（简称《现汉》）④则是高等院校"现代汉语"教材的权威著作。从他们四家的现代汉字笔画的分类、名称对照表（见下页表1）可知，四家所定的类别和名称不尽一致。

《研究》把现代汉字笔画分为两大类：平笔笔形6种和折笔笔形23种，折笔笔形又分为单折笔12种和复折笔11种，共计29种。《教程》分为基本笔形6种，派生笔形25种，共计31种。《简明》分为基本笔画8种和变体笔画27种，共计35种。《现汉》分为主要笔形8种和变化笔形25种，共计33种。

现代汉字的基本笔画，《研究》和《教程》相同，都是6种；《简明》和《现汉》一致，都是8种。二者的表面差别在"折（ㄱ）"和"钩（亅）"。深层区别在于分类的着眼点不完全相同。《研究》和《教程》着眼于现代汉字笔画形状的成因，认为其他笔形都是由

---

① 傅永和《汉字结构和构造成分的基础研究》，收入陈原主编的《现代汉语用字信息分析》，上海教育出版社1993年版。
② 张静贤《现代汉字教程》，现代出版社1992年版。
③ 李大遂《简明实用汉字学》，北京大学出版社1993年版。
④ 胡裕树《现代汉语》（增订本），上海教育出版社1987年版。

表1 现代汉字笔画的分类、名称对照表

序号	笔形	傅永和《研究》	张静贤《教程》	李大遂《简明》	胡裕树《现汉》
1	一(三)	平笔笔形/横	基本笔形/横	基本笔画/横	主要笔形/横(长横)
2	丨(中)	平笔笔形/竖	基本笔形/竖	基本笔画/竖	主要笔形/竖(长竖)
3	丶(主)	平笔笔形/点	基本笔形/点	基本笔画/点	主要笔形/点(右点)
4	丿(八)	平笔笔形/撇	基本笔形/撇	基本笔画/撇	主要笔形/撇(斜撇)
5	乀(人)	平笔笔形/捺	基本笔形/捺	基本笔画/捺	主要笔形/捺(斜捺)
6	㇀(虫)	平笔笔形/提	基本笔形/提	基本笔画/提	主要笔形/挑(平挑)
7	㇆(口)	折笔笔形/单折笔/横折	派生笔形/横折	基本笔画/折(横折)	主要笔形/折(横折)
8	㇇(又)	折笔笔形/单折笔/横撇	派生笔形/横撇	变体笔画/横折撇	变化笔形/横折撇
9	㇉(买)		派生笔形/横钩	变体笔画/横钩	变化笔形/横钩
10	㇅(月)	折笔笔形/复折笔/横折钩	派生笔形/横折钩	变体笔画/横折钩	变化笔形/横折钩
11	㇊(计)	折笔笔形/复折笔/横折提	派生笔形/横折提	变体笔画/横折提	变化笔形/横折挑
12	㇈(朵)	折笔笔形/复折笔/横折弯	派生笔形/横折弯	变体笔画/横折弯	
13	㇙(四)		派生笔形/横折折		
14	㇌(风)		派生笔形/横折斜钩	变体笔画/横折斜钩	
15	㇉(九)	折笔笔形/复折笔/横折折钩	派生笔形/横折弯钩	变体笔画/横折弯钩	变化笔形/横折右弯钩
16	㇋(队)	折笔笔形/复折笔/横折弯钩	派生笔形/横撇弯钩	变体笔画/横撇弯钩	变化笔形/横折左弯钩
17	㇊(及)		派生笔形/横折折撇	变体笔画/横折折撇	
18	㇋(乃)	折笔笔形/复折笔/横折折折钩	派生笔形/横折折钩	变体笔画/横折折钩	变化笔形/横折折折钩
19	㇋(乃)		派生笔形/横折折折		
20	㇄(民)	折笔笔形/单折笔/竖提	派生笔形/竖提	变体笔画/竖提	变化笔形/竖挑
21	㇗(山)	折笔笔形/单折笔/竖折	派生笔形/竖折	变体笔画/竖折	变化笔形/竖横
22	㇚(小)	折笔笔形/单折笔/竖钩	派生笔形/竖钩	基本笔画/钩(竖钩)	主要笔形/钩(竖钩)
23	㇞(四)	折笔笔形/单折笔/竖弯	派生笔形/竖弯	变体笔画/竖弯	
24	㇌(心)	折笔笔形/单折笔/捺提	派生笔形/竖弯钩	变体笔画/卧钩	变化笔形/卧钩
25	㇟(儿)	折笔笔形/复折笔/竖弯钩		变体笔画/竖弯钩	变化笔形/竖右弯钩
26	ㄥ(专)	折笔笔形/复折笔/竖折撇	派生笔形/竖折撇	变体笔画/撇折撇	变化笔形/竖折撇
27	㇌(鼎)		派生笔形/竖折折		
28	㇗(马)	折笔笔形/复折笔/竖折折钩	派生笔形/竖折折钩	变体笔画/竖折折钩	变化笔形/竖折折钩
29	㇁(女)	折笔笔形/单折笔/撇点	派生笔形/撇点	变体笔画/撇点	变化笔形/撇点
30	㇂(公)	折笔笔形/单折笔/撇折	派生笔形/撇折	变体笔画/撇折	变化笔形/撇折
31	㇁(代)	折笔笔形/单折笔/捺提	派生笔形/斜钩	变体笔画/斜钩	变化笔形/斜钩
32	㇁(家)	折笔笔形/复折笔/竖弯钩	派生笔形/弯钩	变体笔画/弯钩	变化笔形/竖左弯钩
33	㇉(辽)	折笔笔形/复折笔/横折折钩			
34	一(千)			变体笔画/平撇	变化笔形/平撇
35	丿(月)			变体笔画/竖撇	变化笔形/竖撇
36	㇏(之)			变体笔画/平捺	变化笔形/平捺
37	丶(小)			变体笔画/左点	变化笔形/左点
38	丶(不)			变体笔画/长点	变化笔形/长点
39	一(上)				变化笔形/短横
40	丨(卓)				变化笔形/短竖
41	丨(中)				变化笔形/悬针竖

6种笔画组合演化出来的(包括"折"和"钩"),所以认定这6种是基本笔画。《简明》和《现汉》则是对现代汉字笔画形状进行静态描写,把它们区别为8种基本形态。进一步分立细类的时候,《研究》和《教程》注意的是各种笔画在组成不同部件或整字时所具有的区别特征;《简明》和《现汉》则兼顾了书法的笔画形态,如"平撇、平捺、左点、长点、短竖、长竖、悬针竖"等。我们认为,现

代汉字笔画种类的区分可以根据不同的需要确立不同的标准。如果着眼点是构造字形的最小单位,就应该突出每类笔画的总体特点,强调它们在组成不同部件和整字过程中的区别特征,至于在造字的区别特征总体相同的前提下有这样那样的细微变化,在分类时可以忽略不计;如果主要是为了书法,则应该注意每类笔画在不同位置上的多变形态,强调各种变化形态的个性。

不管是为了哪种需要、突出哪种特性,分类时都要保持标准统一,把适应不同需要的不同特性羼杂在一起作为标准是分类的大忌。比如以组成不同部件和整字的区别特征为分类标准时,无论是分还是合,都要服从构造不同部件和不同整字的需要。如"口"的第二笔(㇕)、"又"的第一笔(𠃌)和"买"的第一笔(㇕),它们的不同形态在组字时有明显的区别作用,就不宜把这三种笔形归并为"横折"一类。再如"心"的第二笔(乚)和"儿"的第二笔(乚),其差别仅在弯度的宽窄,在组字时不构成明显的区别特征,似不必分为"竖折钩"和"捺提"两种笔画。

在统计过程中,我们发现有的笔画是"刻意求简"那个时代的产物。简化汉字工作的成绩巨大,但曾经走过一段弯路,在"少一笔总比多一笔好"的简化观念指导下,片面追求笔画数的减少,有时甚至把原先分开或可以分开的笔画硬连起来,以求得全字笔画数下降的效果。比如"专"字是采用草书楷化方法造出的简化字,全字4笔。其中的第三笔"竖折撇"(ㄣ),除了受草书一笔连下的影响外,还有片面追求减少笔画数的想法在起作用。这个笔画,在现代通用汉字范围内,除了"专"字和以"专"为部件的字以外,不构成别的字。它的构字率很低,写起来也别扭。建议以后整理字形时,把这个"竖折撇"一分为二:"竖"(丨)和"横撇"(フ),把"专"写作"专"。笔画数虽增为 5 笔,但"专"的整体面貌没有大变,书写时顺当了,现代汉字的笔画系统中还减少了一个构字率很低的笔画种类。类似的还有:"及"的第二笔"横折折撇"(ㄋ),可以分为"横折"(フ)和"横撇"(フ);"乃"的第一笔"横折折折钩"(ㄋ),可以分为"横折"(フ)和"横折钩"(乛);"凹"的第二笔"横折折"(ㄴ),可以分为"横折"(フ)和"横"(一);"凸"的第四笔"横折折折"(ㄋ),可以分为两个"横折"(フフ);"鼎"的第六笔"竖折折"(ㄣ),可以分为"竖折"(ㄴ)和"竖"(丨),等等。这些笔形都是书写时的难点。举出上面这些例子,只是为了说明现代汉字的笔画规范要跟现代汉字字形整理联系起来。如果这个建议能被采纳,现代汉字中将减少一批多折的笔画。

至于有的著述中列出的令人不解的笔画种类,如《汉字结构和构造成分的基础研究》中举出的一种"复折笔""了(横折折钩)、辽字的第一笔",明显跟国家主管部门颁布的标准字形相抵触(《现代汉语通用字表》规定"辽"字是 5 笔、"了"字是 2 笔),我们相信是一时的笔误或排印的疏漏,暂不论。

二　笔画的名称

汉字笔画的命名,可以说这些年来从没有认认真真地做过研究和统一工作。"永字八法"的"侧、勒、努、趯、策、掠、啄、磔",太生僻,不能沿用。民间习用的称说,各地不统一,有的也不科学。目前语言文字工作主管部门推行的是一套描写式的称说法,比如"横撇"(フ)、"竖提"(ㄴ)、"横折提"(ㄋ)、"竖弯钩"(ㄴ),等等。这样称说比较直观、形象,但也有不尽人意的地方。一是不统一,比如,"提"(一),有的叫"挑";"竖弯钩"(ㄴ)有的叫

"捺提"。再如,"折",有的遇到笔形拐弯就加一个"折",有的在"钩"或"撇"前就不加,于是同一笔画的名称中"折"的个数就不一样,如"ㄋ",有的叫"横折折钩",有的叫"横折折折钩";"ㄣ",有的叫"竖折撇",有的叫"竖折折撇"。二是复杂折笔的名称太长,太拗口,如"竖折折""横折折折钩"等,简直像绕口令,非把小学生和外国学生绕糊涂不可。能不能在整理笔画种类、减少复杂笔形的基础上,以现行的直观形象命名法为基础,给那些复杂的笔形起一个容易上口容易记忆的名称?

三 笔形的归类

汉字的笔画形状有二三十种,但有的场合没有必要细分,比如根据笔画笔形来检索汉字的时候,对笔形进行粗分类反而方便。于是人们就对现代汉字笔形进行归并。考虑到以"横"为末笔的部件出现在左边时,末笔"横"都要形变为"提"(如"埋"左边"土字旁"的末笔、"站"左边"立字旁"的末笔),于是把"提"并入"横";为了字形结构的内聚、匀称,需要"捺"变形时,它都形变为"点"(如"种"左边"禾字旁"的末笔、"餐"上边"又"的末笔和下边"食"的末笔),于是把"捺"并入"点";凡是带拐弯的笔画则总起一个类名叫做"折"。现代汉字的笔画形状遂归并为五大类:横、竖、撇、点、折。

应该提请讨论的是"竖钩"(亅)的归类。有关部门把它归入"竖",理由是"因为竖下的钩本来是没有的,是由楷书的笔势顺带出来的",笔者以为,在汉字由图形化而线条化而笔画化的演变过程中,"由楷书的笔势顺带出来的"可能不仅仅是竖下的钩,但咱们讨论的是现代汉字笔形的归类问题,那就应该以现代汉字客观呈现的笔形作为依据和讨论问题的出发点,至于某个笔形的某个局部是不是在某一个时期由某一种书体"顺带出来的",那倒无关紧要。把二三十种笔形归并为五种,目的只是为了分析字形时方便和查字时简捷,所以最重要的应该有两点:一是看被归并的笔形在现行汉字中有没有区别字形进而区别字义的作用,二是看归并以后是否使查字法更加方便了。事实证明,把"竖钩"归入"竖",无论对区别字形还是对查字法只有负面效应。

把"提"归入"横",把"捺"归入"点",正常的笔画变形非但可以而且必须,即使书写时误置了,该变的不变,不该变的变了,除了会使字形结构略显松散、笨拙以外,在现行汉字中都不会造成字形记录字义的混乱,但是,"竖钩"和"竖"就不一样了。如果把"竖钩"跟"竖"互换,就会把甲字变成乙字,最典型的例子是"于"和"干"。由它们分别组成的字,在现行汉字中常见的有:

于:圩芋吁宇迂纡盱竽

干:刊邗讦顸捍旱汗犴悍杆秆焊罕赶竿肝矸岸酐鼾
上面两组字中的"于"和"干"都不能互换,否则就成错字或别字。笔画归类时把"竖钩"归入"竖"容易造成字形上的混乱,对识字教学不利。

从字形上看,"竖提"和"竖钩"都是曲折笔形,其差别仅在折笔的方向,一个向右"提",一个向左"钩",归类的时候,为什么向右的就该归入"折",向左的就该归入"竖"呢?这在逻辑上也说不通。归类是一种人工干预,"统一标准"、"方便使用"是最起码的要求,所以我国具有权威性的工具书《辞海》在查字表中就坚持把"竖钩"跟"竖提"一起归入"折"。

从查字法的角度考察,当字符按笔画数和笔形(横、竖、撇、点、折)排列时,把"竖钩"归入"竖",会把组字率很高的"提手旁"和"土字旁"两个字族掺杂在一起,影响查字速度,请看下例。

1. 如把"竖钩"归入"竖":(取样选自《现代汉语通用字表》)

匡耒邦玎玑式迂刑邢戍动圩圬圭扛寺吉扣扦圪考托圳老圾巩执扩圹扪扫圯圮地扬场耳芋芏共芊芍茇芃芒亚芝芎苣芗朽朴机权过亘臣吏再协西压厌库戌在百有存而页匠夸夺夼灰达戍灺列死成夹夷轨邪尧划迈毕至

2. 如把"竖钩"归入"折":

匡耒邦玎玑式刑邢戍动迂圩圬圭寺吉圪考圳老圾巩圹圯圮地场耳芋芏共芊芍茇芃芒亚芝芎苣芗朽朴机权亘臣吏再协西压厌库戌在百有而页存匠夸夺夼灰达戍灺列死成夹扛扣扦托执扩扪扫扬夷轨尧划迈毕至过邪

无论是从识字教学还是从查字法来考察,都应该把"竖钩"归入"折"。我们不希望仅仅因为是"成规",就不愿做这样的"举手之劳",从而影响了笔画规范水平的进一步提高。

四 笔画的组合和形变

多部件字在结体时,为了呈现方块汉字向心、内聚、匀称、稳定的风格特点,有些部件的笔画要产生形变,使部件与部件之间,或上覆下托,或左抑右扬,形成整体美。从规范的角度看,笔画的组合和形变有两类问题,一是笔画形变的规律性尚须加强,二是有些笔画的形变失度,影响了字形的规范。

笔画形变是必要的,但形变必然加重人们的记忆负担。增强笔画形变的规律性,使书写者易于掌握,是做好笔画规范工作的一项重要内容。现有的规范在这方面存在不足。拿"木"字来说,当独用、在右(部分)、在上(部分)时,不形变,如:木、沐、休、杏、李;当在左(或它的右边还有部件)、在全包围和半包围结构中时,末笔捺变为点,如:机、材、森、困、闲;当在下(部分)时,不形变,如:呆、荣、柒、梨、梁;当在某些用草书楷化方法造的简化字的下方时,第二笔竖改为竖钩、第三笔撇缩短并略离竖钩、第四笔捺改为点也略离竖钩。如:杀、杂、亲;当某些字有多个捺笔并存时,为了避重捺,"木"的末笔捺改为点,如:樊、焚、爨。这样的形变规则显然是太复杂了。台湾规定的"木"的形变规则比较明确简单:独用、在右时,一律不变,作"木";在上时,一律把末笔捺改为"长点";在左时一律把末笔捺改为"短点";在下时,一律把末笔捺改为"长点",同时第三笔撇和第四笔长点略离第二笔竖。我们可以参考台湾整理字形的有些做法,把笔画形变的规范工作做得更好些。

在具有权威性的部颁标准《现代汉语通用字表》中,字形规范不科学、不合理的,不是一处两处。如"敝",它的第五笔是"𠃍(横折钩)"。当"敝"作为构字部件并都处于字的上半部时,在有些字中形变为"𠃍(横折)",如:"鳖""鳘",但在另一些字中又不发生形变,仍为"𠃍(横折钩)",如:"弊""憋"。规律性这样差、任意性这样强,有时使人怀疑自己的眼睛是不是看错了,有时又使人不得不怀疑是不是规范标准在局部出现了闪失。这种疏忽使权威的工具书也无所适从。《新华字典》(1992年重排本)的"弊、憋、鳖、鳘",它们的第五笔全不带钩。《现代汉语词典》1983年第二版四字的字形全同《现代汉语通用字表》所据的《印刷通用汉字字形表》,即"弊、憋"带钩,"鳖、鳘"不带;1996年修订本四字的字形又改为全不带钩，即不同于部颁标准《现代汉语通用字表》的字形。这可以看做笔画形变失当从而影响字形规范的典型例子。①

五　笔顺

笔顺，在汉字中，一指笔画的走向，如写"横"是从左到右，写"竖"是从上到下；二指写字时笔画出现的先后顺序，如写"三"是先写最上一横，再写中间一横，最后写下边一横，合起来统称笔顺。

笔顺是把字写快、写好的一个重要因素，也是利用笔画笔形查字法快速检字的必要条件，又是电脑处理汉字时经常用到的一个属性（比如汉字编码、联机手写体汉字自动识别等）。对于外国人来说，面对七千通用字平均笔画数高达 10.75 笔的书写符号系统，笔顺是他们写汉字的一个把手。

中国还没有发布过一份专门为现行汉字笔顺制订的国家标准或部颁标准。② 语文主管部门现在推行的笔顺规则又由于表述手段的局限留下了很多模糊点。但有人们长期约定俗成的习惯作基础，有语文主管部门和教学部门的积极引导，应该说，现代汉字的笔顺基本上是统一的。重点摸清常见的分歧点（包括主管部门推行的规则中若干自相矛盾的地方），通过深入研究，得出各方面都能认可的解决方法，在此基础上，由主管部门公布笔顺的国家标准或部颁标准，是进一步提高笔顺规范水准的可

---

① 《新华字典》2004 年第 10 版、《现代汉语词典》2005 年第 5 版中"弊、憋、蹩、鳖"四字的字形符合现有规范。（编者补注）

② 国家语言文字工作委员会、中华人民共和国新闻出版署 1997 年 4 月联合发布了《现代汉语通用字笔顺规范》，语文出版社 1997 年出版。（编者补注）

行办法。

比如"及"的笔顺是：丿及及，"乃"的笔顺是：乁乃，"方"的笔顺是：丶一方方。这三个字中都含有撇笔与折笔的组合，但规定的笔顺却不同，徒然增加了人们的记忆负担。特别是那个"方"最后两笔的笔顺，既不符合从上到下的规则，也不符合由左到右的规则。我认为这一笔顺是汉字竖行书写时为缩短"方"的末笔到下一字的起笔的笔程服务的。建议把这三个字的笔顺统一为：及——丿及及，乃——丿乃，方——丶一丆方。

再如"业、亚、非"，它们的基本形态都是中间有两竖作为全字的轴心，但"业、亚"是先写中间两竖，再写两旁的点撇，"非"却是先写左边一竖，再写左侧三横，然后再写右边一竖，最后写右侧三横。为什么不能把它们统一起来，规定"非"字也先写中间两竖呢？与此相类的是"肃"和"渊"。"肃"的下边是先写中间的撇、点，再写左侧一长撇，最后写右侧一长竖，而"渊"的右旁是先写左边一长撇，再写中间的"米"，最后写右边一长竖。为什么不能把它们统一为先中间后两边呢？

又如"瓦、蚤、卵、夜"，都有全包围结构中的点，但"瓦、蚤"是先封后点，"夜"是先点后封，"卵"是左边的先点后封、右边的先封后点。

举出以上几例仅仅是为了说明现有的笔顺规则离规范标准的要求还有差距。① 上面，分别从笔画的种类、笔画的名称、笔

---

① 国家语言文字工作委员会中文信息司拟调整 7 000 通用汉字范围内少量字的笔顺，如：明确两个字的笔顺（火、凹），改定四个字的笔顺（方、万、脊、敝）。1996年8月正在征求意见。我们认为需要调整的绝不止上述六个字。如果不作深入的研究和通盘的考虑，零打碎敲、小修小补，可能会治丝益棼。1988年重新发布《简化字总表》时对少数几个字的调整就是前鉴。

形的归类、笔画的组合和形变、笔顺等五个方面举例性地描写了在现代汉字的笔画层面规范水平不高的种种表现。总起来说，规范水平的差距表现在三方面：一是至今还没有规范标准，如现代汉字的笔画种类、现代汉字的笔画名称；二是已有规范标准，但不够明确的，如现代汉字的笔顺；三是已有规范标准，但标准本身的科学性还有待提高的，如笔画形状"竖钩"的归类、某些笔画的组合和形变，等等。这些问题的存在正在影响对外和对内汉字教学的效率，正在给汉字的使用特别是汉字信息处理造成麻烦。加强科学研究，消除这些不足，进一步提高汉字笔画乃至整个现代汉字字形的规范水平，正是我们语文工作者的责任。

贰 汉字的折笔[①]

一

笔画教学被看成是汉字字形乃至汉字教学的基础，但是学术界对汉字笔画的基本形式即汉字基本笔形的类别、不同笔形的总数等等，至今尚无定论。《现代汉字教程》（时代出版社，1992）列基本笔形"横、竖、撇、点、捺、提"6种，派生笔形25种，共计31种。《现代汉字学》（高等教育出版社，1993）、《现代汉字学纲要》（北京大学出版社，1994）与其相同。但是，高校的一些现代汉语教材却有所不同。黄伯荣、廖序东主编《现代汉语》（增

---

① 本文以"折笔的研究与教学"为题发表在《语言文字应用》2001年第4期，作者易洪川。

订二版,高等教育出版社,1997)列单一笔画"横、竖、撇、点、折"5种,变化笔画 36 种,共计 41 种。邢福义主编《现代汉语教程》(湖北科学技术出版社,1994)列基本笔画"点、横、竖、撇、捺、提" 6 种,变形笔画 29 种,共计 35 种。一些辞书例如《现代汉语词典》《新华字典》,基本笔形只有"横、竖、撇、点、折"5 种。这些自然会给汉字字形教学带来一系列问题。

归纳起来主要是两个:A. 某个笔形是不是折笔？B. 这个折笔该怎么指称？它还关系到汉字的书写以及利用汉字笔形的录入、检索等,值得认真研究。

二

折笔笔形都是复合笔形,多笔之间笔尾、笔首相连是其明确的形式特征,推论起来,折笔的认定应该不成问题。例如"厂"不是折笔而"丑"字中的"㇕"是折笔,就是因为"厂"是笔首与笔首相连,"㇕"才是笔尾与笔首相连。而事实上,多笔之间的尾首相连还有种种复杂状况,现在称为折笔的笔形之所以存在种种问题正与这种复杂状况有关。

首先,多笔之间笔尾、笔首相连只是折笔笔形成立的必要条件,而不是充分条件,所以"爪、白"两字中撇与撇、撇与竖之间的笔尾、笔首相连,传统上都不被看做是折笔。有论者说它们之所以不被看做折笔,"是因为'撇'是出锋的笔画,既然出锋就不好和下一笔连接为一了"。[①] 但是从现代汉字角度看,"出锋就不好和下一笔连接为一"的理由并不一定总能成立,例如撇折"ㄥ"

---

① 王凤阳《汉字学》第 238 页,吉林文史出版社 1989 年版。

里也有撇，仍然被看做是一笔。所以，这种说法缺少解释力，"爪、臼"里相关的笔形之所以不是折笔，需要另外概括出折笔的构成规则以进行合理解释。又如"ㄥ"状字形单位，有时是折笔，如在"山"字中；有时不是折笔，如在"口"字中。它表明有的二合折笔与相关笔形有着各自不同的构成规则，需要分别概括。汉字教材多附有《汉字笔画表》，折笔的成立与否，通常是以表中给出的笔形为标准，对号入座。

其次，折笔的笔向变化多端。横、竖、撇、捺、提等笔形，线段平直，笔向即笔画的走向单纯而固定。横类（横笔、提笔）的基本笔向是从左至右，不过提笔是从左下至右微上。竖类（竖、撇、捺）笔形的基本笔向是从上至下，只是撇笔的笔向是从右上至左下，捺笔的笔向是从左上至右下。折笔的笔向就复杂多了，它总会出现这样或者那样的变化。例如"儿"字的第二笔"乚"，先从上至下，再从左至右，最后还要逆时针方向一钩；又如"乃"字的第一笔"乃"，算上顺时针方向的钩，总共变了四次。方向、笔形的每次改变，都造成了不同折笔。黄伯荣等主编的《现代汉语》共载有变化笔画36种，其中24种（卧钩归于竖弯钩）复合笔画都是折笔。即使能对号入座，要记住它们的名称，也不容易。

第三，折笔内部构成成分不同质。现在有关教材里作为基本笔形的折笔，实际上包括了无钩折、含钩二合折、含钩多合折三种情况：

1. 无钩折。无钩折是由横、竖、撇、捺、点、提等等基本笔形二合或者多合的折笔。例如"么"字中的"ㄥ"是撇笔、横笔二合而成，"专"字的"ㄣ"是竖笔、横笔、撇笔三合而成。前引《现代汉语》笔画表中的横撇、横折折撇、竖折折撇、撇点、撇折等共11种折笔属此类,它出现在两个基本笔形的结合部。竖笔、横笔尾首相连构成的折,写得比较圆转,也称作弯,例如"沿"字的第五笔叫横折弯。

2. 含钩二合折。钩不是独立笔形,而是黏着在基本笔形和无钩折尾部的短线段。例如"买"字的第一笔即横笔尾部的黏着性部分,又如"于"字的第三笔、"弋"字的第二笔笔尾处。含钩二合折由基本笔形同钩二合而成。《现代汉语》笔画表中共有横钩、竖钩、斜钩、弯钩4种钩。钩总是出现在某个基本笔形的尾部,是横、竖、撇、捺等笔写完后笔锋变向带出来的短线;受整字布局影响,短线的笔向各不相同。不过,目前的识字教学尚未加以区分,仍然一律称为钩。竖提如"以"字的第一笔,也可以归于此类。

3. 含钩多合折。含钩多合折,实际上也就是无钩折黏上了钩。例如"心、礼、司、乃、亏、九"等字中的折笔,都是有钩黏着的折。《现代汉语》笔画表中有卧钩、竖弯钩、横折钩、横折折折钩、竖折折钩、横撇弯钩、横折弯钩等这样的折共计7种。横折提如"计"字的第二笔,也可以归于此类。含钩多合折,如果算上钩,都至少是三合笔形。

三种折笔的构成成分中,只有连带笔形钩是折笔特有的。

三

人们给折笔起的名称即折的叫名,也在某种程度上加大了折笔学习的难度。折笔是基本笔形构成的复合体,因此,用描写基本笔形所用的术语来描写折笔笔形,应该是顺理成章的事。

但现在二者所用的术语不一致,折笔自成体系,另用"折、弯、钩"等描写。折笔中笔向改变的地方,有"折、弯、钩、零形式(或者说是连续给出的次笔笔形)"多种说法,个别折笔的叫名还存在两可的情形。用"折"称说的例如"凹"字的横折折,"甚"字的竖折;而"折"不能表示折自身角度大小,例如复合笔形"横折折折"中折的角度就大于"横折折折钩"中折的角度。用"弯"指称的例如"几"字的横折弯钩,"札"字的竖弯钩。"弯"是关于书写技法的,部件末笔是竖类笔形与横类笔形所构成的折时,结合处要写得圆转。用"钩"称说的如"买"字的横钩,"小"字的竖钩。用零形式指称的例如"女"字的撇点,"又"字的横撇。"又"字的折笔还是两可的例子,多数书上称它为横撇,是零形式;也有书上称它为横折撇,如高教社版黄伯荣、廖序东主编《现代汉语》(增订版,1993),用了"折"来指称。另一方面,同一叫名又有不一致的地方。笔形"弯钩"里的"弯",是指有一定弯曲度的捺笔黏着钩,例如"豕"字的第三笔。而笔形"竖弯钩"中的"弯",是指竖笔笔尾连着横笔笔首。还有命名方式上的不一致:例如"又"字的折笔叫横撇,而"么"的折笔却不循例叫撇横。至于"斜钩"中的"斜",更是明显超出了描写汉字字形的术语系统。

折笔存在着顺时针方向和逆时针方向两个类别。可是现行教材上都一律称作"～折""～弯"或者"～钩"。这就掩盖了折笔间的差异,叫名同类而笔形不同类者普遍存在:例如都叫做"～弯钩","几"字的横折弯钩,钩是逆时针方向;"邦"字的横撇弯钩,钩是顺时针方向。折笔作为基本笔形的大类,包括了各种复合笔形。笔画表为每种复合笔形给出了叫名,这有利于强化记忆,很重要。但是,让一种笔形的叫名尽可能揭示出该笔形自身的特点以及它与另外的笔形之间的差异，也很重要，而且很值得研究。例如"凸"字的横折折折与"乃"字的横折折折钩，两笔笔形大相异趣，而名称只小有不同，很难反映出二者差异，不利于掌握。把"么"字的折笔称作撇折，也不足以揭示其特点，不足以把它与"女"字的折笔撇点区分开。撇折这一叫名只强调折的特征而不能断定它折成锐角，示差性弱。不同叫名用字应该表示不同笔形，否则就不能充分显示笔形差异，区别不同字形。

自成体系、叫名不能够揭示差异这两点，自然会造成折笔各个叫名的烦琐、含混。仍以复合笔形横折折折与横折折折钩为例，前者由基本笔形横、竖、横、竖复合而成，后者由基本笔形横、撇、横、撇黏带着钩复合而成。现在的叫名连用了同一个"折"字三次，在前例中依次分别表示"竖、横、竖"，后例中则是"撇、横、撇"，既繁复，又不明确。无怪乎有的留学生在听到横折折、竖钩等叫名时，不能给出笔形或者写错，如把横折折写成"Z"，把竖钩写成竖提。不仅留学生，根据我的试验，就是中国学生，听到竖折折、横折折的叫名而给不出正确笔形的人，也不止一个两个。看着《汉字笔画表》，仍然叫不出其中某些笔画名称的人，为数更是不少。甚至高校教材中也有不留神就弄错的，例如前引《现代汉语》就把"专"的折笔称作"竖折折撇"，而不是"竖折撇"。如果按照基本笔形连续方式把前三种笔形分别叫做"横竖横竖、横撇横撇钩、竖横撇"，并参照"竖钩""竖提"的叫名来区分不同方向的钩，顺时针方向的仍然叫钩，逆时针方向的改名叫提，其叫名就比现在简洁、明确。学习者在称说、书写时，出错的可能性也将大大降低。

四

　　折笔的教学应从笔向教学入手,强调指出横、提的基本笔向是从左至右,竖、点、撇、捺的基本笔向是从上至下。继而揭示汉字复合笔形构成规律:基本笔向不同类的笔形之间笔尾、笔首相连时,构成复合笔形,写正楷字时只算一笔。也就是说,折笔的前一笔如果是从左至右的,后一笔就是从上至下;前一笔如果是从上至下的,后一笔就是从左至右,能够"一以贯之"。"反"字中的撇、撇,"臼"字中的撇、竖,因为其基本笔向相同,所以不能构成复合笔形即折笔。对于复合笔形"撇点"以及"囗、贯、凹、凸"等字中的折笔特例,宜作个案处理,当然也可以进一步归纳出细则。同时把现有的钩分化为顺时针方向的"钩"和逆时针方向的"提",用不同称呼来区别黏着在基本笔形上的异向构形成分。这样的教法,应该能够比较容易地解决"某个笔形是不是折笔"的问题。

　　至于折笔的指称,统称仍然用"折",不同的折则仿照"撇点""竖提"的叫名,与基本笔形的叫名贯通、统一起来。凡是现行《汉字笔画表》上称为折笔的笔形,其叫名都由复合成折笔的基本笔形的名称连续给出这一方法构成。例如"乃"字的折笔,就直截了当地称说为"横撇横撇钩"。[①] 这样称说,做到了见笔形就能够知道叫名,知道叫名就能够给出笔形,不假思索。

　　下面是汉字复合笔画新旧名称对照表,表中的旧名称根据黄伯荣、廖序东主编《现代汉语》(增订二版)列出,仅把"竖折折撇"依例订正成了"竖折撇"。为了醒目,对部分例字也作了些调

---

① "乃"也有称为"横竖横撇钩"的。

整,尽量选用笔画少并且只有一个折笔的字。

表2　复合笔画折笔新旧名称对照表

笔画	旧名称	新名称	例字	笔画	旧名称	新名称	例字
フ	横折撇	横撇	又	一	横钩	横钩	疋
㇌	横折折撇	横撇横撇	及	亅	竖钩	竖钩	丁
ㄣ	竖折撇	竖横撇	专	乀	斜钩	捺提	弋
く	撇点	撇点	女	L	卧钩	竖横提	心
レ	竖提	竖提	以	)	弯钩	捺钩	豖
㇊	横折提	横竖提	计	L	竖弯钩	竖横提	儿
ㄱ	横折	横竖	丑	亅	横折钩	横竖钩	月
L	竖折	竖横	山	乃	横折折钩	横撇横撇钩	乃
㇌	撇折	撇横	么	㇉	竖折折钩	竖横竖钩	与
㇋	横折折	横竖横	凹	㇌	横撇弯钩	横撇捺钩	队
㇉	竖折折	竖横竖	鼎	㇈	横折弯钩	横竖横提	几
㇅	横折折折	横竖横竖	凸	㇋	横折弯	横竖横	沿

叁　汉字的笔形[①]

笔形就是汉字的笔画形状。

现代汉字是一个符号系统。它的结构单位可以大别为三级:笔画、部件、整字。大多数字都是由一个以上的笔画组成,所以,就总体而言,笔画是备用单位,不是使用单位。掌握现代汉字的笔画是掌握部件和整字的基础,而掌握笔画主要是学会辨认和书写笔形。

现代汉字的笔形跟拉丁字母的笔形相比,差别极大。研究

[①] 本文以"现代汉字笔形论"发表在《第二届国际汉语教学讨论会论文选》,北京语言学院出版社1988年,作者张静贤。

现代汉字笔形的特点,帮助外国学生较快较好地掌握现代汉字的笔形,是对外汉语教学中应该解决的一个问题。

一

汉字的历史悠久,现代汉字的笔形是从古代汉字的线条演变来的。早期的汉字以线条作为构成字形的物质外壳。线条的特点是粗细基本一致,笔形圆转,缺少波折变化。例如"永"字,甲骨文作 ，小篆作 ，都由一样粗细的线条组成。早期汉字使用线条构成字形,主要原因是当时的构字手段是"画成其物,随体诘诎",靠整个字形的形象性作为字与字之间主要的区别特征。其次,也跟书写工具有关。甲骨文是用刀刻在龟甲兽骨上的,金文多半是刻或铸在钟鼎上的。这样的书写工具不便刻写出富有粗细变化的线条。

随着社会的发展,人们用汉字交往日益频繁,传播面也不断扩大,字字"画成其物,随体诘诎"已经不能适应交际的需要。于是,汉字字形整体的形象性逐渐减弱,符号性逐渐加强。我国春秋战国时代同时流行的古文和籀文同甲骨文、金文相比较就可以看出图画意味减少了,符号性加强了。到了秦始皇统一六国以后,全国通用的小篆,其线条比籀文均匀整齐,形体进一步定型。发展到隶书,汉字的形体出现了大的飞跃,字形的形象性进一步减弱。这个发展趋势对构成字形的线条提出了必须具有鲜明的个性特点的要求。整体字形形象性的减弱,线条个性化的加强,正是各种笔形产生、定型的过程。汉代的隶书从"随体诘诎"的线条变成"仰、俯、波、磔"的笔画,为现代汉字的笔形奠定了基础。从魏晋南北朝通行至今的楷书,就是我们现代汉字通用的"点、横、竖、撇、捺"的笔形了。当然,多姿多彩的笔形得以产生,也跟书写工具主要改用软笔这一客观条件密不可分。

二

我国书法家早就对汉字笔形作过分析。唐朝孙过庭在他写的《书谱》中说:"代有笔阵图七行,……顷见南北流传,疑是右军①所制。虽未详真伪,尚可发启童蒙。"现存笔阵图共列举下列七种笔形:一、丶丿丨乀乚㇆。依上列顺序,今天的名称是:横、点、撇、竖、捺、钩、折。除上述"七条笔阵"外,书法家又有所谓"永字八法",也是对汉字笔形的归纳。宋朝陈思撰纂的《书苑菁华》所举"永字八法"如下:

侧
勒 啄
策 磔
掠 努
趯

"永字八法"中的"侧"就是"点","勒"就是"横","努"就是"竖","趯"(tì)就是"钩","策"就是"提","掠"就是"撇","啄"就是"短撇","磔"(zhé)就是"捺"。

目前,我国关于笔形的分类,除了沿用上述两种说法外,总的说来,有概括的和细致的两种分类法。

概括的分类法主要有四种说法。一种分为4类:点、横、直、撇(蒋维崧先生《汉字浅说》);第二种分为5类:点、横、竖、撇、捺

---

① 晋代大书法家王羲之曾担任过右军将军,所以后人称他王右军。

(胡裕树先生主编的《现代汉语》,张志公先生主编的《现代汉语》等);第三种分为6类:点、横、竖、撇、捺、提(丁西林先生的《汉字的笔画结构及其写法与计算笔画的规则》、文以战先生的《汉字的笔画和笔顺》等);第四种分为8类:点、横、竖、撇、捺、提、折、钩(高更生先生等编著的《现代汉语》、张静先生主编的《现代汉语》、郭锡良先生编著的《汉字知识》等)。

细致的分类法,各家的意见也很不一致。分类较少的如我国统编小学语文课本和张志公先生主编的《现代汉语》(上),分别列出21类和22类。分类较多的如黄伯荣、廖序东先生等主编的《现代汉语》(上),列出33类;高更生先生主编的《现代汉语》(上)列出36类。

各家分类异同的原因,主要是着眼点不同。如果从形位观念出发,目的是为了区别字形,以是否跟别的笔形混同为标准进行分类,分出的类别较少;如果从书法观念出发,主要目的是为了美观,兼顾了字形是否和谐匀称的原则,分出的类别较多。例如撇笔类,以统编小学语文课本和高更生等编著的《现代汉语》为例,除了双方共有的撇点("女"的第一笔)、撇折("公"的第三笔)两种笔形外,后者又分出平撇("千"的第一笔)、竖撇("月"的第一笔)。点类,后者又细分出左点("字"的第二笔)、长点("难"的第二笔)。这些分类主要都是从书写美观这一需要出发的。

对笔形进行分类是为一定的目的服务的。目的不同,分类也不同。若是为了工具书编排和查检的需要,分类不妨粗些;若是为了写好汉字,方便书法教学,则分类应略细些。同是为了书写,又因使用软笔和硬笔而作不同分类。如竖笔,若为软笔书写服务,可细分为短竖("兵"的第四笔)、长竖("相"的第二笔)、悬针竖("中"的第四笔)三类;若为硬笔书写服务,则可把三类合成一种笔形。

从对外汉语教学和一般识字教学的需要出发,我认为可以分为基本笔形和派生笔形。基本笔形就是由简单的点或线构成的笔画,派生笔形则是由两个或两个以上的基本笔形连结而成的笔画。我分为两大类31种(详见表3:笔形表)。

为了分析、研究汉字的笔形,减轻学生学习的负担,我逐个分析了中华人民共和国文化部和中国文字改革委员会于1965年1月30日联合公布的《印刷通用汉字字形表》所收的6 196个字的各种笔形及其出现频率。6 196个汉字的笔画总数是65 535笔,其中,横笔和竖笔出现频率最高,横笔(18 143次)占27.68%,竖笔(11 535次)占17.60%。两者相加(29 678次)占到45.28%。其次是撇笔(10 454次)占15.95%,点笔(8 929次)占13.62%。而"横折"的频率明显下降到4 362次,占总笔数的6.66%。捺笔的频率直线下降到1 945次,占总笔数的2.97%。横撇(フ)、撇折(ㄥ)、竖提(ㄴ)、竖折(ㄴ)这四类笔形的出现频率均不足1 000次。竖弯(ㄴ)、横折弯(ㄟ)、横折折折钩(ㄋ)、横折斜钩(ㄟ)、横折折撇(ㄋ)这四类笔形的出现频率均不足100次。频率最低的是横折折(ㄟ)、横折折折(ㄋ),这两类笔形仅出现一次,占总笔数的0.002%(详见表2:《印刷通用汉字字形表》笔形频率表)。

横笔和竖笔的出现频率最高,其次是撇笔和点笔,这决定了现代汉字的方块形式和以直线为主、很少弧线的特点。

任何文字都要靠点和线构成字形。

现代汉字的笔形跟世界上其他文字符号系统相比,有其明显的特点。现代汉字的笔形,除了点以外,大多是直线,很少用弧线,如"言"、"重"、"孝"、"武"等。横笔(一)、竖笔(丨)、提笔(㇀)当然都是直线。折笔(㇕ ㇇)和部分钩笔(亅)都是把直线改变方向而形成的。我们可以把它们看做两条或几条直线的连结。只有撇笔(丿)、捺笔(㇏)和部分钩笔(乚 ㇂)略有小的弧度。从统计现代汉字的各种笔形出现的频率来看,横笔和竖笔出现的频率最高,因而字形中横和竖的平行线最多。而拉丁字母系统的文字,则迥然不同,其印刷体是由点、直线、弧线等构成,手写体除点以外,主要是弧线。

笔形是在长期书写过程中约定俗成的,但是也有明显的人工规定性,如"及"字,旧字形定为4笔(丿㇀乃及),新字形定为3笔(丿乃及)。新字形增高了笔形"乃"的出现频率。再如"專"用草书楷化的方法简化为"专",这样,就增加了一个新的笔形"ㄣ"。为了给学习、使用汉字的人们带来方便,为了汉字机器的设计、汉字编码、计算机自动识别汉字的需要,我认为应该尽量减少新笔形的出现,归并构字频率极低的笔形。这也是整理现代汉字的一项任务。

三

分析、教学现代汉字的笔形,还应注意研究现代汉字笔形的形变规律。主要有:

1. 横笔的形变

当以它为末笔的部件作左偏旁或其右侧还有别的部件时,末笔横变为提。如"功、地、孩、驶、现、轮、武、政、站、取、鲜、豌、勤"等。

2. 竖笔的形变

当以它为末笔的部件作左偏旁时,末笔竖变为撇。如"判、翔、辣、辩"等。

3. 撇笔的形变

当"月"这个部件在下方时,起笔撇变为竖。如"青、肯、前、消、能、愉、骨、谓"等。

4. 捺笔的形变

包含捺笔的部件作左偏旁时或它的右侧还有别的部件时,该部件的末笔捺变为点。如"从、观、规、机、灯、短、利、领、颇、耕、刺、郊、救、粉、嫩、释、剑、额、剩、歉"等。

表3 笔形表

基本笔形				派 生 笔 形						
序号	笔形	名称	例字	序号	笔形	名称	例字	序号	笔形	名称	例字
1	一	横	十	1	㇀	横折	日	14	㇗	竖提	民
				2	㇇	横撇	又	15	㇄	竖折	山
2	丨	竖	中	3	㇇	横钩	写	16	亅	竖钩	小
				4	㇅	横折钩	月	17	㇄	竖弯	西
3	丿	撇	人	5	㇌	横折提	记	18	㇄	竖弯钩	己
4	丶	点	主	6	㇈	横折弯	朵	19	㇙	竖折撇	专
				7	㇊	横折折	凹	20	㇉	竖折折	鼎
5	㇏	捺	大	8	㇋	横折斜钩	风	21	㇉	竖折折钩	马
6	㇀	提	江	9	㇌	横折弯钩	九	22	㇂	撇点	女
				10	㇈	横撇弯钩	队	23	㇊	撇折	公
				11	㇋	横折折撇	级	24	㇂	斜钩	我
				12	㇊	横折折折钩	仍	25	㇁	弯钩	家
				13	㇉	横折折折	凸				

当一个字的邻近笔画都是捺笔时,为了摆稳全字的重心,使字形富有变化,其中的一个或几个捺笔要变为点。这在书法上叫"避重(chóng)捺"。如"这""送"(上边的捺避下边的捺);"奏""暴"(下边的捺避上边的捺);"膝""餐"(上下的捺避中间的

捺)。

5. 钩笔的形变

(1)横折钩变为横折竖。

当横折钩(㇆)处于上方,下边还有部件时,横折钩变为横折(㇀)。如"翠、耀、翼、膊、博、敷"等("羽"的第1、4笔,"甫"的第3笔横折钩变为横折)。

(2)横折弯钩变为横折弯。

当横折弯钩(㇈)下边还有部件时,横折弯钩变为横折弯(㇋)。如"朵、没、船、般、段、铅、躲"等("几"的第2笔横折弯钩变为横折弯)。

(3)横折弯钩变为横折提。

当横折弯钩(㇈)作左偏旁或右侧还有其他部件时,变为横折提(㇌)。如"鸠、颏、微"等("九""几"的第2笔横折弯钩变为横折提)。

(4)竖钩变为竖。

当竖钩(亅)下边还有笔画或部件时,竖钩变为竖。如"少、尖、尘、劣、炒、雀、哥、歌"等("小"的第1笔,"可"的末笔竖钩变为竖)。

(5)竖钩变撇。

当竖钩作左偏旁或处于中位时,末笔竖钩变为撇。如"拜、掰、湃"等("手"的末笔竖钩变为撇)。

(6)竖弯钩变为竖提。

当竖弯钩(乚)作左偏旁(或左偏旁的一部分,或它的右边还有别的部件)时,竖弯钩变为竖提(㇙)。如"切、彻、窃、顾、改、凯、顽、顿、赞、辉、兢"等("七、厄、己、元、屯、先、光、克"的末笔竖弯钩变为竖提)。

掌握笔形的形变规律,对书写和教学现代汉字都有实用价值。

四

外国学生学写汉字,主要错误有四:一是增减笔画(怎—恁、社—社);二是混淆同音、近音字(以—已、富—福、方—放);三是误植部件(觉—赏、挽—换、席—度);四是混淆笔形(冬—冬、习—刃)。

不同笔形之间的差异大多比较微小,对外国学生来说,出错的机会更多。常见的有以下几类:

1. 笔形掌握不全。

现代汉字的笔形繁多,有的外国学生只掌握部分笔形,写字的时候往往用甲笔形代替乙笔形。如:

皮—皮、次—次(用横代替横钩)

场—圴(用竖折折钩代替横折折折钩)

船—舩(用横折代替横折弯)

传—传(用竖和横撇两种笔形代替竖折撇)

计—计(用横和竖提两种笔形代替横折提)

2. 近似笔形相混。

现代汉字有许多字仅仅是一个笔形的差别,这些字是外国学生学习的难点。如:

北—北(横、提和横撇相混)

穿—穿(竖折和横相混)

毛—手(竖弯钩和竖钩相混)

升—开(撇和横相混)

修—俢(三撇和三横相混)

乌—马(撇和点相混)

飞—飞(撇点和两撇相混)

终—终(两点和两撇相混)

习—刁(点、提和两撇相混)

跳—跳(撇、竖弯钩和竖相混;点、提和撇、点跟两横相混)

还有的学生把"笑"写成"夭"、"管"写成"昝",显然,这是把汉字的笔形与拉丁字母混淆了。

3. 不掌握笔形的变化规律。

笔形变化规律主要是为汉字的匀称、方正、紧凑、内聚服务的。只掌握笔形,不掌握笔形的变化规律也写不好汉字。如:

地—地 取—取 尖—尖

规—规 椅—椅 送—送

青—青 改—改 辉—辉

4. 不了解各种笔形在方块中常处的位置,以及各种笔形的组合规律。

有的学生把"水"写成"水","乎"写成"乎","跟"写成"跟"。显然,他们是把竖钩(亅)和竖提(乚)混淆了。广义地说,这两种笔形都属钩笔。竖提(乚)只出现在字的左方,绝不出现在右方,如"民"、"艮"、"长"等。竖钩(亅)主要出现在字的右方,如"列"、"到"等,也可能出现在下方或中间,如"水"、"予"等,但绝不出现在左方。如果掌握了笔形的组合规律就会避免许多稀奇古怪的错误。这些规律,对中国学生来说,比较容易理解,因为他们常年在汉字的海洋里遨游,在多年的习字过程中,已经自觉或不自觉地形成了习惯。但对外国学生来说,却是个难题。我们不可能要求外国学生也要经过十几年的习字过程去缓慢地养成习惯,而是要把汉字的规律总结、提炼,并及时传授给他们,这样才可以大大缩短他们掌握汉字的时间。

表4 《印刷通用汉字字形表》笔形频率表

笔形序号	笔形	各种笔形在不同笔数的字中出现的次数																													总计(次)	比例(%)
		1笔	2笔	3笔	4笔	5笔	6笔	7笔	8笔	9笔	10笔	11笔	12笔	13笔	14笔	15笔	16笔	17笔	18笔	19笔	20笔	21笔	22笔	23笔	24笔	25笔	26笔	27笔	28笔	29笔	30笔		
1	一	1	6	43	113	226	462	818	1251	1659	1815	2008	2024	1313	1412	1208	1118	731	326	406	266	148	99	72	57	36	11			5	9	18143	27.68
2	丨		2	21	63	172	314	561	872	1077	1112	1209	1281	1114	882	770	685	480	210	263	179	93	59	49	30	21	6			5	5	11535	17.60
3	丿		11	28	119	160	367	616	791	1040	1079	1078	919	774	663	593	405	174	193	111	53	38	31	15	14	1			7	5		10454	15.95
4	丶		1	20	67	107	237	472	677	805	995	994	936	808	740	579	524	378	149	164	102	56	39	28	16	19	2			8	6	8929	13.62
5	㇆			7	16	55	95	183	331	392	410	451	485	428	353	301	275	203	93	92	74	43	26	19	12						3	4362	6.66
6	㇏		4	9	31	35	75	133	176	202	217	187	201	177	124	110	92	64	33	29	16	9	8	5	3	3	1				1	1945	2.97
7	㇀	1	2	3	17	65	123	167	180	190	215	214	178	130	118	95	63	36	42	20	12	4	4	6	1	1						1887	2.88
8	㇉		4	8	24	40	60	119	145	149	163	153	150	135	96	79	66	40	20	22	7	5	4	1	1							1491	2.28
9	㇂		2	8	11	25	52	71	107	120	107	69	69	61	30	49	9	14	6	3		1	1	1	1	1						1031	1.57
10	㇈		1	4	13	16	30	52	95	85	84	94	83	96	54	47	51	35	18	22	7	6		2	1	1	1					898	1.37
11	㇇		1	3	5	13	18	44	70	77	81	94	98	64	72	49	37	45	10	16	5	9	4	6	1	2	2			1	1	823	1.26
12	㇗		4	5	17	19	42	77	76	81	95	83	71	62	38	30	33	16	4	10	6	2	3	1		4						776	1.18
13	㇍			5	6	16	40	49	84	77	79	73	72	62	50	31	31	22	4	4	7		2	3		3						720	1.10
14	㇊			4	6	10	14	47	47	59	62	51	54	38	22	11	30	11	10	11	3	6			4		1					567	0.87
15	㇋			2	11	17	23	41	66	52	40	59	41	51	38	15	26	8	4	5	1	2			1	1						526	0.80
16	㇌				1	2	16	19	21	37	23	32	31	22	23	21	8	9	2	4	2	2	1	1								248	0.38
17	㇅				4	4	8	14	29	30	34	23	24	21	11	4	9	2	2	4		1	2									247	0.38
18	㇎			1	2	5	10	9	21	19	18	26	11	15	10	3	5	5	4	5	2	2	1	1								174	0.27
19	㇐				2	7	16	25	17	22	17	11	17	9	8	4	1		1	1												155	0.24
20	㇑				5	10	14	15	22	11	9	7	10	7	8	3	2	1			2											150	0.23
21	㇒					2	6	12	18	15	14	11	7	9	6	5	4	3	2	3	2	1										139	0.21
22	㇓	1	2	4	7	9	21	14	17	10	4	7	4	2	2	4	2	2			2			1								119	0.18
23	㇔				1	1	1	2	5	7	5	3	6	2	1	1	3	3	1	1												67	0.10
24	㇕						2	3	5	3	3	1	1	10	3	3	2	4	2	1	1											41	0.06
25	㇖		1		1	4	5	5	3	4	5		1	1	1	3	1															34	0.05
26	㇘			1	3	1	2	6	1	2	5	1	2	1	1	4	1	1	2													34	0.05
27	㇙		1				8	1	5	3	1	1	7	1	1																	30	0.05
28	㇚						1	1		1	1	1	1																			6	0.009
29	㇛											1				1																2	0.003
30	㇜					1																										1	0.002
31	㇝					1																										1	0.002
																																65535(总数)	

综上所述,正确掌握现代汉字的笔形有利于识字教学,有利于学生检索工具书,有利于汉字的信息处理。针对教学对象的特点、难点,结合常用字例,帮助外国学生掌握现代汉字的笔形是对外汉语教学中识字教学的一个基本环节。

肆　汉字的笔顺[①]

汉字书写有严格的笔顺,而国内现有大型字典辞书皆不收此项。或因笔顺规则符合汉字构形规律,无须赘述;或因笔顺仅存于书写过程之中,而难见于写成之字(行、草除外);或以为笔顺错误影响美丑而无碍正误,故仅为书家所重。

今审视笔顺基本规则,发现所据不一:"先横后竖,先撇后捺",指不同笔画间的先后顺序;"从上到下,从左到右,先外后里,先中间后两边",所述乃位置关系。

这种情况表明汉字笔画书写顺序并非皆因笔画形态不同所致,位置变化的影响显而易见。然而,什么时候用什么样的规则?为什么?即笔顺规则受到汉字构形的哪些因素的支配,它形成的依据是什么,却未有过深入研究。为此,我们拟对不同时期汉字书写时笔顺的变化情况作一大略回顾,对上述问题进行初步的分析和讨论。

一　汉字笔顺规则的形成

根据时间先后以及汉字书写的实际情况和特点,我们拟将汉字书写(刻写)时笔道[②]先后从无序到逐步形成笔顺规则的过程,分为三个阶段,并暂且名之曰"原始期""形成期""发展变化

[①] 本文以"汉字笔顺刍议"为题发表在《语言文化教学研究》,华语教学出版社1996年版,作者万业馨。

[②] 古文字中尚未形成明确、稳定的笔画形态,故称"笔道",但为叙述方便,将方向与今笔画相同者套用今笔画名称,如横、竖等。

至稳定期"。

(一)原始期:"随体诘诎"与刀刻影响造成的无序状态

这一阶段与古文字阶段基本重合,下限为秦统一中国。

古文字资料目前所见多为拓片影印件,笔道相交时,复盖痕迹很难分辨,孰先孰后便难以判断,我们拟据以下材料进行分析和推测。

《卜辞通纂》第六片中"第三行以下均缺刻横画,仅一'二'字为例外"。① 这种情况并非仅见,董作宾《甲骨文断代研究例》418曾举数片,皆有类似情况。② 因此,有学者认为:"由此可知契刻之时是整行的先刻直道,然后再刻横画,如今刻字者所为。"③商人如何契刻,今已无法再现,而今人刻字"刀干须直之而稍向前偃(笔者按:以使刻刀前端尖锋易切入石中),食指中指力抑刀锋入石,而以拇指拒之,一起一伏,继续向身切进"。至于直画与横画的刻法:"治印则字有后先,文无顺逆,无论其为横笔或侧笔,一例视同直笔,只将印石旋转,以就刀势而已。"④可见,由上而下(即"向身切进")用力契刻成竖画,符合人手之指、腕、肘的生理机能,刀刻直画便易,先刻直道以定界画或位置,当是

---

① 《卜辞通纂》,《郭沫若全集·考古编》第二卷第2页、216页,科学出版社1983年版。
② 转引自陈梦家《殷虚卜辞综述》第13页,所举为:《戬》46.14,《上》16.6,《下》1.5,《殷契馀论》19—20所举的《续》3.13.1,中华书局1988年版。陈炜湛、唐钰明编著《古文字学纲要》55页曾举漏刻横画者二例:《铁》112.4片 乃 (涉)之缺,《怀特》897片 (贞王)之缺。亦偶有漏刻竖笔者,甚少。中山大学出版社1988年版。
③ 陈梦家语,出处同②。
④ 邓散木《篆刻学》,第39页、41页,人民美术出版社1985年版。

工具对笔顺的影响。但是否所有的字都是"整行的先刻直道",尚需进一步考察。

英国艾兰女士《论甲骨的契刻》提供了九十幅单字或其局部的显微照片,①能显示刻道形态,看清刻划次数及笔道先后。以"子"、"网"二字为例:"子"字刻法有多种,且与今之笔顺截然不同。一是多先刻下部"才",再刻上部;二是上部刻时顺序又不同:或先刻成"丨丨",再刻"二"成"囗"形;或呈"甘",可能旋转刻成(每转90°刻一笔),盖因甲骨文形体甚小,刻封口方形,易将方形内甲片整个剔去;也有作囗五笔的,还有先〈后〉作〈〉的,先└再┐作囗的,甚至有作两弧线为〇的。网字刻法相对简单,然也有如下几种:丨丨囗网;或丨╞(╡)H H。异构作丨H H,作厂 厂 丨 H H,顺序为先竖后横再斜。

"子"的多种刻法,表明当时笔道顺序受材料和工具影响呈无序状态。唯其如此,契刻时的共同之处更值得注意。子多先刻下部且先刻竖画应属确定位置之举,与网先刻两边以定界画当属异曲同工,可能与刻首部需旋转、不易定位有关。网先刻竖画又以先刻左边为常态。从照片中还可得知,甲骨刻写并非"整行先刻直道",但在每一字中常先刻竖画。

金文因经过刻范和浇铸加工而无法看出书写过程,但影响书写的重要因素,方块形式的固定和规范必须提及。

汉字常被认为从一开始就是方块字,其实,甲骨文中由于存在着大量用表意方法所造的字,与"画面"十分接近,故近似方

---

① 1988年长春中国古文字研究会学术讨论会论文,打印件。下文所述两字笔顺,皆从艾文。

形。这一点,与世界上其他古老文字,如玛雅字、古埃及字等并无二致。而且在甲骨文和较早的金文中,还可看到不少由于所象之物不同而造成文字符号从笔道多寡到所占面积都有很大差异的现象。如 ҆(小)、亻(人)、卌(册)、䍃(毓)、䡞 ᯤ(车)等。西周金文中,这种情况才逐步发生变化,在整篇器铭中,表现为行款的变化:西周早期金文"字形大小因体而施"、"不受通常谨严格局的限止,文字大小随意,错落自然"。有些器上,"从'人'形的字或偏旁,如'人''卩''斤''及''夨''页',以及人肢体形的字如'又''丑''父''尹''乱''夕''文'等,都用肥笔重笔突出地点划其形态。"到西周中期,"行款排列都相当工整",①如大克鼎等,还画有界格。而晚期如毛公鼎,铭文之长、字数之多,可称洋洋大观;虢季子白盘字之分布极为疏朗,两器铭文虽书写风格不同,皆无界格,而无论字之笔画多寡,排列皆极为工整,可视为方块形式已得到固定的代表。

然铜器铭文终系王室所用正体,象形意味较浓,且尚未形成明确、一致的笔画形态。至春秋战国,虽已多用简帛为书写材料,手的动作可更自如,然当时战乱不断,"言语异声、文字异形",简体、俗体流行,笔顺的规范显系不可能之事。

综上所述,造成这一阶段汉字书写(刻写)笔道无序的原因,主要有二:一是古文字构形以描摹所记录的物象为基点,线条形态很不一致,不仅无法明确分清笔画,更不必说一致的笔顺。二是当时汉字的用途、书写(刻写)所用的材料和工具,都对笔道的

---

① 马承源《商和西周的金文》,《书法》1982年第2期,第18—21页,上海书画出版社。

先后产生很大影响,这从甲骨文、金文等字体以材料命名可见一斑。

(二) 形成期:明确的笔画形态是笔顺规则形成的基础

明确的笔画形态的形成这一符号化过程可分作两步。

第一步:是小篆的规范。

秦始皇统一中国后,推行有关"书同文"的举措,除以秦国通行正体小篆为标准字体、"罢其不与秦文合者"外,对小篆本身亦作了整理规范,其中有几点变化值得注意:

(1)偏旁写法和位置的固定。古汉字表意字的表意方法多种多样,有一部分字是通过符号所联系的事物相互间的位置来表意的,这些字大部分都逐渐根据方块形式完成了线条化的转变。如 ☒→☒→☒(监);☒→☒(毓)等。秦篆则在此基础上作了进一步规范,甚至不惜破坏原有表意方式。如 ☒、☒(涉),原以两足分置水之两边表意,直至石鼓文,尚作 ☒,秦篆则改为与其他从水旁者一致,作 ☒;又如"☒",表旌旗有 ☒,原作 ☒,石鼓文作 ☒,秦篆作 ☒。

(2)部分形旁"因地制宜"产生分化,秦篆予以承认。如处于下部之 ☒(人)与其他部位者本无不同,如 ☒(兄)、☒(先)、☒(儿)、☒(兑)☒(奂)等,战国文字中已有变化作 ☒ 者,秦篆进一步作 ☒(儿),与 ☒(人)形分而为二。① 这种变形,显见与便于承托有关,因甲骨文中已以短画处于长画之上(二)作为"上"字(指事字),可见商人已将下宽上窄作为符号结构的稳定形态。

---

① 形旁分化情况参见高明《中国古文字学通论》第三章第二节,文物出版社 1987 年版。

又如"目",原作◻等,后渐统一,作"目"。秦篆对金文中部分置于上部之"目"横写为"◻"形予以肯定,如▨(㒸—众)、▨(罨)、▨(蜀),显见为均匀分割空间而作。

(3)对构形繁重、受方块形式所限而出现的省声、省形予以认同。春秋战国之际,形声字已成汉字主流,它以形旁(意符)表示字所联系的词义范畴,声旁(音符)表示读音。省声和省形乃出于书写之便省去声旁或形旁的部分形体所致,势必造成形体结构的残缺或与其他意符(音符)的混淆,而秦篆接受了这种变化。如籀文作▨、▨、▨、▨者,《说文》所收小篆作▨、▨、▨、▨等。

关于方块形式和象形原则间的矛盾,裘锡圭先生曾指出:"在字的形式上,汉字很早就形成了要求每个字大体上能容纳在一个方格里的特点。组成合体字的字符的配置,缺乏严格的规律性,有左右相合、上下相合、内外相合等等不同情况,总之,以拼合成字后能写在一个方格里为原则。"①这段话告诉我们:(1)方块形式对汉字结构,尤其部件位置是有影响的;(2)在象形意味很浓的古文字中,形体位置已开始迁就符号形式。这预示着符号化对书写的要求,必然逐步取代象形原则。对照规范过的秦篆与石鼓文等大篆资料,形体间差异并不很大,说明汉字形体不断进行着自我规范。即以偏旁位置而言,秦篆的规范,亦只是因势利导的整理,像"涉"那样明显的例子,已很少见。而像▨→▨、▨→▨、▨→▨、▨→▨等变化,则为秦文字俗体隶书形成过程中文字形体的急剧变化开了先河。

第二步:隶变完成与笔顺规则的初步形成。

---

① 《文字学概要》修订本第 24 页,台湾万卷楼图书有限公司 1994 年版。

隶变是汉字书写史上第一次完全以书写便捷为目的,彻底摒弃象形原则的形态变化,这种变化主要表现为以下两方面。

(1)"因地制宜"改变笔画形态的情况大量出现。篆书的书写符号无论作为单字还是偏旁(包括分化后被认可的新偏旁,如"儿"),在各种位置写法不变,而隶书却大不相同。举例见表5。

表5

例字 偏旁		艹	正	足	水	衣	又	卩	心	邑	网	犬	儿	人	刀
隶书	小篆														
	上	艹													
	下														
	中单字														
	左														
	右														

不难看出,这种分化主要见于下部和两旁。下部变化如:拓宽底部(水、足、疋、爪);降低重心成平卧式(心、己);支撑由有主次之别到共同分担(犬、儿)。处于两旁者,或直立变窄(忄、亻、卩、犭、刂);或简化(氵、阝)。

(2)简化书写过程。《说文·竹部》:"篆,引书也。"当是对篆文书写方法的描述。引书时方向变化可见丨字说解:"丨,上下通也,引而上行读若囟,引而下行读若退。"由一点向各个方向引书,当源于篆书构形特征。篆书各部件多对称或近于对称,故写时易以中间为轴引书,如等。隶书追求书写便捷,对此法进行改造。70年代出土的湖北云梦睡虎地秦简和湖南长沙马王堆汉墓帛书中早期隶书墨迹,为我们了解这一形体结构变化过程提供了极为珍贵的资料。举例见表6。

表6

例字	立	天	矢	自	中	糸	木	之	心
秦篆	立	天	夫	自	中	糸	木	之	心
古隶	立立	天天	矢矢	自自	中	糸糸	木木	之之	心心
东汉隶书	立	天	矢	自	中	糸	木	之	心

可见隶变的实质就是书写过程的简化。方法如下:(a)改变方向,化曲为直。如"矢"上部,篆作 立,古隶拆改为 夫;"自"作 自,隶改首为 丿。首画撇之尾正处横(竖)之首,连续便利。(b)断绝与连续。如 凵、冖 等,改为 凵、冖,这种下引与右拉的笔画连续方式(フ从左到右,自上而下;乚从上而下,从左到右),由于符合右手的生理机能而得到约定。而反向者,或化为斜势,如 米 之 丿;或断为两笔,如 厂→厂,夲→去;或变短仅成顺带之势,如钩。匚、冂等写法,理皆同此。现代汉字31种笔画形状①中,有折者凡20种,无一悖此。汉字笔画的计算方法由此而定,笔顺也因此受到影响。如"凸"字笔顺,以往常见有两种: 凸、凸,皆为五画,乃笔画形态并无不同之故(乚分作两笔,将在二(三)中论及)。又如繁体"门"字(門)右半边笔顺为 乚-フ,实亦取决于笔画形态。(c)接通与省并。典型如"奏春奉秦泰"诸字,上部篆作 㚼 㫃 㚿 㚘 㚗 不等,古隶中尚可看出差异,后将接近横向的

---

① 笔形依费锦昌、黄佑源、张静贤《汉字写法规范字典》第497—498页,上海辞书出版社1992年版。

笔画拉直、连接,皆省并成 夫 形。又如 介(天)、 矢(矢)等,下部两笔与上中竖本不相连,皆被打通。

回顾这一时期汉字形体演变过程可见,正是在摆脱象形羁绊之后,汉字才成为由净化线条组成的符号,有了明确的笔画形态,笔顺规则也才有可能形成。

(三) 发展变化至稳定期:对最佳书写形式的探索

从秦到东汉,隶书由俗体而正体乃至雅体的过程,说明人们承认了隶变这一事实,并继续寻求新的更便捷的书写形式。于是从东汉到魏晋短短的时间里,便出现了章草、行书乃至楷书多种形式,它们所具有的不同目的和书写特征,又常通过笔顺的不同来实现。举例见表7。①

表7

隶	山	王	昌	半	千	有	禾	再	甫	成	從	道	動	然
草	山	王	昌	半	千	有	禾	再	甫	成	從	道	動	然
行	山	王	昌	半	千	有	禾	再	甫	成	從	道	動	然
楷	山	王	昌	半	千	有	禾	再	甫	成	從	道	動	然

可见,隶书以来,汉字构形没有根本改变。至于笔顺,楷与隶大致相同,行书亦较接近,草书虽与隶楷多有不同,然从左到右的笔画基本方向不变,即使在快速草写钩连时亦如此。如"甫、動(动)",常上下各自运行成 ゟ 形,首笔看似反向,实为顺时针运行之下半部,源于 ㇆ 笔,为从左至右、自上而下之变。

---

① 行书以现代行书为比较对象,草书则多选自章草,偶用今草。因今草(包括狂草)已突破方块形式,成为汉字书写的特殊形式。

此外，草书中横竖相交之字常先写竖画，然不同于篆书之求对称，原因或有二：一则，草书求快，需竭力减少改换笔画方向及断绝的次数，缩短笔画过渡时的距离。如"甫"，隶书笔顺如下：甫七笔改换方向六次，而草书一笔作𤰇；二则，草书钩连多用弧线，其他笔画形态亦常变动不居，故必先确定中竖以作平衡参照。

楷书在隶书基础上吸收了草书的尖撇、硬钩以及易于钩连的态势，扬弃了隶书的分背之势。如芈→半、小→小、宀→宀。又如左偏旁中，末笔为横者多改作提，甚至无视原有笔顺或文字符号与词之间的约定关系。如单写时作牛、车，居左时作牜、车；单写时"土、七"、"子、孑"绝不相混，而"土、子"居左时作"七"(行书)"孑"。同时，继续"因地制宜"改变笔画形态。如处于上部之"雨、尚、宀、穴"等，隶书不变(霜、堂、宓、空等)，而楷书作雩、学、宀、穴等。

草书以其难认难写，成为纯粹的艺术品，行书为人们日常所习用，而楷书则逐渐成为章奏、会试、印刷、碑版等正式场合通行字，笔顺规则由形成而稳定。

二 汉字笔顺规则的运用

笔顺规则内容涉及笔画形态与位置两方面，在确定具体字例笔顺时，常交相运用、互为补充，我们拟对这些规则约定的根据并如何运用进行讨论。

（一）汉字构形和书写的基本特征

隶变之后，由于书写过程总的方向是从上到下，每一层面则从左至右，因此汉字展开呈⇄↓形，这一特征决定字形原有横画多被保留，部分书写方向各异的线条亦被省并拉直成横画，汉字构形中横多竖少的格局就此形成。由篆及隶，字形由长变扁当属必然。东汉碑刻隶书中，极端的例子如：靈(灵)作霊(石门颂)(雨→雨、巫→土、㸃→㸃)；純作純(尚府君残碑)(屯→𠃜)；竭作竭(朝侯小子残碑)(囟→曰)；曹(曹)作曺(曹全碑)(𠦝→苗、曰)；會(会)作會(张景残碑)(四→田)；輕(轻)作輊(石门颂)(巠→𢀖→㐪)；朔作朔(乙瑛碑)(屮→手)。

这种多层次排列要求横画基本平行，各间距大小接近，竖画正直。典型的例子如曹全碑中"景、敦"等有口之字，作景、敦，造成在方框中平分空间的视觉印象，上下层次虽多却颇匀称。处于底部的横画常长于上面所有的笔画，与甲骨文二(上)字同出一辙。横竖相交之字，竖常作为横的近似平分线。

对比汉字，拼音文字如英文手写体的展开形式截然不同，呈 ⌣⌣⌣ 或 ⌒⌒⌒ 形。但同样有同向线条并行不悖和各线条间距大小十分接近的特点。乃因人之两眼处同一水平，自然对横竖最为敏感，平行与均匀常给人以稳定之感，符号也容易显得明确清晰。

此外，汉字和英文展开时还有结构单位之别。英文书写以词为单位，且并无宽度限制，因此整行乃至整篇中，每个字母在横向上所占空间大致相当，亦即所有竖(斜)线的间距近似相等，无大变化。而汉字书写以字为单位，受到方块形式的限定，书写时须各自根据笔画多寡、构形不同分配空间，而笔顺正是分割空间的有效手段。

(二) 影响汉字笔顺的因素

杜子劲《汉字在书写上的缺点》中将汉字喻为建筑："其中有

美学也有力学。"①梁东汉《汉字的结构及其流变》则从五个方面说明汉字的"内部平衡律"。② 可见人们早已注意到方块汉字构形中空间的分配受平衡律的支配,但对此尚停留在比拟、描述或初步归纳。我们拟通过分析部分字例,对汉字结构平衡律与笔顺的关系作进一步的讨论。

1. 臣。此字笔顺常见以下四种：

(1) 臣 乃先形成外包围,确定在方格中的位置。至于变形作 臣 (见于乙瑛碑及曹全、礼器二碑"临"字偏旁),将竖上下贯通者,显见为易于均匀分割内部空间而设。

(2) 臣 楷书多如此作。乃先以一、丨定宽窄高下,再参照丨均匀划分空间,最后作底部横画,与口形写法同。以承托之画常须参照上部宽窄、高矮(间距),最后完成可有进退余地。

(3) 臣 多见于隶书(如史晨前碑、曹全碑等)。笔顺、用意同(2),而承托之意更著。

(4) 臣 此多见于行草。如前所述,草书常将横画留在后写,以在动态中求平衡。且此法易于钩连简化:臣→臣→儿。

2. 万、乃

"万"字常见两种笔顺:第二笔有的先写撇,有的先写折,以后者胜。试分析如下。此字上部为较长横画,下部支点落于钩之始,若先作㇈确定支撑点,然后顺势作丿,使与㇈并行不悖,则

---

① 载《中国语文》1954 年第 12 期。
② 梁东汉《汉字的结构及其流变》第 76—79 页,上海教育出版社 1981 年版。

均衡可观。反之,若先作丿再以㇋并行,则钩始处未必与重心重合,若首重重合,则未必与丿并行,亦失衡。

"乃"字构形与"万"似而不同。乃中有曲折,故两笔间可宽可窄。虽有主次,却不似"万"重心全落于钩上。亦有两种笔顺:有的先写撇,有的先写折。行草多先作丿,以其钩连方便(扔),且右边有两次曲折,便于调节体势及钩的位置,故两种写法皆常见。

可见,影响笔顺的因素主要有均匀、平衡、接续三项,然隶楷可无钩连,而草书不可无均衡,可知最重要的还是均衡。

(三)关于如何运用笔顺规则的讨论

根据上文所述汉字笔画组合的一般特征及影响笔顺的主要因素,对于部分规则的运用,我们已经可以作出如下解释和判断:

先横后竖。汉字构形横多竖少,故先横可确定字在方格中的宽窄及高下。此乃笔顺规则的基础。

从上到下。是竖画(包括下斜之笔)的书写方向,也是每个汉字书写过程总的行进方向。

从左到右。既是横画(包括捺笔)的书写方向,也是从上而下时,同一层面上的书写顺序,还是左右结构汉字各部件的书写顺序。

先撇后捺。主要取决于以下三点:根据从上到下,从左到右的书写方向,汉字书写过程的起点(首)在上或左上,终点(尾)在下或右下。撇之落点在左,捺之落点在右,故先撇后捺,此其一;撇捺在下之字,重心常落于交点,若先捺后撇,则左撇时,右手易遮蔽已写之捺,不利于确定交点,此其二;隶变时,撇之来源主要见于如下数项：或原即为斜线者，如 ᵰ（半）、龴（舍）、㣺（形）等所含斜线；或为斜线稍变者，如 ᵱ（壬）、龴（重）、千（千）、文（文）；或由顶部短竖而来，如 ᵰ（矢）、白（白）、自（自）等；或在篆书中作向左推出者，如 ᵰ（木）、舛（舛），隶书中撇仍有左推之势，以其有悖于右手自左而右书写之便，草书改为掠出之尖撇。撇捺若在字之下部，常因撇轻捺重而使两点之支撑稍分主次，而主要支撑者常最后作。

先外后内。从小习用汉字的国人对方形空间十分敏感。故有口、冂旁之字，必先作外围以确定界画，再行分割更小一级的空间。

先中间后两边。情况比较复杂，一般指以中竖为轴，左右相对、相称或相应者。

我们拟分析以下具体字例作进一步讨论。

（1）卅、册；丑、五

卅 先横后竖、从左到右的典型。横画先定高与宽，三短竖对横画均匀划分并不困难。

册 与"卅"形似而写法很不一样。由于上部封口，类似冂形，故必先作以定界画，横画穿过之时，以冂之高与宽为参照进行划分。以往册之异体字作冊，亦必先定界画。

丑 ⁊先定大致界画，内部竖先横后，乃以竖与⁊造成冂的变化形式，再用横画分割，底座最后作。

五 首笔横作后，先竖，一则过渡方便，行书作"五"可证，二则⁊（横折）之横高下可有参照。

(2) 再、甫；叟、臿；田由甲申

再甫 两字形体相近，然竖画先后颇不同。因"再"之横画乃平衡杠杆，当先作竖画为中轴确定支点。"甫"之中竖乃平分门所成空间，必最后作，而以两横为参照。

叟臿 此与"再、甫"类似。"叟"之竖，从"臼"形成的空间穿过以平分（主要以下部横画为参照），故后作；而"臿"之"臼"为承托之底部，本宜后作，且为一对称之包围结构，故当先作竖画以为中轴。

田由甲申 此四字笔顺，亦可证明底部承托者后作，被穿过者先作。

(3) 重、垂；秉、乘；幽、巫、噩；里、重

重垂 "重"之竖画作于"曰"后（第七笔），"垂"之竖画为第三笔。这种差异可根据上述两组字例作出解释：被穿过者先作，故"重"之竖必在"曰"后（"曰"又参照"二"定位）。"垂"之"卄"形中，"一"之长、"丷"与中竖距离相对而言皆为变量，故必先作竖为中轴以参照。为叙述方便，我们将有明确界画或长度者称为"封闭结构"，反之两边到中间长度或距离有变化余地者为"开放结构"。

秉乘 此与"重、垂"例同理。前者为封闭结构，后者为开放结构。**幽巫噩**（O 表部件）三者皆为"开放结构"，故皆作中竖于两边部件之前。

里堇 "里"之竖画作于"曰"后,"堇"之竖画作于下部"二"后,乃因"里"所成空间作竖时已有参照,下部间距可依此在竖画上定出;而"堇"所成空间下部先作横画以定间距,竖则后作。

(4)坐、半

坐半 此可与"幽"组例对照。以其上无横画定宽窄,下无"凵"定界画,且为对称结构,故先作二"人"或"ソ"。所不同者,竖画中穿者后作。

据"坐、重、巫、幽"等例,皆可证承托者最后作,若中竖为主要支撑(如半、秉、乘等),则开放结构中先作,封闭结构中后作。

典型之例如**廿**。如前所述,L 为一笔者极为常见。而此字为对称形,重心落于正中,底部横画虽短,毕竟为承托者,故 L 作两笔,横最后作。"臼、凸、凹"等皆从此例。

(5)小、水、办、丞;尚、京、曾、黑

小水办丞 此皆两边相对而不相连者,可有高下俯仰之变,皆为开放结构,故皆先中间后两边,"办"乃衍生之例。

"尚京曾黑"此四字中,"小"无论处于上、中、下,皆由中间到两边,唯"黑"字先作"罒"而竖中穿,亦可见分割空间时,首重横竖。

(6)业、亦、並、兼;北、兆、非

"业、亦、並、兼"四字亦"小"之推衍,由于中间两竖画皆落于横画上,故皆先作以定中轴,再及两边。

北兆非 与前四字不同,上下皆无横画相连,故皆先完成一边,再作另一边与之相对。不同者,"北"之两边,中部皆一横,故右可先作一横与左相对,最后作"乚"以承托。而"兆""非"既需左右相对,又兼上下呼应。以短横之作,常需先书竖画以定位,如芈、卢、段等皆如此,故有此不同。

(7)横向三合者

汉字形声字之来源,以假借字加意符或表意字加音符为多,因此汉字构形中▯▯▯式并非鲜见,书写顺序则从左至右呈①②③为常态。然而当这种三合结构分处上、中、下成▭▭▭式时,则有所变化。在上者如"鹭、攀、盥、罂、戀、曩、樊、舆、辔"等,在下如"赢、羸、赢、赢"等,多承常态,仍作①②③、①②③,而处于中部者如"率、燮、燕"等,均作▭。其中,"率"中部"㐅"结体与"小"相类,而三者皆上有横画,已定宽窄;横画之上,中部皆有笔画,故必以三合者之中部与之相对,两边则以此为中轴俯仰相对,与"垂、亦、小"等同理。另有三字例外:一为"兜"。虽三合者在上,而书写顺序为②①③,乃因三部分皆封闭结构,界画所成空间分明,且左右对称。若先定左侧,万一宽窄失度,无可补救;若先定中部,则两边可酌情变化。二为"彘"字。处下部而亦作②①③,以其上部与"率、燕、燮"等相类、而左为竖钩,界画与乚相似之故。三为"燮"字。此字本应与上部三合者同,然因下部"又"笔画甚少,头重脚轻,故隶书中已将"言"之首部横画拉长成"㞢",与"率"等相类。

限于篇幅,还有许多可讨论者无法一一论及。但从中已可见决定笔顺的主要因素是均衡。在做法上则有均才有衡,故首重合理分割空间。

三 结语

古文字阶段的汉字由于受到所记录的物象的限制及书写工

具和材料的影响,书写过程呈无序状态。隶变之后,汉字有了明确的笔画形态,笔顺规则才得以形成、发展至稳定。

汉字的方块形式和构形特征是笔顺规则形成的基础。而如何恰当地运用规则所涉及的笔画形态与位置两方面的内容,则取决于汉字的内部平衡律。

第二节 部件

壹 汉字部件切分[①]

部件是汉字的基本构字单位,介于笔画和整字之间。它大于或等于笔画,小于或等于整字。部件大于笔画是常例,等于笔画是特例。在合体字中,部件小于整字;在独体字中,部件等于整字。[②] 部件组合为合体字,具有层次性,因此从合体字中切分出部件来也有层次性。部件切分就是依据组合层次对合体字逐层进行分解,一直分到末级部件。末级部件是最小的构字部件,再分只能分解为笔画。

部件的切分和部件的标准化,是现代汉字研究的重要内容,与汉字教学、汉字应用关系非常密切。几百种汉字编码形码方案,都要对汉字字形进行分解。编码学家可以做出种种切分设

---

① 本文以"现代汉字的部件切分"为题发表在《语言文字应用》1995 年第 3 期,作者苏培成。

② 苏培成《现代汉字学纲要》第 63 页,北京大学出版社 1994 年版。

计,汉字学家有义务根据汉字的历史和现状,提出比较合理的切分方案,供编码学家作为切分的参考。

部件的切分包括两个问题,一个是如何确定末级部件,另一个是如何确定切分层次。解决这两个问题依据的原则不完全相同,要分开来讨论。

一 如何确定末级部件

(一) 单笔画

汉字的笔形有五类,就是横、竖、撇、点、折。部件大于笔画是常例。单独使用的单笔画,也就是成字的单笔画,在通用字中只有两个,就是"一"和"乙"。其余的单笔画,都不能单独构成部件,而要和其他构字成分一起才能构成部件。例如:"习"的折(横折钩),"丁"的第一笔横、第三笔折(竖钩),"严"的第一笔横、第七笔撇,"禾"的第一笔撇、第四笔撇、第五笔点(捺),"犬"的点,"乃"的撇和折,"乒"中的撇,"乓"中的点。但是,由于汉字字形的复杂性,下列两类单笔画应视为部件,这是变例。

1. 因为"乙"是独体字,自然是部件。"亿忆艺钇呓乞挖"中的"乙"也都是部件。

2. 下列整字中相离的单笔画是部件。

横:豆丽画鬲旦丛亙丕丝丞鱼亟查闩合兽福同金俞龠

竖:旧引

撇:乏气

折:扎孔札轧礼乩钆虬乱乳买幻虱

这样处理根据的是类比原则。试比较"刮乱、祁礼、幼幻、轨轧、弘引",每一组的两个字结构模式相同。既然承认每组的前一个字是合体字,最好也承认后一个字是合体字。这样有条件承认少量单笔画为部件,就可以减少独体字,增加合体字,便于构字法分析。例如:"旦"是会意字,从日从一。"气"是形声字,从气丿声。"闩"是会意字,从门从一。上述各字用作构字成分时其中独立的单笔画仍为部件。如由"鱼"构成的"鲁",其中的横是部件。

(二) 相离关系的笔画、笔画组合

分隔沟①是区分部件的自然标志。一条分隔沟分隔开两个部分,如"体昌"。两条分隔沟能分隔开三个部分,如"碧毊"。其余类推。被分隔沟分开的有两种类型:

1. 隔开的是单笔画。这些单笔画如果是平行的或者是内聚的,是一个部件。前者如"二三川",后者如"丬冫氵彡"。否则不是一个部件,如"气"中的横和折。"气"应视为独体字。

2. 隔开的是笔画组合。被隔开的每部分可以是一个末级部件(如"林森"),也可以是末级部件组合(如"磊辞")。

(三) 相交关系的笔画组合

1. 这种笔画组合不能再分,是一个末级部件。如:十七九乂力又乜丈子孑了也女丰井韦廿卅车屯尹毋甘世甲申电由冉册弗吏曲曳聿串事。

2. 以相交关系的笔画组合为核心,和相接的单笔画组成的笔画组合,是一个末级部件。如:干于士土才大巾千王开夫天无专木五牙互中内手毛壬生升夭币长本未末平半来耒朱米束丙央戊生失禾乎西夷里果垂秉柬重。

---

① 陈爱文、陈朱鹤《汉字编码的理论与实践》第14页,学林出版社1986年版。

3. 以相交关系的笔画组合为核心,和相离的单笔画组成的笔画组合,是一个末级部件。如:寸弋义叉太犬尤戈丹为书玉戋术龙主必母舟甫我办东乐。

(四) 封闭的笔画组合

1. 这样的组合是一个末级部件,如:凹凸口。

2. 封闭的笔画组合内有相接笔画的,仍视为一个末级部件,如:日目白自四。

3. 封闭的笔画组合内有相离笔画的,不视为一个末级部件,视为末级部件组合,如:回因团园围圆国固圈。

(五) 相接关系的笔画组合

有的要分为两个部件,有的不能分,只是一个部件。可以用替换法来区分这两种情况。关于替换,可以有宽和严两种选择。只要有一部分可以替换,就认为是两个部件,这是宽的替换,得出的部件笔画较少。如"发友皮"中都有"又",可以视为除去"又"的其余部分在替换。按照宽式替换,绝大多数的相接组合都可以切分,不能切分的只有"农艮"等少数几个。严的处理办法是要相接的两个部分都能替换,才认为是两个部件,这样得出来的部件笔画比较多。如"发"中的"又"不能被替换,"发"就不能再切分。我们建议采取宽式的切分。

综合使用上述的规则,可以把合体字逐层分解,直到末级部件。

二 如何确定组合层次

确定组合层次,有两个原则:一个是单纯字形原则,一个是构字原则。单纯字形原则就是只根据现代汉字字形,不考虑字音和字义。按照这个原则,首先从有分隔沟的地方切分。分隔沟有长有短,切分时先根据长分隔沟,后根据短分隔沟。例如"垫",先分为"执"和"土",再把"执"分为"扌"和"丸"。被分隔沟隔开的部分如果是相接的,再从接点来切分。例如"战",根据分隔沟分为"占"和"戈","占"再分为"卜"和"口"。一个字如果有两条等长的分隔沟,就只能三分。例如"树",分为"木、又、寸"。

构字原则就是切分时不但要考虑字形,还要考虑字音和字义。因为汉字是形音义的统一体,在汉字的教学和应用中往往要把字形和字音、字义联系起来。我们在另外一篇文章中曾经讨论过现代汉字的构字法。在那里我们把汉字的字符区分为意符、音符和记号,由这三种字符可以组合为七种构字类型。① 构字原则实际是尽可能采用字源原则,也就是尽可能采用传统的六书分析方法。例如"树",有三个末级部件,有三种可能的组合层次。第一种是先分为"木"和"对",再把"对"分为"又"和"寸"。第二种是先分为"权"和"寸",再把"权"分为"木"和"又"。第三种是一下子就分为"木、又、寸"。这三种分法得出的末级部件虽然相同,可是按照第一层切分确定的组字类型却不同。到底应该采取哪种分法?第三种分法也就是单纯字形分析。如果采用构字原则,就只能采取第一种分法。因为"树"的繁体是"樹",从木尌声。参考繁体"樹"的结构,认定简化字"树"为半意符半记号字,所以第一层分为"木"和"对"。联系字音字义来分析的构字原则,可以说明构字的理据。现代汉字和古代汉字相比,构字的理据性虽然有所减

---

① 苏培成《现代汉字的构字法》,《语言文字应用》1994 年第 4 期。

弱,但是并没有完全丧失,也不可能完全丧失。① 研究现代汉字构字的理据,也就是研究它的构字法。因此,在确定组合层次时,首先要采取构字原则。例如:

想　形声字,从心相声。第一层分为心和相。

麓　形声字,从林鹿声。第一层分为林和鹿。

刚　半音符半记号字,冈是音符、刂是记号。第一层分为冈和刂。

送　半意符半记号字,辶是意符、关是记号。第一层分为辶和关。

以上四个字如果用单纯字形原则来切分,结果和这里一样。可是有时采用两种不同原则,得出的结构不一样。例如:

裹　根据构字原则,第一层分为衣和果,是形声字。根据单纯字形原则,分为亠果衣。

旗　根据构字原则,第一层分为㫃和其,是形声字。根据单纯字形原则,分为方和𠀎。

腾　根据构字原则,第一层分为马和朕,是半意符半记号字。根据单纯字形原则,分为月和䘒。

汉字字形既有有序性的一面,又有无序性的一面。有些字的构字理据不明,古今字形不同,所以构字原则有时不能得到贯彻。这时就只能采用单纯字形原则。例如:

能　《说文》:"能,熊属,足似鹿。从肉㠯声。"大徐注:"㠯非声,疑皆象形。"

古人已经不能确指构字理据,我们只能采用单纯字形分析。

---

① 苏培成《现代汉字构字的理据性》,《语文建设通讯》1994年第43期。

根据中间的分隔沟,第一层分为左右两个部件。再根据两条短的分隔沟,第二层分出四个末级部件。

奋　造字理据不明。只能根据字形,第一层分为厶和奋,再把奋分为大和田。

至　甲骨文的至是箭射到地上,从矢从一。现代汉字只能分为厶和土。

春　根据《说文》,是形声字,从草从日屯声。现代汉字只能分为夫和日。

贼　根据《说文》,是形声字,从戈则声。现代汉字只能分为贝和戎。

有些字根据字源是合体字,可是现在已经变为独体字,自然也不能采用字源原则。例如:

及　依照字源从人从又(手)。

三　余论

汉字是语素文字,主要来自古代的图画和刻画符号。经过几千年的变化,形成现在的面貌。从现代汉字整体说,既有有序性,又有相当程度的无序性。不论哪种切分原则都会遇到困难。为了解决困难,有时不得不把切分规则加密,可是网眼再密还是有鱼要漏掉。可行的办法是承认有例外。

切分的方法有些并不具有唯一性。例如,用替换的办法来确定相接的笔画组合能不能切分,宽式和严式各有利弊,没有绝对的对和错。但是不管采用哪种方式,都要避免怪异切分。如把"未"分为二、小(如五笔字型编码法)。用类比的方法确定有些相离的单笔画是部件,也不够严密,还需要改进。

贰 汉字部件统计[①]

一 前言

关于部件和汉字教学,很多学者撰文讨论。张旺熹曾分析了1 000个高频字的部件分布,[②]得出构字能力强的118个部件在出现次数上约占80%的比例,因此提出"汉字部件结构教学"的设想。崔永华重点对《(汉语水平)汉字等级大纲》的甲级词和甲级字的基础部件进行了分析,[③]从汉字部件的经济性、可称谓性、表义性等,得出表义的部件占68.5%,从这几个方面说明了利用汉字部件教学的可行性。万业馨提出了"汉字教学部件"等对教学实际非常有实用价值的说法。[④]

本研究参照即将颁布的"基础教学用现代汉语常用字部件规范"[⑤]的拆分结果,适当修改,形成了《(汉语水平)汉字等级大

[①] 本文以"《(汉语水平)汉字等级大纲》汉字部件统计分析"为题发表在《世界汉语教学》2005年第2期,作者邢红兵。

[②] 张旺熹《从汉字部件到汉字结构》,《世界汉语教学》1990年第2期。

[③] 崔永华《汉字部件与对外汉字教学》,《语言文字应用》1997年第3期。国家对外汉语教学领导小组办公室、汉语水平考试部《汉语水平词汇与汉字等级大纲》,北京语言文化大学出版社1992年版。

[④] 万业馨《汉字字符分工与汉字部件教学》,《语言教学与研究》1999年第4期。

[⑤] 本研究的拆分原则均引自即将公布的《基础教学用现代汉语常用字部件规范》的部件拆分原则。该规范规定了基础教学用现代汉语常用字部件及其名称。该规范由教育部语言文字信息管理司提出立项,由北京语言大学、北京师范大学、北京信息工程学院负责研制。规范主要起草人:王宁、张普、石定果、邢红兵、崔永华、柴鸿斌、陈一凡等。

纲》(以下简称"等级汉字")汉字基础部件数据库,在此基础上分析汉字部件的使用情况。"等级汉字"是 1990 年至 1991 年由国家对外汉语教学领导小组办公室和北京语言大学汉语水平考试中心联合研制的,该大纲共收汉字 2 905 个(2864＋41),其中甲级字 800 个,乙级字 804 个,丙级字 590 个,丙级字附加字 11 个,丁级字 670 个,丁级字附加字 30 个。

二 汉字的拆分原则

(一) 部件拆分原则

我们参照"基础教学用现代汉语常用字部件规范"的拆分原则,并进行适当调整。最后归纳的原则包括:(1)字形结构符合理据的,按理据进行拆分。例如:"分"拆分为"八""刀";"相"拆分为"木""目"。(2)按理据拆分时,属于层次结构的,依层次拆分;属于平面结构的,一次性拆分。例如:"想"属于层次结构,第一层拆分为"相""心",第二层"相"拆分为"木""目";"暴"属于平面结构,一次性拆分为"日、共、八、水"。(3)无法分析理据或形与源矛盾的,依形进行拆分。例如:"朋"拆分为"月""月";"执"拆分为"扌""丸"。(4)交重不拆,极少数不影响结构和笔数的笔画搭挂可拆。例如:"串"属于交重结构,不可拆分为"中""中";"东"属于交重结构,不可拆分为"七""小";"孝"属于笔画搭挂,可以拆分为"耂""子"。(5)拆开后的各部分均为非字部件或均不再构成其他汉字的,即使是相离或相接,也不拆分。例如:"隶"不可拆分为"尹""氺";"非"不可拆分为"彐""卡"。(6)因为构字造成独体字部件相离的,拆分后仍将相离部分合一,保留独体字的原形。例如:"裹"拆分为"衣""果",不拆分为"亠、果、衣";"乘"拆分为"禾""北",不拆分为"禾、扌、匕"。

(二)部件的拆分步骤

按照上述原则,我们对"等级汉字"的 2 905 个汉字进行了拆分,拆分分为 3 个步骤:

1. 标注结构类型。我们这里标注的结构类型是指该汉字的首层结构,例如"利"和"别"都是左右结构。我们标注的结构共包括:左右结构、上下结构、右上包围结构、左上包围结构、左下包围结构、上三包围结构、下三包围结构、左三包围结构、全包围结构、框架结构、左中右结构、上中下结构和独体结构等 13 种。

2. 将合体字拆分为首层部件。将合体汉字进行首次拆分,左右结构、上下结构、右上包围结构、左上包围结构、左下包围结构、上三包围结构、下三包围结构、左三包围结构、全包围结构、框架结构等一分为二为两个部件,例如"吃"拆分为"口""乞","除"拆分为"阝""余","靠"拆分为"告""非","氛"拆分为"气""分"等。左中右结构、上中下结构一分为三,拆分为 3 个部件,例如"瓣"拆分为"辛、瓜、辛","鼻"拆分为"自、田、丌"等。

3. 逐层拆分出基础部件,即将汉字按照结构层次拆分到基础部件为止。基础部件拆分结果和首层拆分结果有时相同,例如"鼻"拆分为"自、田、丌"后,"自、田、丌"都是基础部件,因此"鼻"的基础部件序列就是"自田丌"。有的还要经过再次或多次拆分,才能得到基础部件,例如"避"的基础部件就是"尸、口、立、十、辶"。

三 汉字部件数据库

我们的研究基于两个数据库,这两个数据库分别是"等级汉字拆分数据库"和"等级汉字基础部件数据库"。

(一) 等级汉字拆分数据库

"等级汉字拆分数据库"的主要内容是对汉字的全部基础部件进行拆分得到的,数据库的字段包括:汉字字形、汉字读音、汉字笔画数、汉字部件数、汉字结构类型代码、汉字首层拆分结果、汉字基础部件序列等(表1是数据库中部分汉字的信息示例)。

表1 等级汉字拆分数据库样例

序号	汉字	字音	等级	部件数	结构	部件1	部件2	部件3	部件序列	直接构字数	例字
78	窗	chuang1	1	2	b	穴	囱		穴囱	0	
79	床	chuang2	1	2	d	广	木		广木	0	
80	吹	chui1	1	2	a	口	欠		口欠	0	
81	礁	jiao1	1	3	a	石	焦		石隹灬	0	
82	磁	ci2	1	4	a	石	兹		石丷幺幺	0	
83	词	ci2	1	2	a	讠	司		讠司	0	
84	次	ci4	1	2	a	冫	欠		冫欠	6	资盗瓷
85	从	cong2	1	2	a	人	人		人人	6	丛纵
86	村	cun1	1	2	a	木	寸		木寸	0	
87	错	cuo4	1		a	钅	昔		钅艹日	0	
88	答	da2	1	4	b	𥫗	合		𥫗人一口	0	
89	打	da3	1	2	a	扌	丁		扌丁	0	

(二) 等级汉字基础部件数据库

我们依据的第二个数据库是等级汉字基础部件数据库,这个数据库是从"等级汉字拆分数据库"中生成的,相关的数据也是从汉字数据库中统计出来的。这个数据库的字段包括:汉字基础部件、能否成字以及成字时的等级、甲乙丙丁 4 个等级的构字数、甲乙丙丁 4 个等级的构字次数和直接构字数、部件的笔画数、部件的笔画序列等（表 2 列出的是部分汉字基础部件的信息）。

表 2 等级汉字基础部件数据库样例

部件	成字	甲级			甲乙级			甲乙丙级			甲乙丙丁级			笔画数	笔画序列
		构字数	直接构字	构字次数	构字数	直接构字	构字次数	构字数	直接构字	构字次数	构字数	直接构字	构字次数		
而	1	2	1	2	4	2	4	6	3	6	7	3	7	6	132522
尔	3	2	1	2	3	2	3	4	2	4	5	3	5	5	35234
耳	2	4	3	4	9	6	9	15	7	15	21	13	21	6	122111
二	1	2	1	2	2	1	2	2	1	2	2	2	2	2	11
发	1	1	0	1	2	1	2	4	1	4	5	2	5	5	53544
凡	2	1	0	1	5	1	5	5	1	5	6	2	6	3	354
厂	0	4	1	4	7	1	7	9	1	9	12	1	12	2	33
女	0	11	8	11	26	16	26	31	18	31	43	22	43	4	3134
方	1	8	8	8	18	11	18	22	13	22	28	16	28	4	4153
飞	1	1	0	1	1	0	1	1	0	1	1	0	1	3	534

我们还针对每个部件建立了一个备注字段，将该部件在"等级汉字"中构成的全部汉字排列其中，并标注了每个汉字的等级，例如：部件"方"的构字情况（括号中的 1、2、3、4 分别代表甲、乙、丙、丁四个等级）：方(1)房(1)访(1)放(1)旅(1)旁(1)游(1)族(1)榜(2)膀(2)傍(2)防(2)仿(2)纺(2)激(2)旗(2)施(2)邀(2)磅(3)妨(3)愣(3)旋(3)谤(4)坊(4)芳(4)肪(4)敷(4)缴(4)。

四 基于数据库的统计研究

（一）各等级的汉字部件

我们对 2 905 个汉字的基础部件进行了统计，最后得出，

2 905个汉字中共使用基础部件515个。我们首先统计了各等级的部件数量,以及各等级新出现部件的数量(表3)。表中"新部件"是指在该等级新出现的部件,例如部件"艹"在甲级汉字中没有出现,在乙级汉字中出现于"塑",这样的汉字部件即属乙级阶段的新部件。新部件的平均构字数是指新部件在全部"等级汉字"中的构字数的平均值,不仅仅是某个等级的构字数的平均值。

表3　各等级新部件数及平均构字数

	甲级	乙级	丙级	丁级
部件总数	385	466	490	515
新部件数量	385	81	24	25
新部件平均构字数	18.27	2.89	1.96	1.32

上表显示,甲级汉字中共有385个汉字基础部件,占全部"等级汉字"基础部件的75%。这就是说如果学完全部甲级字,就已经学习了75%的部件。而且从部件的平均构字能力来看,甲级字基础部件的平均构字能力要远远高出其他等级的新部件。从这样的结果可以看出,甲级字部件不仅数量占绝对优势,而且都是构字能力强的部件。而从乙级字开始,新部件的数量大幅度降低,部件的构字数量也大幅度减少。

(二) 成字部件

515个基础部件中,可以在2 905个"等级汉字"中独立成字的部件共有285个,例如"末、卵、隶、兼、甲、谷、弓、甘、尔、丁"等,我们把这类部件叫做"基础成字部件",基础成字部件占全部基础部件的55.34%。这些部件是指在2 905个汉字范围内成字的部件,还有一些部件在"等级汉字"以外也能成字,例如"弗、甫、艮、亥、夬、巳、吏"等。这说明在"等级汉字"所使用的基础部件中,成字部件占有超过一半的比例。成字部件可直接称读,具有独立的语音和意义,因而也比较容易识记。我们进一步对这些成字部件在各个等级的分布情况进行了统计。

表4 各等级基础成字部件数及比例

	甲级	乙级	丙级	丁级	合计
数量	151	69	30	35	285
比例(%)	52.98	24.21	10.53	12.28	100.00
占该等级字的比例(%)	18.88	8.58	4.99	5.00	9.81

从这些数据可以看出,近53%的成字部件是在甲级字中,就是说大部分成字部件在甲级已经作为汉字出现过。甲级字中有近19%的汉字是可以作为基础部件构字的,就是说差不多五分之一的甲级汉字是可以充当基础成字部件的。在乙级字中,也有近9%的汉字是可以作为基础成字部件构字的。

成字部件还应该包括不是基础部件的成字部件,例如"辛"被拆分为"立十",因此,"辛"不在基础部件中,但是"辛"是可以构字的,在全部2 905个汉字中,共有10个汉字"辟、宰、锌、辫、辨、辣、辜、辩、瓣"中包含"辛",加上变体"幸",共出现14次。我们把这样的部件叫做"合成成字部件"。我们对合成成字部件进行了统计,具体统计数据见下表。

表5 各等级合成成字部件数及比例

	甲级	乙级	丙级	丁级	合计
数量	170	103	56	55	384
比例(%)	44.27	26.82	14.58	14.32	100.00
占该等级字的比例(%)	21.25	12.81	9.32	7.86	13.22

从上表的数据看出,有近45%的合成成字部件是在甲级字中,而这些合成成字部件占全部甲级汉字的21%多,就是说21%的甲级字可以充当合成成字部件。近13%的乙级汉字也可以作为合成成字部件参与构字。与基础成字部件合起来共有40%的甲级汉字是可以充当部件、参与构字的。即使是乙级汉字,也有20%的汉字是作为成字部件来参与构字的。

(三)部件的构字能力

我们所说的部件的构字能力是指某个部件在全部"等级汉字"中的构字数量(简称"部件的构字数"),部件的构字能力是通过构字数的多少来衡量的。例如"出"在全部2905个"等级汉字"中,共构成6个字:"出、础、窟、屈、掘、拙",那么,"出"的构字能力是6。全部的515个基础部件中,构字数最多的是381个,最少的只有1个。我们将构字数分为几个等级,看看各个等级部件的构字数量的分布情况。

表6 部件构字数等级分布表

构字次数	100以上	51—100	11—50	5—10	2—4	1
数量	8	24	133	131	146	73
比例(%)	1.55	4.66	25.83	25.44	28.35	14.17

从上面的结果可以看出,构字数在100个以上的部件有8个,这8个部件是"口、日、扌、木、氵、一、亻、艹"等。部件构字数的跨度较大。构字数在5个以上的部件共有296个,占全部部

件的57.48%,构字数在1到4之间的部件有219个,占全部部件的42.52%。只构成一个字的部件有73个,占全部部件的14.17%,例如"个、耳、丐、飞、兜、典、弟、勺、丹、巛、承、丞、歹、秉、乓、乒、拜、凹"等。

我们进一步分析了构字能力不同的基础部件在甲级汉字和乙级汉字中的分布情况。我们把构字数大于等于5的部件归为构字能力强的部件,把构字数在1和4之间的归为构字能力弱的部件,那么这两类部件在甲级和甲乙级的分布情况如下。

表7 甲乙级汉字的构字能力表

	构字数超过5	比例%	构字数为1-4	比例%
甲级	281	94.93	104	47.49
甲乙级	295	99.66	171	78.08
全部	296	100.00	219	100.00

从这个结果来看,约95%构字能力强的部件在甲级字中已经出现,如果将甲乙级合起来看,几乎全部构字能力强的部件在这两级的汉字中已经出现。这说明甲级汉字中使用过的部件不仅在数量上占优势,而且也表现出构字能力强的特点。

(四) 汉字的结构类型

每个汉字包含的部件数量不等,我们通常所说的"独体字"和"合体字"就是从汉字的基础部件数量这个角度来分的。由一个基础部件构成的汉字就是独体字,例如"乙、西、甫、田"等;由两个或两个以上基础部件组合的汉字叫做合体字,例如"形、是、据、压、问、匡"等。合体字的部件组合是有一定的层次的,例如汉字"蓓"是由四个部件构成的,这四个部件分3个层次组合,第一层是"艹"和"倍"按照上和下的关系组合,第二层是"亻"和

"音"按照左和右的关系组合,第三层是"立"和"口"按照上下的关系组合,这种组合关系就是我们所说的汉字的结构。我们对各个等级的汉字的第一层结构进行了分析,将全部结构分为13种,具体数据参见表8。

表8 汉字首层结构比例表

结构类型	数量	比例%	甲	乙	丙	丁	例字
左右结构	1642	56.52	47.50	57.34	61.67	61.57	形保矿凯朝
上下结构	677	23.30	23.00	23.01	24.17	23.29	是贸然药想
右上包围结构	23	0.79	0.75	0.37	1.50	0.71	句匀可氧习
左上包围结构	113	3.89	3.63	4.10	2.83	4.86	厄压病屏居
左下包围结构	76	2.62	2.88	4.23	1.83	1.14	这延翘尴勉
上三包围结构	26	0.90	0.63	1.12	0.67	1.14	问向同甩风
下三包围结构	3	0.10	0.00	0.12	0.17	0.14	凶画击函幽
左三包围结构	5	0.17	0.13	0.25	0.00	0.29	匡匪匮匠匦
全包围结构	11	0.38	1.13	0.25	0.00	0.00	国固囵回团
框架结构	16	0.55	0.50	0.12	1.00	0.71	承乘噩爽巫
左中右结构	9	0.31	0.13	0.00	0.50	0.57	街班掰辩衢
上中下结构	19	0.65	0.88	0.50	0.67	0.57	曼率衰爱器
独体结构	285	9.81	18.88	8.58	5.00	5.00	大由人九土

上表的数据显示,左右结构在全部等级汉字中占大多数,其次是上下结构,占23%,独体结构占9.81%,其他结构的比例相对较小。从各个等级来看,各种结构的比例都很接近。甲级字中,各种结构类型都已经出现,而且比例也与其他等级非常接近。甲级字的结构方面最主要的特点就是独体字所占的比例要比其他等级的比例大很多。这样的结果说明,甲级汉字已经具有了汉字的各种结构类型,并且基本按照类似的比例分布。

五 结论

从本研究的统计结果来看，我们认为利用部件进行汉字教学是可行的并且是经济的，这主要表现在两个方面：其一，2 905个汉字拆分出 515 个部件，通过记忆这些基础部件的方法来记忆汉字，从数量上看，减少了留学生的记忆负担，从而可达到提高学习效率的目的；其二，构字数在 5 个以上的基础部件占全部基础部件的 57.48%，这说明大部分部件都是反复出现在汉字中的，这也会给部件教学带来方便。下面我们从统计结果出发对以部件为基础的汉字教学提出几个方面的建议：

（一）基本字带动部件教学。从上面的统计结果看出，800个甲级汉字在部件和结构方面承载着非常多的信息：1)"等级汉字"的全部基础部件中，75%的基础部件在这个等级就出现过，而且这些部件都是构字能力非常强的部件；2)在甲级汉字中，有53%的基础成字部件和 44%的合体成字部件；3)40%的甲级字直接参与构字；4)95%的构字数量超过 5 的基础部件出现在甲级字中；5)甲级字基本代表了汉字的全部的结构方式，并且各类结构的分布情况基本一致；6)根据邢红兵等的统计，[①]有 273 个甲级汉字可以充当形声字的声旁，占全部"等级汉字"声旁的48%。

（二）根据构字能力各有侧重。根据部件的构字能力确定哪些部件是常用部件，哪些部件是非常用部件。在汉字教学中对

---

① 邢红兵、舒华《〈汉语水平词汇与汉字等级大纲〉中形声字声旁表音特点分析》，载《汉语口语与书面语教学》，北京大学出版社 2004 年版。

这两类部件的处理应该有所区别。

（三）根据能否成字强调不同方法。成字部件具有自己的特点：可独立成字和可直接称谓，我们认为成字部件和非成字部件在汉字教学中应该各有对策，对于成字部件，要充分利用其成字的可称谓性和独立性等特点。

本研究的统计结果只能反映汉字结构及其构成成分方面的一些特点，汉字部件和构造等方面还有很多因素需要进一步探讨。例如部件的构字位置是固定的还是不固定的、部件直接构字还是间接构字，汉字的形旁在汉字字形习得中的作用等。这些都有待进一步的研究。

叁　汉字部件区别特征[①]

一

文字是记录语言的符号系统。任何文字都有形、音、义三个方面。文字的音、义和语言中语素、词等单位的音、义相对应。形体是文字所特有的，也是文字的基本要素。区别性是文字形体的一个基本属性，文字的形体必须相互区别而不能雷同，这样才能便于人们准确地辨识，否则就会导致符号内部的混乱，使文字记录语言的功能难以实现。

上述规律对文字系统来说是普遍的，汉字亦莫能外。作为

---

① 本文以"汉字部件区别特征与对外汉字教学"为题发表在《语言教学与研究》2004年第4期，作者梁彦民。

记录汉语的书面符号系统,"汉字是在一个两维度的平面上来构形部件的,这个两维度的空间为汉字部件的结合提供了很多区别的因素"。① 笔画是汉字的书写元素,部件是汉字的构形单位,它们都是汉字形体区别特征体现的重要层次。在笔画层次上,笔画的数目、形状、组合关系等因素可以构成汉字形体区别特征。本文希望从汉字自身构形规律出发,以汉字构形学为指导,以部件层次的汉字形体区别特征为考察中心,试图回答以下几个问题:汉字部件层次的汉字形体区别特征有哪些表现形式?这些区别特征是如何使汉字形体实现相互区别的?通过这些分析如何更好地指导汉字教学?

二

我们对汉字部件形体区别特征进行分析的理论依据是汉字构形学。汉字构形学是探讨汉字形体依一定的理据构成和演变的规律的科学理论体系,它是在对大批不同时代、不同形制的文字材料进行整理和分析的基础上总结出来的汉字构形的一般规律,为研究各阶段汉字提供了科学的基础理论和基本方法,对汉字学和汉字史研究的科学化具有重大的学术价值。

汉字的部件也称构件,是汉字的构形单位。汉字构形学把汉字的书写单位——笔画与构形单位——部件区分为范畴不同的两个概念,这种区分揭示了汉字笔画与部件的本质区别:笔画是汉字的书写元素,它不具有体现整个汉字构意的功能;直接体现汉字构意的是汉字的部件。只有全面地认识汉字的构形元

---

① 王宁《汉字汉语基础》,科学出版社 1996 年版。

素,汉字的书写过程、识别过程才能真正实现理性化。从汉字构形系统来看,组成汉字的构形元素不是无限的,而是可以归纳为一定数量的单位。引导学生理解和掌握这些构形单位的形体和结构功能,辨别不同的结构形式,归纳汉字的构形模式,是对外汉字部件教学的主要内容。

汉字部件的构形属性包括各级部件及其功能、部件组合的动态特点、结构的级层数、部件的组合样式、构形模式、布局图式等多个方面。以下我们结合外国留学生书写的错别字例,尝试从汉字部件形体、部件构意功能、部件的组合样式、部件的布局图式四个方面分析汉字部件的区别特征。

(一)汉字部件形体

根据文字选择口头语言的音还是义来作为构形的依据,世界上的文字体系可以分为表音文字体系和表意文字体系。记录汉语的汉字属于表意文字体系,其最大特点在于根据汉语中与之相应的某一个词的意义来构形,因此部件的形体构成了整字的物质基础,"汉字由哪些构件构成,这是它最重要的属性,也是决定字与字区别的关键"。[①] 例如留学生把"绍"字右上角的"刀"写作"力"、把"架"字左上角的"力"写作"九"、把"染"字的右上角的"九"写作"丸"、把"热"字右上角的"丸"写作"尤"、把"努"字右上角的"又"写作"力""九"等都是由于混淆部件形体引起的,是留学生特定阶段汉字的视觉辨别能力与书写再现能力的真实反映。此外,汉字系统中存在着大量的形似部件,如"亻"与"彳"、"冫"与"氵"、"冖"与"宀"、"宀"与"穴"、"厂"与"广"、"广"

---

① 王宁《汉字构形学讲座》,上海教育出版社 2002 年版。

与"疒"、"口"与"日"、"日"与"月"、"月"与"目"、"目"与"且"、"夂"与"辶"、"阝"与"卩"、"尸"与"户"、"礻"与"衤"、"贝"与"见"等等,这些部件提供的分辨度相对较小,仅依靠一些细微特征,如笔画的数目、笔画的形状、笔画的关系等相互区别,即使是汉语母语学习者也需仔细分辨,对留学生来说更是容易误写误用。根据我们对外国留学生错别字的初步分析,此类错误是中高级阶段学生错别字的主体部分,其中欧美国家留学生尤为显著。导致这种情况的内在原因在于拼音文字体系与汉字体系的根本差异,前者选择语音为记词的基本手段,而后者选择意义为记词的基本手段。留学生由于对汉字"以形别义"的区别方式不敏感或不习惯而忽视了一些细微的形体区别要素,从而导致了此类错别字的产生。

(二) 汉字部件的构意功能

"汉字构形的最大特点是它要根据所表达的意义来构形,因此,汉字的形体总是携带着可供分析的意义信息"。① 汉字构形学把部件承担的构意类别称作部件的"构意功能",类型包括表形、表义、示音、标示四种。正确掌握汉字的形体必须从构形和构意两个角度去理解,除了准确地辨识部件的形状以外,还需要明了特定构形体现何种造字意图、带有哪些意义信息、又采用何种手段与相似字和同类字相区别。只有从构形和构意两个维度正确地把握汉字的形体,汉字的识别与书写才能真正实现理性化。留学生把"忧愁"写成"优愁"即是由于对汉字部件的构意功能不清楚引起的:"忧"是义音合成字,形体由"忄"和"尤"两个部

---

① 王宁《汉字构形理据与现代汉字部件拆分》,《语文建设》1997年第3期。

件组成,表示担心、发愁,其中"尤"是示音部件,"忄(心)"是表义部件,因为担心、发愁是人们的心理活动。理解了"忧"字的形体以后,大概就不会再把它写成"优伶"的"优"了。有的留学生把"编剧"写成"遍剧"。"编"和"遍"都是义音合成字,"编"字本义为用丝线把竹简按照顺序组织起来,从纟,扁声,其中"纟(糸)"是表义部件。"遍",从辶,扁声,本义为走遍、周遍,以"辶(辵)"为表义部件。有的留学生把"米饭"写成"米饮"。"米饭"的"饭"是义音合成字,其中"反"是示音部件,"饣(食)"是表义部件。"饮"字现代字形是会意合成字。只要区别了"饭""饮"两个简体字的构意功能,就不会混淆两个字形。这些错例虽然简单,但却反映了理解汉字的构意功能在从理性高度掌握汉字方面的重要性与必要性。

上文所举的"亻"与"彳"等多组形似部件都分属不同的意义范畴,并且作为义符领有大量汉字,因此,除了从部件形体角度相区别外,还需从部件的构意功能角度认识它们的区别,这样才符合汉字认知的根本规律,有助于把握汉字的本质属性。

(三)汉字部件的组合样式

汉字部件的组合样式包括部件的置向、部件的相对位置等内容。方向与相对位置是典型的形体信息。早期汉字大多是采用"形合"的方式组成的,上下左右的方向与相对位置是汉字必需的表达手段,是汉字表义性的必然特点。

汉字部件的置向是指部件放置的方向,"如在楷书里,'从'中的两个'人'都是正面放置,'比'中的两个'人'是向右侧放,

'北'中的两个'人'是左右反向侧放"。① 现代汉字中的"人"和"入"还有这种组合样式的区别。再如:"扫"字右侧的部件和"雪"字下面的部件都是向左开口,有的留学生误写作开口向右;而"虐"字下面的部件开口向右,有的留学生误写作开口向左。

"各部件摆放的方位也是构成字间差异的重要特征。"② 如果把"部"的左右两个部件颠倒过来,就变成了形、音、义完全不同的另外一个字"陪"。留学生颠倒左右两个部件的写法是错别字比较常见的一种,例如颠倒"叫、码、院、站、知"左右部件的错字都可见到;而有的留学生把"谁"写错,颠倒了"讠""亻"两个部件;把"别"写错,把直接部件"另"写作上"力"下"口",则是把"口""力"两个二级部件的位置颠倒了。

(四) 汉字部件的布局图式

在汉字部件的布局图式方面,外国留学生常常把左右结构的字写得左右分离,把上下结构的字写得上下分家,甚至于整个字东倒西歪,左高右低。宽松一点来说,这些字尚不能算错,只是看上去不太顺眼,有些"异国情调";严格来说,则是因为留学生对于汉字方块形状的形态特点以及汉字部件的布局图式认识不够造成的。从文字的性质来看,方块汉字的形状特点是汉字表义性的必然结果。在汉字字形发展演变的历史中,以甲骨文、金文、小篆为代表的古文字字形带有较强的象形意味,字体也没有固定的程式;而隶变以后的汉字摆脱了象形性,在书写笔法上用不同形态的点画取代了小篆的线条,变圆曲为方直,汉字的整

---

①② 王宁《汉字构形学讲座》,上海教育出版社 2002 年版。

体形态由小篆的长圆形演变成为略扁的方体形态;楷书则完全呈方正形态。为了体现匀称、均衡的美学原则,组构成字的部件之间还要互相避就、补充。对于母语是拼音文字的留学生来说,短时间内处理好立体结构的汉字不同部件之间的空间关系,不是一件容易的事。因此对于汉字整体形体特点、结构布局的基本规则的讲授应该是汉字理性教学的有机组成部分,这些讲授对于已经成年的留学生来说是必要的,而且越在教学对象接触汉字初期越应该不断强调。只有这样才能帮助留学生在最短的时间内树立方块汉字结构布局的心理意识,最终把汉字写得正确,写得美观。

汉字由有限的形素组成数以万计的成字,其组合类型主要有平面结构和层次结构两种。例如"解"字是由"角、刀、牛"三个形素一次性组构而成的,属平面结构。而大量汉字的组合是层次组合,这些汉字的构意不是一次性表现出来的,而是逐层生成的,不同的形素处在不同的层次上,不处在同一层次上的形素之间并不发生任何关系。虽然在汉字发展演变过程中有一些字形(如"颖、荆、徒、强"等)呈现出形符或声符仅居一角的格局,但绝大多数汉字仍然遵循着左右或上下组合的基本结构方式。混淆这种组合的层次性,就会写成错字。如留学生把"喂"字写作上下结构,从字形结构来说,"喂"字由"口"和"畏"两个部件组成,其中"口"为表义部件,"畏"为示音部件,从构形模式来说,整字"喂"是义音合成字。留学生的错误写法既不合于汉字部件的布局图式,同时也扰乱了汉字构形的层次。再如:本为左右结构的"楼、沉、糕、懂"错写成上下结构;"最"字从冃从取,本为上下结构,而有的留学生错写成左右结构。

三

外国留学生书写的错别字反映出了他们对汉字部件区别特征的认知过程,记录了他们汉字意识发展的轨迹,为我们审视汉字提供了一个新的视角与丰富的素材。通过运用汉字构形学的基本理论,对汉字部件形体区别特征进行的初步的分类分析,我们认为,留学生的书写现实折射出了对外汉字教学的一些基本的理论问题,并对汉字教学提供了一些有益的启示。这些理论问题和启示至少可以归纳为两个方面。

(一) 对外汉字教学应贯彻汉字理据性教学的原则

首先,这是由汉字的根本特点决定的。从本质上说,汉字属于表意文字体系,任何汉字字符都不是部件或笔画的无序堆积,而是有理据的。这是汉字体系一个最根本的规律,也是决定对外汉字教学必须遵从汉字规律性进行的理论基础与内在原因。汉字的理据是沟通历史与现代的结合点,是保持汉字构形系统的枢要,也是分析汉字构形系统的理论基础,不重视它或有意无意地破坏它都是违背汉字科学规律性的。

其次,这是对外汉语教学的特点决定的。从学科性质的角度来说,对外汉语教学属于第二语言教学,其教学对象大都是母语非汉语的成年人,因此在教学中我们必须充分重视教学对象的这一特点。对于未成年的儿童来说,简单模仿的教学方法是适合他们的年龄特点的,但对于成年人来说,他们的理性思维已经发展成熟,因此他们更易于从理性分析的角度学习知识,这也决定了对外汉字教学必须贯彻理据性教学的原则。

与此相反,如果汉字教学对汉字构形规律置诸不顾,单纯依照模仿的方法实现字的积累,则只能使汉字教学陷入"四面楚歌"的境地:留学生把"忧愁"写作"优愁",把"负担"写作"负但",把"米饭"写作"米饮"等等。这些错讹字都显示了非理性教学的严重后果,是汉字教学必须贯彻规律性原则的反面例证。"我们现行的汉字教学顺序,基本上服从于字频原则,哪些字常用就先学,哪些字不常用就后学,其结果就是学习者无法在较短的时间内掌握汉字的构形规律"。① 在贯彻汉字理据性教学原则方面,还有许多具体的问题需要重新认识。

(二) 对外汉字教学应贯彻汉字系统性教学的原则

"任何文字符号的整体都不是散乱的一群,而是一个相互关联着、彼此牵制着、具有内部规律的体系"。② 汉字作为记录汉语的视觉符号体系,在构形上是以系统的形式存在的。汉字体系是由个体汉字符号组成的集合,这些个体的汉字符号之间的关系不是孤立的,而是互有联系的,符号内部呈有序排列组合的系统。每个汉字在系统中都有属于自己的位置,同时受到前后左右邻近汉字的制约。汉字体系中大量的形声字都可以充分运用系统归纳的方法进行教学,收到举一反三、以简驭繁的教学效果。

汉字的系统性与理据性是联系在一起的。在现代汉字中,一些汉字的理据程度确实有淡化的倾向。这是汉字形体发展的必然结果,因为汉字的形体与意义之间有相对的独立性,形体是

---

① 万艺玲《汉字难易度测查与对外汉字教学研究》,北京师范大学中文系博士学位论文,2001年。
② 李国英《论汉字形声字的义符系统》,《中国社会科学》1996年第3期。

汉字的本体所在,而意义则来源于它所记录的词,是随着语言的发展变化的,不完全受字形的制约。这样发展的结果必然会导致部分汉字形义关系的疏离。这种汉字形义关系的疏离并不等同于汉字理据的完全丧失,因为在一些汉字中,汉字理据只不过是由显性存在衰减为隐性存在,依赖汉字的系统性来体现。比如"戈"字,仅从现在的形体恐怕难以窥见长柄横刃的兵器的样子,但如果在汉字构形系统内考察,通过对与之有关的字,如"戒、或、伐、战、戕、戳、戮"等的构形分析,就使"戈"字的理据重新显现出来,同时把上述"戈"组字的构形规律揭示了出来。留学生混淆"代"与"伐"就是不明白"戈"的理据引起的。再如"厂"与"广"、"礻"与"衤"、"尸"与"户"等形似部件或汉字都可以运用系统分析的方法加以区别。

综上所述,我们认为汉字教学必须贯彻汉字理据性和系统性相结合的原则。

第三节　整字

壹　汉字的构形[①]

第二语言教学的研究属于应用语言学的范畴。它要研究学

[①] 本文以"汉字构形学说与对外汉字教学"为题发表在《语言教学与研究》2002 年第 4 期,作者朱志平。

习主体,即人对第二语言的认知、习得规律;它必须借鉴语言本体和语言理论研究的成果,并使之在应用的领域里进一步延伸。因为"语言学家事实上并没有为发展语言科学而对语言进行'全面的'描写"。① 从理论与教学的关系看,理论研究只涉及语言的规律,如何应用这些规律,使之为教学服务,"这个问题属于应用语言学的研究领域"(同②)。汉字是记录汉语的符号,在汉语作为第二语言的教学中,汉字教学不可避免,教学中也要借鉴汉字本体的研究成果,所以必须引入研究汉字字形的理论——汉字构形学。

一 汉字教学的特殊性

有人曾经就中国儿童和美国儿童的阅读情况做过对比,二者的阅读曲线呈剪刀差形分布。中国儿童对已学知识掌握得很好,却难以阅读有生字的内容;美国儿童能阅读有生词的篇章,却不一定理解已读的内容。② 二者的这种差异就是文字的差异造成的。与拼音文字不同,汉字不传递口语信息。拼音文字可以以语音为中介达到拼读、辨识和拼写的目的,其口语与书面形式是一致的。汉字却不同,"汉字是世界上唯一未曾中断使用而延续至今的表意文字系统"。③ 以笔画和部件为基础构建起来的方块字几乎完全不能直接拼读,更难以仅凭语音去辨认。这是今天包括中国人在内的绝大多数人在学习汉字的最初阶段既

---

① S. Pit Corder《应用语言学导论》,上海外语教育出版社 1983 年版。Stephen D. Krashen 1995 The Natural Approach, Phoenix elt.
② 何九盈等《中国汉字文化大观》第 73 页,北京大学出版社 1995 年版。
③ 王宁《系统论与汉字构形学的创建》,《暨南学报》第 22 卷,2000 年第 2 期。

要借助于汉语拼音的帮助,又不能只停留在拼音阶段的主要原因。

汉字虽是记录汉语的符号,却有自身的系统与结构规律。汉字有三个要素:形、音、义。其中,音与义属于汉字所记录的语言,只有字形属于汉字本体。阅读时要通过字形来实现书面语与口语的沟通,从而达到理解。由于汉字属表意文字系统,字形反映造字之初的语义,随着社会的发展与变化,语言的音、义会发生变化。但语义的变化不直接影响字形,所以字形并不随语言的变化而变化,汉字结构所折射的语义与今天汉字所负载的语义已经有了差别。汉字字形与其所记录的语言在变化上的这种"不同步",形成二者在规律上的差别,使得我们只有对汉字形体及形体构成方式进行分析,才有可能捕捉到原始造义与今天汉字所记录的语义之间的关系,才有可能使汉字的三要素形、音、义统一起来,这是汉字得以识别和记忆的基础。

在汉语学习中,不了解字形,就无法掌握汉语的读写技能。汉字的性质,决定了汉字教学的特殊性。它决定了汉字的教与学必须建立在对字形结构的分析上,以字形分析为基础,沟通字音与字义,从而帮助汉语学习者突破书面语与口语之间的障碍。

二 汉字构形学说及其可应用性

汉字构形学说"探讨汉字的形体依一定的理据构成和演变的规律,包括个体字符的构形方式和汉字构形的总体系统中所包含的规律"。[①]

---

① 王宁《汉字构形讲座》,《中国教育报》1995 年连载。

汉字在造字之初是根据词义构形的,汉字字形"总是携带着可供分析的意义信息"①,这种情况从汉字使用以来并没有发生太大变化,这是汉字之所以能超越时空局限,超越不同的历史阶段和各个方言区的主要原因。虽然在漫长的历史演变中,大多数汉字构形所表现的最初造义与汉字所负载的语言中的语义有了一定的距离,但它们之间的联系往往可以通过对构形理据的分析来辨别(音借字除外)。如"初"字,《说文解字》"刀"部:"始也,从刀从衣,裁衣之始也。""从刀从衣"是"初"字的构形,"裁衣之始"是"初"字的构意,"始也"则是许慎对"初"字所负载语义的诠释。通过《说文解字》对"初"字构形的说解,我们就可以知道在"起初"、"当初"等词中的"初"字为什么是由"衣"旁和"刀"组成的。在这个字里,"刀"是独体字,"衣"是部首,二者都可以通过类推与学习者的生活经验联系起来。如果把这样的构形关系引入对外汉字教学课堂,学生就有可能避免把"初"字中的"衣"旁写成"示"旁或把"刀"写成"力"。当字形与其所携带的意义信息同汉字所记录的语言中的词义之间建立起某种联系时,一个字的辨识、理解与记忆就会由难变易。

汉字系统中,每个汉字的构形都遵循整个系统的总规律。汉字构形的这种系统性,许慎《说文解字》已经给予了较大的关注,近年来学术界又在此基础上进行了大量的研究。王宁教授提出了汉字的"书写元素"和"构形元素"的概念,这两个概念从静态的角度讲,它们分别包括了(就楷书而言,相当于)我们通常说的笔画和部件,笔画是部件的下位概念,部件由笔画组成,再

---

① 王宁《汉字构形学讲座》,《中国教育报》1995年连载。

组成整字。但从动态的角度看,书写元素和构形元素则分别与汉字的书写和辨识两个方面相关联。写字要一笔一画地写,如果每一笔每一画的起落位置不明确,就会产生笔画书写的错误。所以,在汉字的书写过程中,书写元素是个不可忽略的概念。

在静态条件下,汉字的书写元素并不复杂。汉字楷书的基本笔形大致可归纳为"横、竖、撇(捺)、点(提)、折"几种。但每一种笔形都有特定的写法,偏离一定写法超过某一限度时,就会产生笔形的错误。比如,"横"的右侧抬得太高,会与"撇"相混,"厂"就成了"质"的上部。因此它的动态过程就变得异常重要,以拼音文字为母语的学生在学习汉字的最初阶段,他们的大多数错字是书写元素的偏误造成的。比如,把"商"的两个相向的笔画写成反向的;"为"的两点放错了位置而写成"办";"希"的第四笔书写不到位;"贝"的最后一笔则因写得太长并且拐了弯而成了"见"。又比如"男"因少了一笔而成了"曰"与"力"的组合;"味"则因多了一笔而成了"口"与"朱"的组合,等。从"男"与"味"的错误还可以看到,书写元素的数量即笔数,也极为重要。由此可见书写元素的偏误是导致错字产生的一个重要原因。如果在教学中重视对书写元素的教学,就可以在一定程度上避免错字的产生。根据朱志平等的调查,[①]对汉字基本笔画,也即书写元素的概念输入与书写训练,是减少学生汉字偏误的有效方法之一。该调查从实践上证明了书写元素教学的重要性。

但写字又需要有对构形元素认识的前期积累作基础,因为笔

---

① 朱志平,哈丽娜《波兰学生及欧美学生汉字习得的考察、分析与思考》,《北京师范大学学报》1999年第6期。

画起落依附于结构的特点。在认识构形元素以后,书写过程才能达到理性化。构形元素的分析可使学习者建立起系统的观念,所以书写元素最终的熟练掌握依附于对构形元素的理性认识。

在对汉字进行辨识时,汉字的构形元素是汉字能否被正确辨识的关键。构形元素是直接进入构形的最小单位,也是汉字结构中表义的最小单位。它对汉字的识别和记忆起到相当关键的作用。由于构形元素带有意义,它在一定程度上体现汉字的构意,如"初"字的构意"裁衣之始"是由"衣"旁和"刀"组合起来体现的。因此,当一个已认得"初"字的人看到"示"旁和"力"组成的"怪字"时,绝不会认为这就是"初"字。心理学家在研究汉字正字法对汉字"字优效应"[①]的影响时,使用了三组字:真字(通行的汉字)、假字(构形元素位置与真字一致,但不是通行汉字,如双人旁和"也"组成的字)、非字(构形元素位置与真字不一致,如"她"字的"也"和"女"互换位置)。实验结果表明,真字的识别率最高,假字次之,非字识别率最低。心理学的实验对象是已经习得汉字的人,由于实验材料限于构形元素位置及搭配的变化,被试对真字、假字和非字识别的这种梯度表现就说明,已经习得汉字的人是根据构形元素及其位置和结构方式对汉字进行识别的。当然,认字虽不涉及笔画,记住每个构件却又要以笔画为基础,因为整体认读由于缺乏分析只能达到对汉字笼统的认识。由此可见,书写元素与构形元素之间是一种相辅相成的辩证关系。在应用中可以通过"写"和"认"的相互促进达到汉字的最终习得。

从第二语言学习的情况来看,学生的许多偏误是由于对构

---

① 彭聘龄主编《汉语认知研究》,山东教育出版社1997年版。

形元素辨识不清,对构意不明而造成的。如,把"租"写成"祖",把"往"写成"住",把"为"写成"办"等等,既是书写的错误,也是由于辨别不清禾苗旁与示字旁,单人旁与双人旁等本身所携带的语义。因此,在汉字识别的教学中,绝不能忽视构形元素及其位置、结构方式和构意的分析。其中构形元素所携带的意义的掌握极其关键,要让学生明白,"示"旁与"衣"旁只相差一点,却表示完全不同的意思。当这些构形元素与各自表示的语义建立起联系时,就很难再混淆起来。

从汉字构形系统来看,组成汉字的构形元素不是无限的,可以归纳为一定数量的形位。汉字构形学的研究表明,在汉字使用的每个历史时期,"形位的数量都大致在250-300个左右,它们分别或完全具有表音、表义、表形、标示四种功能"。① 如,"刀"在"初"字里的功能是表义,在"刃"字里就是表形。在《现代汉语词典》里,以"衣旁"为表义形素的汉字就达100多个。掌握这些形素及其构形规律,显然是习得汉字的捷径。

几百个形素又可以组成上万个汉字,它们的结构方式并不复杂。据研究,汉字的结构方式主要有两种:层次结构与平面结构。"平面结构由形素一次性集合而成"②,如"器";层次结构则由形素逐级依次组成,如"灏",见图1。

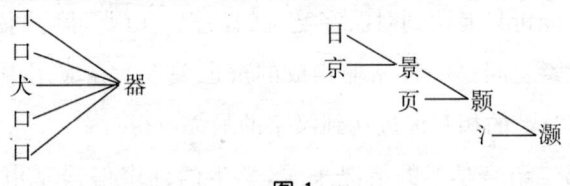

图 1

---

①② 王宁《汉字构形学讲座》,《中国教育报》1995年连载。

汉字形素的功能及其结构方式是汉字构形理据的基本内涵,除少数因字体变异而产生形素粘连(如"事""更"等)的汉字以外,大多数汉字都可以通过构形理据的分析得以理解和掌握。由此可见,"汉字构形学说"在汉字教学中的应用是完全可行的。

三 汉字构形学说与汉字学习、习得规律的相关性

对外汉语教学是一种成人教育。美国应用语言学家Stephen D. Krashen(1995)指出,成人获得语言与儿童有所不同,成人可以通过两个途径,一是自然的习得(unconscious acquisition),一是有意识的学习(learning),后者是人脑随后天的发育成熟而形成的一种能力,对前者有推动作用,可使习得效果大大提高。而语言教学在习得和学习上的作用有所不同,它对学习有很强的引导作用。因此,对成人来说,机械性的重复训练应当更多地被可理解的分析与归纳所代替。此外,语言学习与习得的另一个原则是"可懂输入原则",这个原则认为,语言的习得依赖于可懂材料的输入。所以,如果我们把汉字构形的特点和理据分析透彻,给予成人学生能够理解的汉字材料,就会极大地推动他们的汉字习得。在这一点上,汉字构形学说的分析特性与上述需要正好吻合。

当前认知心理学对汉字字形认知的研究主要在三个方面:笔画、部件、正字法。心理学家在研究了汉字认知过程中的字形加工以后指出,"笔画是识别所有汉字的一个单元","部件也是汉字识别的一个单元。与笔画的特征分析相比,部件分析发生

在一个较高的层次上。"①这一研究结果与汉字构形学说的理论是一致的。正因为部件(即构形元素)的分析处在"较高的层次上",它才与汉字的辨认密切相关。所以,从认字的角度来说,构形元素的识别顺序当在笔画之前。当我们对一个字加以分析时,我们首先拆分得到构形元素,其次才是书写元素——笔画,如图2。

相——木——一丨丿丶
　　　　目

图2

当一个字分析到最基础的构形元素(即末级部件)时,这个字的构形分析就基本完成了,它的构意及结构层次也就一目了然。在留学生的汉字偏误中,有相当数量是由于形似而产生的混淆。从认知的角度看它是一种"错觉结合"(illusory conjunction)现象,是由于字形与心理词典(mental lexicon)的词条未能对应的一种表现。从构形学说的角度说,它是不了解构意与结构层次而产生的混淆,是由于在学习过程中未对构形元素及其结构关系加以注意而造成的。"好"和"如"就是学生常常混淆的一对"形似字",我们将它们拆分后进行对比,如图3。

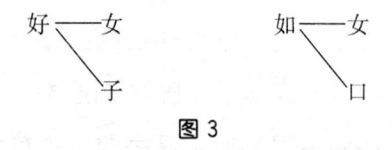

好——女　　　　如——女
　　　子　　　　　　　口

图3

---

① 彭聃龄主编《汉语认知研究》,山东教育出版社1997年版。

图 3 使人很清楚地看到,这两个字有一个构形元素不同,其构意当然也不同。《说文》"女"部:"好,美也,从女子",是"美好"的意思;"如,从随也,从女从口",是"跟从"的意思。"女""子""口"分别是"好"和"如"的末级部件,它们本身还具有意义,可以同时借助构形元素的意义和构意将这一对形似字区别开来。

认字的问题解决以后,写字就会容易得多。这时就可以把学生引入下一个"认知层次"——笔画。我们常用"照猫画虎"批评某人写字不认真,而留学生们的"照猫画虎"往往是无奈的。比如"国"字的偏误虽然都出在"口"内,却多达十几例[1],问题均出在包围结构里的"玉"字上,如果学生懂得三横一竖为"王",加点为"玉"的话,这种错误是可以避免的。所以在构形元素分析的基础上要引入书写元素的概念,对学生进行笔画、笔顺、笔数的训练。这样就可以避免笔形的错误,从而避免错字的产生。朱志平等的研究证明,学生汉字偏误多是教学或学习过程中缺少相关训练造成的。错误出在笔形上是由于对构形元素分析不足、认识不清。

在静态条件下对比,构形元素与书写元素的差别是有意义与无意义。对成人教育而言,这个差别应当重视。由于成人有较强的推理能力和分析归纳能力,他们能通过对意义的抽象达到理解,因而,这两个概念在教学实践上应各有侧重。在书写元素概念(如:笔画、笔顺、笔数)输入以后要进行一定的机械训练,

---

[1] 参见王晶玉《欧美留学生汉字习得情况的调查与分析》,北京师范大学硕士论文。

但机械训练的强化必须建立在构形分析的基础上。

由于构形元素是有意义的,可以通过分析讲解使之成为一种"可懂输入",从而达到推动习得的目的。心理学家在研究汉字语义加工时发现,"形声字的义符对语义判断有显著影响"。① 这说明成人认知汉字时能利用生活的经验将汉字中的语义提取出来,从而达到对汉字的理解。那么,成人学习汉字时当然也能够利用生活的经验较快掌握带有意义信息的构形元素。事实上,形声字的义符,绝大部分都是带有意义信息的构形元素,它们在构形中多半充当基础构件,同时又是部首。这些构形元素既能统帅一批字,又便于学习使用工具书。

汉字正字法是使汉字书写合于标准的法则,是每个历史层面所通行的汉字构形在全社会取得共识的条件下形成的,存在于每个习得汉字的人的头脑中。它使人们意识到,哪个字写错了,哪个字的写法是正确的,所以它是对构形元素与书写元素习得情况的最终检验。但正字法的掌握是一个较长的过程,在这个过程中学习者不断习得笔画的正确书写,不断纠正错误的印象,习得构形元素的正确位置。这个过程可以从下面的调查中看得比较清楚。

在对初、中、高三个水平组的欧美学生汉字偏误调查中,② 有一个有趣的现象。学生别字与"真字"比例与水平上升成正比,"非(假)字"与水平上升成反比,具体百分比见表1。

---

① 冯丽萍《汉字认知规律研究综述》,《世界汉语教学》1998 年第 3 期。
② 这是三批处在不同水平阶段的学生。初级组已学($\geqslant$)900 字,中级组已学($\geqslant$)1 600 字,高级组已学($\geqslant$)2 500 字。教学方法在此略去不计。

表1

水平等级	别字占偏误比例	"真字"占偏误比例	"非(假)字"占偏误比例
初级	8%	27%	65%
中级	20%	32%	48%
高级	30%	33%	37%

这里,我们采用了认知心理学上的"真字"与"非(假)字"来概括并分别学生的错字。"真字"指把某个字错写成另一个通行的汉字,如"这"写成"还"、"问"写成"门"等,即形似而产生的混淆;"非(假)字"指错写成的非通行汉字(例略);别字与传统文字学的"别字"概念相当。很显然,"非(假)字"是"不容于"汉字正字法的"字";真字虽合于正字法但却不合上下文的要求,如"化(代)表"、"门(问)题",它表明学生未能将汉字的形与其音义联系起来,这种偏误表现了汉字习得过程中的一种中间状态;别字在形音义统一方面比之"真字"又进了一步,它说明学生已有了形音对应的概念,但掌握得还不够好,如"辛(幸)存"、"同(通)过"、"希(喜)欢"等等。"非(假)字"比例下降的事实,说明学生逐渐地建立起了评判对与错的标准,这是他们汉字正字法逐渐形成的一种表现。别字、"真字"的比例上升,一方面表明学生已有评判对错的能力,另一方面表明,学生的汉字心理词典中的"词条"尚未与每个汉字的形、音、义一一对应起来。

心理学家认为,"学会了语言和阅读的人,都具有一个心理词典。所谓认知一个词,就是在心理词典中找出了与这个词相对应的词条,并使它激活达到了一定的水平"。[①] 并认为"中文

---

① 张必隐《阅读心理学》,北京师范大学出版社1992年版。

有可能是以字的形式储存于心理词典之中的"。① 因此,当汉字形音义三要素与心理词典中的相应词条对应起来时,某个字的认知与习得就完成了。

心理学对汉字认知的神经机制研究表明,认知过程要经过"字形的精确确认"与"字义和语音的加工"才能完成,②这也说明汉字认知的完成必须建立在汉字形、音、义三者统一的基础之上。当所学汉字都达到这个水平时,汉字的正字法就习得了。以上的分析充分说明,汉字构形学说与汉字的学习、习得是密切相关的。

四 教学中运用汉字构形学说应遵循的原则

前面我们从汉字的特点、汉字构形学说的基本方法,以及汉字学习、习得规律三个方面论证了汉字构形学说作为汉字本体理论与汉字教学的密切关系。但汉字本体研究的理论并没有为理论在教学中的运用做出具体的规定,因此根据汉字本体理论与汉字学习规律来安排教学程序,拿出教学对策,摸索出一套行之有效的汉字教学方法,是对外汉字教学研究者责无旁贷的任务。

在目前的对外汉语教学中,大多数汉语学习者往往是在学习汉语的同时开始接触汉字的,这种"语文并进"的情况使学生接触到的汉字顺序既不按照汉字构形规律也不按照汉字习得规律。在没有开设汉字课的教学部门,学生是在学习汉

---

① 彭聃龄主编《汉语认知研究》,山东教育出版社 1997 年版。
② 李辉《学前阶段儿童汉字认知能力发展的比较研究》,北京师范大学博士论文,1999 年。

语的同时"顺便"学习汉字的,学生学到的汉字是一盘散沙,根本谈不上规律的掌握。比如,"你好"这个句子,是多数学生在开始学汉语时接触到的第一个句子,但组成这个极简单的句子的两个汉字,却不是开始学习汉字时的最佳选择。从认知心理学的"笔画数效应"①来看,汉字笔画数量与认知所需时间在大多数情况下成正比,"你好"这两个字的笔画数并不多,它们不属于笔画上最具认知优势的字。从构形元素的角度看,这两个字本身都不是基础构件,而是由基础构件和其他构件组成的。从汉字认知的顺序看,学生应在掌握"亻、尔、女、子"之后再来学习"你"和"好"。先学"你"和"好"显然既不符合汉字构形规律,又违反汉字认知规律,难怪有的学生学了两年汉语,还把"你好"写成"尔如"。由于汉字既是记录汉语的符号又有自身的特殊规律,汉字教学就不能与汉语教学完全等同起来。一方面它不能脱离语言教学,另一方面又要有自己的策略。鉴于汉字在构形上以构形元素为基本单位与在认知上以部件为上位分析层次的特点,我们建议的第一条原则就是:识字应先于写字。

我们建议的第二条原则是,根据汉字的多元属性来设计教学。汉字在构形上有自己的属性,其属性是多元的。因此,在设计教学时,必须从多元的角度来认识汉字的属性,分辨汉字的各种属性对汉字学习和习得的作用,提出相应的教学策略。根据汉字构形学的研究,汉字有五类属性。汉字有一批基础构件,它们在不同汉字中具有不同的功能,这是汉字最重

---

① 冯丽萍《汉字认知规律研究综述》,《世界汉语教学》1998年第3期。

要的属性。基础构件是汉字构形元素中构字频率最高的一批形素,外国成人学生掌握这些构件以后,就能够通过推理与抽象掌握一批汉字的类义,了解汉字的基本结构方式,从而促进正字法的习得。基础构件在作为构形元素时,功能不一。如"禾"在"和"里有示音功能,在"私"里的功能就是表义。其次,汉字的基础构件有不同的组合样式,这是汉字的又一属性。组合样式不同就可能组合成不同的字,如"呆"与"杏"的构件完全相同只是位置不同,它们是不同的字。汉字构件的组合过程(即结构方式)以及结构的级层数和各级构件,是汉字的另外两个属性。如前所述,汉字构件的组合有两种方式:平面结构和层次结构。其组合过程以及层次结构的级层数和各级构件,是了解汉字构意的重要途径。这后三种属性在汉字的构形分析中是不可或缺的。汉字的构形模式是汉字的第五种属性。王宁指出,汉字的构形模式一共有10种,它们是对汉字进行认同和别异的重要依据。汉字的上述属性从不同方面反映了汉字构形的特点,汉字教学要研究各个特点的具体作用。如何利用汉字的多元属性设计教学,这是另外一个重要论题。限于篇幅,本文不再深入讨论。

贰　汉字的几何性质[①]

几何性质是指汉字所具有的向量特征和拓扑性质。向量特

---

① 本文以"现代汉字的几何性质及其在汉字教学中的意义"为题发表在《语言文字应用》1998年第4期,作者施正宇。

征指汉字各组成要素的书写是有方向和大小的,这种方向和大小不是一成不变的,换言之,处于不同结构中组成要素的方向和大小是一个变量。向量特征存在于汉字的书写过程之中。书写完成后,显现于字形平面的是拓扑性质。拓扑是指汉字字符在字体、字号的变化中保持不变的某些性质,它考虑的是各书写元素之间的相对位置,而不是它们的大小和距离。

书写是现代汉字教学的第一要素。它既是培养学生全面运用汉字的必要条件,也是造就现代汉语语言能力的阶梯。可以想象,一个不能准确书写汉字的人——中国人或外国人,其汉字、汉语的学习也是行之不远的。文字是记录语言的书写符号,以往汉字教学依附于语言规则的教学之后,汉语课本中出现什么字,老师就教什么字,学生跟着学什么字。这种教学方式忽略了汉字不同于拼音文字的书写形式和表义性能,无法形成汉字自身的教学体系,因而也增加了学写汉字的难度,使学生产生畏难心理。

一 笔画——汉字形体的书写元素

(一)什么是笔画。笔画是汉字的书写元素。就书写过程而言,它是组成汉字有起止的线条。

隶变以后的笔画,特别是现代汉字的笔画以及笔形的分类,历来有不同观点。总体说来,依附于词汇、语法教学的汉字教学,其笔画的分类各自为政、莫衷一是。正因为如此,笔画的定名称说也难于统一。

近年来,随着汉字研究的深入,笔画分类也主要集中于以下几种:(1)1965年颁布的《印刷通用汉字字形表》①将笔画分为横、竖、撇、点、折五类。由于该字表的权威性,此种分类方法在教学、科研和应用领域中具有较大影响。(2)1956年丁西林提出了将笔画分为点、横、竖、撇、捺、提六类②。1987年张静贤在此种分类的基础上划分出了基本笔形和派生笔形的类别③。(3)1995年王宁从汉字构形学出发,视笔画为隶变以后汉字的书写元素,并以运笔方向为依据将笔画划分为横、竖、撇、捺、提、折、点七类④。以上几种观点只在竖、撇两种笔画上是一致的,但在横、竖、捺、点、折的分类上存在着分歧。例如《印刷通用汉字字形表》根据"提"从"横"演变而来的特点,将"提"归入"横";根据运笔方向将"捺"归入"点"。在折笔的分类上,该《字表》将所有沿着不同方向运行的笔画统归于"折",丁西林虽然在他的文章中也提到了钩笔和弯笔,但在总体上忽略了折笔的存在;张静贤和王宁从各自的研究出发,强调了折笔在笔画分类上的意义。目前看来,笼统地将所有方向不同的笔画归为折笔,容易混淆不同笔画的相连和折笔的界限,且折笔笔形的确定也有待于进一步的规范。关键的问题在于笔画的分类应该有一个统一的易于操作的原则。

（二）书写的生理机制决定了笔画的向量特征。书写的生

---

① 文字改革出版社1986年版。
② 丁西林《汉字的笔画结构及其写法与计算笔画的规则》,《中国语文》1956年8月。
③ 张静贤《现代汉字笔形论》,载《第二届国际汉语教学讨论会论文选》,北京语言学院出版社1988年版。
④ 王宁《汉字构形学讲座》第三讲,《中国教育报·语言文字版》1995年3月27日。

理机制包括眼和手两个方面。眼球的运动要求笔画的书写以不挡视线为原则,手则要求在省力的原则下沿着不挡视线的方向由远及近地向心书写。这就是书写的向量特征。当然,任何一种文字的书写都有方向,但拼音文字的字母具有较大的弧度,以a、b为例,在进行360°转圈式顺时针或逆时针书写的过程中,会不可避免地离心书写,这在书写汉字时是不允许的。用拼音文字记录母语的学生在书写由笔画组成的方块汉字时,笔画不直,笔画的方向带有较大的任意性。根据书写的向量特征,以运笔方向为依据对汉字笔画进行分类,我们得到的是两种不同的笔画类型:基本笔画和派生笔画。

运笔时,方向没有变化的笔画为基本笔画。例如:

横:向右　竖:向下

撇:向左下　捺:向右下

点:左点——向左下　右点——向右下

提:向右上

在书写过程中,一些笔画往往需要向两种或两种以上的方向运行才能完成。运笔时在不违反向心书写的原则下方向有所变化的笔画为派生笔画,习惯上也称折笔。

(三)书写的向量特征将笔画纳入了一种有序的,即可以定名、解析、计数与排序的系统之中。

笔画是可以称说的。我们可以依据书写方向为笔画定名称说,以基本笔画为例:

横:向右书写的线条　竖:向下书写的线条

撇:向左下书写的线条　捺:向右下书写的线条

提:向右上书写的线条

点:向左下或右下书写的不足以构成撇、捺的小短笔

笔画是可以分析的。笔画的位置及相离、相连、相交的位置关系是一定的,这就为我们依向量特征对字形进行解析奠定了基础。留学生书写汉字时,常常不知道在何处落笔,又在何处收笔,这其中尤以折笔笔画和相接笔画的区别最让人难以琢磨。以"口"字为例,当学生明了汉字不能像字母那样转圈书写后,接踵而来的问题是"口"应该分解成几笔。依向右、向下书写的基本方向,可以确定"口"中的两个基本笔画,即竖和横;按照向右、向下单向连笔书写的原则,"口"字还有一个折笔,即横折。这样我们就可以将"口"字分解为三个笔画:横、竖和横折。

笔画的书写是有一定的先后次序的。还是以"口"字为例,学生将整字分解为笔画后遇到的问题之一是组成该字的三个笔画孰先孰后,问题之二是组成"口"的两个基本笔画"竖"和"横"为何不能连笔书写。这直接关系到寻求连笔书写的最短线路问题,并影响到整个汉字的书写速度。科学的笔顺规则是快速、准确地书写、认读和阅读汉语书面语言的基础。

笔画是可以计数的。甲骨文、金文、战国文字及篆文等古文字的线条"随体诘诎",难以计数。隶变时人们根据书写的生理要求对古文字的线条进行选择、甄别,得出了各种可以定向书写的直线和由直线复合而来的曲线,笔画的计数统计成为现实,汉字字形的排序、检索以至汉字规范化也有了切实可行的依据。

由笔画组成的部件的布局和书写也是有序的。

(四)笔画的拓扑性质。向量特征将笔画及笔画的书写纳入了有序的状态之中,它决定了在不同的字体、字号中,笔画的长短、粗细、距离是可以变化的,这是汉字字形的可变特征;笔画

的种类、数量及相对位置,即相接、相连和相离的关系是一定的,这是汉字字形的不变特征。

二 笔顺——连笔成字的基本原则

(一)笔顺规则的依据。笔画纵横交叉形成字形,先写哪一笔,后写哪一笔,涉及到连笔成字的顺序问题。书写的向量特征规定了与笔画书写方向一致的连笔顺序,它要求连笔书写的起点在左、在上,终点在下、在右,这是汉字笔顺规则的出发点。两点之间直线最近,根据这一原理在笔画的收笔、落笔之间,寻求书写的最短距离,是笔顺规则的几何依据。现代汉字的笔顺规则是人们在总结了汉字自产生以来特别是隶变以来书写实践的基础上得出的最佳选择,它在顺应生理机制的同时,也符合了寻找最短连笔距离——包括单个汉字笔画与笔画之间的最短距离,以及相邻两字中前一字的末笔与后一字的起笔之间的最短距离——的几何原理。考虑到汉字书写的历史,笔顺规则也体现了约定俗成的必然趋势。

(二)笔顺规则的向量特征。

(1)从上到下,从左到右这两条规则体现了由远及近向心书写的向量特征。以"口"为例,先竖后横折,在完成从左到右的书写顺序的同时,也开始了从上的书写,写到下方再写横笔。从上到下、从左到右不仅是笔画书写的基本方向,也是字形书写的总体走向。

(2)先横后竖。横是向右运笔,竖是向左运笔。先横后竖或先竖后横看似两可。纵观汉字书写的历史,王凤阳认为此项规则的形成受制于汉字单行下行的行款格式(图 4 中,A 的运笔路线显然要优于 B)①。同样,以王所举之例分析,对目前单行右行的行款格式来说,先竖后横似乎更符合书写的最短连笔距离(同理见图 5)。但单行下行的行款格式由来已久,先横后竖的习惯也已形成,约定俗成不仅适用于语言学,也适用于文字学。

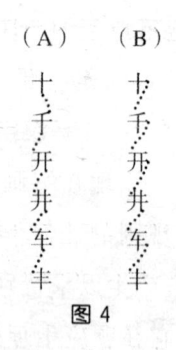

(A)　(B)

十千开井车丰　十千开井车丰

图 4

(A) 十 - - - 千 - - - 开 - - - 井 - - - 车 - - - 丰
(B) 十 - - - 千 - - - 开 - - - 井 - - - 车 - - - 丰

图 5

(3)先撇后捺。以"八"为例,先撇后捺,先捺后撇,我们得到的是两种不同的运笔路线。

八　　八

先撇后捺　先捺后撇

从运行线路来说,先撇后捺短于先捺后撇。从最后落点来看,先撇的落点在右下,先捺的落点在左下。先撇后捺符合向右运笔的运动生理,并可经最短线路,顺其自然地进入下一字的书写;先捺后撇则反其道而行,对后一字的书写是舍近求远。先撇后

---

① 王凤阳《汉字学》,吉林文史出版社 1989 年版。

捺优于先捺后撇,成为当然的笔顺规则。

(4)先中间后两边。这里所说的一定是中间高、两边低的笔画,如"小、少、水、山、业"等,而不是中间两边等高或中间低、两边高的笔画,如"川、树、谢、湖、脚、概"等。先中间指的是向下运笔,后两边则是从左向右运笔。如若先两边后中间,或从左向右,我们得到的是与先捺后撇一样的结果。

(5)先外后里和先外后里再封口。这里的"外"指的是不封底的外框,如"月、风、问"等,以及封底的外框,如"日、田、园"等。先外即是先从左向右地书写字的外框,后里再封口则是先上后下规则的体现。

三 部件——方块汉字的结构元素

(一)什么是部件。费锦昌认为:"部件是现代汉字字形中具有独立组字能力的构字单位,它大于或等于笔画,小于或等于整字。"①据此可以认为,部件涵盖了汉字从笔画到整字的生成过程,为我们提供了汉字切分的物质基础。不同学科有各自的角度和出发点,因而切分部件的方法和步骤不尽相同。就中文信息处理而言,部件是在现代汉字平面上对字形进行一次性切分的结果。从汉字构形学出发,部件是以造字理据为依据,对字形进行逐级切分的结果。从对外汉字教学出发,部件又是在遵从造字理据的前提下,依构字频率切分而来的音义结合体和块状形体。它的切分不仅要注重现代汉字所提供的形、音、义诸方面信息,同时还应考虑到学习并使用汉字的外国留学生的心理

---

① 费锦昌《现代汉字部件探究》,《语言文字应用》1996年第2期。

因素。心理学和现代汉字学的研究表明,"以部件为识记汉字的记忆单位,则记忆单位的数量在合理限度内",①这对汉字教学是非常重要的。

(二)部件书写的向量特征。作为方块汉字的结构元素,部件的书写同样具有向量特征。在部件组合成字的过程中,在有限的平面方格中,各部件之间形成了一种相互间的均衡作用,它决定了组成部件的笔画大小和方向在不同位置上会呈现出某种相应的变化,有时甚至是部件形体或笔画类型的改变,简言之,位于不同结构位置上的部件形体和组成部件的笔画是一个变量。据统计,在7 000个通用汉字中,部件"口"可以出现在59个不同的位置上,"木"也可以出现在34个不同位置上。② 以"木"参与构字的直接构件为例,组成"林""森"的五个"木"的笔画长短、类型和方向各有不同,"村、休、床、困、亲"中的"木"也不尽一致;将参与构字的直接构件和间接构件综合来看,"林"与"麓"中"木"的形体差距就更为明显。把组成"森"的三个"木"掉换一下位置,或把以上各字的"木"从甲字换到乙字或丙字中,各字原有的张力系统会被破坏。又比如,"水"出现在字的下边不改变笔形,出现在字的左边则改作"氵"。向量特征决定了处于不同位置上的部件和组成部件的笔画在张力作用下会呈现出一定的形变规律,而学生对此却不明了,常常将"青""有"的下面写作"月",将"起""题"的左边写作独立的"走"和"是",造成整字方块结构的变异和扭曲。

---

① 崔永华《汉字部件和对外汉字教学》,《语言文字应用》1997年第3期。
② 傅永和《汉字七题》,河南教育出版社1993年版。

(1) 部件的形变规律。在各组成部件的张力作用下,同一部件出现在同一汉字的不同位置上,会产生不同的形变,如"林、森、炎、焱、磊"等;同一部件出现在不同结构的不同位置上,会产生不同的形变,如上文提到的"村、休、困、床、亲"等;同一部件出现在相同结构的同一位置上,会产生相同的形变,如在字体、字号相同的条件下,位于"村、板、杨、材"等字左边的"木"的大小和写法是一样的;又比如位于字左边的"人、水、金、手、食、心、衣、示、言、犬"一律改写作"亻、氵、钅、扌、忄、衤、礻、讠、犭"等。

(2) 笔画的形变规律。在部件的组合过程中,为使合体字的结构均衡、美观,处于相关位置上部件的某些笔画在张力作用下会产生一些形变。例如"子、立、耳、工、止、牛、马、车、王、革"出现在字的左边时,最后一笔横改写作提;"人、木、又、令、米、禾、火"出现在字的左边时,捺改写作点;"月"在字的下边,撇改作竖;"是、爪、走、夂"等位于字左,捺要拉长至右边部件的下方;"手、辛、羊"等位于字左或字上时,竖或竖钩改作撇;"小""可"等位于字上时,竖钩改作竖,等等。处于相对位置中笔画间的张力平衡是笔画形变的前提条件。

四 结构——连笔成字的框架形式

(一) 现代汉字的结构分析。部件组成汉字的形式叫结构。与笔画一样,它同样面临着书写顺序问题。将有限平面内的部件摆放均衡,是正确的结构顺序的基本要求。部件是汉字的结构元素,以部件为单位,对汉字的结构方式进行归纳,以往的研究得出过以下几种结果:中国文字改革委员会和武汉大学对

16 339个汉字进行统计得出15种结构方式①;傅永和对通用7 000汉字进行统计,依平面分析法得出86种结构方式,依层次分析法得出13种结构方式;②张旺熹对1 000个最常用汉字进行分析,得出19种结构方式。③ 不难看出,角度、数量、方法不同,得出的结果也是不一样的。对外汉字教学中,汉字结构方式的确定应当遵从以下原则:(1)确定字量,即对对外汉语教学中出现的高频字进行统计。(2)有理切分,即依造字理据对能够体现造字意图的字进行逐级切分。(3)无理切分,即依组合频率对不能体现造字意图的字进行平面切分。(4)确定结构顺序,即依部件与笔画的书写顺序确定结构顺序。

(二)合体字的结构形式。在向量特征的制约下向心书写相邻部件,这样,根据运笔的走向对由部件组成的合体字进行分析,共得出横向结构、纵向结构、横纵结构、纵横结构、包围结构和半包围结构等六种结构类型。其中属横向结构的左右结构、左中右结构和属纵向结构的上下结构、上中下结构居汉字结构方式的前四位。

(三)部件的交叉书写。向量特征决定了相邻部件在向心原则的制约下依其笔画所处位置可以进行交叉书写,这种现象主要集中于包围和半包围结构的汉字中。从部件分析的角度看,属包围结构的字,内外部件分明;从笔顺的角度分析,包围结构的书写要依从于先外后里再封口的笔顺规则。这样,外框部件的落笔先于中间的部件,收笔则后于中间的部件。半包围结

---

① 中国文字改革委员会、武汉大学《汉字结构及其构成成分的分析和统计》,《中国语文》1985年第4期。
② 傅永和《汉字七题》,河南教育出版社1993年版。
③ 张旺熹《从汉字部件到汉字结构》,《世界汉语教学》1990年第2期。

构中的交叉书写较之包围结构要复杂一些,但无不以向心书写为原则。笼统地将包围或半包围结构的书写顺序定为外1内2,会误导学生的书写。

五 书写——培养汉字能力的基础

(一)书写的基本要求。书写是形体的动态显示过程,形体是书写的静态显示结果。初学者的错误,表现在书写过程中,就是缺乏对字形向量特征的认识;表现在书写结果上,往往是混淆了字形中可变特征与不变特征的界限。

有序书写。书写是沿着一定的方向有序地显示字形的过程;其间又以向右运笔和向下运笔占多数,所以有序且横平竖直地运笔是书写的基本要求[①]。初学者的错误往往表现为书写的无序性,即笔画、笔顺、结构的逆向书写。这种无序书写容易导致形体的不完整,包括笔画、部件的缺损、异位以及结构的松散和扭曲。基础汉字教学中,教学者和初学者往往只重视书写的静态结果,而忽略导致结果的书写过程。

正确区分汉字拓扑性质中的可变特征与不变特征。汉字字符的拓扑性质主要表现在可变特征与不变特征两个方面,可变

[①] 据中国文字改革委员会和武汉大学计算机科学系对《辞海》(1979年版)中所收11 834个正字的统计,横笔的出现频率为30.3023%,竖笔的出现频率为19.3792%,两者相加占全部笔画的49.6815%(见《中国语文》1985年第4期《汉字结构及其构成成分的分析和统计》)。另据张静贤对《印刷通用汉字字形表》所收录的6 196个汉字中笔画出现频率的统计,横笔的出现频率为27.68%,竖笔的出现频率为17.60%。两者相加共占全部笔画的45.28%(见92页注③)。考虑到许多折笔都是由横笔和竖笔派生而来的这一因素,预计以上两项统计中,除去归入横笔向右上运笔的提所占比例,向右运笔与向下运笔的出现频率仍会超过50%。

特征是指在保持基本书写元素及其位置关系和结构形式不变的前提下，汉字的书写在笔画的大小、长短、粗细、距离、形状及整字的结构比例等方面具有一定的自由度。它使汉字从单纯的文字符号走向独立的艺术门类——书法成为可能。不变特征指无论字体、字号如何变化，汉字的书写都要保持笔画和部件的种类、位置及整字的结构形式稳定的性质。它保证了汉字符号系统的长时期的稳定。可变特征与不变特征是相互依存的。书写时，任何笔画的大小、长短、粗细、距离、形状上的变化都以保持笔画和部件的种类、数量及其相对位置和结构类型的稳定为前提，否则，汉字字符将被改换或字不成字，汉字符号系统的稳定也无从谈起。例如，"外"字，左边"夕"的一点过长或右边"卜"的一竖过短，就有可能写成另一个字"处"；左右两个部件写得过宽，两者的距离过大，超越了可变的范围，就可能写成"夕"和"卜"两个字；如果笔画杂乱无章，笔画的种类和数量发生改变或增减，就会写成本无其字的错字。也就是说，可变特征的变化要以保持不变特征的相对稳定为前提条件，不变特征要以保证可变特征的一定变化为其生存环境。留学生学写汉字的错误，表现在字形上，主要是笔画和部件的错用、增减或异位，形近字体混淆等等。这些都可以归结为书写完成后在静态结果中显示出来的问题。造成这些问题的主要原因首先在于初学者缺乏对汉字拓扑性质的认识，混淆了可变特征与不变特征的界限，或掉换、增减笔画和部件的种类和数量，或改变笔画和部件的相对位置等，误将汉字的不变特征当做可变的因素。

　　从汉字拓扑的可变特征分析，笔画的大小、长短、粗细、距离、结构比例以及书写风格是可以有所不同的。这些不同或是由于急就潦草所致,在书写过程中是需要加以改进的;或是遵从于书法艺术的美学原则,是值得推崇和可供欣赏的。初学汉字的留学生往往分辨不清上述两者的区别,以急就潦草为美,盲目地加以仿效,画虎类犬,不知所写。

(二)书写是培养汉字能力的基础。形体是所有文字借以表词达义的物质外壳。汉字也不例外。外国人看汉字,好像一幅难以分析的画。以上对笔画—笔顺—部件—结构的平面分析正是为帮助外国学生正确认识并书写汉字的形体服务的。从汉字学习的全过程看,字形书写是成就汉字能力的基础。换言之,汉字能力的各个要素的培养都离不开对字形的把握。(1)写:按照正确的方向和合理的笔顺规则书写方块汉字,这是培养学习者快速、准确地识别、感知汉字能力的前提。(2)读:也即认读,是指根据汉字的形体准确地读出字音,包括处在不同语言环境中的字,即多音字的字音。为培养学生的汉语口语能力提供条件。(3)识:根据字形识别字义,为理解、领悟汉语书面语奠定基础。(4)说:用已知的有关汉字形体与结构的知识称说未知的字形,拓宽汉字学习和使用的视野。(5)用:指汉字、汉语工具书的使用,包括用笔画(含笔顺)、部件、部首、声音(主要是拼音)的排序方式进行检索、查看。

(三)书写是培养汉语能力的阶梯。语言能力的听、说、读、写四个要素中"写"包括这样两个内容:写字和写作。写字是写作的基础,写作水平的提高必以写好文字为前提条件。由于拼音文字的字母有限,所以在以拼音文字书写母语的语言习得过程中,写字只是教学之初的事。而构成表意汉字的笔画和部件的数量相对庞大,学写汉字是基础乃至中高级汉语学习中贯穿始终的要素。以往的对外汉语教学,重写作而轻写字,具有一定听说能力的学生常常因此裹足不前,产生不会写、不敢写、不会读、不敢认的畏难情绪。就总体而言,现代汉字承袭了传统汉字据义构形的方式。字形是字义的外在形式,也是通向语音与词义的桥梁。识字是阅读的前提,一个不能准确书写汉字的人能准确、快速地书写、朗读并阅读汉语的书面语言是难以想象的。从这个意义上说,汉语言能力的结构顺序应考虑到汉字的因素,即写字先于阅读,写作后于阅读。因此,书写汉字的形体不仅是培养汉字综合能力,也是培养汉语语言能力的基础环节。

综上所述,基础阶段的汉字教学,书写字形是第一位的。按照向量特征的要求书写,不仅能写出符合拓扑性质的方块形体,而且也奠定了识字和用字的基础。加强字形的书写训练是对外汉字教学中的首要任务。

第二章

字音研究

第一节 字音

壹 汉字字音特点[①]

一

语言教学中,与语言相关的、能够影响到人们从既有的语言教学方法中进行选择或者创造出新的特定的方法的特点,主要表现在三个方面:个别语言的各子系统特性,它是体现该语言在诸语言中所处位置的身份特点;记写该语言因此也就适应了该语言的文字所属类型特性,它是在语言身份特点基础上形成的伴生特点;语言学习者对所学语言及其书写符号系统文字的功用值判断,它是语言、文字在传播过程中形成的衍生特点。

一种语言的子系统例如语音、语汇、语法等子系统尤其是语音子系统的特性,通常能够体现出它作为此语言而不是彼语言的身份特点,必然要求有适应其子系统特性的教学法,以尽好、

---

① 本文以"汉字字音特点对汉语教学法的影响"为题发表在《语言教育问题研究论文集》(2000),华语教学出版社 2001 年,作者易洪川。

尽快地帮助学习者学会该语言,避免出现诸如"洋腔洋调"、"中国式英语"、"欧化句法"一类偏误。记写语言的文字类型,体现出所记写语言的伴生特点,拼音文字同意音文字就各自具有与之相适应的教学法,作为意音文字的汉字,字的教学法就是其不容忽视的重要内容。至于学习者对所学语言及其书写符号系统即文字的功用值判断,关系到对它的价值取向、学习动机等等,至少会使学习者在学习某种语言前,对自己将要学习的那种语言及其书写符号系统文字作出"难不难""值不值""学语还是学文"等的判断,这类衍生特点也会影响到教学法。以现代汉语为例,它的语音子系统特点,使汉语教学中产生了由声、韵、调系统构成的语音教学体系;记写现代汉语的现行汉字的意音文字属性,又使汉语教学特别注意研究有别于拼音文字的汉字教学法;而对于有"汉语容易汉字难"观念的学习者,汉语教学中出现了字词结合的语言—文字直通法等等。

汉字字音特点,是汉语的伴生特点即汉字特点的一个次级特点。通过下面的讨论,我们可以看到,即使这样一个次级特点,对汉语教学法也有其不可忽视的影响。

二

记写现代汉语的现行汉字,其字音有以下四个特点:存在复杂的音、形、义关系;表示指称音;是整体认读的带声调的单音节;有丰富的聚合类。[①] 汉字字音的这些特点,虽然与汉语语音有着密切的联系,但是更反映出其自身属性。教学过程中,正是

---

① 易洪川《字音特点及其教学策略》,《语言文字应用》1999年第4期。

它们决定了人们对字音教学法的抉择和创新。

（一）引入生字时，注重教指称音。

教生字字音时注重教指称音，就是为适应汉语教学而采取的措施。指称音是用于指称某个汉字的音节，通常是字典上所注的读音。例如"儿(er)"字可以记写词、词根或者词缀，记写词、词根时，它是一个阳平音节，而记写词缀一类韵母儿化的音节时，它只是附加了一个卷舌动作。"儿"字的指称音是阳平的"er"。教"儿"这个生字时，就是教其指称音即阳平的"er"。又如，常常读轻声的字，它的指称音是与其相对应的非轻声。例如教"子"这个生字的读音，是教它的指称音即上声的"zi"；多音多义字则教其常用义的读音，因为常用义的读音通常被当做指称音。

在汉字字音教学中，从前曾经广泛采用过直音法、反切法等等，它们都是利用已经学过的字的指称音来帮助学习者掌握生字的指称音。直音法多用于口耳相传，反切法则更多用于书面指示。例如用反切法教生字，先给出已经学过的反切上字和反切下字，通过揭示这两个字的指称音与生字的指称音在声母、韵母和声调之间具有的同质性，来帮助学习者掌握生字的指称音。反切法沿用多年，在字音教学中取得了很好的效果。虽然随着汉语拼音的逐步推行，直音法尤其是反切法风光不再，但是，利用汉语拼音教某个汉字字音，仍然遵循给出指称音的惯例。教指称音还起着规范口语的重要作用。

（二）在阶段性字音教学中，注意着眼于字的音形义联系，注意通过比较来揭示字际的字音与字音、字音与字形字义的关系，例如教"在""再"二字，教师常常反复诵读"在，现在的在；再，

再见的再"。教学过程中,经常加以比较的字主要有:

同音字,包括比较同音的形近字如"辩、辨、辫""壮、状"等等;同音的义近字"查、察""曲(阴平)、屈""定、订"等等;还有单纯的同音字即音同形异义异的字如"益、毅、议、异、义、忆、易、亦、译、艺"等等。

近音字,主要是形近的近音字如"跑、泡";"倍、陪"等等。

音符相同而读音不同的字,如"螃、傍""瓣、辨"。

多音多义字的不同用法,指出其音义共存条件,例如"背",读阴平表示"背负",读去声表示"背对"及其引申义;又如"疟",读去声"yao"是白读,读去声"nue"是文读。

教学过程中的比较,虽然有举例性质,但是每一次的比较,都给出了一类字字音的聚合。这些比较除了能够帮助学习者掌握相关汉字的读音,还有利于系统掌握字音,掌握汉字的音形义联系。

(三)导学过程中突出诵读法,引导学习者通过诵读掌握字音及字音的音变,体会字调与句调的关系。汉字字音教学特别注重诵读,除了各种语言教学中普遍采取的读课文、背生词等等外,汉语字音教学中,还有其强调或者特有的诵读方法。

一个是读字表。反复诵读一组一组其字音有联系线索而字义不连贯的字,如诵读《百家姓》。《百家姓》作为姓氏字字表,字与字之间只在字音方面有韵部、节奏类的联系线索,字义方面基本上不存在什么联系。诵读《百家姓》是为了建立汉字个体内部的字音、字形联系,同时也使"带调音节"概念具体化,有时还能够强化学习者对"变调"的感性认识。例如"蒋沈韩杨",字典中,调值近似阳平的"蒋(jiang)"音节并不存在,通过诵读《百家姓》,学习者才得以了解这类字在语流中的读音。诵读《百家姓》也体现了交际功能对字音学习的影响,《百家姓》里的姓氏用字,主要承载人际关系信息。

另一个是读韵文。反复诵读韵文,包括可以理解、大致理解甚至全不理解的韵文。例如《三字经》、《千字文》。《三字经》、《千字文》里都有不少对于初学者来说不容易理解的东西,例如《三字经》里的"周辙东,王纲坠,逞干戈,尚游说",《千字文》里的"景行维贤,克念作圣"。一些难度不等但是琅琅上口的诗词也是字音教学特别重视的诵读材料。如《诗经》、李白的《静夜思》、杜牧的《秋夕》等等。读韵文有利于帮助学习者形成韵部、韵母概念,同时,它还有助于学习者熟悉句调模式等等。前面说的《百家姓》,也是有韵的,但是因为它不讲究文理,本文不把《百家姓》同其他韵文相提并论。

此外,传统的语文教学中还注重读四书五经。诵读经书除了在传承文化、提高学习者知识水平和素质方面大有裨益外,就教学而言,它可以帮助学习者熟悉因受上下文制约而出现的字音音变,体会字调与句调的关系、强化语感、了解字音的美学功能。

流传至今的一些说法例如朱熹强调的"书读千遍,其义自见"以及"读书百遍,其义自见"、"熟读唐诗三百首,不会吟诗也会吟"等学习语文口诀,也反映出汉语语文教学对诵读的重视程度。

(四)操练采用属对形式。字音教学中还十分重视教学生对对子。张志公先生说过属对在宋代已经是"语文基础训练的一种手段",练习对对子首先就要给汉字正音,学会区分阴阳上去(或者平上去入)四声。① 当然,属对除了是一种语音训练,还有语汇训练、语法训练乃至修辞训练、逻辑训练的作用。属对训练充分体现了汉语各子系统对汉语教学法的影响,但是其前提和核心内容,应该说是字音教学。

三

汉字字音特点对汉语教学法的影响,还可以从它同拼音文字的教学法的比较中看出。

应该指出,能够同汉字字音教学相提并论的"拼音文字字音教学",似乎还找不到现成的例子。"拼音文字字音教学"这一提法,也不是没有值得商榷的地方。一般地说,它是指拼音文字字母的读音教学,其主要内容是字母的本音以及名称音、音节、字母或者字母组合读音规则等的教学。它的教学内容比较少,教学法也相对单纯。即使这样,如果我们把尚未取得法定文字身份的汉语拼音方案教学也归附到拼音文字教学,并且把汉字字音教学与汉语拼音教学进行一下比较,仍然能够借通过探究二者之间的差异而进一步认识到汉字字音教学对于汉语教学法的适应性。

从比较的角度对汉语拼音教学略加观察,就可以看到它在以下三个方面与汉字字音教学明显不同:

(一)局限于语音范畴。汉语拼音教学主要是在语音的范畴内进行,不像汉字字音教学那样,时时有字义所关涉的语法、语汇等因素的影响,并且被有意识地与文学、文化联系起来。不

---

① 张志公《语文教育初探》,上海教育出版社1979年版。

过应该指出,在语音的范畴内进行并不等于在汉语语音子系统内部进行,下文给出的事例会进一步说明这一点。

(二)偏重音素的听读教学。汉字字音教学中,单个儿的汉字,通常是对应于汉语音节—语素的,例如"语言文字"四个字,就对应于"语(yu)、言(yan)、文(wen)、字(zi)"四个音节、四个语素。很明显,如果在语音范畴内立论,字音教学是一种音节教学;而拼音教学主要是音素教学,例如其中的辅音、元音以及音素的组合如复辅音、复合元音等等的教学。汉语具有的特点之一是音节与语素大致对应,所以,只要是偏重音素的语音教学,都不会很好地适应汉语。汉语拼音教学中听读辅音时,利用了呼读音搭桥,使辅音音素音节化,教学辅音过程中,这样搭桥虽然有问题但是麻烦不很大。教元音时,由于元音的呼读音就是其本音,在本音不能自成音节时,就会出现一些不便之处。例如单元音中的舌尖后音、舌尖前音,在汉语普通话中是不能够自成音节的,把它们作为音素教,教起来很不方便。现在的办法是作一个变通,将"zhi、chi、shi、ri、zi、ci、si"处理为整体认读音节。教其他元音时,如果过于强调其音素身份,也会带来负面影响。一些留学生,因为本来就有较强的音素意识,在读有汉语拼音注音的汉字时,有时会忽略了汉字与语素—音节的对应性,把有高元音"i、u"等做介音的字,拆开成为两个音节,例如把"天(tian)"这个字,拆开读成为"ti—an"两个音节。

(三)容许产生假音节。汉语拼音教学活动中,不时会有一些汉语并不具有的成分出现。《汉语拼音方案》的《字母表》中,规定字母"F、L、M、S"等的名称音依次为"êf、êl、êm、ês",这些都不是汉语固有的音节,而且由于它们不合乎汉语普通话音节结构的构造模式,今后也不可能吸收进汉语。可是在教《汉语拼音方案》的《字母表》时,通常会要求学习者掌握它们。《声母表》里由"佛、得、特、讷、勒"改读成的阴平,也都是普通话里没有的音节。再如,舌尖后音"zh、ch、sh、r"中,普通话里,只有"zh、ch、r"和鼻韵母"ong"拼合的音节,没有清擦音"sh"和鼻韵母"ong"拼合的音节,但是,教学中常常会出现教读"zhong、chong、shong、rong"的情形。前面所举的"佛"字记写的音节,在普通话里是个独字音节,只存在阳平的"fo",可是在学习双唇音时,学习者通常会在教师的带读中反复练习阴、阳、上、去全部四个声调的"fo"。所以前面谈到,汉语拼音教学在语音的范畴内进行,并不等于在汉语语音子系统内部进行。

这些表明,汉语拼音教学确有不适应于汉语教学特别是其书面语教学的地方,这是拼音文字的拼合特性造成的。拼音文字是用音素拼出音节,而汉字本身就表示音节,这是两者的基本差异。诚然,我们应该认识到,汉语拼音教学对于汉语教学包括辅助汉字字音教学有其不可替代的方面,因此,人们仍然在不断完善它,使之尽可能适应于汉语教学。事实上,现在的汉语拼音教学,也已经有了很多不同于拼音文字教学的地方,例如前面所举的教辅音的时候用呼读音搭桥,教元音的时候把舌尖后元音、舌尖前元音处理为整体认读音节"zhi、chi、shi、ri、zi、ci、si",实质上是采用了汉字字音教学的基本方法;或者说,是汉字字音教学法在汉语拼音教学中的延伸。

四

上面以汉字字音教学为例来说明字音特点对汉语教学法的

影响，主要讨论了利用字音素材的教学法。汉字字音的特点，使人们在汉语教学中，注重教字的指称音，注意比较字际的音形义关系，突出诵读的作用并且以属对的方式练习。几千年的传统语文教学实际，已经让人们看到了它的可行性、有效性。

　　我们已经指出，字音特点只是汉语伴生特点即汉字特点的一个次级特点，应该看到，汉字还有字形、字义方面的次级特点，例如字形方面的构形理据度，字义方面的义符与整字在意义上的关联度，都影响到汉字的教学法并且进而影响到汉语的教学法。此外，就汉字个体与汉语里的单音节语素、词的关系而言，字常常是语素或者词，所以汉字字音教学，联系着字的教学与词的教学；它引发出"先语（言）后文（字）""先文后语"乃至"以语带文"等等不同的教学法。这些已经关系到对汉语教学难点的认识及对它们的处理，牵涉到对语言及其书写符号系统文字的功用值判断，不过这一点反映的主要是语言的衍生特点对语言教学法的影响，这里就不讨论了。

贰　字音状况分析[①]

　　"第二语言教学的规律是由语言规律、语言学习规律和一般教育规律共同决定的，是这些规律的综合体现。"[②]具体于汉字教学，汉字本体研究、汉字学习机制的研究和汉字教学法的研究应该是决定汉字教学规律的重要因素。在这三者当中，后者又

[①] 本文以"对外汉语教学用2905汉字的语音状况分析"为题发表在《北京师范大学学报》（社会科学版）1998年第6期，作者冯丽萍。

[②] 参见吕必松《对外汉语教学概论》。

受着前二者的制约。

关于汉字本体的研究,众所周知,形声字构成了现代汉字的主体,因此做好形声字的定性、定量研究,是设计科学、合理的汉字教学法的重要前提。

关于汉字学习机制的研究,目前从语言学角度所进行的研究还不算太多,但从心理语言学、认知心理学的角度,研究者们已经做了大量的工作,并取得了相当重要和丰硕的成果。诸多行为实验及神经生理学实验的研究结果都表明:在汉字识别过程中,(1) 存在着规则效应。声旁与整字读音相同的形声字被称为规则字,如"抬";反之则称为不规则字,如"治"。规则字的识别速度要快于不规则字,这被称为规则效应。(2) 存在着一致性效应。如果由同一声旁构成的所有形声字读音都相同,则这些字称为一致字,如以"析"为声旁的"晰、淅、蜥"读音相同,则这些字称为一致字。而以"台"为声旁构成了"治、抬、冶、怡"等读音各异的字,它们称为不一致字。一致字的识别速度要快于不一致字,这称为汉字识别中的一致性效应。其中,与某字读音相同的字称为友字,如"胎"与"抬"互为友字,读音不同的字称为敌字,如"治"与"抬"互为敌字。除此之外,还有研究表明:形声字识别中存在着声旁独立性效应,即声旁独立成字的形声字识别速度快于声旁不独立的字;存在着声旁位置效应,即声旁位置不同,形声字识别的速度与方式也有所不同,左形右声的形声字(如"抬")识别速度最快。

既然声旁与整字之间的多种因素都影响着形声字的识别,那么这些因素在现代汉字中分布状况如何?各自占什么样的比例?哪些是主要因素?哪些是次要因素?为了在量化分析基础上进行定性研究,我们将专门为对外汉语教学制定的《汉语水平词汇与汉字等级大纲》(以下简称《大纲》)的甲、乙、丙、丁4级共2905个汉字中的形声字择出,并设立数据库,对其进行了封闭性的统计与测查,以期为对外汉字教学提供参考。

一 形声字的确定与参数的设置

确定形声字的标准,我们主要依据的是倪海曙先生于1973年修订,语文出版社于1982年出版的《现代汉字形声字字汇》一书,因为这本书在形声字研究方面较有权威性且方便易查。但由于该书所依据的是70年代出版的《新华字典》,其中收录了一部分繁体字,因此我们同时参考了《现代汉语多功能词典》(刘振铎主编,东北朝鲜民族教育出版社1993年出版),并对某些有争议之字参考了《说文解字》。根据影响形声字识别的因素,对这1920个形声字,我们在数据库中设置了以下参数项以备分析。

(1) 形声字:即根据上述标准和参考书从4级字中所确定的1920个待分析形声字。

(2) 形声字等级:即该形声字所在的甲、乙、丙、丁4个等级。

(3) 声旁:即待分析形声字的声旁。

(4) 声旁是否成字:由于是分析现代汉字,我们确定声旁是否成字的标准是在《现代汉语词典》(修订本)中是否收录该字。如有,则为成字声旁;反之,为不成字声旁。下述5、6、7、10、11、13项只对成字声旁而设置。

(5) 声旁或整字是否多音:确定多音的标准是一个字有两个读音,且两个读音的声或韵中有一者不同,但如果两字声韵全同仅声调不同,本文中不作多音字处理。对多音的声旁与整字本文中暂不予分析。

(6) 声旁与整字读音关系:分为声母相同(双声)、韵母相同(叠韵)、声韵全同、声韵全不同四项。

(7) 规则性:参数(6)中声旁与整字声韵全同的为规则字,其他三项为不规则字。

(8) 构字数:即由某声旁所构成的形声字数量。由于是封闭性统计,这里我们确定构字数的搜索范围不是在全部汉字中,而是在《大纲》的2 905个字中。如声旁"壬"构成"任、衽、饪、妊、纴"共5字,但"衽、妊、纴"字不在《大纲》的2 905个字范围内,因此在这里声旁"壬"的构字数为2。

(9) 所构音节数:即参数(8)中由该声旁构成的形声字共形成了多少个音节。在这里,我们也暂时不考虑声调因素。

(10) 友字数:对于某个形声字来说,由同声旁构成的形声字中与该字读音相同的字的数量。如"抬"为"胎"的友字。

(11) 敌字数:对于某个形声字来说,由同声旁构成的形声字中与该字读音相异的字的数量。如"治"为"抬"的敌字。

(12) 声旁位置:分为在左、在右、在上、在下、特殊五项。

(13) 声旁等级:对于成字声旁来说,它所在的《大纲》中的甲、乙、丙、丁4个等级。如果某成字声旁在4个等级中没有收录,则设为等级5,如"挂""闺"等字的声旁"圭"列为等级5。

在选字与设置参数时,我们依据了以下原则:(1) 选字从宽原则,即一个字可是可不是形声字时,如果其中某一部分与整字读音相关,我们以形声字处理。如"您"字,可作会意字,也可作形声字,由于其中的"你"与整字"您"读音相近,我们将该字选入形声字中。(2) 以教学为本原则。对有些有争议的问题,我们选择对教学最为有利的处理方式。如我们之所以没有将声旁变体字计算在内,是因为在教学中需要将变体还原成本字再认识声旁,对于以汉语作为第二语言的外国学习者来说,这不但没有给他们提供声旁线索,反而加重了记忆负担。因为他们中的大多数不是以汉字作为专业的研究者,而是以汉字作为工具的学习者。其实我们的第一个原则也是在此之下设立的。

依据上述参数项,我们对1 920个形声字进行了分析。

二 分析结果

在我们下面的分析中,都是先分析全部形声字的总体分布,然后分析在甲乙丙丁4级字中的动态分布。

(一) 形声字比例

我们共确定1 920个形声字,它占《大纲》中全部2 905个汉字的66.1%。其中各级形声字所占比例不同。甲级共395字,占20.6%;乙级共496字,占25.8%;丙级共472字,占24.6%;丁级共557字,占29%。从绝对数量看,甲级形声字的数量最少,比例最低。

如果计算4级字中形声字的相对比例,结果如下:甲级字共800个,形声字比例为49.3%;乙级字共804个,形声字比例为61.7%;丙级字共601个,形声字比例为78.5%;丁级字共700个,形声字比例为79.6%。从相对比例看,甲级字中形声字比例也是最低的,只有将近一半,从乙级到丙级,形声字比例逐级升高,到丁级中已占了绝大多数。

我们知道,汉语中常用的介词、副词、连词、语气词等大多在甲级出现,而这些字多为虚化、假借而成,许多字的字源已不可考。同时,汉字的构字类型除形声外,还有象形、指示、会意三种,其中许多是描摹物像而成,多为生活中常用、常见的可像之物,表示这些事物的词多出现在甲级字中,这些也许是甲级字中形声字少的部分原因。

(二) 声旁比例

根据参数项 4 和 5,形声字声旁的分布情况如下:

在全部 4 级字中,声旁成字的形声字比例为 80%,不成字比例为 10.2%,声旁变体占 4%,多音的整字与声旁占 5.8%。后两项在全部字中所占比例约为 10%,本文中暂不分析这两项,因此下面我们的分析只是对 90% 的字进行。

从甲级到乙级,成字声旁的比例呈递减趋势,但各级差异不大,从甲级、乙级到 81% 到丙级的 80.1%,又到丁级的 77.9%,不成字声旁的比例相应地呈递增趋势。这表明:具有独立形音义的成字声旁在各个等级中都占了主体。

(三) 声旁与整字读音关系

按照参数(6)中我们设立的声旁与整字读音的 4 种关系,计算结果如下:在声旁成字的形声字中,声旁与整字声母相同的比例为 7.6%,韵母相同为 21.3%,声韵全同为 37.2%,声韵全不同为 14%。无论是声同、韵同还是声韵全同,都可以说与读音有关系,因此在这一批形声字中,声旁与整字读音完全没有关系的比例为 14%。

声旁与整字声韵全同者为规则字,则规则字所占比例为 37.2%,不规则字所占比例为 42.5%。

在 4 级字中,规则形声字在甲级与丙级中所占比例大体相同,为36%;在乙级与丁级中比例也大体相同,为38%左右。可以看出,规则字在4级字中的比例均不到一半。通过分析声旁与整字的读音关系,我们看到:在对外汉语教学用的这2 905个汉字中,声旁与整字读音完全没有关系的所占比例较低,但读音完全相同的也不到一半,4级字中分布相差不大。这是我们的汉字教学中应该认真考虑、合理设计的一个方面。

(四) 声旁的位置

左形右声字被称为标准形声字,这类字在全部形声字中所占的比例也最高,为60.8%。按照递减的顺序,依次为特殊位置9.1%,声旁在下8%,声旁在上6.9%,声旁在左5.5%。

在甲乙丙丁4级字中,也基本按照声旁在右→特殊→下→上→左的顺序递减,有的中间虽有变化,但变化幅度不大。

以声旁在右为例看声旁位置在4级中的分布比较,左形右声字在甲级字中占62%,从甲级到丁级以1%的速度递减。既然左形右声字被称为标准形声字,从某种意义上来说,其他位置应该为不规则形声字,也就是说,从甲级到丁级,位置不规则的形声字比例呈上升趋势,但上升幅度不大。

(五) 声旁的等级

在1 920个形声字中,成字声旁占80%。在这些单独成字的声旁中,甲级声旁所占比例为33%,乙级声旁占16.5%,丙级声旁占8.4%,丁级声旁占7.4%,而不在这4级之中,我们列入5级的占14.1%。

在这里,成字声旁的比例不仅从甲级到丁级呈递减趋势,而且下降幅度较大。这说明在这些形声字的声旁中,常用字占了很大比例。

在甲乙丙丁 4 级形声字中,成字声旁所占的等级比例与此总体平均数均相差不大。但这里需要我们注意的是,正是由于声旁的等级分布在 4 级字中比例大体相当,那么从声旁与整字等级的角度说,声旁等级低于整字等级的数量实际上呈递增趋势。根据我们的计算结果,在甲乙丙丁 4 级字中,甲级声旁比例均约为 34%,乙级声旁约为 16%,丙级声旁约为 8%,丁级声旁约为 7%,5 级声旁约为 14%。如果汉字教学顺序与《大纲》完全相应,那么在学习甲级字时,至少有 66% 的形声字是声旁未学过的,乙级字有 50% 的声旁是未学过的,丙级字有 42% 的声旁是未学过的,而到了丁级字时,大约只有 35% 的声旁是没学过的,包括那些不成字声旁、多音声旁和声旁变体。也就是说,丁级字在教学上具有很大的优势。

(六) 声旁构字能力

根据参数(8)的统计结果:声旁构字能力最低的构成 1 字,最高的构成 14 字。其中构字 1 个的占了 14.7%,构字 14 个的占 0.6%。从构字 1 个到构字 14 个,声旁的比例分布曲线类似于前半部分较高的不规则抛物线型,即从构字 2 个的 13% 到构字 3 个的 14% 上升到构字 4 个的 15%,到达此顶点后开始大幅下降,到构字 5 个的 7.2%,直至构字 14 个的 0.6%。也就是说,大多数的声旁构字能力都在 5 个以下,构字能力在 5 字以下的占 64%,在 5 字以上的占 22%,在 10 字以上的只占 4%。

在甲乙丙丁 4 级字中,甲、乙、丙 3 级声旁的构字能力分布曲线与总体曲线大体相当,均为前半部分较高、不太规则的抛物线型,且均在构字 4 个时达到顶点。丁级的分布曲线与前 3 级有所不同,它没有表现出先升后降的形式,它在构字 1 个时比例最高,为 19.2%,然后逐渐呈递减走向。但比例最低的不是在构字 14 个处,而是在构字 12 个处,为 1.8%。

这是甲乙丙丁 4 级字中声旁的构字能力比较,下面我们再看看成字的甲乙丙丁 4 级声旁的构字能力比较。根据(二)和(五)的分析,在成字声旁中,共有甲级声旁 639 个,累积构字 3 029 次,平均每个甲级声旁构字 4.74 个;乙级声旁共有 316 个,累积构字 1 317 个,平均构字 4.17 个;丙级声旁共 162 个,累积构字 578 个,平均构字 3.57 个;丁级声旁共 143 个,累积构字 493 个,平均构字 3.45 个;5 级声旁共 272 个,累积构字 1 243 个,平均构字 4.57 个。也就是说,甲级声旁的平均构字能力最高,从甲级到丁级,声旁的平均构字能力逐渐降低。

(七) 一致性

上面我们计算了声旁的构字能力,可以看出:85%的声旁都可以构成两个以上的形声字。那么由同一声旁构成的各形声字之间读音关系怎样?为此,我们又根据参数(9)计算了声旁所构形声字的音节数,这是衡量由某一个声旁所构成的各形声字之间的读音关系,也就是一致性的一个重要指标。如果某声旁构成的音节数为 1,说明由它构成的各形声字读音都相同,则形声字的一致值为 1。一个声旁构成的音节数越多,则由该声旁构成的形声字读音越不集中,一致值越低;反之,构成的音节数越少,则读音越集中,一致值也越高。根据计算,在成字声旁中,最少的构成了 1 个音节,最多的构成了 8 个。构成 1 个音节的占 30.3%,构成 2 个音节的占 24.9%,构成 8 个音节的占 0.3%,随着构成音节数的增多,声旁的比例也逐渐下降,只有在 6 个音节与 8 个音节之间,构成 7 个音节时出现了较小的反复。需要说明的是:虽然看起来构成1个音节的声旁比例很高,似乎这些汉字的一致值也很高,但这里我们包括了那些构字能力为1个的声旁。也就是说,其中有一部分声旁只是构成了一个形声字,当然所构音节数也就为1。

在4级字中,声旁构字次数的分布曲线与平均曲线大体一致,均随着音节数的增多呈递减趋势,且在构成7个音节时出现了一点反复。但是,其中乙级与丙级的数值相近,甲级与丁级间差异较大。在构成1个音节时,甲级只有23.8%,而丁级则有36%,相应地在构成较多音节时,甲级的比例都明显地高于丁级。

以上述数据为基础,我们计算了这些形声字的一致值。一致值是针对某个形声字而言的,其计算方法是用与该字读音相同的友字数量除以由该字声旁构成的全部形声字的数量,一致值最大为1,最小为0。一致值是衡量由同一声旁构成的形声字读音是否集中的一个重要指标。一致值越高,则读音越集中。

在全部1 920个形声字中,平均的一致值为0.23。也就是说,对某个形声字而言,平均23%的同声旁字与它读音相同。甲级字的平均一致值为0.23,乙级为0.24,丙级为0.21,丁级为0.23,4级字的一致性大体相当。

从上面的统计分析结果,我们可以看出,《词汇大纲》所规定的对外汉语教学用2 905个汉字表现出如下语音特点:

1. 总体特征:形声字占了主体(66%),左形右声的标准形声字占很大比例(61%),声旁成字的形声字占绝大多数(80%),成字声旁中甲级声旁的比例最高(33%),声旁与整字读音有关系的占80%以上。这是形声字的静态分布中较有规律的一面。

但进一步深入考察这批形声字的读音状况,我们会发现声旁与整字之间、由同一声旁构成的形声字之间读音关系有着很不规则的一面。声旁与整字读音完全相同(不包括声调)的规则字在全部形声字中所占比例只有37%,而形声字平均的一致性值只有0.23。同时,从声旁的构字能力看,构字数在5个以下的声旁占了相当多数(64%)。再加上10%未在本文分析范围内的声旁变体字、声旁多音字,说明标识读音的形声字声旁并不像表面看起来那么简单,声旁表音有着很多的例外、很多的干扰。

2. 纵向分布特征:在大多数参数项中,甲乙丙丁4级字所表现出的曲线形状相近。从前面的统计分析结果看,成字声旁比例、规则字比例、声旁位置比例、声旁等级、声旁构字能力、一致值的统计结果在4级字中或相近、或小幅度递增、递减。但总的来说,乙级与丙级在多项指标上均表现出较大的一致性,且都居于甲级与丁级之间。比较起来,甲级与丁级则有一些差异。从表面上看,甲级字中成字声旁比例最高,位置规则的标准形声字最多。但从深层的语音状况看,甲级字中形声字比例小,规则形声字比例小。甲级形声字中成字声旁的绝对比例虽高于丁级,但从声旁与整字等级高低的角度计算,甲级形声字中已识声旁的相对比例远远低于丁级。多项指标综合表明,甲级字读音的规律性要低于丁级字。

3. 声旁分布特征:占全部声旁80%的成字声旁有大部分同样也分布在甲乙丙丁4级字中。其中,甲级声旁的比例最高且从甲级到丁级比例呈大幅度下降趋势,也就是说,在这批形声字中,声旁大多数分布在常见易识、等级较低的字中。从构字能力来讲,声旁的等级越低、越常见,其构字能力越强。

三 汉字教学原则

根据形声字及其声旁表现出的上述特点,我们认为在汉字教学中应该考虑如下教学原则:

（一）抓住形声字这一主体,引导学生找到学习与记忆汉字的有效方法。形声字在现代汉字中比例高,覆盖率大。且形声字以形符表义类,以声符揭示读音,具有拼音文字和其他类型的汉字无可比拟的优势。因此对于以汉语作为第二语言的学习者来说,如果在教学的初期,充分利用了汉字的优势,以点带面,就可以帮助学生快速学习汉字。

（二）发现汉字内在的深层规律,设计合理的教学方法,掌握好汉字教学的"度",切忌将形声字乃至汉字简单化。形声字并非汉字的唯一类型,尤其是在形声字内部,如前所说,声旁表音也存在着很多的例外。因此,在以形声字为教学主体的同时,不可将汉字简单地形声化,应该引导学生正确认识形声字与汉字的全貌,培养正确的汉字意识。

（三）在教学的不同阶段,对不同的汉字,所采取的汉字教学方法也应有所不同。从上面的分析我们看到,甲乙丙丁4级字的语音状况并不完全相同,从甲级到丁级有一个或递增、或递减的动态发展过程,处于初级阶段的甲级字可以说是最不规整的一级字。这是汉字教学中的一个不利方面,但同时它又是一个可以利用的因素。正是因为甲级字中形声字比例低,正是因为甲级字中的规则字较少,我们可以在教学的初期引导学生正确认识现代汉字的全貌。随着学习程度的提高,随着汉字自身规律性的加强,可以使学生在掌握了足够数量的汉字、积累了相应的汉字知识后,全面、深入地认识汉字规律。

表1 2905个汉字语音分析数据

	全部	甲	乙	丙	丁
形声比例		0.205729	0.258333	0.245833	0.290104
形声与非形声	0.660929	0.49375	0.616915	0.785358	0.795714
声母相同	0.075521	0.081013	0.072581	0.076271	0.073609
韵母相同	0.2125	0.192405	0.231855	0.235169	0.190305
全同	0.371875	0.359494	0.377016	0.355932	0.389587
不同	0.139583	0.177215	0.131048	0.133475	0.125673
规则字	0.374479	0.359494	0.383065	0.360169	0.389587
不规则字	0.425	0.4500633	0.429435	0.440678	0.389587
成字	0.799479	0.810127	0.8125	0.800847	0.779174
不成字	0.102083	0.083544	0.102823	0.105932	0.111311
声旁左	0.054688	0.058228	0.072581	0.040254	0.048474
声旁右	0.607813	0.622785	0.610887	0.601695	0.599641
声旁上	0.069271	0.04557	0.084677	0.09322	0.052065
声旁下	0.079167	0.083544	0.046371	0.084746	0.100539
特殊	0.091146	0.088608	0.100806	0.086864	0.087971
声旁一级	0.333333	0.349367	0.350806	0.305085	0.330341
声旁二级	0.164583	0.167089	0.175403	0.167373	0.150808
声旁三级	0.084375	0.070886	0.078629	0.101695	0.084381
声旁四级	0.074479	0.073418	0.074597	0.074153	0.075404
声旁五级	0.141146	0.149367	0.133065	0.150424	0.13465
声旁成字	0.8	0.810127	0.814516	0.800847	0.779174
声旁不成字	0.102083	0.088608	0.09879	0.105932	0.11311
声旁变体	0.040104	0.050633	0.02621	0.036017	0.048474
多音	0.057813	0.050633	0.060484	0.057203	0.061041

续表

	全部	甲	乙	丙	丁
构字次数1	0.147396	0.121519	0.120968	0.144068	0.192101
构字次数2	0.157813	0.108861	0.173387	0.169492	0.168761
构字次数3	0.135938	0.121519	0.149194	0.146186	0.125673
构字次数4	0.153646	0.156962	0.167339	0.169492	0.125673
构字次数5	0.071875	0.091139	0.060484	0.0589322	0.078995
构字次数6	0.064583	0.096203	0.066532	0.055085	0.048474
构字次数7	0.047917	0.058228	0.040323	0.048729	0.046679
构字次数8	0.033333	0.055696	0.02621	0.040254	0.017953
构字次数9	0.03125	0.032911	0.030242	0.03178	0.030521
构字次数10	0.016667	0.01519	0.020161	0.020161	0.020161
构字次数11	0.023438	0.017722	0.032258	0.021186	0.021544
构字次数12	0.00625	0.012658	0.008065	0.004237	0.001795
构字次数13	0.006771	0.007595	0.012097	0.002119	0.005386
构字次数14	0.005729	0.002532	0.008065	0.002119	0.008977
构成音节数1	0.303125	0.237975	0.302419	0.292373	0.359066
构成音节数2	0.249479	0.243038	0.245968	0.28178	0.229803
构成音节数3	0.182813	0.2	0.205645	0.169492	0.16158
构成音节数4	0.61458	0.078481	0.058468	0.067797	0.046679
构成音节数5	0.055208	0.078481	0.058468	0.050847	0.039479
构成音节数6	0.020313	0.022785	0.010081	0.023305	0.025135
构成音节数7	0.027604	0.035443	0.034274	0.014831	0.02693
构成音节数8	0.002604	0.002532	0	0.006356	0.001795
一致值	0.227892	0.225433	0.239055	0.213159	0.232177
声旁构字	4.349217	4.741784	4.167722	3.574074	3.454545

第二节　表音偏旁

壹　汉字的表音偏旁[①]

一　表音偏旁的由来

偏旁是合体汉字结构中介于笔画和整字之间的结构单位。在合体字中,偏旁除了都具有构形作用以外,或表义,或表音,或既表义又表音,既不表义也不表音的只是极少数。依照偏旁在合体字中发挥的作用,偏旁分为表义偏旁、表音偏旁、表义兼表音偏旁和纯构形偏旁四种。表音偏旁有狭义和广义之分,狭义的表音偏旁指合体汉字结构中具有单纯表音功能偏旁,即名副其实的形声字声旁;广义的表音偏旁指合体汉字中所有携带读音信息的偏旁,包括表义兼表音偏旁在内,即一般所谓的形声字的声旁。本文所说的表音偏旁是广义的表音偏旁。

一般所谓形声字是由两种不同造字方法造出来的。一部分是用"建类一首,同意相受"的转注造字法造出来的,一部分是用"以事为名,取譬相成"的形声造字法造出来的。所谓转注法,说得简单点,就是以原来使用的文字为基础增加表义偏旁的造字

[①] 本文以"略论汉字表音偏旁及其教学"为题发表在《中国对外汉语教学学会北京分会第二届学术年会论文集》,北京语言文化大学出版社2001年版,作者李大遂。

法。原来使用的文字我们称之为"字首",后加的表义偏旁我们称之为"类符"。转注造字法是继指事、象形、会意、假借之后发明的造字方法。汉字发展到假借阶段,出现了三个问题:一、假借字大量使用,虽然在一定程度上解决了社会用字需求量急剧增加而指事、象形、会意三书造字量相对嫌少的矛盾,并使汉字体系在记录传达有声语言方面前进一大步。但是,假借字使用太多,"一字借表多词"和"一词借用多字"成为常见现象,就造成汉字体系记录传达语言时往往发生混乱。二、原有文字在使用过程中,不断出现引申义,常常是一个字不仅要表示它的本义,还要表示它的众多引申义,也不符合文字记录传达语言要尽可能明确的要求。三、原来以形表意的指事、象形、会意三种文字,因形体演变日益符号化,其形体许多已不能反映造字本义,更不用说引申义,汉字的表意性受到严重的削弱。要解决这些问题,就得发明新的造字方法,于是转注造字法就应运而生了。从主观上说,转注法的发明是为了维护和加强汉字的表意性,而为原来使用的文字添加表义偏旁。但与此同时,却在客观上使原来使用的文字(字首)在合体字中既表示意义,又表示读音,从而使合体汉字结构中出现具有表音作用的偏旁。后来,在转注造字法的启发下,人们又发明了"以事为名,取譬相成"的形声造字法,造出半边表义半边纯粹表音的名副其实的形声字。由于长期以来文字学界对六书转注一书议论纷纭,莫衷一是,一般人对转注字更是知之甚少,所以,人们一般都把转注字等同形声字,把表义兼表音的转注字字首等同于纯粹表音的形声字声旁。为了讨论的方便,除了在转注字与形声字对举和表音偏旁与表义兼表音偏旁对举情况下,下文所谓形声字包括转注字在内,下文所谓表音偏旁既包括纯粹表音的形声字声旁,也包括表义兼表音的转注字字首。

在转注造字法大量使用阶段,具有表音作用的偏旁数量已不太少,到了形声造字法大量使用的阶段,具有表音作用的偏旁数量又大幅度增加。汉字发展到形声字阶段,原则上说,每一个既有的汉字都可以拿来充当形声字的声旁,独体字可以充当,合体字也可以充当。据笔者对《说文解字》一书转注字进行初步考察,基本上可以确认为转注字的大约有 1 700 个,字首约 700 个。据李国英先生《小篆形声字研究》一书的统计,《说文解字》所收一般所谓形声字所用声符 1 670 个。据沈兼士先生《广韵声系》一书的统计,《广韵》所收一般所谓形声字所用主谐字(声符)共计 2 593 个。据李燕、康加深《现代汉语形声字声符研究》①一文的统计,现代通用汉字中一般所谓的形声字所用声符 1 325 个。

二 表音偏旁与形声字读音关系考察

一般来说,在某个形声字造字初期,该形声字与其表音偏旁的读音是相同的或基本相同的。但由于语音的演变,现代汉语形声字的读音与表音偏旁的读音已经不那么一致了,关系变得复杂了。为了教学的需要,我们有必要从现代语音出发,对现代汉语形声字与表音偏旁的关系进行考察分析。

关于表音偏旁与形声字读音关系,有两种情况:一是指某一表音偏旁与由它充当表音偏旁的某一个形声字读音相同或不同,一是指某一表音偏旁与由它充当表音偏旁的一系列形声字

---

① 见陈原主编《现代汉语用字信息分析》,上海教育出版社 1993 年版。

读音相同或不同。本文所谈表音偏旁与形声字读音相同和不同,主要指前一种情况。

在现代汉语形声字中,表音偏旁与形声字读音的关系大体可以分为以下几类:

(1)声、韵、调完全相同,即表音偏旁能够准确表示形声字字音。如:罗(luó)——萝逻箩锣猡椤(luó);唐(táng)——溏塘搪瑭螗糖(táng)。

(2)声、韵相同,只是调不同,即表音偏旁能够较准确表示形声字字音。如:青(qīng)——情晴(qíng)请(qǐng);非(fēi)——腓(féi)诽匪菲悱斐蜚翡(fěi)捌痱(fèi)。

(3)声同韵近或韵同声近,即表音偏旁能够基本表示形声字字音。其中声近和韵近属于隐性读音信息(下同)。声同韵近的如:明(míng)——萌盟(méng);录(lù)——绿氯(lǜ)。韵同声近的如:干(gān、gàn)——顸鼾(hān)邗汗(hán)罕(hǎn)汗旱(hàn)奸(jiān)刊(kān)。

(4)声同韵不同或韵同声不同,即表音偏旁能够部分表示形声字字音。声同韵不同的如:立(lì)——垃拉(lā);黄(huáng)——横(héng)横(hèng)黉(hóng)〔异读形声字按不同字分列,下同〕。韵同声不同的如:立(lì)——泣(qì);岁(suì)——刿(guì)秽哕(huì)。

(5)声、韵相近,即表音偏旁能够曲折表示形声字字音。如:仓(cāng)——疮创(chuāng)创(chuàng)。

(6)声近或韵近,即表音偏旁能够曲折表示形声字部分字音。声近的如:不(bù)——丕(pī)否(fǒu)否(pǐ)抔(póu);弱(ruò)——溺(nì)。韵近的如:生(shēng)——旌(jīng)星(xīng)

性姓(xìng)。

(7)声韵既不相同,也不相近,即表音偏旁完全不能表示形声字字音。如:野(yě)——墅(shù);也(yě)——地(dì)他(tā)施(shī)池(chí)。

此外,还有一种值得注意的形声枝出现象,就是由于语音演变或表音偏旁用字异读等原因,以同一表音偏旁的形声字的读音呈现两个甚至更多系统。韵母呈不同系统的如:

工(gōng)——
　　扛肛缸(gāng)杠(gàng)江豇(jiāng)虹(jiàng)
　　扛(káng)项(xiàng)
　　[韵母是 ang 或 iang]
　　功攻(gōng)巩汞(gǒng)贡(gòng)红虹(hóng)
　　讧(hòng)空(kōng)邛(qióng)
　　[韵母是 ong 或 iong]

声母呈不同系统的如:

并(bìng)——
　　栟(bēn)迸(bèng)栟(bīng)饼屏(bǐng)
　　[声母是 b]
　　骈胼(pián)拼姘(pīn)屏饼迸瓶(píng)
　　[声母是 p]

据李燕、康加深《现代汉语形声字声符研究》一文公布的统计结果,在现代通用汉字中,共有形声结构字 5 631 个,声符总体表音为 66.04%。其中声母、韵母、声调完全相同的形声字共有 2 292 个,占形声结构通用字的 37.51%;声母、韵母相同,仅声调不同的形声字共有 1 110 个,占形声结构通用字的 18.17%。也就是说,在现代汉语通用字中,表音偏旁能准确或比较准确表音的形声字 3 402 个,占形声结构通用字的 55.68%。由于该项目研究者没有考虑诸如声母发音部位相同、声母有亲缘关系、韵母主要元音相同、韵母有亲缘关系等隐性读音信息,故所得66.04%的声符总体表音率比表音偏旁实际表音率要保守一些。即使这个相对保守的表音率,也足以鼓舞我们充分利用表音偏旁的表音功能,减轻学生掌握汉字字音的困难,提高字音教学的效率。

三 表音偏旁教学在汉字教学中的地位问题

从汉字表达语言的方法看,隶变前的汉字大体上是表意文字体系,隶变以后的汉字已经转变为意音文字体系。但是,在汉字教学和汉字研究实践中,重意轻音自古以来就是主要倾向。重意轻音的重要表现,就是重视表义偏旁的教学与研究,轻视表音偏旁的教学与研究。这种局面的形成,首先是汉字表意特点决定的。人们造一个字,是为了让它表示一个意义(概念),字形直接以这个意义为依据。早期汉字主要脱胎于图画,其本质特征是以整个字形表义,可以见形知义。指事字、象形字就属于这种情况。后来又出现了合体的会意字、转注字、形声字,而且这三种文字逐渐成为汉字大家族的绝大多数。随着合体字的出现,汉字的表义方式也随之发生变化,由整体字形表义过渡到主要通过表义偏旁表义。会意字、转注字的每一个偏旁都表义,形声字只有形旁表义。由于汉字具有形义统一或形义相关的客观规律,于是"以形索义"便成为最早提出并长期使用的训诂方法。由于人们学习和考释汉字重在得义,汉字又主要通过表义偏旁表义,在探求字义时,必然着意于表义偏旁。因此,人们重视表义偏旁教学和研究是情理之中的。

其次,是许慎《说文解字》的影响。《说文解字》一书系统阐述了六书理论,开创了以六书理论为指导从形音义三方面综合说解汉字的先例,全面系统分析小篆字形,创立540部首,以部首为纲统摄9353字,整理出一个意义相同、相近或相关的汉字字族系统,成为汉语文字学的经典著作,成为对汉字教学和汉字研究影响最大的一部书,以致后世形成影响深远的"《说文》学"。汉代以后直至清末的汉字研究,主体就是对《说文》的研究。而《说文》研究的一个重要内容就是对540部首的研究。研究540部首的著述比比皆是,而属于声旁研究的著述寥寥无几。汉字教学通常也是以部首为纲,清代王筠所编的汉字教材《文字蒙求》就是其中最有代表性的一部。由于《说文》的540部首,基本都是表义偏旁(包括表义兼表音偏旁),所以,重视部首的教学与研究,实际上就是重视表义偏旁的教学与研究。

再次,是表音偏旁自身的问题。一是由于语音的演变和方言众多的影响,表音偏旁表音功能越来越不如人意,表音偏旁与形声字读音关系越来越复杂,规律虽有,掌握颇难,而且常常出现例外。二是表音偏旁数量大,是表义偏旁的几倍,而且很多是罕用字。因此,表音偏旁的教学与研究不能不受到影响。

在汉字教学和研究中出现重表义偏旁而轻表音偏旁现象,可能还有其他的原因,但主要是这三点。

在对外汉语教学领域,长期以来也存在着重表义偏旁轻表音偏旁的倾向。万业馨教授在前不久发表的《略论形声字声旁与对外汉字教学》一文中客观概括地指出了这一点,文章说:"基础阶段的语音教学常将注意的重点放在字、词与语音的关系上,而较少深入到字符这一层次。即便在教学中注意到字符这一层次,所涉及的也主要是意符,而于音符则多取消极态度。例如与汉语教学配套的《汉字练习本》中,所讲解的汉字偏旁24个(人、口、讠、木、宀、女、足、辶、扌、疒、心、目、雨、火、车、氵、冫、忄、亻、灬、囗、钅、身),根据它们在形声字中的主要功能,皆可归入意符。1986年出版的《汉字读写练习》中介绍的70个偏旁,基本上也都是意符,其他教材情况大致相同。这种对形声字声旁所用音符的忽视,使学生很难对汉字的全貌,尤其是对读音有总体的了解和把握,更不必说逐渐进入自觉认识的轨道。"①

也许在以中国人为对象的汉字教学中,轻视表音偏旁还不至于给汉字教学造成太大影响,在对外汉字教学中,不重视表音偏旁则是不行的。近年来,一些学者专家的相关调查和研究,为我们提供了依据。1997年,石定果、万业馨曾在部分留学生中进行调查。调查的结果显示,外国学生特别是非汉字圈学生学习汉字时,"读音方面的困难多于书写",②"'见字不知音'是最大的困难"。③她们发现:"留学生对字音的高度重视超乎我们的想象。我们在教学中多强调形义关系,认为这是汉字的特殊性所在,也是难点重点,而习惯于使用拼音文字的留学生很自然地对汉字也要'因声求义'。今后我们应在汉字字音教学上加大力度,并找出有关规律。"④更值得重视的是,调查的结果"突出地显示出他们对'声旁'的强调异乎寻常,他们认为掌握声旁是学

---

① 万业馨《略论形声字声旁与对外汉字教学》,《世界汉语教学》2000年第1期。

②③④ 石定果、万业馨《对外汉字教学的调查报告》,《语言教学与研究》1998年第1期。

好汉字的关键之一。"①费锦昌先生提出:"要在重视汉字显性和隐性的表义功能的同时,充分注意利用现行汉字声旁的表音作用。这既发掘和调动了汉字表音功能的积极因素,又能发挥外国学生自小养成的善于把字形与字音联系起来的潜在优势。正如德国柯彼德教授《关于汉字教学的一些新设想》(1995)指出的:'除了指出形旁所表示的意义范畴,在现代化的汉字教学中,应该多发挥声旁的作用……今后要设法建立从 2/3 的汉字具有表音功能出发的教学系统。'在《现代汉语通用字表》的形声字中,把声旁读音跟它们组成的形声字的读音相比,声韵调全同与声韵同仅调不同的超过一半。看来,这确实是可以好好做一番文章的地方。它既符合现代汉字的特点,又能发挥外国学生在认知上的优势。如果加上形旁的表义或区别作用,对外汉字教学就可以多几个具有规律性的'支点',就可以相对地减少教和学的困难。"②德国汉语教师孟坤雅也指出:"我们的学生在汉语课里要学的汉字,多的话不到 3 000 个(《汉语水平汉字等级大纲》共有 2 905 个),他们在毕业后要接触的字量会达到 5 000 多个。那么,我想,我们应该给他们提供在毕业后生活和工作中需要的各种知识和能力,这也包括对汉字体系的正确了解和应付没学过的汉字的能力。多重视声旁和形声字,并且有意识地、有规则地利用它们的表音功能,一定会帮助我们达到这个目

---

① 石定果《从认知科学看对外汉字教学》,《汉字与汉字教学研究论文选》,北京大学出版社 1999 年版。

② 费锦昌《对外汉字教学的特点、难点及其对策》,《北京大学学报》1998 年第 3 期。

标。"①

从以上这些调查和研究的结果可以看出,在对外汉字教学特别是对非汉字圈外国学生的汉字教学中,字音教学的重要性比我们过去认识的要高。字音教学的主体是形声字字音教学,而形声字字音教学的"支点"和"把手"是表音偏旁。因此,在对外汉字教学中,应该给予表音偏旁教学以足够的重视。

此外,与表义偏旁相比,表音偏旁数量要多得多,形体复杂得多,表音功能也远不能让人满意,大家都感到表音偏旁教学相对表义偏旁教学要困难得多。但是这不能成为我们轻视或是有意无意地回避表音偏旁教学的理由,我们不能把困难留给学生。惟其困难,我们才更应该加强表音偏旁的教学与研究,力争取得突破。要提高对外汉字教学水平,加强表音偏旁教学是一个重要方面。

四 关于加强表音偏旁教学的几点意见

(一) 增加表音偏旁教学内容

鉴于现行基础汉语教材表音偏旁教学内容薄弱,而重视表义偏旁教学思想早已先入为主根深蒂固的现状,要扭转表音偏旁教学薄弱的局面,就要有意识地增加表音偏旁教学内容。在教授新形声字时,要分析字形,要在指出表义偏旁的同时,指出表音偏旁及其读音,给他们掌握形声字读音的"把手",特别是那些表音偏旁能准确或比较准确表音的形声字。

---

① [德]孟坤雅《声旁能不能在对外汉字教学中发挥作用?》,《第六届国际汉语教学讨论会论文选》,北京大学出版社2000年版。

要在学生能够理解的前提下,有意识地灌输表音偏旁的有关知识(包括表音偏旁表音的局限性),培养辨认表音偏旁的意识和能力,培养利用表音偏旁掌握字音的意识和能力。随着学生识字量的增加,可以逐步增加表音偏旁系联形声字练习,并且引导学生总结归纳表音偏旁表音的特点和规律。这种练习,可以在教学的不同阶段,不同层次上反复进行。例如,学生掌握甲级字以后,可以用"方"字系联"房、访、放、旁"等形声字。随着识字量的增加,系联的形声字字数会越来越多。掌握乙级字以后,系联的形声字可以扩大到"房、访、放、旁、防、仿、纺"等7个。掌握丙级字以后,系联的形声字可以扩大到"房、访、放、旁、防、仿、纺、妨"等8个。掌握丁级字以后,系联的形声字可以扩大到"房、访、放、旁、防、仿、纺、妨、坊、芳、肪"等11个。在学生了解表音偏旁表音的特点和规律以后,可以做一些依据表音偏旁猜测未学形声字读音的练习,帮助学生将表音偏旁的知识转化为借助表音偏旁快速掌握形声字读音的能力。我们应该打消一味担心学生会犯"读半边"错误的顾虑,放手锻炼学生利用表音偏旁学习记忆形声字的能力。这就像教孩子学游泳一样,如果一味担心孩子游泳会呛水,而不让孩子去尝试下水游泳,那孩子永远也学不会游泳。由于形声字的读音系统是以表音偏旁为枢纽建立起来的,因而表音偏旁在同一系统形声字的读音识别中具有重要的线索作用。心理学研究的结果表明:"随着儿童学习汉字量的增加,儿童越来越多地意识到形声字结构中的语音线索,并在字的读音中利用这种线索。高年级儿童对汉字读音的行为更像成年读者,他们在使用声音线索的同时,也逐渐意识到声旁表音的局限性,在汉字读音中使用更多的类比策略。"①对外汉字教学的对象都是成年人,发现和利用表音偏旁这一读音线索的欲望和能力更强。增加表音偏旁教学内容,可以使学生尽早认识形声字读音固有的系统性,可以培养学生通过表音偏旁快速掌握形声字读音的能力。这不仅能够大大促进在校期间的汉字学习,也为离校后自学汉字打下良好基础。

(二) 充分利用表音偏旁的读音信息

表音偏旁携带的读音信息分为显性和隐性两种。所谓显性读音信息,指表音偏旁与形声字整体或部分相同的读音;所谓隐性读音信息,指表音偏旁与形声字整体或部分相近以及有亲缘关系的读音。以往我们轻视表音偏旁教学,一个重要原因是觉得表音偏旁表音率低。在一般的汉字教学中,讲到表音偏旁能准确或比较准确表音的形声字而表音偏旁又是熟字时,才会提示学生注意通过表音偏旁记忆形声字读音,常常还同时警告学生不要犯"读半边"的错误。对声母相同或韵母相同的显性读音信息则似乎很少利用,隐性读音信息的利用就更谈不上了。其实,正是由于表音偏旁表音率不高,其读音信息才显得珍贵。为了尽可能地减轻学生学习记忆字音的困难,形声字字音教学要充分利用表音偏旁的读音信息,有一点就利用一点。

首先,要把表音偏旁的显性读音信息都利用起来。在表音偏旁与形声字声、韵、调完全相同或声、韵相同调不同情况下,教学双方对这种显性读音信息一般都注意利用,需要加强的主要

---

① 舒华《汉语儿童词汇和阅读获得的研究》,《汉语认知研究》,山东教育出版社 1997 年版。

是声母或韵母相同的读音信息利用。根据李燕、康加深《现代汉语形声字声符研究》一文公布的统计结果,在现代汉语形声字中,与表音偏旁声母相同或韵母相同的形声字,占形声结构的24.40%。也就是说,如果把声母或韵母相同的读音信息利用起来,占总数四分之一的形声字读音学习的困难就可以减轻大约一半。

其次,在学生可以接受的前提下,努力发掘利用表音偏旁的隐性读音信息。由于语音的演变,有的表音偏旁被认为部分失去表音功能,有的表音偏旁被认为全部失去表音功能。其实这些表音偏旁中的绝大部分仍携带着宝贵的隐性读音信息。有的声母发音部位相同或有亲缘关系,有的韵母主要元音相同或有亲缘关系等。这些隐性读音信息,有助于减轻学生学习记忆形声字读音的困难,可以拐个弯发掘出来加以利用。因此,我们可以以古今语音演变规律的理论为指导,努力揭示表音偏旁与形声字读音之间的隐性联系,为教学形声字读音找到"把手"。

例如:"古无轻唇音",①古代声母为重唇音的字,有的后来声母变成轻唇音,唇音又有送气和不送气之别。所以,现代以"非"为表音偏旁的合体字中,声母有的是 b,如"悲、辈";有的是 p,如"俳、排、徘、裴";有的是 f,如"绯、菲、啡、扉、蜚、鲱、霏、腓、诽、匪、悱、斐、翡、痱"。如果学生了解以"非"为表音偏旁的形声字,声母不是 f,就是 b,或是 p,都是唇音,记忆以"非"为表音偏旁的形声字的读音就容易多了。在教以"反、奉、甫、包、分、发、卜、不、复、

---

① 钱大昕《古无轻唇音》,《十驾斋养新录》卷五。

贲"等唇音字为表音偏旁的形声字时,也可以利用这个规律,减轻读音记忆的难度。又如:"古无舌上音",①古代声母为舌头音 d、t 的字,后来演变分化,有的声母变成舌上音,或为 zh,或为 ch,或为 sh。所以,现代以"真"为表音偏旁的合体字中,声母有的是 d,如"颠、滇";有的是 t,如"填、阗";有的是 zh,如"镇、缜";有的是 ch,如"嗔";有的是 sh,如"慎"。如果我们告诉学生,以"真"为表音偏旁的形声字,声母不是 d、t 中的一个,就是 zh、ch、sh 中的一个,也会为学生记忆以"真"为表音偏旁形声字的声母找到线索。在教以"氐、刀、单、登、多、童"等舌音字为表音偏旁的形声字时,可以利用这个规律提高教学效率。再如:以"乃"为表音偏旁的"仍、扔",以"内"为表音偏旁的"蚋、芮、枘",以"若"为表音偏旁的"匿",以"柔"为表音偏旁的"猱",以"弱"为表音偏旁的"溺、搦"等,从现代语音来看,这些形声字的表音偏旁已经完全失去表音作用。但是如果让学生了解现代汉语声母 n 与 r 具有很近的亲缘关系,那么这些形声字声母读对的可能性就大大增加了。

在韵母方面也可以找到发掘偏旁隐性读音信息的规律。例如:鱼韵在中古还只有一个韵母,在现代北京音里分化成 u、ü 两个韵母,亲缘关系很近。以鱼韵的"余、午、吾、吴"等字为表音偏旁的形声字,其韵母几乎不是 u,就是 ü:

余——除蜍(chu)荼途涂酴(tu)徐叙(xü)狳馀(yü)

午——杵(chu)仵忤迕(wu)许(xü)

吾——唔浯梧鼯捂牾悟焐晤痦寤(wu)语圄峿(yü)衙(ya)

吴——蜈误(wu)娱虞俣(yü)

----

① 钱大昕《舌音类隔之说不可信》,《十驾斋养新录》卷五。

如果教学生了解 u、ü 两个韵母之间密切的亲缘关系，掌握表音偏旁韵母为 u 或 ü 的形声字其韵母基本上不是 u 就是 ü 的规律，再记住"衙"这样读音比较特别又不易讲清道理的个别字，学习记忆这几组形声字读音的困难就小多了。

此外，有些表音偏旁是多音字，其中有的音罕用，以这个字为表音偏旁的某些形声字，便很容易被视为非形声字。这个表音偏旁的罕用音也可以算是个隐性读音信息。如："区"这个字，有 qū、ōu 两个读音，但 ōu 音不常用，如果学生不知道"区"字还有 ōu 这个读音，学习记忆"讴、沤、瓯、殴、欧、鸥、呕、沤、怄"等形声字的读音就比较困难。相反如果我们告诉学生"区"还读 ōu，是姓氏用字，学生学习记忆"讴、沤、瓯、殴、欧、鸥、呕、沤、怄"等形声字的读音就轻松多了。

可见，表音偏旁还存在许多隐性的读音信息，我们完全应该也可以在语音演变规律理论的指导下，把它们发掘出来，利用起来，帮汉字读音教学的忙。

（三）表音偏旁教学要尽量避免复杂化

表音偏旁教学具有相当的复杂性，难度比较大，尤其是基础阶段，而且要经过长期的由浅入深的过程，所以不能急于求成。无论是知识介绍，还是分析或练习，都要注意控制内容的难度和数量，避免复杂化。

在考察表音偏旁与形声字读音关系和利用表音偏旁读音信息时，主要从声母、韵母着眼，适当考虑声调。汉字记录的语音单位是音节，表音偏旁表示形声字字音时表示的也是一个音节。汉语音节由声、韵、调三要素组成，考察表音偏旁与形声字读音关系时，要从这三方面着手，利用表音偏旁读音信息时，也要从这三方面着眼。不过,在这三者中,我们应该更看重声母和韵母的异同。因为,声母和韵母的异同是音节之间互相区别的最具实质性的要素,声调则相对次之。声调固然具有区别意义的作用,但一般来说,是以声母、韵母相同为前提的。离开声母、韵母相同这一条件,声调区别意义的作用几乎就显示不出来了。而且表音偏旁与形声字声调相同的规律性也不太明显。例如:以"方"为表音偏旁的现代汉语通用字有"邡、坊、芳、枋、钫、防、坊、妨、房、肪、鲂、访、仿、纺、昉、舫、放、彷、旁"等19字,其中"邡、坊、芳、枋、钫"音 fāng,"防、坊、妨、房、肪、鲂"音 fáng,"访、仿、纺、昉、舫"音 fǎng,"放"音 fàng,"彷、旁"音 páng,与"方"声调相同的只有5字。因此,我们考察表音偏旁与形声字读音关系和利用表音偏旁读音信息时,在声母、韵母都相同的情况下,注意同时考察声调是否相同;在声母或韵母不相同的情况下,可以忽略声调的异同,免得给学生增加不必要的负担。

　　基础阶段的表音偏旁教学,应该从感性入手,从一个个表音偏旁表音准确或比较准确形声字的具体分析开始,范围一般限定在学生已经认识的而且组字多规律性强的表音偏旁。在学生识字量稍多以后,逐步采取系联排比的方法,引导学生发现表音偏旁与形声字之间的显性读音线索,同时传授利用表音偏旁显性读音信息学习记忆形声字读音的知识和方法。隐性读音信息利用的教学,恐怕要等到中高级阶段才能进行。

　　对外汉语教学是应用性很强的学科,对外汉字教学中的表音偏旁教学,要紧紧围绕促进学生快速轻松学习掌握形声字读音来进行,与此无关的或与此关系不大的知识不宜讲。某些字从字源上说是形声字,但表音偏旁已完全变形,无法辨别,就不要讲。在常用字范围内,省声偏旁和由罕用字充当的表音偏旁,应暂视为不表音,除非它们组字较多,表音效果好。由合体字充当的表音偏旁,特别是形体复杂的表音偏旁不宜再分析(学生书写遇到困难时另当别论),以免影响表音偏旁的记忆。

贰 汉字的理想声旁[①]

一 问题的提出

对外汉语教学中的识字课——不管是随文识字、部件教学还是基本字教学——主要涉及三个方面,即字形、字音和字义。这三方面中特别是字形和字义之间的关系受到重视。《对外汉语教学初级阶段教学大纲》对一年级的识字课有如下要求:"学习汉字等级大纲规定的甲级字和乙级字1 600个,讲授汉字笔画、笔顺、部件和书写规则、分析常见汉字的基本组成要素。"[②]该教学大纲没有说明"要素"一词的含义。继续往下看就会发现,这个大纲有一个地方还提到部首,此外主要关心字量、阅读速度、书写速度和后二者的正确率。《国家对外汉语教师资格考试大纲》要求对外汉语教师"掌握形声字意符对区别词义、加强对词义的理解有重要意义"。[③] 石定果教授好像说得十分恰当:"汉字教

[①] 本文以"通用汉字中的理想声旁与汉字等级大纲"为题发表在《第七届国际汉语教学讨论会论文选》,北京大学出版社2004年。作者[德]孟坤雅。

[②] 杨寄洲主编《对外汉语教学初级阶段教学大纲》第2页,北京语言文化大学出版社1999年版。

[③] 《国家对外汉语教师资格考试大纲》第19页,外语教学与研究出版社1998年版。

学通常对字形下的功夫超过对字音下的功夫"。① 这是因为字形和字义之间的关系显得很密切而字形和读音之间的关系显得不可靠,甚至是完全随意的。

学生当然要掌握字形、字音和字义,这三个方面都是不可缺少的。学生上课时还会遇到诸如部首、偏旁、形声字、会意字、声旁、形旁等概念。那么,来自汉字文化圈以外国家的学生对这些概念有初步的理解、分析了一些例子以后,是否就算掌握了现行汉字体系?

笔者认为,这个问题的答案应该是"不"。笔者曾经调查一批德国大学汉学系的本科生,发现他们虽然对上述概念有理性的理解,但是不能运用这些概念分析生字,连熟悉的字也分析不了。这说明,学生如果不能积极运用或者缺少有关知识,就无法提高汉字理解和自学能力。学新字时只好一个个地记,无法加快学习过程并减少对记忆的负担。

2001年有一份杂志发表了两篇关于外国学生怎么识别形声字的文章。其中一篇把形声字分成规则形声字和不规则形声字。② 形声字及其所含的声旁,声韵调相同的及声韵相同调不同的为规则字,声韵调全不同的和只有调同的为不规则形声字。另一篇把形声字按其所含声旁在该字里边的表音功能分成完全表音的、部分表音的和不表音的。③ 该文也只观察了一个字及

---

① 石定果《从认知科学看对外汉字教学》,《汉字与汉字教学研究论文选》第173页,北京大学出版社1999年版。

② 江新《外国学生形声字表音线索意识的实验研究》,《世界汉语教学》2001年第2期。

③ 陈蕙、王魁京《外国学生识别形声字的实验研究》,《世界汉语教学》2001年第2期。

其所含声旁的关系,没有观察一个声旁在整个系统中的表音功能。

这当然是两个可以采用分类形声字的方法,针对一定的问题是十分正确的。但是能不能采取类似的方法教学生理解汉字?要是告诉学生,"评"是个规则形声字,因为它的声旁"平"完全表音,他(或她)到底知道了些什么?又告诉他,"各 gè"在"骆 luò"字里边完全不表音,他又多知道了些什么?① 他只不过要多记下一些关于这两个字的数据,但是遇到像"秤 chèng"或"络 luò"这样的生字时,那些数据一点也不帮助他处理。为什么?因为他还缺少关于声旁表音功能的信息。包含"平"这个声旁的形声字不都是规则字,还有"秤 chèng"和三个念 pēng 的字。"各"也不是完全没有表音功能的,虽然这个成字声旁的表音功能比较难以概括。此外还有不少不成字的声旁,本身虽然不具备读音,但是明明有表音能力。因此应该考虑怎样判断声旁的表音能力以及利用其所提供的信息。

一个学生,特别是个外国学生,要是想查一个偏旁表不表音、表音到什么程度,那就非常困难。词典、字典上的字,要么是按照拼音,要么是按照部首和笔画排列。据笔者了解,到现在为止还没有一本按照声旁而排列的并且适合外国学生使用的现代汉语词典或字典。

笔者认为,了解声旁的表音功能一定会帮助学生更好地掌握新学的汉字,因为这样的信息不仅涉及一个正好在眼前的形

---

① 解释"各(gè)—格(gé)—络(luò)"涉及古音乃至上古复辅音声母等理论问题,不是本文的任务。

声字及其声旁,而且还涉及将来会遇到的别的形声字。

那么,谈到这里就得考虑这么两个问题:什么样的汉字才是形声字?什么样的偏旁才能算是声旁?

二 什么是形声字

什么是形声字?这个问题可能不止有一个答案。一个是,可以按照《说文解字》去判断现行汉字中的形声字。但是人们知道,两千年中,汉字体系和汉语语音系统发生了相当大的变化。因此,从偏旁和字音之间的关系出发,分析现行汉字系统显得更有意义。研究现行汉字体系里的声旁当然会发现很多自古以来就有表音功能的偏旁,有的偏旁(部件)以前是表音的而现在不表音,有的(由于文字改革)也许正好相反。

要判断声旁的表音功能时,一个关键性的问题是,该声旁在什么范围里有什么样的表音能力?有的声旁在常用字的范围内很准确,在通用字的范围内表音功能反而不好描写。还有不少字在汉语水平汉字等级大纲里根本不出现,而在通用字的范围内出现为具有显著的表音能力又组成很多形声字的成字声旁。学生在课堂里能学习的字数当然有限,比如汉字等级大纲的2 905个。课堂外和毕业后他们实际社会生活中,也要遇到无数没学过的汉字。汉语课的一个核心任务是,教学生怎么应付日常生活的交际需要。因此,笔者选择通用字表的现行汉字为研究对象。通用字表的范围比汉字等级大纲的大一倍多,在这个基础上判断声旁的表音能力有一定的参考价值。

通用字表有7 000个汉字,其中有465个分别属于下面几个类别:常用于古代汉语的字、属于方言用字、罕见的专用字、不规则字形、《新华字典》(1992年版)上未出现的字。这样的字已不能算是现行汉字,因此要把它们排除在研究范围之外,只把六千多个名副其实的现行汉字选为研究对象。下面讲的通用字一律是指这6 535个现行通用汉字。

分解了6 535个汉字中间的复合字以后,①要观察每个偏旁在所有由它组成的汉字里边的表音功能。这样可以知道它是否表音,表音到什么程度。确实有表音功能的就可以叫做"声旁"。然后要把声旁(其中有末级部件②、复合部件或偏旁、成字声旁)按照它们的表音效率分成几个类别,并且给每个类别定一个有意义的名称。这是因为有意义的名称比抽象的编码符号更容易记住。

下面要介绍的是完全理想的声旁。我们要看这种声旁在通用字和汉字等级大纲等两个范围里的分布和构字能力,也要考虑它们在对外汉字教学中会发挥什么样的作用。

三 通用汉字中的理想声旁

理想声旁的定义是:声旁和由它组成的形声字的读音完全相同(包括声调),声旁本身不是多音字,由它组成的字中间也没有多音字。

所分析的通用字中有236个理想声旁(占声旁的五分之一左右)。其中211个是成字声旁,25个是不成字声旁。这236

---

① 具体方法不能详细介绍,请参看孟坤雅《声旁能不能在对外汉字教学中发挥作用——声旁问题的再考查》,《第六届国际汉语教学讨论会论文选》,北京大学出版社2000年版。

② 例:丈。

个理想声旁一共组成 630 个不同汉字(包括成字声旁本身在内;占通用字的 9.7%),每个声旁的平均构字能力为 2.7。理想声旁的表音功能取决于它们在整字里边的位置。不成字声旁[玨]①包围别的部件时才是声旁,出现在别的部件的上方时就不表音。成字声旁"老、兀、幸"和"鱼"为作别的字的右旁才表音,在其他位置就不能充当声旁的角色。"鹿"要出现在字的右边或下边表音,不然就不表音。

构字能力最强的理想声旁是:皇(构字 13 个②)、[咢](9 个)、历(8 个)、希(7 个)、奂(6 个)、农(6 个)、休(6 个)、段(5 个)、老(右边,构字 5 个)、唐(5 个)。这 10 个声旁一起组成 70 个形声字,等于理想声旁所组成字的十分之一多些。从表 1 可以看出,理想声旁不都是那么能产的,三分之二左右只组成 2 个字。有 133 个成字理想声旁除了它们本身以外只组成 1 个形声字。

表 1 理想声旁能产性的分布

构字数	2	3	4	5	6	7	8	9	10	11	12	13
声旁数	155③	40④	19⑤	15	3	1	1	1⑥	-	-	-	1

211 个理想声旁中有 98 个是复合字,并且包含在不同程度上表音的声旁,其中有 5 个包含不成字理想声旁和 1 个包含成字理想声旁。前者是:斑(包含[玨])、厘([广+里])、辰

---

① 方形的括号表示该声旁不成字。
② 构字数包括成字声旁本身在内。
③ 其中有 21 个不成字声旁。
④ 其中有 1 个不成字声旁。
⑤ 其中有 2 个不成字声旁。
⑥ 这是 1 个不成字声旁。

和敚;后者是密(包含宓)。别的所包含的声旁此处不能详细讨论。

四 理想声旁在汉字等级大纲里的分布

上面所介绍的 236 个理想声旁中有 177 个在汉字等级大纲①的范围里也出现,其中 14 个是不成字声旁。这 177 个声旁构字 252 个(为汉字等级大纲 2 905 个汉字的 8.7%),每个声旁的平均构字能力为 1.4,比通用字范围内的弱一半。同样的 177 个声旁在通用字范围内一共组成 491 个形声字,占通用字的 7.5%。

从表 2 可以看得出,理想声旁在汉字等级大纲范围内大概有三分之二只构成 1 个字,其中有 92 个声旁只不过是自己出现而不组成别的字。

表2 理想声旁在汉字等级大纲范围内的能产性分布

构字数	1	2	3	4
声旁数	113②	54③	9④	1

汉字等级大纲范围内构字能力最强的 10 个理想声旁是:皇(构字 4 个)、段(3 个)、府(3 个)、旱(3 个)、奂(3 个,不包括奂)、竟(3 个)、具(3 个)、康(3 个)、容(3 个)和唐(3 个),一起组成 31 个形声字,其中有 4 个不管在哪个范围都属于构字能力最强的

---

① 《汉语水平词汇与汉字等级大纲》,北京语言文化大学出版社 1997 年版。
② 其中有 12 个不成字声旁和 8 个在汉字等级大纲中不出现为字的成字声旁:丏、衮、彗、眇、荦、匍、闱、塍。
③ 其中有 5 个不成字声旁和 1 个在汉字等级大纲中不出现为字的成字声旁:宓。
④ 其中有一个在汉字等级大纲中不出现为字的成字声旁:奂。

理想声旁,那就是"皇、段、奂"和"唐"。

我们已经了解了理想声旁在通用字和汉字等级大纲等两个范围内的分布。现在要探索教汉字时专门注意理想声旁是否有意义,或者是说,选择哪些理想声旁为教学对象才有意义。

五 理想声旁为教学对象

有的理想声旁组成很多形声字,有的只组成一个或者两个。有的包含理想声旁的字在文章中经常出现,有的很少见。因而选择理想声旁为教学对象时,既要考虑声旁的能产性,又要考虑形声字的频率级别。

汉字等级大纲范围内构字能力最强的 10 个理想声旁中有 9 个在甲级和乙级中已经出现。例如学完乙级时,等于学完了所有由"竟"组成的形声字,包括"竟"字本身。因此大概没有必要专门指出"竟"声旁[①]的理想性。可见,学生还没有上完一年级[②],就要遇到一些理想声旁,因而初级阶段开始教学有关形声字的内容,叫学生了解声旁的表音能力并且利用理想声旁所提供的线索并不能算太早。

25 个理想声旁在通用字和汉字等级大纲两个范围内都组成 2 个字。没有必要专门指出它们的理想性。这些声旁情况跟"竟"声旁相似,学完了汉字等级大纲里的字也就学完了由这些

[①] 獍字虽然也包含竟这个声旁,但是獍字由于是古汉语用字就不属于所分析的 6535 个通用字的范围。

[②] 据《初级阶段教学大纲》甲、乙两个级别的 1 604 个汉字是初级汉语(一年级)的内容。

声旁组成的字。不过,其中有 11 个是派生而包含具有不同程度表音能力的别的声旁。讨论别的声旁类别时,有必要提到其所组成而能产性低的理想声旁。不少声旁在一个较低级别(甲、乙级)出现而包含它的形声字在较高级别(丙、丁级)才出现。那么,教别的高级形声字时,大概也要提到以前学过的成字声旁或包含该声旁的形声字。

在汉字等级大纲范围内组成 2 个而在通用字的范围内组成 3 个字的 13 个声旁是否选择为教学对象,大概要取决于第三个字是否属于 3 500 个常用字的范围。要不然就跟上述情况相似。这些声旁中有 5 个是派生而包含具有不同程度表音能力的声旁。还有几个从结构上看很像形声字,其实它们的组成部分没有任何表音能力。

16 个理想声旁在汉字等级大纲范围内组成 2 个而在通用字范围内组成 4 个至 8 个形声字。课外或毕业后遇到由这些声旁组成的形声字的可能显得相当高,因而有必要在课堂上讨论它们的表音功能。其中一半是派生而包含具有不同程度表音能力的声旁。这当然也值得在课堂上讨论、分析。还有几个很像形声字,其实不包含具有表音能力的偏旁。

113 个理想声旁在汉字等级大纲范围内只由 1 个字代表,其中 92 个就是声旁本身,也可以采取类似的选择方法:一个声旁如果包含另一个声旁,就可以等到讨论所含声旁时才分析它;一个声旁组成的形声字如果不是常用字,就没有必要在课堂上讨论它;如果一个声旁在常用字的范围内有相当的能产性(以"豪"这个声旁为例,所组成的 4 个形声字中间,有 3 个是常用字),那就得讨论该声旁的表音能力。可是,构字能力这样强的声旁不很多。

要概括选择标准的话,大概应该这么说:一个理想声旁和由它组成的形声字是否选择为教学对象,取决于它在 3500 个常用字、汉字等级大纲等两个范围里的能产性和汉字等级大纲的四个等级中间的分布。

除了选择一些声旁作为课堂教学对象外,有必要编写一种适合汉语教师和外国学生使用的参考书,内容包括在汉字等级大纲里未出现的声旁。

六 怎么教理想声旁

至于教学方法,此处只能提出一些想法而已。

当然,叫学生死背 177 个或 236 个理想声旁好像不是一个好办法。

万业馨教授曾经写过一系列文章,[1]让(已有一定汉语水平的)学生去分析在课本上出现的复合字并概括所发现的特点,特别是形声字音符的表音能力。学生自己发现并体会的事情总是印象最深,这样教起来应该有很好的效果。不少西方国家的学生对汉字抱有一种迷信,喜欢夸大汉字组成部分的图画性和表意性。同时,他们在有意无意地寻找这个文字体系的系统规律。

学生很容易体会,声旁的表音能力不是完全可靠,又不是完全随意的。可以引导他们发现,确实有理想的完全可靠的声旁,

---

[1] 万业馨《自己动手学汉字》,共 4 篇,《学汉语》1998 年第 12 期、1999 年第 1 期、1999 年第 4 期、1999 年第 6 期。

而且不是学了很长时间才能遇到的。知道了这些,学生会高高兴兴地去观察并记下哪些声旁是理想的,并在认生字时多留心所包含部件的表音功能。

提供关于声旁的信息的作用是,帮助学生更好地应付没学过的汉字,因而把理想声旁本身作为考试的对象并不合适。也不应该要求学生把学过的理想声旁都列出来,这跟"写出你学过的所有的有五个笔画的汉字"之类的试题一样没道理。人毕竟是为了文字性的交际而学习汉字,不是为了数码性的或数据库般的处理。

七 结语

运用上面所讨论的选择标准时,也许只得到 30 至 40 个适合选为教学对象的理想声旁,它们最多组成 80 至 110 个形声字。专门为数目这么少的形声字费神,值得吗?

开始分析通用字表的复合字时,本人一点也没有想到会发现声旁的五分之一左右是理想声旁,通用字的接近十分之一(9.7%)是包含理想声旁的形声字。它们在汉字等级大纲的 2905 个汉字中的比率也差不太多:8.7% 是包含理想声旁的。这些数字表明,多注意声旁的表音能力,特别是理想声旁的表音效果,绝对不是一种浪费。课堂上能学习的理想声旁当然比较少,但是注意它们的表音能力既能提高学生对声旁表音线索的意识,又有具体的应用价值。

除了理想声旁外,还有一些值得探索的声旁类别,例如声母和韵母十分可靠而声调不可靠的声旁,韵母可靠而声母不可靠的声旁等等。这些声旁类别,留待以后讨论。

附录一 理想声旁表

声旁	发音	形声字	甲级	乙级	丙级	丁级	合计 177	通用字表	汉字等级大纲中不出现而属于6 535个通用字范围的形声字和成字声旁
		所覆盖汉字数	65	64	55	68	252	491	
皇	huáng	皇煌凰蝗	0	1	1	2	4	13	惶隍遑湟徨篁鳇喤锽
段	duàn	段锻缎	2	0	0	1	3	5	椴煅
府	fǔ	府腐俯	1	1	1	0	3	4	腑
旱	hàn	旱悍捍	0	0	2	1	3	4	焊
(奂)	huàn	换唤痪	1	0	1	1	3	6	奂涣焕
竟	jìng	竟境镜	0	3	0	0	3	3	
具	jù	具俱惧	0	2	0	1	3	5	惧飓
康	kāng	康糠慷	1	0	0	2	3	3	
容	róng	容溶熔	1	0	1	1	3	5	蓉榕
唐	táng	糖唐塘	1	0	0	2	3	5	搪溏
[珏](包围结构)	bān	班斑	1	0	0	1	2	2	≠珏jué;在上,不表音
备	bèi	备惫	1	0	0	1	2	2	
尝	cháng	尝偿	1	0	1	0	2	2	
岛	dǎo	岛捣	0	1	0	1	2	2	
[弟]	dì	弟第	2	0	0	0	2	2	
刁	diāo	叼刁	0	0	0	2	2	2	
董	dǒng	懂董	1	0	0	1	2	2	
伐	fá	伐阀	0	0	0	2	2	4	筏垡
哥	gē	哥歌	2	0	0	0	2	2	
姑	gū	姑菇	1	0	0	1	2	2	
贯	guàn	贯惯	1	1	0	0	2	3	掼
乎	hū	乎呼	0	2	0	0	2	4	轷烀
昏	hūn	昏婚	0	2	0	0	2	3	阍
疾	jí	疾嫉	0	0	1	1	2	3	蒺

续表

声旁	发音	形声字	甲级	乙级	丙级	丁级	合计 177	通用字表	汉字等级大纲中不出现而属于6 535个通用字范围的形声字和成字声旁
贱	jiàn	贱溅	0	0	2	0	2	2	
[畺]	jiāng	僵疆	0	0	2	0	2	4	缰礓
肯	kěn	肯啃	0	1	0	1	2	2	
库	kù	裤库	0	1	1	0	2	2	
快	kuài	快筷	1	1	0	0	2	2	
览	lǎn	览揽	1	0	0	1	2	4	缆榄
老(右边)	lǎo	老姥	1	0	1	0	2	5	佬栳铑;别的位置,不表音
历	lì	历沥	1	0	0	1	2	8	雳坜苈呖枥疬
厉	lì	厉励	0	2	0	0	2	5	砺蛎粝
廉	lián	廉镰	0	0	0	2	2	4	臁蠊
[氵]	liáng	梁粱	0	1	1	0	2	2	
隆	lóng	窿隆	0	0	1	1	2	3	癃
迷	mí	迷谜	0	1	1	0	2	3	醚
(宓)	mì	密蜜	0	2	0	0	2	3	泌
[甾]	nǎo	脑恼	0	1	0	1	2	2	
农	nóng	农浓	1	1	0	0	2	6	脓侬哝秾
普	pǔ	普谱	0	1	0	1	2	4	氆镨
妻	qī	妻凄	0	1	0	1	2	3	萋
遣	qiǎn	遣谴	0	0	0	2	2	3	缱
然	rán	然燃	1	1	0	0	2	2	
柔	róu	柔揉	0	0	2	0	2	5	蹂糅鞣
审	shěn	审婶	0	0	2	0	2	2	
史	shǐ	史驶	1	0	1	0	2	2	
式	shì	试式	1	1	0	0	2	4	拭轼
受	shòu	受授	0	2	0	0	2	3	绶
疏	shū	蔬疏	0	1	0	1	2	2	
署	shǔ	薯署	0	0	1	1	2	3	曙

续表

声旁	发音	形声字	甲级	乙级	丙级	丁级	合计 177	通用字表	汉字等级大纲中不出现而属于6 535个通用字范围的形声字和成字声旁
斯	sī	撕斯	0	1	1	0	2	5	嘶厮澌
亭	tíng	停亭	1	0	1	0	2	4	葶婷
弯	wān	弯湾	0	1	0	1	2	2	
务	wù	务雾	1	1	0	0	2	2	
希	xī	希稀	1	0	1	0	2	7	郗唏烯晞豨
析	xī	析晰	0	1	1	0	2	5	菥淅蜥
新	xīn	新薪	1	0	0	1	2	2	
刑	xíng	型刑	0	1	0	1	2	3	硎
匈	xiōng	胸匈	0	1	0	1	2	2	
鱼(右边)	yú	鱼渔	1	0	1	0	2	2	别的位置,不表音
袁	yuán	猿袁	0	1	1	0	2	3	辕
丈	zhàng	丈仗	0	1	1	0	2	3	杖
之	zhī	之芝	1	0	0	1	2	2	(乏不从此旁)
哀	āi	哀	0	0	1	0	1	2	锿
拔	bá	拔	0	1	0	0	1	2	菝
倍	bèi	倍	0	1	0	0	1	2	蓓
毕	bì	毕	0	1	0	0	1	4	哔筚跸
边	biān	边	1	0	0	0	1	2	笾
表	biǎo	表	1	0	0	0	1	3	婊裱
勃	bó	勃	0	0	1	0	1	2	渤
茶	chá	茶	1	0	0	0	1	2	搽
[厘]	chán	缠	0	0	0	1	1	2	廛;(≠厘lí)
常	cháng	常	1	0	0	0	1	2	嫦
敞	chǎng	敞	0	0	0	1	1	2	氅
厨	chú	厨	0	1	0	0	1	3	橱蹰
纯	chún	纯	0	0	1	0	1	2	莼
颠	diān	颠	0	0	0	1	1	3	巅癫
丢	diū	丢	1	0	0	0	1	2	铥

续表

声旁	发音	形声字	甲级	乙级	丙级	丁级	合计 177	通用字表	汉字等级大纲中不出现而属于6 535个通用字范围的形声字和成字声旁
兜	dōu	兜	0	0	0	1	1	3	蔸篼
断	duàn	断	0	1	0	0	1	2	簖
匪	fěi	匪	0	0	0	1	1	3	榧篚
费	fèi	费	0	1	0	0	1	2	镄
芬	fēn	芬	0	0	0	1	1	2	棻
封	fēng	封	1	0	0	0	1	2	葑
(丐)	gài	钙	0	0	0	1	1	2	丐
孤	gū	孤	0	0	1	0	1	2	菰
轨	guǐ	轨	0	0	1	0	1	2	匦
(衮)	gǔn	滚	0	1	0	0	1	3	衮磙
豪	háo	豪	0	0	1	0	1	4	壕嚎濠
河	hé	河	1	0	0	0	1	2	菏
衡	héng	衡	0	0	1	0	1	2	蘅
红	hóng	红	1	0	0	0	1	2	荭
洪	hóng	洪	0	0	1	0	1	2	葓
忽	hū	忽	1	0	0	0	1	3	惚唿
互	hù	互	1	0	0	0	1	2	冱
患	huàn	患	0	0	1	0	1	2	漶
(彗)	huì	慧	0	0	1	0	1	2	彗
忌	jì	忌	0	0	0	1	1	2	跽
季	jì	季	0	1	0	0	1	2	悸
剪	jiǎn	剪	0	1	0	0	1	2	谫
[疌]	jié	捷	0	0	1	0	1	2	睫
举	jǔ	举	1	0	0	0	1	2	榉
科	kē	科	1	0	0	0	1	2	蝌
寇	kòu	寇	0	0	0	1	1	2	蔻
扣	kòu	扣	0	1	0	0	1	2	筘
宽	kuān	宽	0	0	0	1	1	2	髋

续表

声旁	发音	形声字	甲级	乙级	丙级	丁级	合计 177	通用字表	汉字等级大纲中不出现而属于6 535个通用字范围的形声字和成字声旁
[犁]	lí	黎	0	0	1	0	1	2	藜
厘	lí	厘	0	1	0	0	1	2	喱；(≠[广+里])
栗	lì	栗	0	0	0	1	1	2	傈
灵	líng	灵	0	1	0	0	1	2	棂
流	liú	流	1	0	0	0	1	2	鎏
刘	liú	刘	0	0	1	0	1	2	浏
虏	lǔ	虏	0	0	0	1	1	2	掳
旅	lǔ	旅	1	0	0	0	1	2	膂
鹿（右或下）	lù	鹿	0	0	0	1	1	5	漉辘簏麓；左或上，不表音
买	mǎi	买	1	0	0	0	1	2	荚
芒	máng	芒	0	0	1	0	1	2	硭
弥	mí	弥	0	0	0	1	1	2	猕
(眇)	miǎo	渺	0	0	0	1	1	3	眇纱
[戌]	miè	蔑	0	0	1	0	1	2	篾
拿	ná	拿	1	0	0	0	1	2	镎
(辇)	niǎn	撵	0	0	0	1	1	2	辇
[辰]	pài	派	1	0	0	0	1	2	哌
沛	pèi	沛	0	0	0	1	1	2	霈
品	pǐn	品	0	1	0	0	1	2	榀
(匍)	pú	葡	0	0	1	0	1	2	匍
[氵]	qī	柒	0	0	0	1	1	2	沏
钦	qīn	钦	0	0	0	1	1	2	嵚
禽	qín	禽	0	0	0	1	1	4	擒噙檎
渠	qú	渠	0	1	0	0	1	3	蕖磲
荣	róng	荣	0	1	0	0	1	3	嵘蝾
(闰)	rùn	润	0	0	1	0	1	2	闰
善	shàn	善	0	1	0	0	1	5	膳缮蟮鳝

续表

声旁	发音	形声字	甲级	乙级	丙级	丁级	合计 177	通用字表	汉字等级大纲中不出现而属于6 535个通用字范围的形声字和成字声旁
商	shāng	商	1	0	0	0	1	3	墒熵
霜	shuāng	霜	0	0	1	0	1	2	孀
丝	sī	丝	0	1	0	0	1	3	唑鸶
四	sì	四	1	0	0	0	1	3	泗驷
松	sōng	松	0	1	0	0	1	4	淞菘凇
素	sù	素	0	1	0	0	1	3	嗉愫
[贞]	suǒ	锁	0	0	1	0	1	3	琐唢
(滕)	téng	藤	0	0	0	1	1	2	滕
突	tū	突	1	0	0	0	1	2	葵
[散]	wēi	微	0	1	0	0	1	2	溦
悉	xī	悉	0	1	0	0	1	3	蟋窸
闲	xián	闲	0	1	0	0	1	4	娴鹇痫
幸(右边)	xìng	幸	1	0	0	0	1	3	悻婞;别的位置,不表音
羞	xiū	羞	0	0	0	1	1	2	馐
休	xiū	休	1	0	0	0	1	6	咻庥鸺貅髹
雪	xuě	雪	1	0	0	0	1	2	鳕
[厓]	yá	崖	0	0	1	0	1	3	涯睚
雁	yàn	雁	0	0	0	1	1	2	赝(≠[广+亻+佳],见下)
伊	yī	伊	0	0	1	0	1	2	咿
意	yì	意	1	0	0	0	1	5	薏臆镱癔
艺	yì	艺	1	0	0	0	1	2	圪
淫	yín	淫	0	0	0	1	1	2	霪
隐	yǐn	隐	0	0	1	0	1	2	瘾
印	yìn	印	0	1	0	0	1	2	茚
[雁]	yīng	鹰	0	0	0	1	1	2	膺(≠雁,见上)
英	yīng	英	1	0	0	0	1	2	瑛
[賏]	yīng	婴	0	0	1	0	1	2	罂

声旁	发音	形声字	甲级	乙级	丙级	丁级	合计 177	通用字表	汉字等级大纲中不出现而属于6 535个通用字范围的形声字和成字声旁
盈	yíng	盈	0	0	0	1	1	2	楹
赢	yíng	赢	1	0	0	0	1	2	瀛
庸	yōng	庸	0	0	0	1	1	4	墉慵鳙
[斿]	yóu	游	1	0	0	0	1	2	蝣
犹	yóu	犹	0	0	1	0	1	2	莸
预	yù	预	1	0	0	0	1	2	蓣
缘	yuán	缘	0	1	0	0	1	2	橼
越	yuè	越	0	1	0	0	1	2	樾
澡	zǎo	澡	1	0	0	0	1	2	藻
皂	zào	皂	0	1	0	0	1	2	唣
蒸	zhēng	蒸	0	0	1	0	1	2	烝
志	zhì	志	1	0	0	0	1	2	痣
质	zhì	质	0	1	0	0	1	3	踬锧
舟(右边)	zhōu	舟	0	0	0	1	1	2	辀
猪	zhū	猪	1	0	0	0	1	3	潴橥
左	zuǒ	左	1	0	0	0	1	2	佐

附录二 汉字等级大纲范围内不组成别的形声字而包含理想声旁的成字理想声旁

斑 bān：由不成字声旁[珏]组成，通用字"瘢"的声旁

黎 lí：由不成字声旁[禾+丿+刀]组成，通用字"藜"的声旁

密 mì：由成字声旁宓组成，通用字"蜜"的声旁

派 pài：右旁是不成字声旁，通用字"蒎"的声旁

微 wēi：右旁是不成字声旁，通用字"薇"的声旁

附录三 汉字等级大纲范围内不出现也不构字的理想声旁

[毕]bì：陛狴，2个； 奎 kuí：奎喹蝰，3个；

罔 wǎng：罔惘辋魍，4个；
卞 biàn：卞苄汴忭抃，5个；
阑 lán：澜阑谰斓镧，5个；
兀(右边) wù：兀阢杌靰，4个，别的位置，不表音；
粲 càn：粲璨，2个；
[豊] lǐ：醴鳢，2个；
岑 cén：岑涔，2个；
菌 lìn：蹸菌，2个；
奚 xī：奚欹，2个；
廛 chán：廛瀍，2个；
闾 lú：闾榈，2个；
羲 xī：羲曦，2个；
[毚] chán：巉镵，2个；
莽 mǎng：莽漭蟒，3个；
徙 xǐ：徙葸屣，3个；
蚩 chī：嗤蚩媸，3个；
闵 mǐn：悯闵，2个；
舃 xì：舃潟，2个；
宕 dàng：宕砀，2个；
冥 míng：螟冥溟暝瞑，5个(幂mi4不从此声旁)；
萧 xiāo：萧潇，2个；
[咢] è：愕鳄谔鄂萼腭锷颚鹗，9个；

燮 xiè：燮躞，2个；
臬 niè：臬镍，2个；
莹 yíng：莹滢，2个；
庚 gēng：庚赓，2个；
耦 ǒu：耦藕，2个；
荥 yíng：荥滢，2个；
卦 guà：卦挂，2个；
叵 pǒ：叵钷笸，3个；
昱 yù：昱煜，2个；
翰 hàn：翰瀚，2个；
羌 qiāng：羌蜣，2个；
仄 zè：仄昃，2个；
颢 hào：颢灏，2个；
[匧] qiè：箧箧，2个；
卮 zhī：卮栀，2个；
弘 hóng：弘泓，2个；
囚 qiú：囚泅，2个；
陟 zhì：陟骘，2个；
斛 hú：斛槲，2个；
舜 shùn：舜瞬，2个；
[宁] zhù：贮伫(有的字体用异体字佇)苎(有的字体用异体字苧)纻，4个；
[积] jī：稽稘，2个；
粟 sù：粟傈，2个；

戢 jí:戢戴,2个；　　　　　[朿]zǐ:姊策,2个；
隼 sǔn:隼榫,2个；　　　　　坎 kǎn:坎莰,2个；
冀 jì:冀骥,2个；　　　　　　恬 tián:恬湉,2个；
忒 tè:忒铽,2个；

叁　形声字的声旁①

一　当前汉字教学中重形不重音的偏向

汉字是同时使用意符、音符和记号三种字符的文字体系。由于汉字中80%左右是形声字,形旁使用意符,声旁使用音符,因此也可以说,汉字使用的主要是音符和意符。而且这一格局的形成,可以上溯至春秋战国时期。在这样漫长的发展过程中,汉字的形体有了很大的变化,而这种结构特点却始终未见根本改变,这是很值得我们深思的。然而在对外汉字教学中,长期以来却一直存在着重意符轻音符的做法。具体表现为：

(一)基础阶段的语音教学常将注意的重点放在字、词与语音的关系上,而较少深入到字符这一层次。即便在教学中注意到字符这一层次,所涉及的也主要是意符,而于音符则多取消极态度。例如与汉语教学配套的《汉字练习本》中,所讲解的汉字偏旁24个(人、口、氵、木、日、宀、女、足、辶、扌、疒、心、目、雨、

---

① 本文以"略论形声字声旁与对外汉字教学"为题发表在《世界汉语教学》2000年第1期,作者万业馨。

火、车、氵、冫、亻、彳、灬、囗、纟、身)①根据它们在形声字中的主要功能,皆可归入意符。1986年出版的《汉字读写练习》中介绍的70个偏旁,基本上也都是意符,其他教材情况大致相同。这种对形声字声旁所用音符的忽视,使学生很难对汉字的全貌,尤其是对读音有总体的了解和把握,更不必说逐渐进入自觉认识的轨道。大量的单个记忆,使他们很容易形成汉字字符集过于庞大、难以认读记忆的印象,并因此产生畏难情绪。

(二)对汉字所用音符的忽视,使得汉字教学较多地注意到汉字作为语词的书写形式的特征,有关偏旁部件的教学也多出于书写和释义的需要,尚未能在整个汉语教学中起到应有的作用,甚至在某种意义上已成为语言教学的负担。教学过程中也较多地将精力放在书写规则方面,以笔顺笔形教学和纠正书写错误作为重点。其间,虽有一部分教师注意到这种滞后现象,并作出一些努力,但还未能根本改变这一局面。为什么会形成这种格局?究其原因,大致有三种:

1. 源于对汉字性质认识的偏误。30年代,西方学者将字母文字称为表音文字,将与之具有不同特征的汉字名之曰表意文字。这一分类方法产生过很大的影响。而事实上,这种命名并不准确。首先,他们并非从汉字的实际出发,而是在论述中有意无意地夸大古汉字的象形程度及其在构形上对图示法的借鉴,甚至把汉字说成一如埃及圣书字那样,"不过是程式化了的、简化了的图画的系统"②,可见他们并不真正了解汉字。其次,

---

① 见李培元、任远《汉字教学简述》,转引自崔永华主编《词汇文字研究与对外汉语教学》第456页,北京语言文化大学出版社1997年版。
② L.R.帕默尔《语言学概论》第99页,商务印书馆1984年版。

他们对汉字在性质上的归类完全以字母文字作为标尺,只注意到汉字与字母文字的某些不同之处,并以此作为唯一的分类标准。在这 60 余年中,尽管有关汉字性质的讨论不断深入,并已取得较大的突破,但表意文字说仍有相当大的影响。

2. 对形声字声旁表音能力的悲观态度。70 年代末,周有光先生从三个方面对现代汉字声旁表音功能作分析统计,其中,"声旁的有效表音率"一节中,曾公布过他的统计结果:"现代汉字声旁的有效表音率是 39%"。① 此后,这一数据曾被中外人士广泛引用,并成为对形声字声旁表音能力持悲观态度者的主要依据,尽管有相当一部分人忽略了对这一数据获得途径的说明。周文曾明确提及所用名称术语及统计方法:"为了便于统计,这里把部首以外的半边一概视作声旁(实际是暂借声旁这个名称),其中包括能表音的和不能表音的,还有形式类似声旁而实际不是的。声旁的意义改变了,所以把含有声旁的汉字称为'含旁字',不称'形声字'。"周文所说现代汉字声旁的有效表音率是"有效声旁比和有效含旁比的平均",而有效含旁比是"含旁字表音功能单位总数除以含旁字总数"所得的商。由于含旁字范围大于形声字,除数变大,则商相应变小。因此 39% 并不能准确代表现行汉字形声字的表音能力。虽然如此,由于汉字中 80% 左右是形声字,因此,这一数据应比较接近形声字声旁的实际表音情况。

由于周文统计时不考虑声调因素,亦即所谓广义的"准确表音",因此有一种意见认为真正的准确表音"必须是形声字与声

---

① 见周有光《汉字声旁读音便查》,吉林人民出版社 1980 年版。

符的声韵调完全相同",并对 545 个简化字进行统计,在 269 个形声字中,"声符的声韵调能准确表音的只有 64 字,还不到 25%"。① 90 年代初,语言文字应用研究所汉字整理研究室"从声韵调三方面考察",将"声韵调全同"、部分相同、"声韵调全不同"分成 8 种不同表音类型分别进行统计,然后将"各种表音类型的总分除以形声结构数"得出"声符总体表音度"约为 66%。② 结果仍然不能让人乐观。

3. 两种心理定势。在对外汉字教学中存在着与上述两点相关的心理定势。

一种是重异轻同。不少人把教学的重点放在汉字与其他文字(主要是字母文字)的不同之处,在说明每个汉字是形音义结合体时有意无意地强调形义关系,而对形音关系缺少深入的了解和足够的注意。而且这种心理定势是得到传统的对比分析观点支持的,即认为母语迁移在第二语言习得过程中起着阻碍作用,是一种"负迁移"。因此教者常希望通过强调第二语言与学生母语的不同之处来减少这种负迁移的作用。事实上,就记录语言的符号体系这一本质特征而言,各种文字都同样具有表音功能。与之密切相关的另一种心理定势表现为错别字分析中的认识偏误。在对阅读时学生的误读字及书写时的错别字的分析中,不少人已注意到,学生常会混淆同一声旁的形声字,或只注意声旁而丢掉了形旁。而这似乎更成为在教学中需要强化汉字

---

① 见陈亚川《六书说、简体字与汉字教学》,《语言教学与研究》1982 年第 1 期。

② 李燕、康加深《现代汉语形声字声符研究》,见陈原主编《现代汉语用字信息分析》,上海教育出版社 1993 年版。

形义关系的有力证据。

二　怎样认识汉字表音能力及阅读汉字时的语音转录过程

（一）汉字是怎样一种文字？

我们无意在此展开对汉字性质的讨论，仅就与教学有关的方面谈两点。首先，汉字是否表音？作为记录汉语的符号体系，汉字与其他文字体系一样，也是表音的。在此仅举两个事实来说明：第一个事实是，若对象形程度甚高的甲骨文单字做构形分析，则相当一部分字的形义关系表现得比较直接。然而据统计，在记录当时语言的辞例中，否定形义关系、体现音义关系的假借字比例可高达70%左右。① 这一事实说明，当时汉字主要是用来记录语音的。如果说假借的比例只能反映用字情况、与汉字本身构造无涉的话，则形声字中，内部构造明显发生变化，表示义类的形旁部分和表示读音的声旁部分分工明确。而第二个事实是，汉字中形声优势从春秋战国之际延续至今。

其次，应该怎样认识汉字与汉语的关系？我们不妨引用王力先生的一段话来回答："文字本来只是语言的代用品，文字如果脱离了有声语言的关系，那就失去了文字的性质。但是古代的文字学家们并不懂得这个道理，仿佛文字是直接表示概念的：同一个概念必须有固定的写法。意符似乎是很重要的东西，一个字如果不具备某种意符，仿佛就不能代表某种概念。这种重形不重音的观点，控制着1700年的中国文字学。"②

---

① 据姚孝遂《古汉字的形体结构及其发展阶段》，《古文字研究》第4辑，第12页，中华书局1980年版。

② 王力《中国语言学史》第156—157页，山西人民出版社1981年版。

（二）怎样面对汉字表音状况？

如上所述，声旁表音的情况十分复杂，许多人因此望而生畏，然而回避是于事无补的，只有面对它，认真地做客观分析，不断修正自己的认识，才能逐步解决教学中的难题。

首先，这种复杂局面的形成并非始于今日。究其原因，主要有二：一是历史音变。汉代可谓去古未远，然而，刘熙的《释名》中已有古今语音变化的记录："古者曰'车'，声如'居'，所以居人也；今曰'车'，声近'舍'。"① 到了唐代，唐玄宗读《尚书》时，认为"无偏无颇，遵王之义"两句中"颇"字已不押韵，须改为"陂"才对。说明唐时从"皮"得声的形声字读音已有分化。此后宋朱熹作《诗集传》亦有误解韵读的例子。清人顾炎武曾就改经叶韵之弊举例甚多。② 直到明代陈第才明确提出"时有古今，地有南北，字有更革，音有转移，亦势所必至。"③

二是古人有意识地用语音变化来区别词义词性。如《汉书·韩信列传》："汉王授我上将军印，数万之众，解衣衣我，推食食我。"（着重号为笔者所加，下同）唐颜师古注曰："下衣音于记反，下食读曰飤也。"④ 说明两字读音不同，上一个"衣"字是平常的读法，下一个"衣"字读去声，作动词；同样，下文的动词"食"也须改读为"飤"（饲）。又如《礼记》："所谓诚其意者，毋自欺也，如恶恶臭，如好好色。"唐陆德明《经典释文》注音为："恶恶，上乌路

---

① ［清］王先谦《释名疏证补》第356页，上海古籍出版社1984年版。
② 详见［清］顾炎武《答李子德书》，《音学五书》第5页，中华书局1982年版。
③ ［明］陈第《毛诗古音考·自序》，《毛诗古音考》第7页，中华书局1988年版。
④ 《汉书》第7册，1874页，中华书局1983年版。

反,下如字。好好,上呼报反,下如字。"①"如字"指按平时的读法,读"恶"(è)、"好"(hǎo),都是形容词;而上一个是动词,分别读为"恶"(wù)、"好"(hào),而且两种读法延续至今。古书中类似的例子并非罕见。

这样的变化还大量存在于同源字中,因为同源字常是"以某一概念为中心,而以语音的细微差别(或同音)表示相近或相关的几个概念。"②上文所提及的食——饲便属此类。而同源字中有相当一部分是声旁字与由它组成的形声字。

根据上述两点,我们或可对形声字声旁表音现状的成因作如下推测:一个形声字在产生之时与声旁的关系便存在两种可能,一是音同,一是音近。音同者在以后的使用过程中也有可能出现两种情况,一种是保持原有读音不变,另一种是发生了历史音变;音近者则可能出于有意区别,也有可能受条件限制,无法做到完全相同。因为替一个语词找一个完全同音的已有书写符号有时并不容易,或者虽有而又属于生僻字或结构繁重不易读写者。翻检《广韵》,已可见到声旁字与形声字有的虽在同一韵部而反切有别,有的则已分属不同韵部。如《汉字等级大纲》(以下简称《大纲》)所收从"者"声字13个(奢、诸、猪、煮、著、署、暑、都、堵、赌、睹、屠、绪),在《广韵》中已分属麻、鱼、语、御、莫、姥等6个韵部。反映出至迟在唐代,声旁字与形声字的读音关系与今日已并无本质不同。

其次,我们拟讨论的是:声旁字是了解形声字读音的唯一途径吗?

---

① 《经典释文》第216页,中华书局1983年版。
② 王力《同源字论》,《同源字典》,商务印书馆1982年版。

综上所述,形声字声旁表音的复杂局面早已存在并为人们所接受,因此我们不应再纠缠于此,而是有必要观察一下使用汉字的人是怎样了解(或说"获得")汉字的读音的,有哪些可资借鉴的经验。

在这方面,实验心理学的研究成果或可给我们以有益的启示。曾志朗先生曾就"阅读汉字所经历的语音转录是由哪一种机制产生的"这一问题进行研究,他分析了民间俗语"有边读边,无边读中间"在心理历程上的实质意义,提出:汉字呈现时,要么就是一目了然(wholistic),不然就是要经过由整字到局部(global to local)的解体过程。这种"先见树后见林"的知觉历程带来了各独立部件(部首,声旁等)的突出,而读者根据部件方位而赋予不同的语文特征。词义类别、发音线索等是汉字信息加工的主要步骤。在这个运作中,有两个基本的历程。首先,带有语音线索的部件激发了许多外型相同的其他汉字,然后综合这些汉字的发音,读者在脑海中"合成"一个可能的发音。根据这种"激发—综合"理论,读者在认读含"声旁表音一致性很高的字"(如"表")时反应速度应该最快;其次是"声旁表音一致性低的字,即声旁发音有例外的,如'碑'('牌'为例外)";而对"不规则形声字",如"扮"("粉"为规则字)认读反应最慢,且错误率也最高。结果这一理论被在加拿大和台湾等处进行的试验所证明。[①] 而国内一些同类试验所得结果也对这一结论相当有利。[②]

[①] 详见曾志朗《开拓华语文研究的新境界:中国心理学应面对认知与神经科学的挑战》,《语文建设通讯》1989 年第 7 期。

[②] 参见张积家、王惠萍《汉字词的正字法深度与阅读时间的研究》,《心理学报》1996 年第 11 期。

值得注意的是,曾文明确提出:了解形声字读音的途径不是单一的。或根据对形声字多为"左形右声"的了解,以声旁字读音作引导读出音来;或经过对整字的分析并由其他同型字作参照的情况下读出音来。曾文所据以证明的是受试者对三种类型形声字的反应,而另一些事实与试验结果也许能作为更直接的证明。

有一些字,人们是通过同型字的归类排比才认识它们是形声字的。例如,很多人已看不出"都"是形声字,因为"者"与"都"在今天的读音已相去甚远,但当他们同时注意到"都"(dū)和"堵"(dǔ)"赌"(dǔ)"睹"(dǔ)等字时,便可明白这些字的声旁是"者",而它们都是由"者"所组成的形声字。

又如,有实验将具有形似音异、形异音同和形似音同三种联系的字组成三组,对受试者给出启动字施加影响,让它对目标字作出读者反应。实验结果证明,形似音异组中86%的目标字读音错误是由于受形相似的启动字影响而产生的。如在无启动条件下,目标字"褡"的读音错误率为0,当启动字为"塔"时(形似音异),有42%的被试将目标字"褡"念成 tǎ。[1]

上述有关语音转录历程的理论和实践启发我们重新审视以往对语音获得途径的可能性的认识和思考。分析并统计现代汉字形声字声旁与其组成的形声字在语音构成各方面的异同并据此得出声旁表音率是一项必要的工作,但并不能代表声旁字与形声字关系的全部内容,更不是我们考虑汉字教学

---

[1] 张厚粲、舒华《汉字读音中的音似与形似启动效应》,《心理学报》1989年第3期。

中有关读音获得的唯一依据。与此同时,我们还必须注意到那些外型相同的其他汉字,尤其是从同一声旁得声的形声字,它们对阅读者"'合成'一个可能的发音"同样具有语音方面的提示作用。换言之,要想了解一个形声字的读音,可根据声旁字的读音,也可根据同声旁形声字的读音,而二者所起的作用几乎同等重要。从这个意义上说,这些形声字本身也具有表音能力和示范作用。若不意识到这一点,我们根本无法解释相当一部分形声字——它们的声旁字在今天已经罕用甚至死亡——的语音转录过程。而且必须进一步指出的是,如果我们只考虑第一种途径并以此作为教学安排的唯一依据而无视第二种途径的存在,那无疑是将汉字混同于字母文字,将声旁等同于字母。

(三) 如何看待教学对象的需求和学习过程中的偏误?

如前所述,轻同重异心理以及对母语文化负迁移的认同,是对外汉字教学中重形不重音的重要原因之一。我们认为有必要深入了解教学对象的需求及偏误原因。

1997年对部分留学生(高年级学生与研究生)所进行的一次小范围(35人)的问卷调查发现,留学生对字音的高度重视超出调查者的想象。对象按照地区及母语文化背景可分为三类:A类:日本韩国学生;B类:东南亚学生;C类:欧洲及西亚学生。A、B类属于"汉字文化圈",C类则否。三类调查对象无一例外地将"见字不知音"列为阅读方面的最大困难。C类学生更是明确提出要"重视声旁",要"了解汉字体系的规律","从一开始就要了解它由哪些部分组成"。他们不仅这样表达,而且在选择题中,对形声结构并声旁、形旁的判断准确率皆达到100%,明显高于 A、B 类。①

由于这些高年级学生主要是根据回忆来谈初学汉字的感受,其中很可能掺入他们在积累一定字量后的理性分析成分,但作为正在学习汉语汉字的留学生,他们的意见无疑对我们的汉字教学研究具有一定的参考价值。

为进一步了解初学汉字者的认知经历,笔者在几位老师的帮助下,对部分留学生的听写情况作了调查。这些学生入学仅两个半月,有的人在听写时写了不少别字,其中一些形声字和声旁字的写法引人注意。试分类举例如下(调查报告将另文发表):

A. 方(放) 其(期) 者(都) 夬(快) 氐(低) 昷(温)

B. 哪(那) 讽(风) 放(方)

(前者为学生所写别字,括号内为正确写法)

A 组是应写形声字而仅写了声旁字,B 组相反。两组中有一些现象很值得注意。A 组中,声旁字"氐""夬""昷"等作为单字时,学生不可能见到,更不必说认识。因此他们写出这样的字,联系"方(放)""其(期)"等字,是否可以认为,他们将注意的重点放在有可能联系声音的那个部分? 写出前者是因为受了后者的影响? 是否可以说,他们下意识地选择了声旁而忽视了形旁(我们不能说左旁或右旁,因为"氐""夬""昷"在右,而"方""其"在左)。同样,B 组用相反的形式表现了对形旁的忽视——有它无它都不影响记音。

---

① 详见石定果、万业馨《对外汉字教学的调查报告》,《语言教学与研究》1998年第 1 期。

由于听写时需要语音接收到书写形式的转换,不同水平的学生(除去完全听不懂的)大致可有这样几种情况:(1)完全听懂并正确记录;(2)完全听懂但来不及转换并写出对应的正确汉字(这从有人写了一纸汉语拼音而未译成对应的汉字可作证明);(3)听懂一部分。(2)(3)两种情况下,学生都会在记忆中仓促找出对应的书写符号来记录语音,因此他们把上文所列形声字与声旁字作为记音符号是不容置疑的。虽然直至目前我们尚不完全了解他们的认知和记忆机制,但我们有理由怀疑,母语迁移使这部分学生对声旁有一种下意识的敏感(这些写法多见于非汉字圈学生)。我们为什么不能因势利导,帮助他们对汉字的读音乃至汉字的全貌有进一步的了解呢?

三 有关声旁字与形声字常用程度的观察与讨论

(一) 问题的提起

近年来,有关部件教学的呼声很高,并率先在汉字书写的教学中得到了很多有益的经验。在汉字教学中,将注意力从笔画转向部件乃至偏旁,无疑是一个飞跃,但如何得到对偏旁的认识,它与整字的关系如何,却是一个有争议的问题。相当一部分人认为,先偏旁(或部件)再整字乃由易到难,循序渐进,故有意识地将一部分意符教给了学生,但于声旁却迟迟按兵不动,除了上文已提及的原因外,最大的障碍可能是在教材的安排上,声旁的出现常常滞后,亦即声旁出现常晚于从它得声的形声字的出现。而相当一部分人认为:人们必须先认识表音的独体字,然后才能掌握这个形声字的读音。例如,先知道"方"怎么读,才能了解"放""访""仿"等字的读音。我们认为这个问题很有讨论的必要。我们必须了解：(1)这一看法是否符合认知的实际情况；(2)这个良好的愿望有无实现的可能。鉴于上述有关语音转录历程的理论和实验结果或可回答(1)，故我们拟就(2)进行讨论。

说到可能，有两点不容忽视。一是前文已提及的汉字表音率的已有统计结果，将成为这种模仿字母文字的代入式拼读方式实施时的最大障碍，换言之，了解声旁字的读音是否就能顺利得到形声字的正确读音？

二是我们不能忽视"已经约定"这一"围墙"的存在。《荀子·正名》中早已说过："名无固宜，约之以命，约定俗成谓之宜，异于约则谓之不宜。"因此，使用某一种语言文字的人只能去客观认识这些已经约定的内容并正确使用它们，而不能自己去"生成"。这就是为什么我们教给留学生"家庭""房屋""自信心""自尊心"，而不允许他们使用自造的"家屋""自立心"，以及心理实验中为什么将那些汉字中没有、但它们的结构符合汉字造字规则的字称为"假字"。这种"宜"与"不宜"的界限犹如一道"围墙"，对于使用母语的人来说，往往习焉不察。而对于学习第二语言的人来说，却很难掌握。由部件组合为整字的思路类似于生成，在组合的同时，是否需要同时介绍围墙的客观存在呢？

其次，是否可能实施，应看它是否符合教学安排的基本原则，即由易到难，由最常用到次常用。因此，声旁字的出现是否滞后并不取决于教材安排而取决于声旁字与形声字之间的关系。基于上述认识，我们选择形声字与声旁字的常用程度作为讨论问题的基点。

(二) 观察和统计

我们以《大纲》所收 2 905 个字作为观察对象并进行分析，

将其中 2 001 个形声字根据所属声旁进行整理,将声旁字与其所组成的形声字归为一组("所属声旁",指形声字直接从其得声者,如"涨"从"张"声,"张"又从"长"声,我们便说"张"是"涨"的声旁字,而不说是"长"),这样我们便得到 819 个声旁字并 819 组形声字。

在 819 个声旁字中,为《大纲》所收者 558 个,占整个声旁字总数的 68.1%,由它们组成的形声字 1 445 个,占全部 2 001 个形声字的 72.2%;不属于《大纲》的超纲声旁字 261 个,约占 31.9%,由它们组成的形声字 557 个,占 27.8%。

声旁字与由它组成的形声字在常用程度上的关系可分为以下三类:

(A)同级。指声旁字与形声字在《大纲》中属于同级字,如"长"为甲级字,从它得声的"张"也是甲级字;又如声旁字"仓"与形声字"苍""舱"同属丙级字。

(B)声旁所属级高于形声字所属级,指声旁字属于更常用者。如"长",甲级字,"帐、胀"均为丙级字。又如"仓",丙级,"疮",丁级。

(C)声旁所属级低于形声字所属级。如"仓",丙级,"创、抢、枪"均为乙级字。

统计结果是:2 001 个形声字中,属于 A 类者 356 个,约占 17.79%;属于 B 类者 815 个,约占 40.73%;属于 C 类者 830 个,约占 41.48%。

(三) 分析与讨论

虽然使用不同语料统计的汉字频度表的最常用汉字的排列顺序会有一定差别,但"从 12 个汉字频度表对比中可以看出,最常用的 100 个高频字中在排除背景干扰后,相同部分在 60%—90%之间,平均相同部分在 75%—80%之间"。根据统计资料,这 2 900 常用字,其累计频度高达 98%以上。(《大纲》)

同时,相邻级别间的界限不一定十分准确,但对于我们的讨论而言,上述数据仍有相当的参考价值,因为无论如何,以此为据的讨论,都胜于凭印象和感觉进行的教学环节设计。显然,约有 40%左右的形声字,它们的声旁字不如形声字常用,故在教材中的出现一般会晚于形声字。其中,有 261 个声旁字出现在教材,尤其是适用于初学汉字者的基础教材中的几率极小,小到几乎等于零。其中一些极为生僻的字,甚至连具有中等文化程度的中国人都很难立即准确地读出他们的音来。

出现这种情况并不奇怪,汉字是记录汉语的符号体系,它既有从属和依附于汉语的一面,又有独立的一面。一个字是否常用,在古代取决于它所代表的词是否常用;在现代,取决于它所代表的词和词素是否常用。词汇是语言发展过程中最活跃、变化最激烈的部分,相当一部分古代汉语的常用词到现代汉语中已不常用甚至死去,作为古代汉语单音词的书写形式,字的常用程度也随之发生变化。作为声旁字,有的随着死去的词而变得冷僻,有的则作为现代汉语常用词词素的书写形式仍然取得常用字的地位。即以部分古汉语虚词用字为例:"者、非、其、是、也、由、尚、莫、曷、吾"等在古汉语中皆属常用字,现在"曷、吾"已成超纲字;"莫",丁级;"尚",丙级;而"者、非、其、是、也"等字,有的仍然是常用单音词的代表字(是、也),有的则作为词素用字存在于常用词"或者、非常、其实"中而依然保留了甲级字的地位。然而由它们所组成的形声字的数量与所属级别并未随之改变。

这是因为形声字的产生本就晚于声旁字,又具有适应新词语需要的能产性,因此(C)类的存在也就不足为怪了。

(四) 根据与建议

综上所述,若要充分利用汉字以形声字为主的特点帮助留学生获得对语音的认识,至少应对以下三方面的情况有所了解并以此作为安排教学的依据。A.声旁字与由它组成的形声字的读音关系;B.声旁字与由它组成的形声字的常用程度比较;C.形声字阅读时的语音转录机制。

根据 B 项,我们建议:(1)在教材中将那些常用程度高、构形相对比较简单的声旁字安排在前,但对它们及由它们组成的形声字,除了完全同音者外,不作读音上的类推引导;(2)对上文所述常用程度不如形声字的声旁字,尤其是《大纲》不收甚至属于生僻字的,在教材安排上可不必考虑先出声旁字,而是直接出形声字,并根据 C 项,采取先教整字然后分析归纳的方法。分析归纳方法的主要手段,是把从同一声旁的形声字归为一组,并标以读音(如 gēn 跟、根,hěn 很、狠;tōng 通、tǒng 桶、tòng 痛,sòng 诵、yǒng 勇)。如前所述,一些初学汉字的留学生(多属非汉字文化圈),学的是形声字"低"和"温",在听写记音时却写成了声旁字"氐"和"昷"。似可说明先学整字并不影响声旁的提取。如果我们能够引导学生注意声旁字所处的部位,比较它与形声字的读音异同,启发他们以接近、对比等各种联想方法认读与记忆,当会收到较好的效果。

根据 A 项,即声旁字与形声字读音是否一致与声旁字是否更常用并无对应关系。因此先教形声字、然后分析归纳的教学手段,同样适用于那些声旁字常用程度高于形声字者,因此我们认为汉字教学应以先教整字然后分析归纳的方法为主。由于学生在学习过程中掌握的字量呈递增趋势,故在分阶段进行分析归纳时,可以根据声旁字与形声字读音联系的不同情况,分别采用类推和对比等各种手段。

第三章

字义研究

第一节 形声字表义状况分析[①]

形声字是现行汉字的主体,其表音、表义及结构规律是指导汉字教学的重要依据。

据统计:85.92%的形声字与意义有一定的联系。[②] 认知心理学的研究也发现:汉字识别中形旁对字义的提取有重要影响。[③][④] 研究对外汉语教学中形声字的表义状况,必然能为合理、科学地安排教学提供重要的依据。基于此,笔者对国家汉办《高等学校外国留学生汉语教学大纲·汉字表》(以下简称《大纲》)中的形声字作了封闭性的统计分析,考察形旁的表义状况以及相关各因素间的关系。在此基础上,提出对外汉字教学的若干建议。

---

① 本文以"对外汉语教学中的形声字表义状况分析"为题发表在《语言文字应用》2005年第2期,作者李蕊。

② 康加深《现代汉语形声字形符研究》,《现代汉语用字信息分析》,上海教育出版社1993年版。

③ 冯丽萍《汉字认知规律研究综述》,《世界汉语教学》,1998年第3期第97—103页。

④ 陈宝国、彭聃龄《汉字识别中形音义激活时间进程的研究》,《心理学报》第33卷,2001年第1期,第1—6页。

一 考察范围的确定

确定形声字,主要参考倪海曙的《现代汉字形声字字汇》[①],部分参考了《说文解字》。同时遵循两个原则:(1)依据现行汉字。许多形声字由于形体简化失去了原有的表音表义因素,则不再视为形声字,如"发(發)、导(導)"等。(2)以形旁为中心,从宽处理。由于要考察的对象是形旁,某些声旁已经简化,但形旁明晰的字,也归入考察的范围,如"恋(戀)、时(時)"等。根据上述标准,共确定待考察字 1 789 个。

二 表义标准的确定

考察形声字的表义状况,首先要关注的是形旁表义度。形旁表义度的确定比较困难,很难像确定声旁表音度那样找到一个绝对量化的标准。笔者在确定这一项目时,制定了统一标准:依据《现代汉语词典》(1994)所收基本义项,以常用为标准,剔除带有文言和方言色彩的义项。把形声字分为两类:形旁表义的形声字(江、提)和形旁不表义的形声字(辅、始)。"表义"的界定遵循从宽的原则:只要形旁表明了整字作为语素、词常用的意义类属和范围,或密切相关的信息,对教学都是有意义的,符合这些标准的就视为形旁表义的形声字。

本文所谓的表义度,有两个层次。

一是群体表义度,指的是:《大纲》某范围内形旁表义的形声字在该范围内全部形声字中所占的比例。其中《大纲》形声字的

---

① 倪海曙《现代汉字形声字字汇》,语文出版社 1982 年版。

总体表义度是最大的群体表义度。此外还有两个小类：(1)按《大纲》等级区分的群体表义度。比如，初等形声字的表义度：《大纲》共有初等形声字842个，其中形旁表义的有510个，则表义度约为60.6%。(2)按形旁构字能力区分的群体表义度。比如，构字数超过80的形旁共构字548个，形旁表义的有452个，则其群体表义度约为82.5%。

二是单个形旁的个体表义度，指的是：某个形旁构成的可表义的形声字在它所构成的全部形声字中的比例。比如形旁"忄(心)"，共构字90个，75个可表义，则表义度约为83%。

三 形声字的等级和比例

形声字约占《大纲》全部汉字的68.6%。这些形声字又分为初、中、高三个等级。

表1 《大纲》形声字的比例分布

	全部形声字	初等形声字	中等形声字	高等形声字
形声字比例	68.6%	59.5%	76.7%	83.5%

由表1可见，初等形声字的比例最低，高等最高，呈现出随等级升高的趋势。培养学生的形声字意识，对他们到较高水平时的自学是很有利的。

这与冯丽萍[①]的结论基本一致。

四 形旁的表义度

依据上述界定形旁是否表义的原则，《大纲》形声字的表义

---

① 冯丽萍《对外汉语教学用2905汉字的语音状况分析》，《北京师范大学学报》(社会科学版)，1998年第6期，第94—101页。

度情况见下表：

表2 《大纲》形声字的表义度分布

	全部形声字	初等形声字	中等形声字	高等形声字
形声字的表义度	62.3%	60.6%	62.2%	65.4%

从总体来看，形旁表义的形声字约占62.3%，超过半数的形声字形旁具有提示语义的功能。具体到初、中、高三个等级，表义度也呈现出从初等到高等逐步上升的趋势。

这说明：等级越高，形声字形旁表义的规则性越强，规则性强则有利于学习。初等汉字虽然形体和意义相对比较简单，但表义的规则性稍弱一些。这一方面对学习有所不利，另一方面也客观上有利于引导学习者了解形声字的真实面貌。充分意识到这一点并贯彻到教学中去，对初学者形成正确的形声字意识很有帮助。

五 形旁的位置

根据形旁的位置，《大纲》中所有形声字可分为五类：形旁在左，如"船"；形旁在右，如"教"；形旁在上，如"菜"；形旁在下，如"急"；形旁在其他位置（包括包围、半包围以及各种特殊位置），如"国""过""栽"。人们常说的规则是"左形右声"，从表3来看，形旁在左的形声字占了总数的64.7%。形旁在下的也比较多，接近10%。

表3 《大纲》形声字的形旁位置分布

	全部形声字	初等形声字	中等形声字	高等形声字
形旁在左	64.7%	65%	63.7%	65.6%
形旁在右	7.6%	8.4%	7.6%	5.9%
形旁在上	7.9%	7.2%	7.4%	9.8%
形旁在下	9.9%	8.9%	10.8%	10.7%
形旁在其他位置	9.9%	10.5%	10.4%	8%

在初、中、高三等形声字中,形旁位置的分布与总体没有太大的出入,只是到了高等形声字中,形旁在左和在下的比例比初、中等稍高一些。

认知心理学研究发现:形旁的位置也是影响语义提取的因素之一。在运用猜字策略时,位置可以帮助正确地判断出形旁,进而参考形旁提取语义。从上表来看,由于形旁在左在下所占比例相当大,应该考虑把这一项作为一般规律纳入教学内容中。

六 形旁是否成字

根据形旁的特点,全部形声字分为三类:形旁成字的形声字;形旁是汉字变体的形声字;形旁不成字的形声字。为方便起见,我们把这三种形旁分别称之为 A 类成字形旁,如"山";B 类变体成字形旁,本身不成字,某个汉字的变体,如"亻";C 类不成字形旁,如"辶"。

形旁成字与否,依据《现代汉语词典》是否把它作为单字收录。B 类形旁并不成字,似乎和 C 类相同,但实际上 B 类和 C 类有本质的区别:B 类虽不成字,但可以还原为一个独立的汉字;而 C 类无论怎样变化都不能成为一个独立汉字。B 类占有很大的比例,是研究形旁表义状况不可忽视的成分,也是汉字教学的重点部分。确定该类形旁有两个原则:一是可辨认程度,如"⺮"虽不成字,但容易辨认,归入 B 类;二是是否有成字形旁与之共存,如"灬"虽不易辨认,但与形旁"火"共存,表义作用相同,因此视为 B 类形旁。

根据表 4,《大纲》全部形声字中,形旁为 A 类的形声字不到一半,而形旁为 B 类的形声字则接近 1/3。这是现行汉字的结构平衡决定的,由于汉字的声旁少有变体,一个汉字要保持方块形体就必须使部分形旁发生变形,才能在声旁和形旁之间形成平衡。

表4 《大纲》形声字的形旁成字情况分布

	全部形声字	初等形声字	中等形声字	高等形声字
形旁为A类	45.9%	42.2%	50.3%	47.6%
形旁为B类	29.2%	31.7%	25.3%	29.3%
形旁为C类	24.9%	26%	24.4%	23.2%

有人不主张把B类和A类形旁联系起来教学,认为会增加记忆的负担。其实不然,把它们联系起来不仅可以获得意义上的相通,还能减少记忆的负担。试想,如果把"衤"当作"衣"这个字的变体来记忆,意识到它们在做形旁时表示相同的义类,就能在心理词典中把二者紧密地联系起来。这样比把"衤"当作一个全新的部件来记忆容易得多。从心理学的角度来说,对意义的加工属于较深层的加工,有利于进入长时记忆。更何况多数变体形旁构字能力非常强,教学中完全可以采用先归纳再演绎的方式,不会增加记忆的负担。

拿"衤"为例,在学习了"衬""裤""裙"几个初等字之后,通过义类的归纳,指出"衤"与"衣"旁表义功能一致,很自然地在学习者的心理词典中搭起二者形、义之间的桥梁,为以后学习新字作了铺垫。同时对比形似的"礻""衤"二旁,指出差别。实践证明,有了这种联系与对比,学生很少再混淆"礻""衤"二旁。

若考察形旁的成字与否在三个等级中的比例,会发现虽然各项的比例在三等之间的变化是无规律的,但若把前两项(形旁为A、B类)加起来则发现:这两项之和在三等形声字中呈递增趋势(74%—75.6%—76.8%)。这种分布情况说明:拥有A、B

类形旁的形声字占绝大多数,即多数形声字的形旁可以作为独立的汉字或还原为独立的汉字。而且这类形声字的比例在初、中、高三等中还逐步有所增加。

七 形旁的等级

这是针对上一节谈到的 A、B 类形旁来说的。这些形旁作为一个汉字时在《大纲》中的等级就是形旁的等级。可以分为初等、中等、高等和超纲四等。比如:"心"为初等字,那么 B 类的"忄"旁就是初等形旁;而"酉"是超纲字,则 A 类的"酉"旁就是超纲形旁。

大纲中全部 142 个形旁中,共有 A、B 类形旁 104 个,占全部形旁的 73.2%。可见多数的形旁可以还原成一个独立的汉字。其中初等形旁 76 个、中等 3 个、高等 6 个、超纲 19 个。初等形旁的比例达到 73%,这表明大多数 A、B 类形旁作为一个汉字时,是《大纲》初等字。

从全部形声字来看,由可还原为初等字的 A、B 类形旁所构成的形声字达到了 67.6%(见表 5),说明多数形声字的形旁是由初等字或其变体充当的。形旁的等级集中在初等,是由于作形旁的字大都表示汉语里最基本的意义,而这些字正是初级阶段要学习的基本字。

表 5 《大纲》形声字的形旁等级分布

	全部形声字	初等形声字	中等形声字	高等形声字
形旁初等	67.6%	67.8%	67.7%	68.6%
形旁中等	2.46%	2%	3.7%	1.7%
形旁高等	1%	1.1%	0.9%	1%
形旁超纲	5%	5%	5.4%	4.6%

由于形声字形旁的等级相对偏低,可以预见,学习者在学习

新形声字时,尤其到了中高级阶段,所遇到的形旁基本上是以前学过的汉字或其变体,总有一部分是熟悉的,这就大大降低了学习的难度。但相对来说,初级阶段的学习任务就显得比较重。据冯丽萍的统计分析,声旁的情况也基本如此。这样一来,更显出了初级阶段汉字教学的关键性:各种基本的东西都要在这段时间里被学生掌握,才能不阻碍进一步的学习。

八 形旁构字能力与表义度的交叉考察

构字能力由构字数量决定,本文所说的构字数量指的是在《大纲》范围内某形旁构成的形声字数。《大纲》中构字5个以上的形旁有57个,共构字1547个,占形声字总数的86.5%。构字50个以上的9个形旁〔扌(手)、氵(水)、亻(人)、忄(心)、口、讠(言)、木、纟(糸)、辶〕共构字804个,已达到形声字总数的44.9%。从纵向看,它们在《大纲》初、中、高三等中分别构字397个、226个、181个,约占各等级形声字总数的47.1%、42.1%、44.1%,可见这几个形旁的构字能力在初等最高,这对于学习者及早掌握高构字能力的形旁十分有利。

从构字能力的角度考察表义度:构字数超过10的共有45个形旁,其群体表义度为65%,超过《大纲》形声字的总体表义度(62.3%);而构字数超过80的5个形旁"口、忄(心)、亻(人)、氵(水)、扌(手)"的群体表义度高达82.5%。

下面看一下形旁的个体表义度。构字数大于10的形旁共45个。其中表义度大于60%的有21个,构字922个,占全部形声字的52%,超过一半。表义度大于70%的共14个,构字663个,比例为37%,超过1/3。而表义度大于80%的10个形旁,构字 500 个,比例约为 28%,超过总数的 1/4,这 10 个形旁是:疒、扌(手)、火(灬)、足、口、目、忄(心)、酉、月(肉)、虫。

综合来看,构字能力较强的形旁占少数,但这少数形旁却构成大量形声字,且表义度相当高。同时,表义度较高的形旁构字能力也比较强。其中表义度和构字能力都排在前 10 位的形旁是:扌(手)、口、忄(心)。这三个形旁是学习重点中的重点,对形旁教学有重要的意义。可见,虽然形旁为数众多,但需要重点学习的却很有限,还可以充分地举一反三。

九 结语

从总体来看,《大纲》形声字形旁的情况有如下两个特点:

(一)初等到高等表现出规则性加强的趋势。这一点体现在表义度、形旁位置的规则性以及形旁为成字(及变体)形旁的形声字数量各方面。

这样的分布意味着初等形旁的规则性最弱。这必然带来最初学习的难度,不规则的东西总是相对更难掌握,何况此时学习者还面临着学习最基本的笔画、结构和部件等繁重的任务。面对这样的情况,我们应该科学地分配教学任务。具体而言:形声字的概念不宜过早引入,应在学习者接触到一定量的形声字后,以先归纳再演绎的方法逐步培养学生的形声字意识。另外,要抓住初等形声字的特点,使学习者一开始就充分认识到形旁表义的局限性,对汉字的表义状况有一个科学的认识:既了解形旁的表义功能,又不把它夸大。初级打好基础,进入中高级阶段后,随着规则性的上升,虽然汉字难度加大,但学习难度并不会增加。

(二)形旁等级集中在初等；高表义能力和高构字能力集中在部分常见形旁身上。

这两个"集中"的现象，对汉字教学来说有利有弊。利的方面是：形旁集中在初等，使得学习者在接触中高等形声字时有一定的熟悉度；而一部分形旁身兼高表义度和高构字能力，又使这部分形旁学习起来有规律可循。不利的是：初级阶段的学习任务较重。

关于形声字教学，以往有两种相对立的观点，一种认为应该充分利用形旁的表义性；另一种认为现代汉字形旁的表义度相当低，不具有教学价值。其实这都是比较笼统的观点，从本文的考察来看，把不同表义度的形旁区分开来之后，那些集中了高表义度和高构字能力的形旁，对教学还是相当有意义的。那些表义度低、构字又不多的形旁则不必作为教学对象。而少部分构字较多、表义度一般的形旁则可作为形旁表义局限性的代表来教授，以使学习者对形声字的现状有一个全面、正确的认识。

附录

构字数大于 20 的形旁及其构字、表义情况（只列出表义度大于或等于 70% 的形旁所构成的字。字的右上角有★的代表形旁不表义的形声字，后面的数字为构字数与表义度）

1. 扌(手)表义类属：a. 表示动作行为的动词，多为与手有关的动作、行为。b. 与手有关的器官、事物。初等——挨、按、拔、把、搬、扮、报★、抱、播★、擦、操、拆、抄、搭、打、担、挡、掉、抖、扶、搞、搁、挂、拐、护、换、挥、挤、技★、捡、接、拒、据★、抗、扛、控、扣、扩★、括★、捆、拉、拦、捞、摸、拍、排、捧、披、批、拼、扑、抢、扰、扔、扫、拾、授、摔、撕、损、抬、掏、提、挑、挺、投、推、托、拖、握、扬、摇、拥、援、择、扎、摘、掌、招、指、抓、撞、捉;中等——扒、拌、拨、捕、挣、扯、撤、挫、措、抵、抚、搅、揭、捐、搂、掠、抹、捏、拧、扭、挪、攀、抛、拳、揉、撒、擅★、捎、摄、损、摊、探、挖、挽、掀、抑、折、挣、执、揍;高等——捌★、拨、搏、插、掺、撑、捶、撮、掂、捍、拘、掘、抠、挎、捆、扩、捞、描、摩、拇、挠、拟、撵、拧、搜、捅、拓、捂、携、掩、攒、折、振、挚★、拄、拽、拙。(163;95%)

2. 氵(水)表义类属:表示与水、液体相关的事物、性质或动作行为。初等——测★、淡、滴、洞★、滚、海、汉★、汗、湖、滑、活★、激、济★、江、渐★、酒、渴、浪、流、漏、满、没★、泥、浓、派★、漂、汽、浅、清、洒、深、湿、汤、添★、涂★、温★、污、洗、消★、沿★、演★、泳、油、游、澡、涨、治★、注;中等——滨、波、潮、沉、渡、泛、浮、港、灌、河、汇★、浑、混★、溅、浇、洁★、潦★、淋、溜、漏、漫★、漠★、泡、瀑、渠、溶、润、汰、滩、淘、泄、淹、洋、液、淫★、浴、源、沾、洲、滋★;高等——涤、淀、溉、涵★、津、沮★、溃★、滥★、涝、滤、渺★、沫、溺、沛★、泖、漆、泣、洽、潜、渗、溯、涛、滔、涕、沃★、潇★、泅、涌、滞★、浊、茫、荡★。(121;73%)

3. 亻(人)表义类属:a.表示与人相关的事物、称谓、类别、行为等;b.形容、描述人的性质、特点等。(93;67%)

4. 忄(心)表义类属:表示心理活动、情感或心智等方面的意义。初等——悲、懂、愤、感、怪、惯★、恨、忽★、慌、悔、急、恳、恐、快、懒、怜、虑、慢★、念、您、怒、怕、悄★、情、惹、态、忘、慰、悟、想、性★、忆、悠★、愉、愿、怎★、慕;中等——辨、怖、惭、愧、惨★、恬、恶、恭、憾、怀、患、惠★、慧、惊、闷、恼、恰★、忍、慎、惕、惜、恤、怨、悦、忠;高等——悫、憋、忏、忧、惩★、慈、怠、悼、惰、恩、恍★、

惚★、惑、忌、惧、慷、慨、慕、怯、惋、惟、悉、懈、悬★、忧、愚、愈★。(90;83%)

5. 口 表义类属：a.语气词、感叹词、拟声词。b.与"口"相关的器官、事物或动作、行为。初等——啊、哎、唉、吧、唱、吵、吨★、咖、啡、吩、咐、哈、含、喊、喝、和★、嘿、哼、呼、叫、咳、啦、骂、吗、嘛、哪、呢、啤、嚷、嗓、嗽、听★、吐、味、喂、吸、响★、呀、咽、咬、召★、哲★、嘴；中等——哀★、喘、唇、呵、喉、唤、咙、噢、哦、呕、呛、售★、唯★、吻、吁、哑、喻★、咂、嘈、嘱、咨；高等——叨、叮、哄、哗、嚼、啃、唠、啥、呻、嗜★、唆、唾、啸、吟、吁、喷。(81;87%)

6. 讠(言) 表义类属：表示与"语言""说话"或"知识"相关的意义。(73;57.5%)

7. 木 表义类属：表示以木材为质地的物品，或与木材、树木相关的事物。(70;52%)

8. 纟(糸) 表义类属：表示和丝、线、纺织物相关的事物或动作、行为。(58;34%)

9. 辶 表义类属：表示与道路、行走相关的意义。(55;47%)

10. 艹 表义类属：表示花、草等植物的名称或相关的概念。(46;48%)

11. 土 表义类属：表示与泥土、地方、建筑工程相关的事物或动作行为。(46;60%)

12. 月(肉) 表义类属：表示人或动物的器官、身体部位或与之相关的概念。初等——背、肠、脆★、肚、腐★、肥、服★、膏★、胡、脚、脸、脑、胖、脾、胜★、腿、脱★、胸、腰、脏；中等——膀、胞、膊、肺、肝、胳、股、肌、脉、胀、肿；高等——胆、肪、腊★、膜★、膨★、腔、腮、膛、腕、膝、肢、脂。(43;80%)

13. 贝 表义类属:表示与钱、财富等相关的意义。初等——费、贡*、购、贵、贺*、贸、赔、赛*、贴*、赢*、责*、资;中等——贬*、财、贷、赌、货、贯*、贿、贱、赁、赂、贫、赡、赏、贪、贼、赠*、赚;高等——贩、赋、赎、贤*。(33;70%)

14. 女 表义类属:表示与女性相关的意义。(33;67%)

15. 火(灬) 表义类属:表示与火相关的意义。初等——灯*、点、烤、炼、烈、煤、热、烧、熟、烫、熊*、燥、照、煮;中等——熬、爆、灿、炒、煎、焦、灸、烂*、炉、燃、炸、烛;高等——烙、烹、熄、蒸。(30;90%)

16. 日 表义类属:表示与太阳、时间相关的意义。(29;59%)

17. 钅(金) 表义类属:表示与金属相关的意义。(27;67%)

18. 刂(刀) 表义类属:表示与刀、刃相关的意义。(26;50%)

19. 足 表义类属:表示与腿、脚、走路相关的意义。初等——踩、蹲、跟、跪、距*、跨、路、跑、踢、跳;中等——蹈、蹬、践、趴、踏、跃、躁*、踪*;高等——蹦、跻、蹯、蹿、跺、蹋。(24;88%)

20. 疒 表义类属:表示疾病的名称、症状或相关概念。初等——病、瘦、疼、痛;中等——疤、疯、疗、疲、痰、痒、瘾、症;高等——痹、瘩、疙、痕、瘫、痪、疚*、瘸、瘟、疫。(22;96%)

21. 竹 表义类属:表示以竹子为材料的物品或以竹制品为工具的动作行为。(22;27%)

22. 禾 表义类属:表示与禾苗、庄稼有关的概念。(20;10%)

23. 阝(在左) 表义类属:表示与山峰、台阶、地形等相关的概念。(20;25%)

24. 衤(衣) 表义类属:表示与衣服、布匹相关的概念。初等——被、补、衬、袋、裤、裙、装;中等——褒*、裁、袱、裹、裂*、

袍、衬、衫、袭★、袖、裕★、衷★；高等——裳。(20;75%)

成字数 10—19 的形旁(具体字从略)：犭(19;32%)、宀(19;26%)、目(19;84%)、石(18;28%)、页(18;28%)、车(16;38%)、力(16;50%)、攵(16;56%)、虫(15;80%)、广(14;50%)、马(13;8%)、米(13;54%)、彳(12;33%)、冫(12;42%)、王(玉)(11;36%)、酉(11;82%)、山(11;54%)、饣(食)(11;72%)、礻(示)(11;72%)、巾(10;70%)、穴(10;60%)。

第二节　形声字形符分析[①]

形声字是现行汉字的主体，形符又是形声字的一个重要的组成部分。那么现行汉字的形符有多少？形符的分布情况如何？形符的表义程度又是什么样的一种状况？过去针对这些问题的探讨，往往都是举例、估计或推测，只是近年来才有了一些抽样的测定资料，但仍然谈不上全面地、系统地分析。此外，在如何认识形声字的结构，以及怎样确定分析测定的范围，如何确定分析形符特别是分析形符表义度的方法、体例等方面也是仁者见仁，智者见智，缺乏比较成熟的结论。归根到底，是缺乏对形声字的结构、形声字的形符体系特别是形符表义度的全面地、系统地测定。

为了科学地认识现代汉语形声字的形符体系和形符表义程

---

① 本文以"现代汉语形声字形符研究"为题发表在《现代汉语用字信息分析》(陈原主编)，上海教育出版社 1993 年，作者康加深。

度，语言文字应用研究所汉字整理研究室从 1989 年开始了对《现代汉语通用字表》①中形声字的分析研究工作。本文即是根据该课题的研究成果写成的。

一　测定的方法和内容

我们研究这一课题的目的是为了弄清现行汉字中形声字的形符体系、形符表义程度等一系列问题，这就决定测定的范围应该是现代汉语通用字。因此，我们选择了由国家语言文字工作委员会和中华人民共和国新闻出版署联合发布的《现代汉语通用字表》（即 7 000 通用汉字）作为我们确认现代汉语形声字的范围。《现代汉语通用字表》是为适应出版印刷、辞书编纂和中文信息处理的实际需要而制定的，它覆盖了 99.99％ 以上的现代汉语用字。以这份字表作为测查范围是完全可以反映现行汉字中形声字的概貌的。

为保证所测定的各项数据的准确，避免重复、遗漏，也为了便于统计、分析测定的结果，我们在微机上建立了"现代汉语形声字数据库"，并由此完成了现代汉语形声字的形符数量统计、形符类型分析、形符分布状况和形符表义度的统计分析等一系列研究工作。该数据库中形符方面的各参数项的设置如下：

汉字：《现代汉语通用字表》中的 7 000 个汉字的字形。

说文：《说文解字》②对该字形的分析：是否收录，是否形声

---

① 《现代汉语通用字表》，语文出版社 1989 年版。
② 《说文解字》，中华书局 1963 年版。

字,形声字的结构方式,形符。

广韵:《广韵声系》①对该字形的分析:同《说文解字》。

结构:原始形声结构是否已经因为"隶变"等因素而遭到破坏,结构方式。

形符:形符类型,是否成字。

表义度:形符的表义程度,备注。

二　确认形声结构的原则

确认是否形声结构,是分析现代汉语形声字的形符及其表义度的先决条件。我们判断一个字是不是形声结构,采取了字源分析与现行字形分析相结合的方式,具体做法如下:

(一)首先依据《说文解字》,《说文解字》中已经明确的形声结构的字形,如果在以后的演变中,其形体没有发生影响结构方式改变的变化(如讹变、简化等),就据以确认它的结构方式是形声结构。但对《说文解字》的"省声字"、"省形字"等历来争议较大的特殊形声字,则视作非形声结构。例见表1中的1—4项。

(二)《说文解字》中未收的,依据沈兼士《广韵声系》中对字形的分析,确认是否形声结构,方法同上。

(三)《说文解字》、《广韵声系》中明确的形声字,如果因隶变、讹变、汉字简化等因素造成形声结构已经被破坏的,则不再作形声字处理,并在结构一栏中注明。例见表1中的第5项。

---

① 《广韵声系》,文字改革出版社1961年版。

（四）《说文解字》和《广韵声系》中都没有收录的字形，顺次查找《玉篇》、《类篇》和《汉语大字典》的解释，根据其造字情况作出判断。例见表 1 中的 6—7 项。

（五）判断现行汉字是否形声结构，必然会碰到繁简的问题，我们采取的办法是：不影响结构方式的类推简化字，仍依据其对应的繁体查《说文解字》等工具书，确认是否形声字。影响结构方式的非类推简化字，依据简化字形判断是否形声结构。例见表 1 中的 8—9 项。

（六）在从字源角度考察是否形声结构的过程中，我们还特别注意用古文字学的研究成果纠正《说文解字》等传统文字学书籍中的谬误，并以此作为判断是否形声结构的依据。例见表 1 中的第 10 项。

表 1　形声字结构方式测定举例

序号	例字	《说文解字》	《广韵声系》	结构方式
1	推	左形右声	左形右声	左形右声
2	般	非形声	非形声	非形声
3	考	省形	省形	非形声
4	炭	省声	省声	非形声
5	阒	里形外声	里形外声	非形声
6	崤	未收录	未收录	左形右声
7	汆	未收录	未收录	非形声
8	锦	左形右声	左形右声	左形右声
9	鸡	未收录	未收录	非形声
10	有	下形上声	下形上声	非形声

依上述原则，对《现代汉语通用字表》中的字形分析的结果是：在 7 000 个现代汉语通用字中，属于形声结构的有 5 631 个，约占通用字总数的 80.5%。

这 5 631 个形声结构的字形,按照形符和声符的位置,其结构方式分成八种类型,各种类型的数量和它们在形声结构中所占的比例详见表 2。

表 2　形声结构类型表

结构类型	数量	所占比例	结构类型	数量	所占比例
左形右声	3 797	67.39%	形占一角	71	1.26%
右形左声	364	6.46%	声占一角	327	5.78%
上形下声	592	10.58%	外形里声	68	1.17%
下形上声	396	7.00%	里形外声	16	0.28%

三　形符分析

形符是结合字源分析所确定的形声字的表义部件。不能把它和供检索使用的部首混为一谈,二者是有区别的,又是相关联的。具体来讲,形符是表义部件,是依据在形声字中是否起表义作用而确认的;部首只供检索使用,是根据字形结构规律归纳出来的。在某些形声结构中,形符和部首可能是相同的,如"刚"字的形符和部首都是"刂"。在另外一些形声字中,形符和部首又是不同的,如"锦"字的形符是"帛",部首却是"钅"。在非形声字中,干脆只有部首,没有形符,如"休"字只有部首"亻",没有形符。

（一）形符的划分细则

确认形符和判断是否形声结构是密不可分的,确定了是形声结构,分析形符就比较方便了。但把这些形符分门别类,还是比较复杂的。

1. 多体形符的确认:在某些形声字中,特别是那些属于"声占一角"的结构方式的形声字中,从字源上看,其形符就是由两个独立的构字部件组成的,每个独立的构字部件又都能单独用作形符,也都有表义作用,如意思是"深绿色的玉石"的"碧"字,其形符就是由"王(玉)"和"石"两部分组成的,它们都能在一定程度上表示"碧"字的意义。像"碧"这样的形声字,有些学者认为它有两个形符。但考虑到人们对形声字的结构方式是一个形符和一个声符搭配成的,像"旗"字的形符"㫃"也一直是被看作一个形符,因而我们把"碧"字形符也只算作一个独立的形符。在现代汉语形声字的形符体系中,这样的形符总共有13个,即:

丂、秫、耂、臭、敕、布、彳、冏、尸、籨、朵、户、疒。

由它们构成的形声字有16个:饬、稽、碧、冥、整、饰、徙、嗣、履、簋、梁、柒、岸、崖、瘠、寐。

对多体形符的确认是严格依据字源分析进行的,主要根据《说文解字》进行判断,即沿用《说文解字》中已经明确的。而像"旗"字的形符"㫃"那样的因"隶变"而造成的形符分裂的,则不计算在内。

2.变体形符的处理:形声字的形符在隶变后往往因为在字形结构中的位置不同,形成多个形符变体,如形符"心"隶变后在左右结构的字形中演变为"忄(竖心旁)",出现在某些字形下部的还演变为"⺗"。像"忄"这样的变体形符,实际上已经成为独立的形符,它们不仅在形体上和原来的形符有很大的差距,出现的位置也不相同,而且现在多数都有了自己的名称和公认的表义作用。所以我们把这些形符变体也算作独立的形符,称作变体形符。在我们测定的资料中,这样的形符有21个,对应18个基本形符。

表3 形符、变体形符对照表

形符	变体	例字	形符	变体	例字
水	氵	浅	衣	衤	补
人	亻	僵	刀	刂、⺈	削、辨
手	扌	搜	食	饣	饲
金	钅	钢	示	礻	祀
言	讠	论	火	灬	照
系	纟	绳	网	罒、⺳	罩、罕
心	忄、⺗	怕、恭	辵	辶	近
阜	阝	陷	卩	⺋	却
邑	阝	郎	犬	犭	狼

在现代汉语形声字中,由这些变体形符构成的形声字有1 819个,占形声字总数的32.3%。

3.同形形符的处理:有些本来形体不同的形符由于隶变而合流了,有些还保持着一些其他方面的区别,如形符"阜"和"邑"的变体虽然都写作"阝",但在字形的位置还保留着"左阜右邑"的区别;有些则连这样的区别也不复存在了,如现在的形符"月"是由"肉"和"月(月亮的月)"等形符合并而来的,连名称也叫"肉月旁"了。对于这样的形符,我们采取的处理方法是:像"左阜右邑"那样的现在中等文化水平的人还能够区别的,仍然算作是两个不同的形符;而对"肉月旁"这样的纯粹同形形符,考虑到一般人已经难以辨别其来源,因而只算作一个形符。

(二)形符划分的结果及分析

1.形符的数量:根据上述原则对《现代汉语通用字表》中形声字的形符进行划分,总共得到246个形符。即:

氵 艹 口 扌 木 钅 亻 虫 讠 土 月 纟 忄
女 阝 竹 足 石 王 疒 辶 鱼 火 山 鸟 犭
目 日 衤 心 马 酉 贝 车 禾 刂 饣 页 米

门 宀 巾 广 礻 穴 力 革 彳 雨 攵 舟 羽
牛 衣 气 冫 歹 耒 耳 田 欠 骨 走 口 灬
彡 手 鬼 皿 金 厂 毛 瓦 尸 齿 见 黑 隹
弓 皿 角 风 疒 糸 鼠 羊 戈 匚 豸 子 白
大 立 斗 鹿 食 矢 言 缶 瓜 户 虫 韦 水
耳 身 肉 犬 片 又 林 刀 乡 勹 几 玉 舌
小 行 斤 豆 十 皮 鼻 赤 九 鼎 老 鼓 广
光 龙 文 一 工 多 音 男 巳 青 父 黹 壴
禾 非 甘 香 疒 卩 廾 厶 虍 豕 高 朱 卜
帛 民 矛 黄 面 比 冊 虎 人 么 甲 旦 北
反 臣 麦 共 尺 里 卑 鬻 阝 凡 厃 可 異
屮 布 示 是 卂 首 蜀 黍 亯 敕 卵 思 死
品 从 看 臭 色 西 夕 系 二 亯 象 辛 镸
韭 㐬 血 牙 谷 秋 古 氺 匸 乙 邑 儿 吅
舍 申 巜 夃 殺 曰 丿 止 至 縣 凶 筮 爪
罒 吕 殳 夊 疋 子 鬥 攴 冖 黾 匕 爿

2.形符构字数量的分布：上面的246个形符中，形符构字数量的分布情况是很不均衡的。具体情况见下表。

表4 形符构造字数量分布表

构字数量	形符数量	所占比例
≥100	16	6.48%
≥50<100	15	6.07%
≥20<50	23	9.31%
≥10<20	26	10.53%
≥5<10	21	8.56%
≥2<5	54	21.86%
1	91	37.25%

根据我们统计的材料,并参照表 4 中的数据,绘制形符构字数量分布图如图 1。

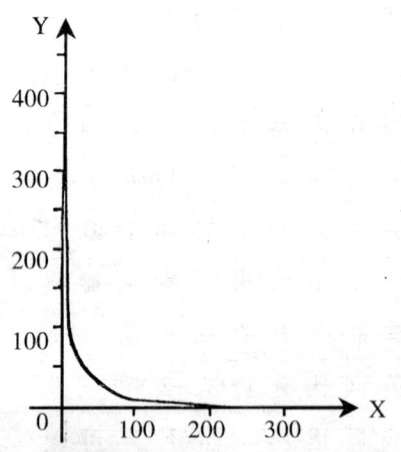

图 1 形符构字数量分布图。其中,X 轴表示使用频度依次降低的形符,Y 轴表示形符的构字数量。

从上面的图表中不难看出:多数形符的构字数量都是很少的,约有 60% 的形符构字数量不足 5 个,其中,只构成 1 个形声字的形符就有 91 个。构字数量比较大的形符只占形符总数的很少部分,构字数量超过 20 个的形符只有 54 个,但这些数量不多的形符却构成了 4 898 个形声结构,约占形声结构总数的 87%。

3.形符的成字情况:在我们统计的 246 个形符中,有 177 个形符在《现代汉语词典》中是成字的,占形符总数的 72% 以上。不成字的形符有 69 个。

4.形符的位置分布:形符在字形中的位置分布也是极不平衡的,以左形右声的分布形式最多,达到了 3 797 次,其他分布形式顺次是上形下声、下形上声、右形左声、声占一角、外形里声、形占一角及里形外声。具体数字参见表2。

四 形符的表义度分析

形符表义度指的是形符的意义和字义(实际上是词义或语素义,下同)联系的密切程度。确定形符的表义度,首先要确定形符义,其次必须确定形声字的字义。无论是确定形符义还是确定字义,都必须依据一定的客观标准。确认形符表义度,还应该是系统的、联系的,而不是孤立的。只有这样,才能既避免主观地推测、估计形符义和字义,又能从人们认识形符表义功能的实际出发确认形符的表义度。

（一）形符义的确定

1.形符义的构成:形符的意义构成是比较复杂的。它一般是由两个部分组成的:一是形符成字时的意义(不成字的变体形符可参照其对应的基本形符)。一是形符特有的意义,即形符在实际使用过程中所具备的在其成字时所没有的意义,如形符"纟"除了具有其作为单字"糸"时的"细丝"的意义之外,还有"缠绕"等其他意义。其中,有些还是比较特殊的,如形符"纟"又有"表示颜色"的意义,因为许多表示颜色意义的形声字都是由它构成的,例如"红、绿、紫"等。从人们联系的(或者说联想的)认识形符表义度的实际考虑,也可以把"表示颜色"算作形符"纟"的一个意义组成部分。

2.确认形符义的细则

(1)首先依据以现代字义注释为主的《现代汉语词典》(含《现代汉语词典补编》,下同)确认成字形符的意义。《现代汉语词典》中不成字的形符,适当放宽到《辞海》。在以上两部工具书中仍然不成字的形符,参考《说文解字》的注释和已有的定论,从严掌握。

(2)变体形符与对应的基本形符的意义认同。如参照形符"水"确认变体形符"氵"构字时的意义。

(3)多体形符的形符义处理:多体形符的各个组成部分构字时的意义都是形符义。

(4)同形形符的形符义处理:像"左阜右邑"那样仍有区别的同形形符仍然分别比照其对应的成字形符确认其形符义。像"肉月旁"那样的形符,只承认其包含的人们都比较熟悉的基本意义,即"肉"和"月亮"。

(5)形符特有意义的确认:形符特有意义是形符义的一个重要组成部分。从形符构成的字中归纳形符特有意义,我们掌握如下两个原则:一是从严,宁缺毋滥。二是有确定的依据,即形符特有意义必须是从成组的字中归纳出来的。

形符义的确认过程可以归纳为下面的流程图(见图2)。

(二) 字义的确定

客观的确定字义,是判断形符表义度的另一个先决条件。我们在确定字义时所依据的标准是:所有形声字的字义严格依照《现代汉语词典》的注释。《现代汉语词典》未收的,参考《辞海》的解释。具体做法如下:

1.对《现代汉语词典》中的方言词义,原则上不考虑。但如果仅有方言词义,即据以分析形符的表义度。

2.表示联绵词的字,如果不能单独使用,即以该联绵词的词义作为分析这些字的形符表义度的依据。如"玻璃""枇杷""睽睽"等词语中的字都不能单独使用,没有独立的字义。在分析其

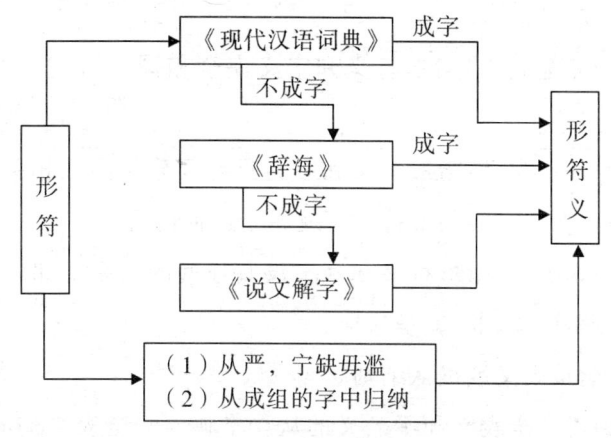

图 2 确定形符义的流程图

形符表义度时,即以它们的词义作为其字义。

3. 在确定字义时适当考虑其在常用词语中的意义。

(三) 形符表义度分析

明确了形符义和字义,要分析形符表义度,还要解决形符表义度的分级和确定分析形符表义度的细则。

1. 形符表义度的分级

形符义与字义联系的复杂性决定了形符表义度的分级是宜粗不宜细的。因为多数形符和形声字都有多个义项,逐一考察它们之间的关系是一件非常困难的工作,也不符合一般文字使用者对形符表义度的认识是比较概括、模糊的实际情况。另外在形符义和字义的多种联系方式中,如果排除了形符义和形声字的字义完全相同和完全不同的两种类型,在剩下的那种形符义和字义相关的类型中,如何衡量它们之间相关的紧密程度,也难以制定出一个客观的标准。

考虑到形符义和字义关系的这种实际情况,我们把形符表义度分成三级。

(1)完全表义:指形符义和字义完全相同。如"爸"的形符"父"。

(2)基本表义:指形符义和字义只是部分相同或相关,而不是等同。如"褥"字的形符"衤"就属于这种情况。

(3)不表义:指形符义和字义没有任何的联系。如"铺、郁"等字的形符"钅、阝"就是这样。

2.形符表义度确认细则

(1)对完全表义和不表义的从严掌握。完全表义的必须是《现代汉语词典》中形声字的字义(或其基本义项)和其形符义完全相同的,只允许描述词语的细微差异。不表义的必须是不仅在静态的词典注释上字义和形符义毫无关系,而且从联系的角度也找不到确实可信的根据的。如现在只用作姓氏的"恽"字,在《现代汉语词典》的注释中找不到和其形符"忄"有任何联系,从联系角度也找不到形符"忄"表示姓氏的任何理据,这时才把它的形符确认为是不表义的。

(2)对基本表义的确认,适当从宽,主要是从联系的角度考虑,并从实际应用出发。它包括以下几种情况:

一是无论是形声字的基本意义,还是引申意义,只要其中的一个义项和形符义或其组成部分相关,即确认为是基本表义的。包括那些概括与具体的差异、描述侧面与解释角度的不同。如"浪、狼、廊、榔、琅、锒、莨"等字中的形符都属于这种情况。

二是依据《现代汉语词典》注释的义项难以确认是基本表义的。如果参考其在常用的构词时意义可以认为是基本表义的,即予以确认。这主要是考虑到《现代汉语词典》对字义的注释不很完备。

三是虽然孤立地看形符义和字义关系甚远,但是有一组字和它形符相同而且字义相关,也算做表义,这种情况是从严掌握的。如孤立地看"红"字和其形符"纟"的意义关系甚远,但考虑到有一组字与它的形符相同,意义相关,如"绿、紫、绀、绚、缤"等,所以"红"字的形符也算作是基本表义的。

四是意义相关的一组字,如果其形符只起标志该组字类型特征的作用,也算作是基本表义的。这主要是针对那些由形符"口"构成的表示译音词的一组字。在《现代汉语通用字表》中这样的字总共有22个,如"咖啡、吨"等。

五是只在某一领域内使用的字,若符合其命名原则即认为是基本表义的。如根据有机化学名称的命名原则,表示有机化学名词的字,当其形符是"酉、月(肉)、火"时,也算作是表义的。"烯、炔、烷、烃"等字的形符就是这样。

(3)只用作姓氏、民族名的形声字,仅当其形符是"亻(人)"、"女"时,才确认其形符是基本表义的。不再考虑其命名的渊源。

(4)只用作地名的形声字,仅当其形符是"山、水(氵)、石、土、阜(阝)、邑(阝)"时,才确认其形符是基本表义的。也不再考虑其命名的渊源。

(5)含多体形符的形声字,只要形符的一个组成部分和字义相关,就确认是表义的。如"碧"字形符的表义度就属于这种情况。

(6)同形形符表义度的处理:依据一般人对其区别和来源的

认识,凡像"左阜右邑"和"肉月旁"这样的一般文化程度的人能够区分的形符,在确认它们在具体字中的表义度时,即依据其本来的形符义确认表义度。

(7)形声字的形符不表义,但是当该字(或其成字的形符)作为其他字的异体字时也有表义作用的,仍然算作是不表义的。如"谯"字的形符本来不表义,但"谯"字用做"诮"字的异体时,其形符"讠"也有了表义作用。像"谯"这样的字,其形符"讠"算作是不表义的。

(8)形符表义度的测定结果和表义度的计算。

依据上述原则,测定《现代汉语通用字表》中形声字的形符表义度的结果见下表。

表5 形符表义度测定结果数据表

形符表义度级别	数量	百分比
完全表义	47	0.83%
基本表义	4 838	85.92%
不表义	746	13.25%

现代汉语形声字形符的总体表义度是根据下述规则进行的:完全表义的算1分,基本表义的算0.5分,不表义的算零分。用完全表义和基本表义的分数之和除以形声结构的总数,再乘以百分之一百。即:

$$形符表义度 = \frac{完全表义 + 基本表义 \div 2}{形声字总数} \times 100\%$$

根据上面的公式计算出的形符总体表义度是:43.79%

为了更直观地认识形符的表义程度,不妨再看一下构字数量最多的前10个形符的表义度情况。

从上面的测查结果中不难看出:近90%的形声结构的形符

是表义或基本表义的,但是绝大多数的形符在形声结构中的表义作用都是比较粗疏的,而不是精确的。总体的表义度不足44%,但构字数量较多的形符其总体的表义程度要稍高一些。

表6 构字数量最多的前 10 个形符的表义度分析表

形符	构字数量	完全表义	基本表义	不表义	表义度
氵	378 次	0	339	39	44.84%
艹	304 次	2	260	42	43.42%
口	275 次	0	259	16	47.09%
扌	261 次	0	252	9	48.28%
木	252 次	1	230	21	46.03%
钅	216 次	0	210	6	48.61%
亻	192 次	0	159	33	41.41%
虫	142 次	0	135	7	47.54%
讠	138 次	2	119	17	44.57%
土	137 次	0	128	9	46.72%

(四)形符表义的一些规律

1.形符表义的主体方式

除了完全表义和不表义的形符外,在基本表义的类型中,形符表义的方式是非常灵活的,但也是有规律可循的。其中,以表示字的类属义(如"钢"的形符"钅")、物质构成(如"柜"的形符"木")和相关的引申义(如"浮泛"的形符"氵")为主体,多侧面、多角度地表示字义。除此之外,还有一些形符通过对那些同是由它构成的、意义又相反或相同,而且经常搭配在一起使用的一组字的联想或类比,也具有了一定的表义作用。如"精粹、粗糙"等字的形符"米","磕碰、砍砸、破碎"等字的形符"石","楷模、榜样"等字的形符"木"。

2.形符表义的规律性和区别性

虽然在现行汉字体系中存在着一些诸如"沟壑"这样的多种形符共同构造同一义类的形声字的现象,但我们在测定形符表义度的过程中发现:属于同一意义类别的形声字,多数是由相同的形符构造的。前面提到"精粹、粗糙"、"楷模、榜样"、"磕碰、砍砸、破碎"等例字都反映了这种情况。深入考察这种现象,还会发现一些更有意思的现象。不仅属于同一意义类别的形声字多数是由相同形符构成的,而且许多组意义相关的形声字正是以采用不同形符的方式区别成更细的类别的,即形符具有区别相关义类的作用。如表示言语活动的形声字,绝大多数都是由形符"言"或"讠"构成的;而表示"呼号、啼叫"的和言语活动关系密切的单纯发声的形声字,几乎全都是由形符"口"构成的。

认清形符表义的基本方式及其在表示义类上的某些规律,无疑有助于从动态的角度,也是从总体上理解、评价形符表义度。

第三节 汉字偏旁的表义度[①]

在西方国家外语教学法中人们长期以来对文字系统这一因素未能给予重视,因为在我们西方所教授的外语全部是属于拉丁字母系统的。中文和日文在西方外语教学界长期以来没有得到重视;此外直至几十年前中文几乎完全像拉丁文那样被作为一种不再使用的历史性语言来教授,因为人们对中国古代和古

[①] 本文以"汉字偏旁表义度探索"为题发表在《汉字与汉字教学研究论文选》,北京大学出版社 1999 年版,作者[德]顾安达(Andreas Guder-Manitius)。

汉语兴趣甚浓，而对现代中国则兴趣不大。

在中国，外语课主要教授西方语言（俄语，后来是英语），这些语言的书写规则，人们基本上在短短几周之内即可学会。而"对外汉语"作为一门学科，直到80年代才得到了公认。人们逐渐认识到汉字系统的特点和随之而来的——与中国人相比——西方人学习这种汉字的困难性：中国人学习一年德语或英语就可以毫无困难地朗读任何一篇文章（即使他们并非懂得所有词汇的意义），相反西方人即便经过一年的强化汉语教学，仍然既不能流畅地朗读汉语文章，甚至不能看懂这些文章。其原因是众所周知的：汉语的文字总量要比世界上任何一种文字多得多。因此，绝大多数汉语教材都有专门的汉字练习册，目的是为了让学生掌握新单元中汉字写法的正确笔顺。

最近10年以来，中华人民共和国的学者对汉字进行了很多拆开分析。讨论的焦点是末级部件及其定义问题。绝大多数人认为汉字可拥有8个或9个末级部件（比如"懿"这个字）。根据对末级部件的不同定义，中文汉字总量可以由大约400到600个末级部件组成。

这些末级部件不是特别适用于教学，因为复杂的字（如"露"）拆开方式太细。对如此复杂的字进行这样细致的拆开分析对初学者来说毫无意义，因为这种分析得到的末级部件一方面太多，另一方面它们与拆开前的汉字既无语音又无语义上的任何联系。

和这种部件分析法不同，我采用一种以中国传统文字学为基础的偏旁分析法。这种粗略的拆析法基于以下观察，即80％多的汉字为形声字。也就是说，一个字由"形"和"声"两部分合成,形旁和全字的意义有关,声旁和全字的读音有关。偏旁分析法正是以两部分作为研究对象。需要补充说明的是,这种分析法也将那些所谓的会意字分为两个语义偏旁。在理想情况下,偏旁应对要学的汉字提供意义或发音方面的提示。

我的具体研究目的是:对《汉字属性字典》①中所收入的出现频率最高的 4 000 字之偏旁就其信息性进行分析。所有这些语素在《汉字属性字典》的文献中至少出现 37 次。

个别语素为同形异义(《汉字属性字典》又犯了一些小错误),所以语素总量为 3 946;因为 77 个汉字有两个(不仅在四声上)不同的发音,有一个汉字有三种不同的发音形式(着 zhe/zhao/zhuo),所以实际只含 3 867 个汉字。根据偏旁分析法,这 3 867 个汉字共有 1 410 个偏旁和 59 个二级偏旁,二级偏旁只作为别的偏旁的从属成分出现。下面表 1 为偏旁出现频率表中的一段。

表 1

札字序	偏旁	字数	文献中偏旁出现次数	字率	字	繁体字	拼音	德语翻译	文献中汉字出现次数
5-44135	氿②	1	2 258	887	染		rǎn	farben/sich anstecken/verunreinigt werden	2 258
5-44155	氾②	1	4 106	607	范	L	fàn	Gussform/Vorbild/Bereich/3+	4 106
5-44345	𭕄	2	35 865	58	学	L	xué	lernen/imitieren/Wissenschaft/3+	31 893
				631 2 911	觉		②	jué jiào	spüren/erwachen/bewusst Schlaf	3 849 123
5-44512	宁②	4	2 657	846	宁	L	/	níng/nìng	Frieden/lieber wollen/〈Familienname〉/3+	2 404

---

① 傅永和《汉字属性字典》,语文出版社 1991 年版。

续表

札字序	偏旁	字数	文献中偏旁出现次数	字率	字	繁体字	拼音	德语翻译	文献中汉字出现次数
				2 838	拧	L	níng/nǐng/nìng	wringen//drehen//widerspenstig/3+	134
				3 251	柠	L	níng	⟨Morphem von:⟩ Zitrone	81
				3 970	泞	L	nìng	⟨Morphem von:⟩ schlammig	38
5-44534	穴②	③宀	21	25 527	358	空	③	kōng/kòng	leer/vergebens//Zwischenraum/3+	7 886
				381	究		jiū	erforschen/eigentlich	7 418
				700	突		tū	vorstürmen/plötzlich/hervorspringend/3+	3 220
				867	穿		chuān	bohren/durch etwas gehen/Kleidung tragen	2 328
				1 368	窗		chuāng	Fenster	1 038
				1 389	穷	L	qióng	arm/Ende/gründlich/3+	1 015
				1 996	窝	L	wō	Nest/Höhle/verbergen/3+	405
				2 139	窄	③	zhǎi	schmal/kleinlich/knapp⟨Geld⟩	341
				2 204	窑		yáo	Brennofen/Schacht/Höhle/3+	313
				2 253	窃	L	qiè	stehlen/heimlich/meines Erachtens	295
				2 294	穴	/	xué	Loch	280
				2 546	窖		jiào	Keller/lagern	202
				2 596	帘		lián	Aushängefahne/Vorhang(L)	190

续表

札字序	偏旁	字数	文献中偏旁出现次数	字率	字	繁体字	拼音	德语翻译	文献中汉字出现次数
				2 927	窜	L	cuàn	fliehen/verbannen/Formulierung ändern	120
				3 093	窒		zhì	verstopft	97
				3 104	窥	1	kuī	heimlich blicken	95
				3 403	窟		kū	Höhle/Versteck	68
				3 471	窍	L	qiào	Öffnung/Schlüssel	64
				3 560	窿		lóng	〈Morphem von:〉Hohlraum/Defizit	59
				3 730	窘		jiǒng	in Not/peinlich berührt/verlegen machen	49
				3 829	窦	L	dòu	Loch/Nasenhöhle/〈Familienname〉	44
5-44535	它②	6	22 037	107	它	L/	tā	es	21 477
				2 598	蛇		shé	Schlange	190
				3 013	舵		duò	Ruder	106
				3 085	鸵	1	tuó	Strauss〈Vogel〉	98
				3 227	陀		tuó	〈Morphem von:〉Kreisel	84
				3 243	驼	1	tuó	Kamel/bucklig	82

整个表格有 100 多页。为了在这个主表中能够迅速找到每个偏旁，为每一偏旁设立了按照"札"字序编成的登记号码。所有偏旁在总表中按此号码分类。此号码位于第 1 竖栏内。

第 2 竖栏内是相应的偏旁。标有"②"或"③"的偏旁是上一级组成部分,它们又分别拥有 2 级或 3 级组成部分。

第 3 竖栏列出的是形状相近的上一级偏旁,它们由相关的偏旁合成,但不具备构成完整汉字的能力。

第 4 竖栏中的数字为由此偏旁合成的汉字之数目,第 5 竖栏所标出的数字是第 12 竖栏中每一汉字出现频率相加所得出的该偏旁在《汉字属性字典》各类文献中的总出现频率。

第 6—12 竖栏提供了含有有关偏旁的汉字的信息:第 6 竖栏中的数字为《汉字属性字典》所给出的频率序号(有两种读音的字相应有两个频率序号),第 7 竖栏标出具体的汉字。第 8 竖栏指示文字改革对汉字字形的影响。此处出现的"1"表明,此汉字之繁体与简体间的结构变化取表 2 12 种常见形式之一种。

表 2

繁体字	門	馬	見	貝	車	鳥	頁	魚	言	食	糸	金
简体字	门	马	见	贝	车/车	鸟	页	鱼	讠	饣	纟	钅

大写的"L"则意味着汉字简化改革所带来的结构变化较大,通常所涉及的汉字较少。按:"它(L)"指异体字整理"牠"并入"它"。

第 9 竖栏指出该汉字是否本身又作为偏旁出现在其他汉字中,从而在主表的其他地方再次出现。"①"意味着此汉字与所探讨的偏旁一致,并被视为末级部件/基础偏旁。"/"(斜线)表示此汉字虽然与所探讨的偏旁一致,但这一偏旁并非末级部件,而是由其他组成部分合成的(与第 2 竖栏所给出的说明一致)。

第 10 竖栏用汉语拼音标出此汉字的标准读音并注出四声。

第 11 竖栏给出此汉字的基本词义。关于此处所给出的词义的疑难性将在下文论述。

第12竖栏标出了这些汉字在《汉字属性字典》文献中出现的频率。

根据文献中所给出的汉字出现频率计算,下列偏旁出现的频率最高。凭经验我们可以猜测它们主要为义符偏旁,见表3。

表3

序号	札字序编码	偏旁	不同汉字数目	文献中出现次数
1	5-32511	白	21	522 445
2	2-32	亻	130	501 122
3	3-354	勹	7	497 026
4	3-251	口	194	490 934
5	4-2511	日/曰	68	357 046
6	3-121	土	85	339 431
7	3-454	辶	72	327 927
8	3-441	氵	216	304 166
9	4-1234	木	154	263 059
10	3-121	扌	182	253 782
11	2-45	讠	88	214 963
12	5-31234	禾	43	213 610
13	3-551	纟	78	206 335
14	1-1	一	8	205 502
15	2-54	又	31	200 004
16	3-445	宀	47	188 299
17	2-34	人	19	182 271
18	3-124	寸	22	182 080
19	3-531	女	73	172 420
20	5-12134	疋	2	172 182
21	9-251112134	是②	5	168 767
22	3-525	也	9	168 209
23	2-22	刂	37	165 830

续表

序号	札字序编码	偏旁	不同汉字数目	文献中出现次数
24	2-53	力	32	154 657
25	4-1324	不	10	144 210
26	3-251	口	15	135 507
27	3-134	大	26	131 929
28	4-4544	心	53	129 949
29	3-132	厂	2	126 893
30	2-12	十	21	123 197
31	2-34	八	13	121 762
32	6-132121	在	2	121 225
33	2-13	厂	7	119 683
34	4-2511	曰	15	119 468
35	3-521	子	21	118 277
36	3-332	彳	19	116 236
37	4-2512	中	10	114 719
38	2-35	匕	11	112 981
39	4-3134	攵	25	108 085
40	3-425	门	23	107 307
41	2-52	了	4	104 023
42	4-1121	王	40	103 821
43	3-122	艹	141	103 524
44	5-25111	目	38	102 773
45	4-3511	月	77	99 852
46	6-132511	有②	3	99 792
47	4-4134	文	15	98 341
48	6-314314	⺮②	51	97 495
49	4-2534	贝	50	97 076
50	3-121	工	19	94 923
51	2-52	阝(左)	39	89 752
52	4-3312	斤	16	83 806
53	2-52	阝(右)	24	83 239

续表

序号	札字序编码	偏旁	不同汉字数目	文献中出现次数
54	7-2511211	里	10	82 635
55	5-31121	生	8	79 976
56	3-341	厶	4	79 772
57	3-354	夂	9	72 919
58	3-211	上	3	72 895
59	3-413	广	29	72 133
60	4-4444	灬	19	69 135
61	3-442	忄	69	68 950
62	4-4354	为	2	68 538
63	3-354	夕	9	68 438
64	6-154121	至	9	68 385
65	5-11214	玉	5	67 810
66	4-1132	开	6	66 916
67	5-35112	用	5	66 289
68	4-5434	以	3	65 706
69	5-13251	石	56	65 460
70	3-342	个	1	65 256
71	8-25112141	国②	2	64 322
72	4-2535	见	10	63 893
73	7-3121534	我	7	63 749
74	5-41431	立	18	61 798
75	5-12154	去②	8	61 518
76	5-12512	可	12	61 224
77	4-4153	方	13	60 645
78	2-53	刀	10	60 606
79	3-515	己	9	60 566
				11 421 446

　　一个偏旁的语音性问题可以很容易地根据拼音来判断。这一点我们在前表的"宁"和"它"字的发音中可以得到印证。但一

个偏旁的语义信息量则是一个要复杂得多的问题:

一方面是迄今为止没有关于同字异义出现频率的统计。对以出现频率为出发点的教学法来说,必不可少的前提条件是对中文文献做语义场以及字义场方面的分析。一个汉字的语义场数目一般来说是相当有限的,《汉字信息字典》(1988)将7 785个汉字按以下类型归类:无独立语义(359个汉字)、有一个语义(4 139)、有两个语义(1 622)、三至四个语义(1 023)、五至八个语义(351)和九个以上语义(57);其语义是根据最流行的工具书《新华字典》划分的。据此只有约五分之一的汉字有两个以上的语义,当然这些汉字的出现频率特别高。

另一方面有几百个汉字不能在句子中作为独立的词出现,它们只能和另一个语素及汉字一起出现,比如"玻璃"的"玻"(此词的每个汉字均标有〈语素成分〉)。所以本文无法对每个汉字做准确的语义分类。

在对偏旁出现频率表中的汉字做语义分类时,由于缺少汉字出现频率语义场方面的专门信息,作者采取了以下措施:

限于篇幅,无法对众多多义汉字的所有语义进行完整归纳(而且这样做对一项以基本出现频率为出发点的研究也属画蛇添足),因此,从所给出的语义场中选出有代表性的无歧义的语义。

对有三个以上语义场的汉字,由我经过权衡后选出三个语义,尽量既考虑其常用性也照顾其覆盖面。如果在所选出的三个语义外尚有其他语义存在,则以"3+"附注。

为了避免语源/词源方面的基本知识影响人们对某一偏旁的表义度作出公允判断,我找了十个母语为德语的人做测试。这些人从未接触过汉语或汉字。他们得到用德语书写的按偏旁分类编组的汉字的语义。被试者应就他们的理解力判断表中词与词间是否存在任何语义关联,并应用精简德文来概括这类关联。所有被试者的年龄都在 20—30 岁之间,并且至少受过中等教育。大多数被试者为大学生,他们的专业是神学、法律、日尔曼语言文学或心理学。其中六位为女性、四位为男性。他们得到数周时间以通读全部资料并作出自己的判断。

在至少生成两个汉字的 1 069 个偏旁中,十名被试者各按自己的见解分别找出 45—352 个具有表义性的偏旁。他们平均找到 183 个拥有表义功能的偏旁。具体而言,表 4 中偏旁被归类为具表义性。

表 4

8—10 人认为具有表义度（73 个偏旁）	一丨人儿讠刀土扌口山巾彳犭冫广忄宀辶弓子女马纟王木车戈日月贝水手气父月勹火灬礻心玉甘石目皿钅禾鸟疒穴衤 页虫竹舟衣米羽走酉跙男卵尿雨帛鱼革鬼喜黑
5—7 人认为具有表义度（66 个偏旁）	乚十厂匚丿亻八冫阝勹乃巳疒九小囗尸主云歹厷车少内牜攵爫分风丹卬户丑产乍占田圣耒老耳光匈汤买麦两身青良林奄齿佳禺骨食音彡臭疾敕觜鼻颠
2—4 人认为具有表义度（212 个偏旁）	丁二丁亠万卜冂匕刁乂匕丷彡冖阝又干士工才寸丈大万彡川彡亼夂门丬彐己幺丰夫专木五支不犬友厄牙屯瓦止叹中冈见毛夭片化斤从仑罒今凶公乏仓衤殳勾文斗亠尹以示正去芦可平业旦另岸罒矢失丘白用氏乐尔册冬主立半芦它永奴皮合匚亚执臣夸死吕叩至朩同肉缶廷乓自血肋各色壮亠羊安军戒甫吾步呙你卣坐孚狄言辛兑弟黾直析非虎知垂空建录契亘背尝昷躯炭香保弯娄酋首扁叚柔莫逢郭恣旁兼寅家容展弱菫黄敝堂曼象麻旋族率隆散厨番尊景登敖意薄箕察暴澡蘿襄
	总计 351 个偏旁

总共至少有两位被试者在 1 069 个最少生成两个汉字的偏旁中的 351 个(32.83%)之间找到了语义关联,甚至至少有五位

被试者在 139 个偏旁间确证了语义关联。这使我们受到启发：多数被试者划出并判定的具有表义度的偏旁似乎提示了我们，在教学法中应尽量注重介绍偏旁的表义性。

此表的第一部分对汉字教学法来说是十分有启发性的。下面我仅介绍一下第一部分。十名被试者中至少有八名所发现的语义关联列于表 5 中。

表 5

汉字数目	偏旁	被试者数目	被试者所举出的语义场/德语（粗体字系被至少三个被试者写出的语义）	粗体字汉语翻译
216	氵	10	**Wasser**/**Flüssigkeit**/fliessen/nass/Fluss	水/液体
194	口	9	**Mund**/Lautäusserung/hörbar/Ausruf/Geräusch	口
182	扌	8	**Hand**/Handarbeit/Bewegung/mit den Händen tun/tragen/handhaben/ziehen	手
154	木	10	**Baum**（art）/**Holz**/Pflanze/Gegenstände am und im Haus/Obst	树/木
141	艹	10	**Pflanze**/Blume/Gewächs/pflanzliche Lebensmittel/Flora	植物
88	讠	9	**sprechen**/Sprache/Äusserung/Kommunikation/Jura/Ausbildung	说
85	土	9	Bauwerk/geographisch/Fläche/Befestigung/Wall/Sperre/sein	建筑物
83	钅	10	**Metall**/**chemisches Element**/fest/Werkzeug	金属/化学元素
78	纟	10	**Stoff**/Gewebe/Faden/Seide/nähen/Handarbeit//verbinden/verwickeln/Organisation/Konflikt	布
77	月	10	**Körper**（teil）// **Zeit**/Mond//Chemie	身体（组成部分）/时间
73	女	10	**Frau**/**weiblich**/Verwandte//Hierarchie	女人/女性的
72	辶	9	(Fort-) **Bewegung**/gehen/verfolgen	（移动）运行
69	忄	10	**Gefühl**/Charakter/Gemüt/depressive Stimmung/Angst	感情

续表

汉字数目	偏旁	被试者数目	被试者所举出的语义场/德语（粗体字系被至少三个被试者写出的语义）	粗体字汉语翻译
68	日+曰	9	**Zeit**/Sonne	时间/太阳
63	火	10	**Feuer**/**Wärme**/Flamme/Herd	火/温暖
56	石	10	**Stein**/Fels/bauen//Chemikalien	石头
53	心	8	**Gefühl**/Gedanke/Herz/Intelligenz	感情
51	竹	9	Bambus/Rohr//**schreiben**/Papier//Korb	竹/写
50	贝	8	**Geld**/Reichtum/Wert	钱
47	宀	8	Ruhe/Ordnung/Staat/Bemate/Jura/bedeutend	安静
46	虫	10	**Kleintier**/Insekt/Weichtier/Nicht-Säugetier/glitschiges Tier//Wachs	小动物
43	禾	9	**Getreide**/Landwirtschaft/Ernte//Steuern//gefällig	粮食
40	王	10	**kostbar**/Edelstein/Jade/Schmuck/einzigartig	贵重的
40	山	10	**Berg**/Gebirge/hoch	山
38	目	10	**Auge**/sehen	眼/看
37	刂	8	**scharf**/schneiden/stechen/Gewalttätigkeit//Mass/Ordnung/systematisieren/Jura	尖锐
34	马	9	**Pferd**/reiten/Transport	马
32	足	10	**Fuss**/(Fort-)**Bewegung**/laufen	足/(移动)运行
29	广	8	**Gebäude**/Raum/Behausung/Boden/gross	楼房
29	疒	10	**Krankheit**/negative Empfindung/Medizin/Defekt	疾病
29	页	8	**Kopf**/Gesicht/Körperteil/Spitze/oben	头
29	米	9	**Essen**/Nahrungsmittel/Reis/kleben/Konsistenz/Material/pflanzlich	吃
27	酉	10	**Alkohol**/Chemie/gären/Säure/Essig	酒
25	巾	9	**Stoff**/Tuch/hängen//Macht	布
25	犭	10	(Säuge-) **Tier**/wild/bedrohlich/zügellos/schlechtes Benehmen	(哺乳)动物
23	衤	10	**Kleidung**/Stoff	衣服

续表

汉字数目	偏旁	被试者数目	被试者所举出的语义场/德语（粗体字系被至少三个被试者写出的语义）	粗体字汉语翻译
22	飠	9	**Nahrung**/**Essen**/bewirten	粮食/吃
21	子	9	**Kind**/klein/Abkömmling/Verwandtschaft	孩子
21	礻	9	**Religion**/Kult/Götter/Ritual/Glück	宗教
21	穴	9	**Hohlraum**/Versteck	洞穴
19	人	8	**Menschen**/terminiert	人
19	彳	8	**Fortbewegung**/gehen/Weg	行走
19	灬	9	**kochen**/Hitze/fertig machen	煮
18	鱼	10	**Fisch**/Wassertier	鱼
16	气	10	**Gas**/**Luft**/chemische Elemente	气/空气/化学元素
16	皿	9	**Geschirr**/**Behälter**/Haushaltsgegenstand//vermehren//Gefängnis	餐具
16	雨	8	**Wetter**/**Himmel**//viele Einzelteile	天气
15	羽	9	**Vogel**/**Flügel**/Feder/fliegen	鸟/翅膀
15	月	8	**Körperteil**/Knochen/Anatomie	身体的部分
14	衣	8	**Kleidung**/Bedeckung//fallen	衣服
14	走	8	(Fort-)**Bewegung**/eilen/gehen	行走
13	鸟	10	**Vogel**/Geflügel	鸟
12	舟	10	**Schiff**	船
12	鬼	10	**Geist**/übersinnlich/immaterielles Wesen/Seele	灵魂
12	弓	8	**Spannung**/**Bogen**/Elastizität	紧张/弓
12	戈	8	**Krieg**/Aggression/Anstrengung	战争
11	革	8	**Leder**/Haut/Dressur	皮革
10	刀	9	**schneiden**/**teilen**/trennen	割/分
10	儿	8	**Beziehung**/Familie/Verwandtschaft	关系
8	车	8	**Wagen**/Räder//Krieg/Militär	车
8	水	8	**Flüssigkeit**/Wasser	液体
8	手	8	**Hand**/Extremitäten	手
8	黑	8	**dunkel**/Nacht/schwarz	黑暗
7	一	8	**Zahlen**/Menge	数字

续表

汉字数目	偏旁	被试者数目	被试者所举出的语义场/德语（粗体字系被至少三个被试者写出的语义）	粗体字汉语翻译
7	父	8	**Vater**/männlicher Verwandter	父亲
6	甘	8	**süss**	甜
5	玉	8	**Jade**/Schatz/wertvoll/kostbar	玉
5	喜	8	**sich freuen**/Spass/Fröhlichkeit	高兴
4	匀	8	**gleichmässig**/Rhythmus/Harmonie	平均
4	帛	8	(wertvoller)**Stoff**/Material	（珍贵的）布料
3	男	10	**männliche Verwandtschaft**	男亲戚
2	卵	9	**Ei**/brüten	蛋/孵卵
2	尿	8	**Harn**/Urin	尿

对所有这些偏旁的语义应该在它们初次出现时予以介绍。

最后，我还想提及我在这项研究中发现的经常出乎我的预料的另一个现象，即偏旁的双功能。首先我们必须区分两种不同的双功能：

一是许多偏旁在一个汉字中具有表义功能，而在另一个汉字中则具表音功能，见表6。

表6

偏旁	汉字数目	起表音功能的汉字数	例子	起表义功能的汉字数（××＝至少10个汉字，精确数字难以客观地确定）	例子
王	40	5 wang	旺汪枉…	×× 昂贵/宝石/玉首饰/唯一的	球玻璋…
马	34	7 ma	吗妈骂…	×× 马/骑马运输	骑骡腾…
力	32	3 li	力历励	×× 移动/积极性/权力/行动/力量/努力	势勉勤…
米	29	5 mi	迷眯糜…	×× 饭/食品/米/粘/稠性/材料/植物的	糜糖粮…
禾	43	3 he/ke	禾和科	×× 粮食/农业/收成/掌舵//讨人喜欢的	秋稼香…

续表

偏旁	汉字数目	起表音功能的汉字数	例子	起表义功能的汉字数（××=至少10个汉字，精确数字难以客观地确定）	例子
见	10	3 jian/xian	见现舰	4 看	见视观览
父	7	3 fu	父斧釜	4 父亲	父爹爸爷
光	7	4 guang/huang	胱恍…	4 光	辉耀…

这类偏旁的数目总计 56 个。

二是存在一种"一箭双雕"的现象：几个字读音相同，字义相近，只是另外的组成偏旁不同。许多首先起表音作用的偏旁也为被试者归类为表义的偏旁，见表 7。

表 7

偏旁	汉字数目	其中一箭双雕的	所涉及的汉字	读音	所找到的共同语义（德语）	所找到的共同语义（汉语）
肖	16	7	削消销稍悄屑梢	xiao/qiao/shao/xie	wenig/vermindern	少/减少
敝	5	5	蔽弊撇憋瞥	bi/bie/pie	heimlich tun	偷偷做某事
圣	12	4	颈茎径到	jing	Hals/Verbindung	脖子/化合物
青	12	4	清静晴靖	qing/jing	klar/ruhig	清楚/安静
中	10	4	中仲忠钟	zhong	Mitte/Zentrum	中部/中央
喜	5	4	喜嬉嘻禧	xi	Freude	高兴
厄	5	4	厄扼呃轭	è	Bedrohung/würgen	威胁/掐脖子
暴	4	4	暴瀑爆曝	bao/pu	ungestüm/heftig/Gewalt	迅猛/剧烈/强力
田	25	3	田佃甸	tian/dian	Landwirtschaft	农业
子	21	3	子仔籽	zi	Abkömmling	后裔

续表

偏旁	汉字数目	其中一箭双雕的	所涉及的汉字	读音	所找到的共同语义（德语）	所找到的共同语义（汉语）
口	15	3	园圆圜	yuán	Kreis/abgrenzen	圆/确定界线
非	13	3	非匪诽	fei（+罪 zui）	Falsches tun	犯错
丁	12	3	丁顶钉	ding	Spitze/Nagel	尖/钉子
支	11	3 3	支枝歧 technique妓伎	zhi/qi jì	abzweigen// Fähigkeit/ Tänzerin	分支 能力/舞女
扁	9	3	篇编匾	bian/pian	Text	文章
半	8	3	半伴泮	ban/pan	teilen/halbieren	分/一分为二
同	8	3	筒桐洞	tong/dong	Höhle	洞
安	8	3 3	氨胺铵 安按鞍	an an	Aminverbindungen fest/ stabil	氨化合物 结实/稳定
宛	7	3	宛腕蜿	wan	gekrümmt	弯曲

从此表中可以看出，许多地方表音和表义的界线并非十分清楚，因此也无法根据六书的定义来明确归类。

同时我确信，这一实验也证明在教学中介绍偏旁的表义性可以及时减轻学习汉字的难度。

下编 汉字教学研究

第四章

汉字教学总论

第一节 汉字教学理论

壹 汉字教学概述[①]

一 研究汉字教学的重要性

中国著名的教育家叶圣陶先生说过:"汉语和汉字有自己的特点。这种语言和文字,从教和学的角度看,有比别的语言文字难的地方,也有比别的语言文字容易的地方,究竟什么地方难,什么地方容易?这些难点现在正在用什么办法去对付?这也是应当调查研究的项目。"[②]

外国学生学习汉语,最难的地方是什么呢?除日本、朝鲜等国的学生以外,很多国家的学生都反映:学汉语最大的困难莫过于汉字。现在世界上绝大多数国家使用的是拼音文字,这些国家的学生到中国来以前,一般地说,根本没见过汉字,他们初学

[①] 本文以"汉字教学简述"为题发表在《第一届国际汉语教学讨论会论文选》,北京语言学院出版社 1986 年版,作者李培元、任远。

[②] 《语文学习》1980 年第 1 期。

汉语,看到一个个的汉字,就像一幅幅的图画一样。学汉字必须一个一个地学,一个一个地记。近些年来,汉字虽然经过简化,但数量仍然很多,笔画依旧相当复杂。对中国人来说,认、记、写汉字也是很不容易的事,这就难怪已经习惯于使用拼音文字的外国学生感到十分困难了。

汉字既然是个突出的难点,那么,教外国学生学汉语,能不能只使用拼音不教汉字呢?这要看学生的学习目的是什么,教学要求总是从属于教学目的的。50年代初,我们曾经接受过到中国来学习体育、绘画等技能的留学生,他们不是念大学本科,只是接受短期的技术训练。对于这类学生,根据他们的具体情况,只对他们进行大量的听、说训练就可以了,并不一定要求他们掌握汉字。而对于学完汉语要在中国的大学学习各种专业的留学生,以及研究汉语或中国文化的进修生,企图避开汉字这个难点那是不可能的。因为我国正在进行的文字改革,不是短期内可以完成的,在目前乃至今后很长的时间里,汉字仍然是我们国家记录汉语的符号。在中国的大学里学习各种专业,不掌握汉字是不可想象的。阅读中文书刊需要认读汉字;记笔记、做作业、参加考试、写实验报告或论文,都需要用汉字书写。很明显,不掌握汉字,甚至掌握得不好都是不行的。60年代初,有个印度尼西亚的留学生,开始学汉语时,对汉字有畏难情绪,在学习的过程中,认汉字、阅读课文的问题初步解决了,但是写汉字一直没有过关。后来他到医学院去学习,三年级以后到医院去实习,在门诊看病不能用汉字写病历,吃尽了苦头。负责实习的老师对写病历的要求又很严格,他只好硬着头皮重学汉字,把写病历常用的汉字练熟。这个例子进一步说明,当外国学生初学汉字,在困难面前丧失信心时,教师千万不可动摇,要求不能降低,否则会留下严重的后患。

综上所述,外国学生学汉字是一大难点,而汉字又是不能不学的,这就给我们提出了一个重要的课题:要发展对外汉语教学,必须加强对汉字教学的研究,应当不断积累教学经验,找出汉字教学的规律,针对外国学生的特点,总结出一套行之有效的教外国学生汉字的方法。这种研究是非常必要的,也是很有意义的。

二　汉字教学在总体安排中的几种探索

三十多年来,为了对付汉字这个难点,帮助外国学生较快较好地掌握汉字,我们在教学安排中作过各种探索,问题的中心是:汉字教学在教学的总体安排中放在什么位置,怎样处理口语和文字的关系,什么时候教汉字最有利。概括说来,过去我们曾经有过以下几种做法:

(一) 先语后文

1950年,对外国学生的汉语教学刚开始,我们用的基本上是"先语后文"的办法。在五六个月内,学生只接触拼音(当时用的是威妥玛式注音法),不接触汉字,在学生掌握了几百个生词以后,才开始同时学习汉字。试验一个学年以后,我们认为:这个办法虽然在初学阶段分散了难点,但是后期学生在学新词的同时,既要学新的汉字,又要补学旧的汉字,实际是集中了难点。而且学生都是成年人,开始只学拼音课文,比较单调,他们知道以后要用的是汉字,老不见汉字容易产生一种急躁情绪,后来出现汉字时又是劈头盖脑地压下来,学生吃不消。经过总结,我们认为这种做法弊多利少，便否定了这个办法。

1951年，当时中国正在开展扫盲工作，祁建华创造了一种速成识字法。他的方法推广以后，我们请祁建华来座谈了一次。后来决定在前次经验的基础上，选择一个教学班重新试验"先语后文"的办法。与1950年的做法不同之处在于：学完七八百个单词和基本语法以后，不讲新课，停十来天，专门突击学过的单词所包含的汉字。根据速成识字法的经验，一天突击七八十个汉字，应该并不吃力。实际上，速成识字法的对象仅仅是不识字的汉族人，外国学生学汉语是作为外语学的，汉字不是他们民族语的文字。他们学汉语的时间很短，语法、单词掌握得不巩固，到突击汉字的时候，猛一下从拼音过渡到汉字，不但出现了集中认写汉字的困难，而且单词、语法又有回生的现象。试验的结果，这个班学生掌握汉字的情况比其他班差得多，这样，我们第二次否定了"先语后文"的办法。[①]

（二）语文并进

通过试验，我们发觉"先语后文"的办法并不适合我们的教学实际以后，决定改为"语文并进"的办法，即在两个星期的语音阶段先教汉字的基本笔画以及笔画较少、构字能力很强的字素（即构字部件，多数是独体字）；从学习语法、课文开始，一方面进行听、说训练，一方面同时要求学生认、写汉字。这样做的好处是：第一，较早地教汉字，符合学生的心理要求，因为他们深知，在中国学习，必须学会汉字；其次，每天均衡地学十几个汉字比临时大量突击记得牢固；第三，应当把听、说、读、写看作有机联

---

① 参见钟梫《十五年汉语教学总结》，《语言教学与研究》试刊第四集。

系的整体，从它们的相互联系、相互促进上来认识它，把握它。听、说、读、写技能的形成，是既循序渐进又交错促进的。在学习中，有听有说，有读有写，能起到相互促进的作用。用这种办法，虽然学生在开始学汉字的几个星期困难比较大，但是，只要善于引导，方法对头，困难是可以逐步克服的。就学习的全过程来说，汉字量的分布比较均匀，也可以说是分散了难点。

当然"语文并进"的办法也存在一些问题，主要是：汉字的出现完全从属于课文、单词，不能根据汉字本身的系统，先独体后合体，先简单后复杂。如：从学语言的需要考虑，"谢谢"总是要先出的，但是，作为组成"谢"的独体字"言、身、寸"却不可能出在"谢谢"之前。

（三）拼音汉字交叉出现

针对"语文并进"存在的缺点，为了有计划地先出常用的独体字，再出合体字，使汉字出现的次序符合汉字本身的系统性，1975年我们曾经在一个教学班试验过教材用拼音加汉字，使拼音与汉字交叉出现的办法，即生词与课文中只出现本课计划教授的以及已学过的汉字，其余的使用拼音，大体类似日文中的假名加汉字。这种办法最主要的好处是可以有控制、有计划地出现汉字。可以按字形构成的规律，先出组字能力很强的独体字，再出形体结构比较简单的合体字，最后再出结构复杂的字。这比课文单词中包含什么汉字就出什么的办法显然好得多，可是实际做起来也有问题。因为拼音汉字交叉出现是不符合实际应用的需要的，这终究是一种过渡办法。过渡时间应当尽量缩短，但至少有两个问题不好解决：一个是组字能力很强的独体字并不容易先出来，因为它们有的不是常用词。例如"尔""贝"等，很难在"你""货"之前出现。再一个是常用词中的合体字,例如"一张纸""一张桌子"的"张",如果一定要等"弓""长"都出来以后再出,学生只看到"张"字的拼音,总看不到汉字,也是一个缺欠。

(四) 听说与读写分别设课

应当说,听说与读写分别设课主要是从教学的总体设计,从加强学生听、说、读、写四项技能的训练出发的。这里只是就与汉字教学有关的问题略加论述。

"语文并进"的教学安排,必然形成一个"语文一体"的教学体系,就是学说什么话,就教写什么字,语言与文字、听说与读写同步前进。这种教学体系,不仅不能按汉字的结构规律出汉字,而且由于汉字难学,听说训练也会受到很大影响。1975年,一个教学班进行了听说与读写分别设课、分开教学的试验。具体做法是,语音阶段(两周)只出现拼音,不出现汉字,课上除教拼音方案外,主要是听说训练。语音阶段结束后开始增加读写课,听说课和读写课的比例是三比一。听说课教材开始以拼音为主,同时出现读写课上学过的汉字,没有学过的以拼音代替,或用拼音为生字注音,听说课后期的教材,则过渡到全部使用汉字。读写课初期的教学重点是汉字,所用的单词和句型都是听说课学过的,但教学内容不需要与听说课完全一致。因为学生在听说课上已经掌握了一定数量的单词和句型,所以读写课用什么句型,出什么汉字,大有选择的余地。可以先教"一个工厂""十个工人"这样最简单的汉字,也可以先出"日""月",再出"明""朋"等。后期的读写课,逐步过渡到大量阅读和写作训练。这种做法的优点是明显的,可以加强听说训练,可以有计划地出现汉字。当然,也存在一些问题,主要是两种相对独立的课如何相互联系,紧密配合。如果处理不好,容易产生相互脱节的现象。

上述几种安排,各有优点和不足。目前,我们学院的基础汉语班,有的仍采用"语文并进"的办法,有一些班则采用了听说与读写分别设课的办法。我们认为,不论采用哪种办法,都应当从教学对象的实际出发,发挥优点,弥补不足,通过实践积累数据,总结经验,并从理论上做一些探讨,这样才能摸索出一套切实有效的、带有规律性的办法来。

三 汉字教学的基本方法

教学安排确定之后,具体的教学方法就是完成教学任务的一个重要关键。我们历来是十分重视汉字教学方法的,不讲究方法就不能帮助学生克服汉字的困难。

汉字是属于表意体系的文字,一般地说,每个汉字都包含着形、音、义三个因素。外国学生初学汉字,既要辨认字形本身的结构,又要建立字形与字音、字义之间的统一联系。记认汉字的过程是一种复杂的思维活动,这就是汉字所以难学难记的原因。比较地说,形、音、义三个方面,字形的掌握是初学汉字的主要难点。实验表明,中国儿童初学汉字,默写中形错的字,超过音近、义近相混的错误三倍左右。① 外国学生初学汉字,情况也是这样。他们常犯的字形错误有:

(一) 字形相混

如:"干""千"不分,"计""讨"不分,"日""目"不分,"主""圭"不分等。

---

① 潘菽《教育心理学》第 231 页。

(二) 结构混淆

如:把"铅"写成"钗","热"写成"热","除"写成"刹","规"写成"贼"等。

(三) 笔画增减

如:把"语"写成"语",把"身"写成"身","变"写成"変","定"写成"定"等。

(四) 结构不匀,位置改变

如:"帮助"写成"帮助",上下结构的"多"改变为左右结构的"夗","题"写成"题","学"写成"学"等。

(五) 字词不分,结构错位

如:"宿舍"写成"宿","移行时"谢"写成"讠(下一行起)射","很对"写成"彳艮寸"等。

汉字形体结构复杂,确有难认、难记、难写的一面。然而,大部分字的构成还是有规律可循的。参照前人总结出的汉字构成和书写的规律、法则,有针对性地找出对外国学生适用的教学方法,是可以把汉字难学化为比较不难的。

根据历年来的教学经验,汉字教学大致可以分为以下几个步骤:

(一) 先教基本笔画

外国学生看来,汉字笔画十分繁杂,一个字好像一团乱麻一样。其实,现在使用的汉字,结构方正,笔画平直,每个字都是由基本笔画构成的,而基本笔画的数量是有限的。唐时有人提出了"永"字八法,一个"永"字,大体包括了汉字最基本的八种笔形。即、(点)、一(横)、丨(竖)、亅(竖钩)、㇀(挑)、丿(撇)、一(短撇)、㇏(捺)。其他笔画都是从这八个基本笔画演变出来的。

在这八个基本笔画中，丿（撇）和 ㇒（短撇）可以合并。所以，在1958年编写的《汉语教科书》中，去掉了 ㇒（短撇），只教了七个基本笔画。① 后来我们觉得还有几个用得很多的笔画也应该重点教给学生，于是，在1980年编的《基础汉语课本》中，在原来七个基本笔画的基础上，增加了 ㇇（横钩）、㇂（斜钩）、㇕（横折）、㇄（竖折）等四个，基本笔画共为十一个。②

教写基本笔画时，要强调汉字的书写规则。不论在哪个字里，一（横）都不能由右向左，丨（竖）都不能由下向上，丿（撇）都不能由左下向右上，㇏（捺）都不能由右下向左上，㇀（提）都不能由右上向左下。掌握基本笔画的写法，练熟这些笔画，是辨认字形的开始，也是写好汉字的第一步。

（二）从基本笔画到独体字

独体字是由基本笔画组成的。有的独体字笔画简单，有的独体字笔画繁多。学生掌握了基本笔画以后，就可以进一步教笔画简单的、常用的独体字，如"人、女、手（扌）、日、月、山、水（氵）、木、口"等。常用的独体字基本上都是象形字，汉字形体虽然几经演变，表面看去，有些字虽然已不十分象形，但是稍加分析解释，仍可看出象形的痕迹。如：⊙——日、☽——月、八——人、〰——山等。对这类独体字的教学，利用象形的痕迹，适当地作些解释，不但可以收到因形见义的效果，而且可以提高学生的学习兴趣，帮助他们记得牢固。

在教写独体字的同时，要把写汉字的笔顺规则教给学

---

① 《汉语教科书》上册，第47页。
② 《基础汉语课本》第一册，第10页。

生。基本的笔顺规则是:先一后丨,先丿后丶,从上到下,从左到右,从外到内,先里头后封口,先中间后两边。笔顺是汉族人长期以来书写汉字的经验总结,也可以说是汉字形体结构的一个组成部分。外国学生不按笔顺规则写汉字,常见的错误有:把几笔连成一笔,如:把"口"写成"O",好像把拉丁字母的"o"写成个扁圆;把"了"写成"3";把一笔写成两笔,如"讠"写成"亠"等。强调按笔顺规则书写汉字,可以避免这类的错误。

(三)分析合体字,化繁为简

现在使用的汉字,绝大多数是合体字。合体字看起来笔画繁多,但大都是由两个或两个以上的部件构成的,把合体字分析成几个部件,繁多的笔画就分解成比较简单的了。教学实践证明,笔画多少相同的汉字,能分析成几个部件的合体字,比不能分解的独体字易记易写。如"村""身"都是七笔,"村"是个合体字,可以分解成"木""寸"两部分,比不能分解的独体字"身"要容易得多。

合体字中有一些是由会意字演化来的。在教学中利用某些字保留的会意的痕迹适当加以分析,对学生记认汉字还是有用的。如二人为"从",表示一个跟着一个,前后相从。双木为"林",表示树木众多,并列成林。还有,人依树立为"休",月在日边为"明"等等,这样分析讲解,可以帮助学生把字形和字义联系起来,有助于学习。

合体字中大量的是形声字。据统计,汉代的《说文解字》共收字 9 353 个,其中形声字 7 679 个,约占总字数的 80%;清代的《康熙字典》,共收字 47 035 个,其中形声字 42 300 个,约占总字数的 90%。① 在现在通用的汉字中,形声字也占绝对多数。形声字就是在一个合体字中,有表示义类的形符,又有谐音的声符。由于汉字形体的演变以及古音今音的不同,虽然现在有些形声字变得既不表形也不谐声了,但是仍然有相当多的形声字还不同程度地具有表意和表声的作用。根据周有光先生的研究结果,现代汉字声旁的有效表音率是 30%。② 对形声字进行分析归纳,不但可以帮助学生认记字形,而且还有利于帮助学生了解字形与字音、字义之间的关系。例如:请坐的"请"、清楚的"清"、感情的"情"、晴天的"晴",这些字的读音都和声符"青"的读音相同,只是声调略异;这些字的字义,分别由形符"讠(言)、氵(水)、忄(心)、日"的原义显示出来。这是用同一声旁"青"归纳的例子。还可以用同一形旁归纳。例如:"氵"旁的字,"江、河、湖、海、洗、泳、波、渴、深、浅"等,都与"氵(水)"这个义类有关。"木"旁的字,"板、椅、楼、柜、桌"等,都与"木"这个义类有关。学过一定数量的汉字以后,不断地利用声符或形符归类排队,可以引导学生把学过的字联成一串,温故知新,加深印象。

　　如上所述,分析合体字,充分利用形声字的构成规律,加以归类排队,确能在某种程度上化难为易,对汉字教学大有用处。也应当指出,有些形声字中的声符虽然有标音的作用,但是人们必须认识表音的独体字,然后才能掌握这个形声字的读音。知道"青"怎么读,才能了解"清""请"等的读音。这说明汉字仍然是表意文字,跟拼音文字是完全不同的。这些在教学中还须十

---

① 左民安《汉字例话》第 11 页。
② 周有光《汉字声旁读音便查》第 5 页。

分注意。

(四) 把字和词的教学结合起来

作为表意的文字体系,每个汉字既是一个音节单位,又是一个意义单位。凡能自由使用的就是一个单音词,例如"笔、车、鱼"等。这些单音词又可以和很多其他汉字组成复音词,如"铅笔、钢笔、毛笔、粉笔、笔尖、笔画";"火车、汽车、自行车、马车、车站、车厢"等等。大量的词语是由一定数量的汉字组成的。根据我院语言教学研究所的统计研究,1978—1980年国内使用的中小学语文课本共20册,出现的词语共18 177个,而其中最高频率的词语共3 817个,仅仅是由1 900个汉字组成的。学生如果理解了1 500—2 000个常用汉字的意思,就可以借助这些汉字的字义去理解大量的新词。当然,要防止"望文生义"的毛病,如"大家""丢人"等,两个字义相加并不等于该词的意思。但是,培养和发展学生"望文知义"的能力,作为一种能力的培养,还是很重要的。

四 运用多种形式,编写各种实用的材料

为了帮助外国学生掌握汉字,除了在教学安排和教学方法方面不断实践,不断总结,尽可能找出一套有效的办法以外,我们还注意了调动各方面的力量,运用多种形式,编写能够增长有关汉字的知识、提高学习兴趣,帮助学生较快、较好地掌握汉字的各种材料。主要的有以下几种:

(一)《汉字练习本》

1961年,配合当时使用的《汉语教科书》,我们编写了两本《汉字练习本》,作为学生练习写汉字的辅助材料。学生对《汉字

练习本》很欢迎,帮助学生认写汉字效果也很好。1980年,配合《基础汉语课本》,我们又编了两本《汉字练习本》,同样取得了较好的效果。

《汉字练习本》的编排是从练基本功开始,先要求学生掌握汉字基本笔画的正确写法和汉字笔顺的基本规则,然后分析汉字的基本结构。主要方法是吸收中国传统的汉字教学中行之有效的描写和临写等。1980年的《汉字练习本》,从第十八课开始,分析汉字的偏旁,两本《汉字练习本》,共讲了常用的24个偏旁(亻、口、讠、木、日、宀、女、𧾷、辶、扌(手)、疒、心、目、雨、火、车、氵、冫、忄、𠂉、囗、灬、钅、身)。《基础汉语课本》全套书(四册)出现汉字1 054个,两本《汉字练习本》共有汉字487个。如果学生能熟练、正确地掌握这487个汉字的写法,就打下了进一步学好汉字的基础。

(二) 汉字习字卡

为了帮助学生经常地灵活地复习汉字,根据《基础汉语课本》和《实用汉语课本》等出现的汉字,选了常用字1 375个,编制了一套汉字习字卡片。卡片正面是楷体汉字,每个字按照笔画先后标有笔顺序号。汉字左边标有该字的部首,以利于使用汉语词典。汉字右边是字的分解,分析该字的构成部件,为了便于记忆,并不严格遵守构字法。常见的繁体字、异体字均写在下方。

卡片的背面是汉字的读音及若干个含有该字的词语。选列的词语都注出了词性、读音及英文释义。

作为一种自学汉字的辅助材料,这套卡片对外国学生应当是很有帮助的,可惜卡片较大,数量较多,携带不太方便。

(三) 教学影片《汉字》

为了形象地展现有关汉字的知识,提高学生的学习兴趣,帮助学生解决学习汉字的困难,我院与沈阳电教馆合作,于1984年编写摄制了教学电影片《汉字》。影片分上、中、下三集。上集《汉字源流》,通过中国珍贵文物:仰韶陶器、殷商甲骨、秦汉书简、汉唐碑刻等展现了汉字的起源与演变。中集《造字方法》,重现了古代人的生活与劳动场面,形象地讲解了象形、会意、假借、形声四种造字方法。象形、形声作为介绍的主要内容,使学生了解汉字的一般规律。下集《汉字书写》,通过基本笔画书写的示范,讲解了笔顺。同时纠正了初学书写汉字常犯的毛病,使学生对怎样写好汉字有初步的认识。这部影片的各集,既可以分别用于教学,也可以连续放映。相信这部《汉字》教学片,定会以它特有的生动、形象的艺术手法,不仅能传授有关汉字的知识,而且会给学生留下深刻的印象。

五 结语

回顾汉字教学的发展过程,我们深深感到,汉字教学应当在已有经验的基础上,进一步深入研究,继续探索,使汉字教学从经验型向科学型发展,努力加强汉字教学的系统性、科学性。我们认为,下面几个问题有必要再着重说几句:

(一) 要重视研究学生学汉字的心理,充分利用汉字中象形、会意、形声字所具有的规律,破除学生对汉字的畏难情绪,启发学生的学习兴趣。事实上每年总有一些学生,逐渐喜欢写汉字,有的参加了课外书法小组,取得了写毛笔字的可喜成绩。

(二) 要围绕汉字字形构成的系统,即由基本笔画构成独体字,由独体字构成合体字,引导学生循序渐进地学习,扎扎实实地打好基础。我们设想,还可以根据字形的不同结构,把常用的1 500—2 000个字按难易程度分成若干等级,例如:笔画少、结构简单的字(口、日等);笔画较多,但可以分解成构字部件的字(放、给等);字形结构不规则的字(奶、弟等);笔画多,结构复杂的字(疑、暴等)。出汉字时尽量做到先易后难,难易均衡,尽管不容易做到这一点,教师对难易程度心中有数,也可以根据不同的情况考虑教学方法。

(三)应当重视字义的教学。汉语词汇非常丰富,繁多的常用词是由1 500—2 000个常用字组成的。讲清楚这些常用字的字义是非常必要的。只讲词义,不讲字义是片面的,因为汉字不同于拼音文字中的字母。50年代初编写的教材,既讲词义,也讲字义。后来考虑入门阶段词义和字义同时教增加学生的负担,于是教材中就只给词义了,字义的讲解由教师在课堂教学中处理。这种做法,不能保证字义的教学有计划地进行,应当强调字义教学的重要性,在教材中要适当地体现。1981年出版的《实用汉语课本》,在这方面作了一些尝试。

(四)要重视提高书写速度。书写速度的提高是反复练习的结果,同时书写速度也反映学生掌握汉字的熟练程度。照猫画虎,看一笔写一笔,既谈不上书写速度,也说明汉字掌握得不熟。一般地说,汉族人的书写速度大致是1分钟20—30个汉字,[①]教学中应该根据学生的学习进度,规定每分钟抄写多少个汉字的具体要求。

---

① 《光明日报》1963年11月27日。

总之,汉字教学仍然是对外汉语教学中需要研究的重点课题之一,值得探讨的问题很多。我们相信,在教学实践中注意总结,不断研究,通过国内外同行的通力合作,一定可以把汉字教学的研究推向前进。

贰 汉字能力与汉字教学[①]

一 什么是汉字能力?

汉字是意符·音符·记号文字,从这个意义上说,所谓汉字能力,指的是用汉字进行记录、表达和交际的能力,包括写、念、认、说、查等五个要素,其中,写、念、认各以汉字形、音、义为理据依托,是成就汉字能力的基础要素,属本体范畴;说和查是以汉字的形、音、义为基础,以熟练掌握本体范畴内的各个要素为前提,来称说和使用汉字,是写、念、认诸要素在应用领域里的延伸,属应用范畴。本体范畴和应用范畴内的五个要素联合构成了衡量汉字能力高低的尺度。汉字能力为汉语能力的重要组成要素,汉字教学是对外汉语教学中不可忽视的重要方面。

二 写

(一) 什么是写

就是书写,确切地说,是在向量特征的规定下正确书写符合

---

① 本文以"论汉字能力"为题发表在《世界汉语教学》1999 年第 2 期,作者施正宇。

汉字拓扑性质的字形,并使之达到正字法的要求。

(二) 汉字书写的向量特征

从视觉角度来说,文字的书写过程以不挡视线为原则;从肢体运动的规律来说,应以省力为原则,而手在书写时只有沿着由远及近的向心方向运动才符合这两个原则,这是一般文字书写的向量特征。这一特征决定了汉字的基本书写方向,即在右手执笔的条件下笔画的书写、笔顺的排序、部件及结构的安排均须从左向右、从上到下地进行。

笔画是现代汉字的书写元素,就书写过程而言,它是构成现代汉字的有起止的线条。根据书写的向量特征,以运笔方向为依据,我们得到的是两种不同的笔画类型。书写时方向没有变化的笔画为基本笔画,包括横、竖、撇、捺、点和提。其中以向右运笔的横、向下运笔的竖占多数。书写时在不违反向心书写的原则下方向有所变化的笔画为派生笔画,也即我们常说的各种折笔。

书写的向量特征规定了与笔画书写方向一致的连笔方向,它要求连笔书写的起点在左、在上,终点在下、在右,这是汉字笔顺的基本规则。两点之间直线最近,根据这一原理在笔画的落笔、起笔之间,寻求书写的最短距离,是笔顺规则的几何依据。现代汉字的笔顺规则是人们在总结了汉字自产生以来特别是隶变以来书写实践的基础上得出的最佳选择,它在顺应生理机制的同时,也符合了寻找最短连笔距离——包括单个汉字笔画与笔画之间的最短距离,以及相邻两字中前一字的末笔与后一字的起笔之间的最短距离——的几何原理。就汉字书写的历史而言,笔顺规则也体现了约定俗成的必然趋势。

部件是现代汉字中由笔画组成的具有独立组成能力的构字单位。在向量特征的制约下,处于不同结构特定位置上的部件,其笔画的书写会呈现出一些形变规律。根据运笔的走向,我们既可以以部件为单位进行书写,如横向结构、纵向结构、横纵结构、纵横结构等等;也可以依笔画所处的具体位置进行部件的交叉书写,如包围结构和半包围结构。

(三)汉字字符的拓扑性质及其正字法

汉字字符的拓扑性质指的是汉字的书写单位与结构元素组合在一起的协调关系,是汉字符号所具有的一种自然属性。它主要表现在可变特征与不变特征两个方面。可变特征在保持基本的书写元素及其位置关系和结构形式不变的前提下,笔画的大小、长短、粗细、距离及整字的结构比例等方面具有一定的自由度。它使汉字从单纯的文字符号走向独立的艺术门类——书法——成为可能。不变特征指无论字体、字号如何变化,汉字的书写都要保持笔画和部件的种类、相对位置及整字的结构形式相对稳定的性质。它保证了汉字符号系统的长时期的相对稳定。可变特征与不变特征相互依存,书写时,任何笔画的大小、数量、粗细、距离上的变化都以保持笔画和部件的种类、数量及其相对位置和结构类型的基本稳定为前提,否则,汉字字符将被改换或字不成字。例如,"外",左边的一点过长或右边的一竖过短,就有可能写成另一个字"处";左右两个部件写得过宽,两者的相对距离过大,就可能写成"夕"和"卜"两个字;如果笔画杂乱无章,笔画的种类和数量发生改变或增减,就会写成本无其字的错字。也就是说,可变特征的变化要以保持不变特征的基本稳定为前提条件,不变特征要以保证可变特征的一定变化为其生存环境。

世界上任何一种规范的文字都有正字法,汉字亦不例外。它指的是如何使组成汉字的笔画和部件的书写合乎结构规则的方式方法,是建立在汉字自然属性之上的人为约定,具有法规的性质。以正字法为依据,学生的书写错误可分析为三种不同的类型:非字、假字和别字。构字笔画和部件的种类及组合关系均与正字法不符的书写错误为非字,如学生将"还"写作左右结构的"辶+不",将"她"写作"女+亻",正字法中"辶"只能出现在半包围结构中的左下部,而不是左边;"亻"应出现在字的左边,而不是右边,换言之,在学生的书写中,"辶"和"亻"写在正字法中不应出现的位置上。将正确的组合单位依错误的组合关系排列的书写为假字,如学生将"会"写作"宀+云",将"前"写作"艹+月+刂",其中,"宀"和"艹"虽然写得不对,但在正字法中它们都可写在字的上边。非字和假字均为错字,两者的区别在于:前者说明学生对汉字结构规律的认识还处于一种盲目无序的状态,而后者则意味着学生对此已经具备了一定程度的理性认识。错字之外,笔画和部件出现的位置及组合关系都合于正字法,但却张冠李戴地书写为别字。从非字、假字、别字到正字,学生书写中不同层次的错误,反映了他们对汉字结构单元和组合关系的认识正在不断深化,逐步接近并达到正字法的要求。

(四)书写是培养汉字能力的基础

形体是所有文字借以表词达义的物质外壳,汉字也不例外。外国人看汉字,好像一幅难以分析的画。以上对笔画—笔顺—部件—结构的平面分析,正是为帮助外国学生正确认识并书写汉字的形体服务的。从汉字学习的全过程看,字形书写是成就汉字能力的基础。换言之,汉字能力的各个要素的培养都离不开对字形的把握。

(五) 书写是培养汉语能力的阶梯

语言能力的听、说、读、写四个要素中,"写"包括这样两个内容:写字和写作。写字是写作的起始点,写作水平的提高必以写好文字为前提条件。由于拼音文字的字母数量有限,所以在以拼音文字书写母语的语言习得过程中,写字只是教学之初的事。而构成表义汉字的笔画和部件的数量相当之多,学写汉字是初级乃至中高级汉语学习中贯穿始终的要素。以往的对外汉语教学,重写作而轻写字,具有一定听说能力的学生常常因此裹足不前,产生错写、误念、误认等现象。就总体而言,现代汉字承袭了传统汉字据义构形的方式,字形是字义的外在形式,也是通向语音与词义的桥梁。识字是阅读的前提,一个不能准确书写汉字的人能准确、快速地书写、朗读并阅读汉语的书面语言是难以想象的。从这个意义上说,汉语言能力的结构顺序应考虑到汉字的因素,即写字先于阅读,写作后于阅读。中国人有会认不会写的,但这是说母语的人。第二语言学习者会有所不同。通过写达到准确辨认、区分汉字的笔画、结构,从而有助于阅读。因此,书写汉字的形体不仅是培养汉字综合能力,也是培养汉语语言能力的基础环节。

三 念

(一) 什么叫念

指的是根据汉字形体所提供的信息准确地念出它所承载的字音。汉字能力中的"念"有时也说"读",但这并不等同于语言能力中的"读"。前者是读字,指根据个体字形所提供的语音信息念出一个音节或一串音节;后者是阅读,是根据成串字形所提供的词汇、语法、语义、语境等信息看懂并领悟成串音节所表达的内容。读可以出声,也可以默念;念是要发出声音的,初学者尤为如此。能念才能读,念出字音,并分辨字形,是快速、准确地阅读成串字符的基础。为避免不必要的误会,谈到汉字能力时,本文称"念"不称"读"。

(二) 现代汉字的语音特点

一个字形代表一个音节,同时多音字也很多,这是现代汉字语音的主要特点。利用语音特点进行汉字教学,一方面要结合字形进行音节教学,加深学生的形音概念,并强化其根据字形念出音节的能力和意识;另一方面还要结合汉字所表达的词汇意义,加强多音字的教学,尤其要注意培养学生在不同的词汇、语法环境中准确地念出字音的能力。

(三) 现代汉字中形声字声旁的有效表音率

1956 年,丁西林先生曾对 334 个未简化的"手"部字进行统计,结果字音与声旁完全相同的有 87 个字,占全部"手"部字的 26%。[①] 此项统计结果与 30 年后出版的《现代汉字形声字字汇》[②]一书从更大范围材料中得到的结果惊人地相等。在这部书里,倪海曙先生罗列了 1 522 个声旁,其中单音声旁与形声字的字音完全相同的占 26.3%。1978 年,周有光先生对《新华字典》所收正字进行统计,现代汉字中的形声字中声旁的有效表音

[①] 丁西林《汉字的笔画结构及其写法与计算笔画的规则》,《中国语文》1956 年第 8 期。

[②] 倪海曙《现代汉字形声字字汇》,语文出版社 1982 年版。

率在 39%。① 所谓有效表音率指的是不计四声、只论声韵的表音效果。周先生的统计结果自发表以来已被看作是有关形声字声旁表音效果的权威性结论。由于汉语的声调具有区别意义的作用，所以使用此项统计结果时当考虑声调因素。李国英先生在研究小篆构形系统时，提出了把独体的象形、指事字与合体的会意字看作形声字的构成成分的观点。② 如果我们把这一观点引入现代汉字形声系统的研究，即把可以充当声符的非形声字纳入现代汉字的形声系统，那么，可以推断，字形提供的语音信息将会加强形声系统的表音力度。

(四) 针对现代汉字的表音功能进行字音教学

根据上文所述可知，声符与所构汉字的声、韵、调完全相同或部分相同的比例相当可观，利用声符的有效表音率，培养学生的念字能力，可以达到事半功倍的效果。不过，如果完全依声符念字，除去约 1/4 声符准确表音的字，还有 3/4 的字念不准或念错；根据周先生的统计，也将会有近 2/3 的字完全念错。所以盲目地依赖于声符进行汉字教学，会误导学生走进"秀才识字读半边"的误区。

四 认

(一) 什么叫认

根据字形提示的意义信息辨认并区别字义与词义。

(二) 现代汉字的表义功能

从图画文字演变而来的古代汉字据义构形，形义统一是古

---

① 周有光《现代汉字中声旁的表音功能问题》，《中国语文》1978 年第 3 期。
② 李国英《小篆构形系统》，北京师范大学出版社 1996 年版。

代仓颉们所固守的造字原则。现代汉字的形义承古代汉字而来,它的形符在一定程度上仍能体现一定的意义。费锦昌、孙曼均两位先生曾在现代汉字的字义范围内对《新华字典》所收"氵""亻""心(忄)""犬(犭)"四部中的形声字形符的表义程度进行分析,得出了 6.9、5.9、3.3、2.5 的表义度值。① 笔者曾不考虑差异,在现代汉字的共时平面上,立足造字时代的本义,对 3500 个常用字中形声字形符表义的客观性能做过静态测查,得出了 83％的有效表义率。② 以上两种统计都限于形声字的形符。由于测查的范围不同,具体操作的方法不同,所得结果也不尽相同。如果我们将充当形符的独体字也看作形符系统的组成成分,那么将会有更多的汉字被纳入形符系统,形符的表义程度还会有所提高。由此,我们不难得出这样的结论:现代汉字的形符在一定程度上仍然体现着它所要表达的字义与词义。假如我们对现代汉字形符表义功能进行测查时考虑到以下几个因素,形符的表义数值将更有助于提高我们对汉字字符的认识:1. 汉字使用者的语文水平,包括汉字水平和汉语水平。2. 形符与它所要表达的汉语的词在使用中的所有义项以及这些义项的出现频率。3. 将充当形符的独体字看作形符系统的组成成分。这种动态测查的难度和广度比静态测查要大些,但只要能对操作步骤进行周全设计,借助现代先进的工具与方法,测查仍然是可行的。

---

① 费锦昌、孙曼均《形声字形旁表义度浅探》,载《汉字学术问题讨论会论文集》,语文出版社 1988 年版。

② 施正字《现代汉字形声字形符表义功能测查报告》,《语言文字应用》1992 年第 4 期;《现代形声字形符意义的分析》,《语言教学与研究》1994 年第 4 期。

(三) 现代汉字形符的表义方式和表义层次

1. 现代汉字形符的表义方式 (1)同位表义:形符义和它所要表达的字义具有语义相等的关系,如父与爸、爹;木与树;冫与冰;宀与室;广与病、疾;目与眼;口与嘴;舟与船等等。(2)上位表义:形符与它所要表达的字义具有一般与个别的意义关系,如饣与饭、饺、馒、饼;女与妈、奶、姥、婆、嫂、姑、娘、姨、姐、妹;虫与虾、蚂、蚁、蜻、蜓、蛙、蜘、蛛、蝴、蝶,等等。(3)下位表义:形符义与它所要表达的字义具有个别与一般的意义关系,如子与孩;冫与液,等等。(4)提示表义:形符义对由该形符参构的汉字字义有一定的提示作用,如足与跑、踢、跳、跨、踩;口与吃、喝、唱、喊、吐、吵、叹、咽,等等。(5)特征表义:形符表示着它所表达的字义具有的某种特征,如竹字头与笔、筷、筐、箱、篮、符、笛等;或形符义与它所要表达的字义具有某种共同的特征,如马和驴、骆、驼、骡同属力畜,犭和猪、狮、狼、狐、狸、猴、猿、猩等同为动物。红、绿、紫等表示颜色的字从纟(糸)的造字理据也可以从绵延千里的丝绸之路上去寻找答案。这类形符的意义与它所参构的汉字字义的联系往往是以汉字形成时期的社会生产生活为纽带的。(6)心理表义:形符所表达的意义受制于汉字形成时期人们的主观意识和文化心理。没有对中华民族人文历史的深刻了解与领悟,就无法理解该形符个体的表义作用和系统的表义功能。换言之,形符的这种表义方式是隐含在人们对汉字形成时期人文历史的主观认识之中的。形符与参构汉字的意义关系也因此成为汉字文化的独特景观。

2. 现代汉字形符的表义层次 在同位、上位、下位和提示这几种表义方式中,形符与参构汉字的意义联系是建立在人类文化通感基础上并通过字形的组成部分直接显现出来的，两者之间存在着一目了然的逻辑关系。我们把这种由字形显示出来的具有某种必然的逻辑关系的表义方式归为表层表义（显性表义）。属特征表义和心理表义的形符与参构汉字的意义关系隐含于汉字形成的社会生产与主观意识之中，它的表义方式从逻辑上看并非是必然的、唯一的。我们把这种隐含于造字时代的人文历史之中的表义方式归入深层表义（隐性表义）。

3. 现代汉字声符的示源功能　示源是古代汉字声符的一种重要功能。汉代刘熙的《释名》就常用声符来推求名源，宋代王子韶将其发展为"其类在左，其义在右"的"右文说"，近人沈兼士先生更是将义素分析的方法引入了声符示源功能的研究。现代汉字承古而来，其声符仍具有一定的示源功能。由于声符的示源功能有助于字义与词义的理解，所以在汉字教学中应当引起重视。有关现代汉字声符系统示源功能尚有待进一步的统计、研究与分析，如何应用于教学也尚需探索，但任何系统的知识都来源于个体的积累，所以我们设想，在中级阶段引入对个别汉字声符示源功能的讲解，并进而在高级阶段进行系统讲授应该是可行的。

(四) 利用现代汉字的形义特点进行认字教学

现代汉字形符的表义方式与表义层次决定了汉字教学的不同阶段侧重点要有所区别。在初级阶段引入表层表义中同位表义、上位表义、下位表义和提示表义的概念，有助于强化对字的形义关系的认识；而理解深层表义所凝聚的独特的文化积淀，必须以一定的汉字汉语能力和历史文化知识为基础，所以，它的教学宜归入中级乃至高级阶段进行。

五 说

(一) 什么是说

说即称说,指用已知的有关汉字形、音、义的知识来称说未知的字形,简言之,就是把字说给你听。用以称说的笔画、部件和整字叫称说单位。"已知"是称说的前提,指说者和听者双方共同掌握的有关汉字形、音、义的知识,一般多采用比较常用、笔画较少且结构清晰的单字或部件为称说单位。"已知"是一个有关汉字知识的量化概念,已知量的多少和深浅直接关系着称说的是否有效,一般说来,文化水平越高的人,称说的能力越强。

"未知"是指在系统已知的前提下的个体未知,包括字用和字形两个方面。字用指的是已知两个或两个以上的同音或形近字,却不知该用哪一个。字形指的是不知组成汉字的笔画种类、数量和位置关系,以及部件的种类、数量和结构关系等。

由此看来,称说的内容不外乎这样几项:笔画的名称、数量和位置关系;部件的名称、数量和结构关系;同音字或形近字。

(二) 称说的方式

从汉字的生成结构看,称说主要有以下几种方式:1. 笔画称说,一般限于笔画较少的汉字;2. 部件称说,一般限于结构清晰、部件数较少的汉字;3. 整字称说,多假同音字来完成。我们把仅仅局限于某一结构层次的称说方式统称为单元称说。从汉字的组合层次来看,称说还有这样几种不同的方式:1. 用笔画和部件共同称说,如包字头里加一点是勺子的"勺";2. 用部件和整字共同称说,如公园的"园"是方框儿里面一个元旦的"元";3. 用笔画和整字共同称说,如元旦的

"旦"是星期日的日下面加一横;4. 用笔画、部件和整字共同称说,如夏天的"夏"上面一横,中间是自己的"自",下面是冬字头(折文儿)。我们把这种依汉字的平面组合跨层次进行的称说方式统称为多元称说。

(三)称说对汉字教学的要求

当教师在课堂上提出"某字怎么写"的问题时,常常有学生下意识地举起手比画,或直言"我知道怎么写,但不知道怎么说",更有写字基础较好的韩国学生问:"为什么我的中国朋友都知道怎么说,而我们不知道?"究其原因,以往以临写、摹写为目的的汉字只写不说。称说在汉字应用领域中的实际意义要求我们的课堂教学在教给学生书写的同时,讲授必要的、基础的汉字知识,并进而训练学生的称说能力。

(四)称说的局限

称说是使用者在没有或不需要书写工具和书写材料的前提下,用言语描述字形的一种方式。汉字作为书写符号,它的使用是以写清楚而不是说清楚为目的的,这就使称说的范围受到了来自使用者的知识结构和汉字形体的多方限制,正如我们很难以笔画为单位去说清楚"垂"和"象"的写法;或以部件为单位说清楚"藏"("草头加臧否的'臧'")的称说方式似有越说越不明白之嫌)和"舞"等字的写法,要想对字形进行穷尽式的形体描述既是不现实的,也是不可能的。此外,众多部件没有名称的现实也在一定程度上限制了字形的言语描述。

六 查

查即指汉字、汉语工具书的查检、使用,包括用笔画(含笔顺)、部首、拼音的排序方式进行检索、查看。汉字、汉语工具书的使用是建立在写、念、认等能力的基础之上的,使用过程中检索方式的选择以及检索效率的高低是对留学生汉字能力的综合考察。

　　遗憾的是,目前有关汉字、汉语工具书检索的教学几乎是空白点。许多外国学生都是无师自通地使用按英文字母顺序排列的拼音检字法。他们翻检以音序法排列的字典、词典相应地比较熟练。音序检索的前提是已知字音,但见形而不知音、义却是学生学习过程首先遇到的问题,音序法对此无能为力。目前看来,不仅是为工具书使用而进行的笔画(含笔顺)、部首教学尚未列入汉字、汉语教学的日程上来,而且依笔画和部首排序的供外国人使用的工具书也少得可怜,这在一定程度上限制了汉字、汉语能力的提高。要提高学生使用汉字、汉语工具书的能力,首先应加强有关汉字知识的教学(包括本文上述内容)。其次,在工具书编纂及相关的理论研究方面也有许多工作可做,如现在按字形、字音、字义排序是汉字、汉语工具书的三种编排方法,但实际上单纯以字音、字义、字形排列的工具书是很少的,因为字音、部首、笔画数、笔形相同的字大量存在,汉字简化后字形发生了很多变化、字义也在不断发展、演变,更多的工具书是综合三种形式排序,如在字音、部首相同的情况下,以笔画数、笔形排列等等。当前急需规范音序、形序、义序的编排方式,特别是形序的取部位置和归部原则,以及字形简化、字义演变后义序的立部原则,这样才能有助于达到快速、准确地检索的目的。

叁 汉字研究与汉字教学①

在对外汉语教学中,汉字教学一直处于滞后状态。这一局面是由多种因素造成的。但其中最重要的原因,是以教学为目的的汉字研究开展得还不够,对怎样把汉字研究的成果运用到教学中去注意得不够。换言之,是汉字研究与汉字教学实践结合得不够。

汉字研究与汉字教学从根本目的来说是一致的,都是为了认识汉字、掌握汉字。只是前者往往立足于对汉字的性质、历史演变和现状以及被使用过程中的种种现象的深入了解,去发现汉字发展演变的内部规律以及影响这些规律的各种因素。后者则要求将汉字研究所得到的对汉字体系客观、科学的认识,通过更为生动、直观的手段有选择地介绍给学习者,帮助他们了解和使用汉字(这种了解和使用主要指认读和书写汉字)。因此,汉字研究和汉字教学之间存在着相互依存、相互促进的关系:离开了对汉字研究已有成果的充分了解,教学目的的确定、教学内容的选择与安排、教学手段的设计都将失去科学依据,成为无源之水;反过来,教学效果的好坏,常常可以检验我们通过本体研究所得到的认识是否科学和全面。赵金铭先生在谈到对外汉语语法教学问题时曾说过,当学习者用我们教给他的语法规则类比套用、"造出各式各样的句子","有时完全无误,有时就错了,以

---

① 本文以"从汉字研究到汉字教学"为题发表在《世界汉语教学》2004年第2期,作者万业馨。

至于错得'匪夷所思'。于是,教者不得不反躬自问,我们所教的语法条条是否存有问题。"①语法教学是这样,汉字教学同样如此。当我们从教学中得到启发、重新思考、修正认识、改进方法,并在教学中确有所获时,才能真正体会到吕叔湘先生所指出的:"教外国学生汉语对我们的启发比教汉族学生更大,更容易推动我们的研究工作。"②下面,我们打算通过教学中几个与认读和书写有关的实例,对汉字研究和汉字教学的关系展开讨论。

一 汉字性质研究与汉字教学内容的确定

有关汉字性质的讨论是汉字研究的一个重要内容。不少人觉得它是个与对外汉语教学各项具体安排相去甚远的理论性问题。事实上,教学过程中的每一项设计背后都有设计者的指导思想(即他对事物的理性认识)。试想,如果教师自身连汉字是什么样的文字都不清楚,又怎么谈得上让学生正确地认识汉字呢?因此,有关汉字性质的讨论与教学可谓密切相关,汉字教学的内容与重点的确定往往取决于对汉字性质的认识。

翻检已有的汉字教材,有关认读(或者说识字)的部分一般有两多:一是讲字源的多。绝大多数教材在讲到具体字例时,多配有古汉字字形,有的还进一步发挥,画出字形所对应的事物。目的据说是为了提高学生的兴趣,加深他们对字形来源的印象。二是在确定需要讲解的常用字字例时,选择可以在合体字(主要

---

① 详见赵金铭《对外汉语语法教学的三个阶段及其教学主旨》,《世界汉语教学》1996年第3期。

② 详见吕叔湘《教书与研究》,《对外汉语教学》1984年第1期。

是形声字)里充当意符的独体表意字多,可以充当音符的极少,甚至没有。

由于留学生在校学习时间有限,有关汉字认读和书写的教学内容主要安排在第一学期(甚至只是第一学期的前半学期)。这就要求我们在对教学作总体设计时,把最能反映汉字特点的内容、便于较快了解和掌握汉字的认知方法教给学生。因此,根据上述做法,不管教材编写者是否直接说明他对汉字性质的见解,我们都可以很快地判断出,这些都是强调汉字表意性的做法,或者直接说,编者认为汉字是表意文字。

上述设计的教学效果如何呢?1997年笔者曾与石定果教授合作,以北京语言大学部分至少具有三年以上汉语学习经历的留学生为对象进行过一次小型调查。调查结果表明,绝大部分学生对汉字的基本结构与特征已有一定认识,尤其是对形声字形旁的判断正确率高达100%;在学习汉字时使用过的各种方法中,利用形旁推测词义的比例最高,还有相当一部分学生根据形旁义辨别形似的形旁。这些反馈的信息可以说明,我们的教学已经达到了预期的效果。

但同时调查结果也显示:学生在读音方面面临着诸多困难,其中"见字不知音"是最大的困难。这一点,无论日本、韩国、东南亚还是西亚或欧洲学生皆无例外。他们对形声字声旁的判断能力也明显低于对形旁的判断能力。在说到汉字难学的原因时,有的学生明确表示,因为"汉字和读音无关";有的学生则建议,要"了解汉字体系的规律","重视声旁"。

面对这些,我们不能不反躬自问:我们对汉字的性质、特点的认识是准确和全面的吗?汉字是表意文字吗?

事实上,对于什么是表意文字,人们的理解并不一致。"汉字是表意文字"这一观点,是20世纪初西方学者立足于汉字与字母文字所具有的不同特征首先提出来的。他们把字母文字称为表音文字,把汉字命名为表意文字。然而,对于"表意文字"这一名称的解说,却各不相同。如瑞士学者索绪尔认为,所谓表意文字体系就是"一个词只用一个符号表示,而这个符号却与词赖以构成的声音无关。这个符号和整个词发生关系,因此也就间接地和它所表达的观念发生关系。"①英国学者帕默尔则认为,表意文字只是原始的图画文字向表音文字过渡的中间阶段,"在这个阶段,图形符号直接表示概念。它还没有和语言的声音符号——词发生联系。"甚至把汉字说成"不过是程式化了的、简化了的图画系统"。② 而国内的表意文字说主要立足于汉字符号的来源,即古汉字形体所具有的象形特征及其所代表的具体意义。这一点,从上面所提到的在教材里安排字源解说的做法可以得到证明。

不仅如此,由于西方的传统分类法很早以来就确定了把文字体系分为三种类型,即"图画文字""表意文字""表音文字",并把三种类型作为文字发展的三个阶段,把表音体系的形成作为文字系统形成的标尺。因此,帕默尔的结论是:汉字还不能算是严格意义上的文字。

表音、表意两分法与文字发展分为三阶段的说法对汉字研

---

① 详见[瑞士]费尔迪南·德·索绪尔(1916)《普通语言学教程》(高名凯译)第50—51页,商务印书馆1996年版。

② 详见[英]L. R. 帕默尔(1936)《语言学概论》(李荣等译)第95页、99页,商务印书馆1984年版。

究产生过很大的影响,例如认为形声化的进程表明了汉字在向表音方向过渡,因此形声字是增加表音成分,并因此努力寻求汉字向字母文字过渡的途径。加上以《说文》为代表的专门研究形义关系的传统文字学重形不重音的观点的影响,①使得相当一部分人因此有了成见,虽然认识模糊却固守着这些看法,而不去注意学术界的新进展。

其实,早在20世纪50年代,周有光先生便提出"意音文字"说,根据汉字体系中形声字占绝大多数这一总体情况对"表意文字"说表示了不同看法。② 70—80年代,有关汉字性质的讨论更是热烈。例如姚孝遂先生根据甲骨文辞例中假借字高达74%的事实,证明汉字发展到甲骨文时便已发展到了表音文字阶段。③ 王伯熙先生提出,对汉字应从文字的符号与语言单位的关系、文字的符号形式、文字记录语言的方式、文字的性质和文字发展规律等各方面"进行综合的考察"。④ 裘锡圭先生则从汉字所记录的语言单位以及汉字本身所使用的符号两方面说明汉字是怎样的一种文字:"语素—音节文字跟意符音符文字或意符

---

① 王力先生曾明确指出:"文字本来只是语言的代用品。文字如果脱离了有声语言的关系,那就失去了文字的性质。但是,古代的文字学家们并不懂得这个道理,仿佛文字是直接表示概念的;同一个概念必须有固定的写法。意符似乎是很重要的东西;一个字如果不具备某种意符,仿佛就不能代表某种概念。这种重形不重音的观点,控制着一千七百年的中国文字学(从许慎时代到段玉裁、王念孙的时代)。直到段玉裁、王念孙,才冲破了这个藩篱。"(《中国语言学史》第156—157页,山西人民出版社1981年版。另可参见唐兰《中国文字学》第15页,上海古籍出版社1986年版。)

② 详见周有光《文字演进的一般规律》,《中国语文》1957年第7期。

③ 详见姚孝遂《古文字的形体结构及其发展阶段》,《古文字研究》第4辑,第12页,中华书局1980年版。

④ 详见王伯熙《文字的分类和汉字的性质》,《中国语文》1984年第2期。

音符记号文字,是从不同的角度给汉字起的两种名称,这两种名称可以并存。"并指出,各种文字所使用的字符,大体上可以归纳为意符、音符和记号三大类:"跟文字所代表的词在意义上有联系的字符是意符,在语音上有联系的是音符,在语音和意义上都没有联系的是记号。拼音文字只使用音符,汉字则三类符号都使用。"①虽然这场讨论至今都不能说已经尘埃落定,但对于仅仅根据与字母文字(即通常所说的表音文字)的对立而把汉字简单地命名为表意文字这一做法都表示了不同的看法,而且越来越多的人逐渐注意到这一事实:汉字不仅使用意符,同时也使用音符和记号,而且主要使用意符和音符。

综上所述,在汉字教学中只向学生重点介绍那些可以充当意符的独体表意字是远远不够的,对于了解整个汉字系统的面貌来说也是片面的。这种注重意符而忽视音符的做法只是有利于对意符的了解而不利于汉字读音认知的,我们在调查中得到上面的结果也就在情理之中了。

二 形声字声旁的表音能力和汉字读音认知

上文所谈到的重意符轻音符的做法,除了认识上的偏差外,还有具体操作方面的原因。

根据已有材料,至迟在战国末期,形声化已告完成。②

---

① 详见裘锡圭《文字学概要》第 18 页、10 页,商务印书馆 1988 年版。关于这场讨论,还可参见中国社会科学院语言文字应用研究所编《汉字问题学术讨论会论文集》,语文出版社 1988 年版。

② 据统计,"西周到西周末期形声字尚占有当时总字数的 50%左右","春秋战国之际的文字资料中,形声字约占有总字数的 75%—80%"。详见张振林先生为赵平安《隶变研究》所作序,河北大学出版社 1993 年版。

形声这种结构方式能够被普遍接受，其中一个重要的原因是明确了表音成分，或者换句话说，形声字的声旁具有表音作用。

然而，当我们需要在教学中利用这一优点时，却发现颇为不易。由于历史音变等种种原因，形声字和它的声旁读音常常不能切合。50年代至今，研究者们从不同的角度或选择不同的范围对汉字声旁表音能力所作的统计，得到的结果都充分地反映了这一点。

有抽样或选择某一种辞书就声旁与它所组成的形声字读音全同的数量进行统计的：如选择"一本普通字典中所收录的"从某个部首的字中，"只有约四分之一的字，字中声符（馨按：即'声旁'、'音符'）的声音是与字音符合的，有一半以上是不合的，剩下的是不认识的。"①又如选择部分简化字对其中的形声字所作统计结果显示："形声字和声旁声、韵、调全同的""不足25％"。②再如对倪海曙《现代汉字形声字字汇》所收全部正字（不包括繁体字和异体字）的统计结果是：在全部声旁中，只有22.4％的声旁可以准确表音；在全部形声字中，只有26.3％的形声字和组成它们的声旁声韵调全同。③

而以"不论四声，只论声母和韵母"为同音标准，对《新华字典》(1971年版)所收全部正字（不包括繁笔、异形等"非正字"）

---

① 详见丁西林《现代汉字及其改革的途径》（上）对"一本普通字典中所收录的""从'手'的字"334个所作统计结果，《中国语文》1952年第8期。
② 详见陈亚川《六书说·简体字与汉字教学》，《语言教学与研究》1982年第1期。
③ 详见范可育、高家莺、敖小平《论方块汉字和拼音文字的读音规律问题》，《文字改革》1984年第3期。

所作统计结果表明:现代汉字中声旁的有效表音率为39%。①

也有对声旁与形声字读音关系进行全面观察的,即在了解声旁与形声字声韵调全同的情况的同时,还对两者之间存在的其他读音关系进行统计。如将7 000通用字中包含的5 631个形声结构、加上多音的479个共6 110个形声结构中声旁与形声字的关系分为全同、部分相同到全不同共八种,分类统计后,进一步人为规定每一种的分值再行计算,得到声旁的总体表音度为66.04%。② 还有进一步用类似方法将单音声旁与多音声旁与形声字读音关系分别进行统计的,得到声旁的表音隶属度为0.67%。③

显然,不管如何统计,所得的结果都说明,我们直接从声旁字得到形声字准确读音的概率十分有限。于是,不少人都对汉字读音认知持有比较悲观的态度。

我们认为,上述统计只是对汉字自然属性某个方面的描述,只是对汉字教学提供的有价值的参考资料而不能代替教学研究本身。为了让留学生在认识意符的同时对音符有所了解,并能有效地利用音符和意符提高学习汉字的效率,我们必须吸收更多方面的研究成果。

面对现行汉字声旁的表音现状,对以下三个问题需要作进一步的了解。一是形声字形成初期声旁字和形声字的读音关系

---

① 详见周有光《汉字声旁读音便查》一书的序言《现代汉字中声旁的表音功能》,吉林人民出版社1980年版。

② 详见李燕、康加深《现代汉语形声字声符研究》,陈原主编《现代汉语用字信息分析》第96页,上海教育出版社1993年版。

③ 详见龚嘉镇《现行汉字形音关系研究》第77—81页,湖北人民出版社1995年版。

如何。二是在汉字读音认知方面,历史经验或母语教学有哪些可以借鉴的经验。三是认知心理学的研究成果可以给我们哪些启示。

关于形声字形成初期声旁字与形声字的读音关系,前人早有论述:一是音同,一是音近。至于后来两者之间形成复杂读音关系的原因,"一个是在初造字的时候,找不到适当的同音字来做声符,于是就马马虎虎地用一个读音近似的字来对付。另一个原因是在初造字的时候,声符的声音是合的,但由于时代的影响,字音改变了,因而发生了歧异。"[①]可见,一个形声字在产生之初与声旁的读音关系就有两种可能,或音同,或音近。音同的日后也有两种可能,一种是依然保持一致,另一种是发生了历史音变。因此,形声字与声旁在读音关系上的复杂局面绝非始于今日。

既然如此,我们就有必要回顾一下前人是怎样获得汉字读音的,认知心理学有哪些与之有关的研究成果,又有哪些因素影响着汉字读音认知。

在上文中我们曾经提到,在了解形声字中声旁的表音能力后,有相当一部分人对认知汉字读音持悲观态度。在承认形声字与声旁读音之间存在着复杂关系这一事实的同时,我们不禁要问这样一个问题:通过声旁读音获得形声字读音是认知汉字读音的唯一途径吗?

我们在对《汉语水平词汇与汉字等级大纲》(北京语言学院

---

① 详见丁西林《现代汉字及其改革的途径》(上),《中国语文》1952 年第 8 期。稍后,周祖谟先生也发表了同样的看法。详见周祖谟(1957)《汉字与汉语的关系》,《周祖谟学术论著自选集》第 30 页,北京师范学院出版社 1993 年版。

出版社1992，以下简称《大纲》）所收2 905个字中的2 001个形声字及其所包含的820个声旁进行分析时，注意到它们各自的常用程度对读音认知的途径是有影响的。

在820个声旁字（指充当声旁而原来独立成字者）中，为《大纲》所收者559个，约占整个声旁字总数的68.17%，由它们组成的形声字1 445个，大约占全部2 001个形声字的72.21%；《大纲》未收的超纲声旁字261个，约占31.83%，由它们组成的形声字556个，约占27.79%。

以《大纲》标明的常用等级为依据，比较声旁字与它所组成的形声字的常用程度，可以得到三种情况：一是声旁字与形声字常用等级相同，这一类约占17.79%；二是声旁字比形声字常用，此类约占40.73%；三是声旁字不如形声字常用，该类约占41.48%。

上述数据已经对我们所提的问题给出了明确的答案。根据由易而难、从常用到不常用的学习规律，有40%左右的形声字可能比它们的声旁字更容易认识，有261个声旁字是不那么常用的字，其中一些极为生僻的字，甚至连具有中等文化程度的中国人都很难立即读出它们的音来。显然，由声旁字的读音得到形声字的读音绝不是认知汉字读音的唯一途径。

其实，在现实生活中，我们常常可以从人们误读的例字中了解到发音者获得读音的途径。例如，将"赤裸裸（luǒ）"读成（guǒ），"忧心忡忡（chōng）"读成（zhōng），"濒（bīn）临"读成（pín），都是按照声旁字（果、中、频）读音直接读出形声字所致；将"恬（tián）不知耻"读成（guā），"风声鹤唳（lì）"读成（lèi），"白雪皑皑（ái）"读成（kǎi）等，则是受到同声旁字"刮"、"泪"（"泪"

的繁体)、"凯"(或"恺")的影响。

而认知心理学关于汉字读音认知的研究成果更是给了我们很多有益的启示。

艾伟先生在 1949 年发表了他在 1932 年所作的有关音义分析的实验结果。其中谈到有关读音错误(以下简称"误读")的成因和读音成绩好的原因的部分,对帮助我们了解人们在认知汉字时采取的策略,有着十分重要的意义。他指出:"因常用而能盲记"、"借偏旁以得声"(馨按:"偏旁"多指声旁)、"借部分相同而得声"(馨按:"部分相同"多指声旁相同)是读音成绩好的原因。但造成误读的原因同样有"偏旁之误"、"因字形部分相同而误读"。一正一误,恰恰可以说明上述做法正是测试对象普遍采用的策略。①

艾伟先生的上述结论被后来认知心理学的各种实验所证明并进一步深化。

近年来,有关声旁在形声字语音提取中的作用已是汉字认知研究方面的热点。心理学家们注意到影响汉字认知的各种因素并通过不同的实验手段进行研究。这些因素主要包括笔画与部件的数量、字词频率、字形结构、声旁字与形声字的不同读音关系,乃至声调、起始辅音性质等等。②

在此基础上,对人们通常采用的汉字认读策略作了进一步的总结。这些策略主要有:

1. 提取法:一般对高频字可以由心理词典中直接提取;

---

① 详见艾伟《阅读心理·汉字问题》,中华书局 1949 年版。
② 可参见张积家、王惠萍《声旁与整字的音段、声调关系对形声字命名的影响》,《心理学报》2001 年第 3 期。

2. 规则法:对规则字(馨按:指声旁字与形声字读音相同者)可以直接按声旁字读音读出形声字的读音；3. 类推法:用同声旁字类推某个形声字的读音。上述结论无疑可以作为设计汉字教学中认知汉字读音的手段或方法时的重要参考。

三 从笔形、笔顺教学谈研究成果的应用

在教学中,我们经常会碰到的一个问题便是,有些必须安排的教学内容所涉及的规则,研究者却各执一词、众说纷纭。教学无法等待形成共识的那一天,最常见的做法便是暂且从一家之说,且往往是影响比较大的一家。

然而各家之说既然在学术论争中能有一席之地,常有其合理之处。因此,我们不仅可以根据教学需要决定取舍,而且必须明确教学目的之所在,以此为依据合理应用这些成果。

(一) 以简驭繁与笔形教学

近年来,有关笔形种类研究的进展可谓"前修未密,后出转精"。

笔形是笔画形态的简称。但对于笔形的数量与定名这样一个基本问题,至今尚无一致意见。显然,这在很大程度上是因为中国传统教学中书法与书写从不分家,人们在讨论笔画的形态时,常常把注意力放在用什么方法能写出某种笔形,而不是笔形本身的命名。这一点,只要认真看看"永字八法"的内容就可以明白了,说它是对汉字笔形基本种类的概括实在是一个误会。

关于笔形的数量,各家统计结果不同。例如陈仁凤、陈阿宝《一千高频度汉字的解析及教学构想》从 1 000 高频度汉字中归

纳出6种基本笔形和22种派生笔形；①张静贤《现代汉字教程》列出基本笔形6种，派生笔形25种；②黄伯荣等主编的《现代汉语》(增订二版)列出基本笔画5种，变化笔画36种。③

至于笔形的定名，也存在着一些差异。例如有研究者从重新审视折笔的角度提出了对复合笔画（即派生笔形）重新定名的主张：凡旧名中称为"折"和"弯"的，多数可以删去，改为"由构成折笔的基本笔形的名称连读构成"，以"与单一笔形的命名方式贯通、统一起来"。如"横折撇"改为"横撇"，"横折折撇"改为"横撇横撇"，"弯钩"改为"捺钩"，"竖弯钩"改为"竖横提"等等。④

目前已经见到的一般做法是，在笔形数量上从一家之说。至于名称，由于新说发表的时间不长，鲜为人知，因此多从旧说。而且常常在教材的开头部分安排这些内容，把基本笔形和派生笔形并名称逐一介绍，有时甚至需要分好几次课才能讲完。而学生当时几乎没有什么汉语基础，"横、竖、撇、捺"这些汉字既不好认又不易写，往往只能机械记忆。

比较笔形命名的新旧两说，不难看到说法虽不同，却有共同的基点。所谓派生笔形（也有称之为复合笔形的），是基本笔形的组合。既是组合，必须可以连接过渡。这就涉及汉字笔画的连接方式。习用汉字的人都知道汉字笔画的连接方式只有两种：一是先从上到下再从左到右（⌊），二是先从左到右然后再从

---

① 详见陈仁凤、陈阿宝《一千高频度汉字的解析及教学构想》，吕必松主编《汉字与汉字教学研究论文选》，北京大学出版社1999年版。
② 详见张静贤《现代汉字教程》，现代出版社1992年版。
③ 详见黄伯荣等主编《现代汉语》(修订二版)，高等教育出版社2000年版。
④ 详见易洪川《折笔的研究与教学》，2001年国际汉语教学学术研讨会（湖北）论文。

上到下(冖)。与单个笔画书写时的运笔方向是一致的。其他方向上的连笔都是这两种方式的变化形式。旧名着眼于笔画连接处的形态描写(折:方折;弯:弧形过渡)而不说运笔方向,新名只说笔画名称而不提连接位置,却都能成立而不致引起误解,正是由于两者都是建立在众所周知的运笔方向和笔画连接过渡原则上的。只是这种对于习用汉字的中国人来说"不言而喻"的约定,在对外汉字教学中往往容易被忽略。

既然如此,在教学中我们不妨以简驭繁,只将基本笔画和连接方式告诉学生,请他们自行找出例字中的派生笔形(甚至给予冠名权,由他们自己命名),岂不更好?

不仅如此,我们还必须明确一点,那就是,连接方式既决定了哪些派生笔形可以存在,也就决定了一个字的笔画数量。而这对于初学者按照笔画查字法使用工具书是十分重要的。

(二)笔顺规则的约定与应用

笔顺是书写教学的重要内容之一。然而我们的笔顺教学却很难说取得了成功。究其原因,从主观上说,是重视不够,甚至以为无足轻重。因为笔顺错了,不等于字一定写错。在一些教师和学生的心目中,把字写正确是第一位的,笔顺只不过是为了书写便利,书写者有取舍的自主权。至于客观原因,是教师很难甚至无法检查学生在写字时(尤其是家庭作业)是否有正确的笔顺。因此,往往到了高年级,还有相当一部分学生的书写过程呈无序状态,不仅严重影响了书写速度乃至考试成绩,而且导致书写错误概率的增长。

顾名思义,笔顺指的是笔画、部件书写时的运笔方向与先后顺序。与笔形种类的归纳不同,笔顺规则中的各条内容,有着不同的约定背景和使用范围。"从左到右"、"从上到下"是指笔画书写时的运笔方向以及部件书写时的先后顺序;"先撇后捺"、"先横后竖"讲的是不同笔形同时存在时的书写先后顺序。这些看来十分简明的规则,初学者在书写时却常会用错。如有的学生写"王"字时,把所有的横画都写完了才写竖画。问他为什么这样写,回答是"先横后竖";有的学生写"小"字,先写左边的点,理由是"从左到右"。可见,什么时候用哪一条规则,才是笔顺教学的难点。而要掌握这一点,我们必须了解笔顺规则的约定依据及作用,才能有效地指导教学。为此,我们拟对部分笔顺规则约定的依据与例外情况进行初步分析和讨论。

一是"先横后竖"。这一条看似简单明了,如"十、干、拜"等。但实际应用时,"王"字写法便不合。汉字构形所用笔画以横画与竖画最多。横画与竖画相比,则横多竖少,[①]而且竖画常常穿过横画。这一格局使得竖画在整字构形中常常具有支撑作用,而支撑作用的实现有赖于竖画平分其所穿过的横画长度(居中直下),这样才能左右相当,达到平衡。典型字例如"丰、羊、半、聿"等。若是多个竖画与单个横画相交,先作横画同样便于竖画将其平分。如"卅"(此撇接近竖画)。同样,根据便于支撑的原

[①] 据文字改革委员会与武汉大学合作对《辞海》(1979)所收正体 11 834 字中各种笔画使用频度所作统计,横画与竖画出现次数位居各种笔形之首,分别为 41 423 和 26 492 次,频度分别为 30.302 3%和 19.379 2%。详见傅永和执笔《汉字结构及其构成成分的分析和统计》,《中国语文》1985 年第 4 期第 263 页。对《印刷通用汉字字形表》(1965)所收 6 196 字中各种笔画出现频率的统计,结果与之基本一致:6 196 字笔画总数为 65 535 笔。其中,横画(含"提")出现 18 143 次,占 27.68%;竖画出现 11 535 次,占 17.60%,两者共占 45.28%。详见张静贤《现代汉字教程》第 33 页,现代出版社 1992 年版。

则,我们可以比较容易地解释"王"字的笔顺。

如上所述,先横后竖这一笔顺规则主要是由汉字构形特征所决定的,具有支撑作用的笔画常常后作。因此,当竖画穿过横画时,竖画为支撑,后作。而竖画与横画相接、横画又处于底部时,情况便有所不同。这时,支撑整个字形的作用是由中竖的平分和底部横画的承托来分担的。而且根据从上到下的原则,以底部横画后作为好。因此不难解释,除了"王"字以外,"口"字若是根据一般情况下的笔画连接方式来写,两笔就够了。而正确的笔顺是左边的竖画不与底部横画相连,底部横画最后作,共三笔。

可以作为旁证的字例还有"田、由、甲、申"等字的写法。这四个字的笔画数一样,构形相似。而笔顺前两字一样,竖画为第四画,底部横画最后作;后两字相同,竖画为末笔。"再"与"甫"二字笔顺同理:"再"字中,半包围结构写完后,先作竖画,末笔为横画;"甫"字中,半包围结构写完后先写横画,中穿之竖画为第六画。

有时,构形完全相同的偏旁部件由于所处位置的变化而导致横画与竖画关系(相接或穿过)改变时,笔顺发生的变化与上面的字例类似。例如"舀"和"叟"。两字都有"臼"这个部分和竖画的组合,但竖画在两字中的先后不同:在"舀"字中为第三笔,在"臼"之先;在"叟"字中为第七笔,在"臼"写成之后。

综上所列,可以得到对先横后竖这一笔顺规则较为全面的理解:横画者,底部承托者后作,被穿过者先作;竖画不穿过横画者先写,穿过者后写。二是"先中间后两边"。常见用这一条的字有"小、水、永"等,又有"业"字的上半部分,"亦"字下半,"率"

字中部等等。是否有规律可循？除了上述这些两边是点或对称者外，属直线类的（如横画、竖画）有没有适用此条的？试举例分析。如"册"字。该字与上文所举"卅"字构形颇为接近而笔顺不同。"卅"字横画先作而"册"字横画为末笔。

又如"五""丑"二字，构形近似，都含有横折这一笔形，"丑"字先作横折，接着写竖画；"五"字首笔横画写完后，先作竖画再写横折。

再如"重"与"垂"，"重"字中，竖画为第七笔；"垂"字竖画是第二笔。

比较上面各组字例，不难找到它们共同遵守的规则。"册"与"卅"的不同在于，"册"字中那些接近竖画的线条上部是封口的，形成了三包围结构，故先写以定界画，横画可参照包围形的高与宽对其进行划分。"丑"字的横折与竖画组成的是三包围结构的变化形式，故同样先定界画；"五"字横画写完后，先写竖画，一则过渡方便，二则横折之横高下可有参照。"重"字中，竖画穿过的是一个包围结构"曰"，故后作；而"垂"字竖画所穿过的横画上有两个位置不定的短竖画，故应先定中竖的位置给横画与短竖作为参照。根据上述字例，可以得出下面的看法：如果我们把包围、三包围及类似的结构统称之为封闭结构，则凡有可能形成封闭结构的，先定界画；凡竖画穿过的部分为封闭结构者，后作；不属于封闭结构者，先作。

综上所述，笔顺规则的约定通常是以有条不紊而又便捷地书写作为前提的。但由于汉字的构形无论怎样丰富多变，都需要在一个方形的空间里完成书写过程，笔顺规则必须同时具备有利于分割空间、保持平衡的功用。因此，设计适当的方法引导学生深入理解和熟练运用笔顺规则,不仅有利于提高书写速度,减少错误,而且可以为学习者感悟中国书法艺术打下良好的基础。

肆　汉字部件与汉字结构①

对使用拼音文字的外国留学生来说,汉字的困难,无疑是他们学习汉语的一大障碍。如何帮助他们克服这一障碍,有效地培养他们的读写能力,是对外汉语教学的重要任务之一。本文拟就汉字教学的有关问题,作如下讨论,以期与大家共同探讨。

一　汉字的基本特点

汉字,作为目前世界上仅存的一种不象形的象形字,同拼音文字有着本质的区别,它有自己的特点。

(一) 生成体系

从汉字书写的角度说,它是一个从基本笔画到基本部件再到完整的汉字(独体字和合体字)的逐步生成的体系。我们知道,汉字的基本笔画有"、一丨丿㇏一",在此基础上,衍化出"㇇乙乚𠃍"等二十多个笔画,再由这些笔画构成一个个部件(偏旁、常用固定书写形式和独体字),再由这些基本部件通过立体组合而构成完整的汉字(主要是合体字)。由此可见,汉字作为一种书写符号体系,具有一种内在的生成性。如:人—大—头—买—卖—读,这一串汉字,就体现了这种内在的生成规律。

---

①　本文以"从汉字部件到汉字结构——谈对外汉字教学"为题发表在《世界汉语教学》1990 年第 2 期,作者张旺熹。

(二) 立体结构

从汉字形体说,它是一种立体结构的文字,因而,具有立体组合的特性。这一点,与拼音文字的线性排列,有着根本的区别。这种立体结构,主要体现在以下两个方面:

1. 从外形上看,汉字是一个方块体。无论它的部件有多少,都要求这个汉字书写出来是一个四边形的方块。而拼音文字则由字母从左到右或者从右到左地有序排列,构成一条字母群带就可以了。

2. 从书写程序上看,汉字的书写,要求各部件在该字中占有确定的位置,上下、左右、高低、大小,不能随意改变,各部件之间,形成了一种层级关系,因而构成了一种立体结构。这对习惯于书写线性结构的拼音文字的外国人来说,的确是一个难题。如"等"这个字,由"⺮、土、寸"这三个部件构成,而"⺮"又可再分为两个"𠂉",这样,这四个部件,通过 $\begin{array}{|c|c|}\hline 1 & 2 \\ \hline 3 & \\ \hline 4 & \\ \hline\end{array}$ 的有机组合,才能成为一个规范的汉字——"等"。而英语的 wait,只要求用相应的字母 w、a、i、t 从左到右有序排列就可以了。

(三) 部件变异

由于汉字的基本部件和基本结构模式都是有限的,而这有限的两者进行组合又要生成成千上万的汉字,这就必然导致汉字的基本部件在形体上的变异。我们知道,拼音文字单词的各字母之间是平列的,它们所占的空间也是一样的,而且,字母在书写时没有形体上的变化,因此,书写起来就容易得多。然而,汉字则不然。一个汉字中,其各个部件在该字中所占有位置及空间是一定的,而对同一部件来说,它在不同的汉字中,其位置及空间则又是不定的。这就造成了同一部件在不同汉字中的形体变化。如"口"这个部件，在"和"、"右"、"号"、"嘴"、"如"、"够"等汉字中，不仅所处的位置不同，而且书写的大小也不同。又如"日"这个部件在"旦"、"间"、"暗"、"暑"等汉字中，形体上也有了变化。部件的这种变异性，是由汉字结构的合理要求所规定的。

（四）字形相似

由于汉字基本部件及基本结构模式的有限，使得汉字与汉字之间，存在着许多相同的成分，或是具有相同的部件，或是属于同一结构类型，或是两者兼而有之。这样，就使汉字的辨认成为一个难题。例如："半平丰羊米来采束"，这一组字，由于基本结构相同，基本笔画也差不多，因而十分相似，易于混淆。再如："跟狠很"等，这一组字，由于结构相同，都有同样的部件"艮"，使它们难于区分。再加上汉字的生成性和同音字的干扰，就使得学生在认读记忆汉字时，往往张冠李戴，造成错误。

因此，从以上四个方面来看，无论是生成体系、立体结构、变异性还是相似性，都是留学生学习汉字的困难所在。而正因为如此，我们的汉字教学，就必须看到汉字所具有的这些特点。并通过我们的汉字教学，让学生感知这些特点，从而利用这些特点，把握汉字的认读及书写规律。

二 学生常见汉字错误及其原因

经过调查，我们发现，留学生在书写汉字时，最常见的错误，主要来自两个方面：一是汉字部件，一是汉字结构。这也正是我们汉字教学的重点和难点所在。

（一）在汉字部件方面，学生的错误主要有以下两种情况

1. 部件混乱。把形体相近的部件混用。例如：昕（听）/医

(医)/诣(识)。

2.部件错误。一是把汉字部件写错,增笔或减笔,如:厈(厅)/両(两)/宿(宿)/竽(等);二是把部件写得模糊不清,如:桉(校)/夅(零)。

以上两种情况的出现,主要来自学生对汉字相似部件的区别认识不够,也没有认识到汉字形声体系的内在规律,再加上对汉字部件的书写不熟练,因此,只好凭借对某个汉字的模糊记忆来书写。

(二)在汉字结构方面,其错误有以下两种情形

1.结构松散。学生最常见的结构错误是把横向结构的汉字写得左右分离,把纵向结构的汉字写得上下分家。如:

饣欠(饮) 彳亍(行)

亻古攵(做) 吉(喜)
             苦

自(鼻)等等
畀

2.结构混乱。学生常常把一个汉字写得不成方块,左高右低、东倒西歪。例如:

竹(筷)药(药)
快

寨(赛)提(提)
贝

疒(病)愤(惯)
丙

这两种结构错误的出现,主要是因为学生受母语文字书写习惯的影响,对汉字部件的有机组合、立体结构没有确定的认识,因而,不能对汉字进行合理的组合与布局,只好把各部件堆砌在一起。

毫无疑问,我们的汉字教学,必须在初级阶段就培养学生正确书写部件、进行合理结构布局的能力。如果在学生还没有建立方块汉字的意识,也没有正确书写部件并进行部件有机组合的能力的情况下,就让他们一个一个地学习、摹写、记忆汉字,困难自然很大。

三 汉字部件与结构的统计说明

我们对北京语言学院语言教学研究所编的《常用字和常用词》中1000个最常用汉字的部件及结构进行了统计。其基本原则是:意义完整与书写形式完整相统一;尽可能以最小的书写单位出现。下面是有关统计结果。

(一) 部件统计说明

我们把1000个最常用汉字的部件分为非成字部件和成字部件两部分。把各部件按照出现次数分为四级:20次以上的为A,10—19次的为B,5—9次的为C,5次以下的为D。按有关统计指数列表如下:

表1 部件分布情况

	非成字部件	成字部件	合 计
A	10个	14个	24个
B	15个	23个	38个
C	17个	39个	56个
D	90个	136个	226个
合计	132个	212个	344个

表2 部件出现次数分布情况

	非成字部件	成字部件	合 计
A	316 次	600 次	916 次
B	195 次	303 次	498 次
C	123 次	252 次	375 次
D	189 次	295 次	484 次
合计	823 次	1450 次	2273 次

表3 各级部件数所占的比率

	非成字部件	成字部件	合 计
A	$\frac{10}{132}=7.5\%$	$\frac{14}{212}=6.6\%$	$\frac{24}{344}=7\%$
B	$\frac{15}{132}=11.4\%$	$\frac{23}{212}=10.8\%$	$\frac{38}{344}=11\%$
C	$\frac{17}{132}=12.9\%$	$\frac{39}{212}=18.4\%$	$\frac{56}{344}=16.3\%$
D	$\frac{90}{132}=68.1\%$	$\frac{136}{212}=64.2\%$	$\frac{226}{344}=65.7\%$

表4 各级部件出现次数所占的比率

	非成字部件	成字部件	合 计
A	$\frac{316}{823}=38.4\%$	$\frac{600}{1450}=41.4\%$	$\frac{916}{2273}=40.3\%$
B	$\frac{195}{823}=23.7\%$	$\frac{303}{1450}=21\%$	$\frac{496}{2273}=22\%$
C	$\frac{123}{823}=15\%$	$\frac{252}{1450}=17.4\%$	$\frac{375}{2273}=16.5\%$
D	$\frac{189}{823}=23\%$	$\frac{295}{1450}=20.3\%$	$\frac{484}{2273}=19.7\%$

不难看出，如果我们把 A、B、C 三级部件定为汉字的基本部件的话，那么，这个基本部件集虽然只有 34 + 38 + 56 = 118 个，只占全部部件 344 个的 34.3%，但是，这个基本部件集却占了全部部件出现次数 2273 次的 79.3%。由此可以推想，只要我们在汉字教学的最初阶段，教会学生这 118 个基本部件，那么，学生也就掌握了 1000 最常用汉字中的 80% 的部件，无疑，这对于我们的汉字教学，提供了一个很有利的条件。

表5　1 000 最常用汉字的基本部件

非成字部件	A:亻扌氵冖宀讠艹夂纟 B:厶夂阝宀攵刂冫疒忄勹口耂宀门 C:辶钅业入丷隹艮灬彳罒刂衤云卄卩冂丷
成字部件	A:口日木土又月人八大十女匕止寸 B:力小几心立田王子儿火尸巾目禾牛工方广厂米刀可 C:千云车石页士贝白羊斤二且门户山自用马见占元巴虫生 　丰己皿良也弓已其矢亡九不耳乙弋

（二）结构类型表

从汉字的基本部件出发，我们把 1 000 最常用汉字的结构进行了分类。见表6。

表6

结构类型		图形	例字
独体		1	人、东
包围结构	全围	2在1中	国、园
	半围	2在1左下	问、周
		1在左，2在右（上开口）	区、医
		1在上，2在右下	发、病
		1包2（右上开口）	句、司
		2在1右上	起、爬
		1在2上方	建、边
横向结构	全横	1|2	行、洋
		1|2|3	班、谢

续表

结构类型		图形	例字
横向结构	横纵	1 / 2上3下	鞋、得
		1 / 2,3,4	慢、摸
		1,2上下 / 3	别、封
		1,3 / 2,4	能、解
	横围	1包2,3	随、腿
纵向结构	全纵	1上2下	盘、者
		1,2,3	受、参
	纵横	1上，2,3下	众、药
		1,2上，3下	热、楚

从部件和结构统计可以看到，汉字最常用字的基本部件和结构类型都很有限，而且并不复杂，这就为我们在汉字教学的初

级阶段进行部件与结构的系统训练,提供了可能。

四 汉字部件结构教学的基本原则与方法

总的来说,汉字的部件结构教学,是用形象直观的手段,培养学生认读书写汉字的基本功。它要求充分发挥留学生作为成人所具有的分析、归纳、联系、对比的能力,建立方块汉字的立体结构的意识,从而为今后更有效地学习书写汉字服务。为了贯彻这一教学原则,在部件结构教学中,我们主要采取以下几种教学手段:

(一) 部件教学方面

部件教学,是为了让学生能够认读基本部件,掌握它们的形音义,同时培养整体书写部件的能力以及熟练书写的技巧,为以后建立汉字的区别与联系的基本点服务。为此,部件教学主要有以下几个步骤:

1. 用最简单、最基础的汉字六书理论(主要是象形、会意、指事)来展示这些部件的形义关系,并可以借助简单的图像、实物、篆字等与楷书在汉字形体上的联系,使学生领悟这些部件的形义关系。据初步统计,在这 118 个基本部件中,有约 80% 的部件可以直接通过这种方法使学生掌握。同时,在汉字教学的最初阶段这样做,也有利于培养学生对汉字的兴趣。

2. 利用汉字字形相生的生成关系,展示偏旁与独体字之间的意义联系,例如:亻—人,忄—心,灬—火,讠—言,刂—刀。同时,可以有意识地把在书写上具有相生联系的基本部件归为一个书写系列,以便于学生在书写时循序渐进。例如:

```
      口 — 日 — 目
         ╱  ╱ ╲
        白 田  且 自
```

十 — 丰 — 木 — 禾   工 — 土 — 王 — 主 — 生

3. 注意近形部件的对比、辨析，培养学生仔细观察，认真辨识汉字部件及汉字区别特征的能力。例如：亻—彳，又—攵，十—ナ。

我们认为，对118个基本部件经过一段时间的反复学习和多侧面、多角度的认读与书写的训练，使学生对汉字有了简单的感性的认识之后，他们就会在今后的汉字学习中，自觉或不自觉地进行汉字的比较、区别、联系，这就为以后的汉字学习打下了良好的基础。

(二) 结构教学方面

如果我们把汉字的部件教学，作为今后整个汉字教学的预备阶段，那么，在学生基本掌握了汉字的基本部件之后，就可以结合汉字（主要是合体字）进行结构的训练了。

我们知道，汉字本身的结构理论、书写规则是相当复杂的，我们无法对初学汉语的外国留学生进行理论的正面讲授，当然也无此必要。那么，要让学生掌握汉字结构及书写规则，就必须借助于形象而直观的汉字结构图形，进行汉字结构和书写规则的训练。进行汉字结构教学，可以按照以下几个步骤来做：

1. 字图同出。在汉字结构教学的最初阶段，把汉字及其结构图形同时展示给学生，教师帮助学生分析汉字与结构图形之间的内在联系，从而建立汉字与结构的感性认识，为以后独立地分析汉字结构打下基础。例如：写"谢"字时，在"谢"边上画出结

构图形并标上书写序号[1|2|3]，提示学生"谢"与[1|2|3]之间的联系。这样，反复练习之后，就会使学生在汉字与结构图形之间建立起一种特定的联系来。

2. 析字画图。在学生建立了汉字与结构图形之间的联系的基础上，给出汉字，让学生自己画出结构图形。这个过程，是学生分析汉字部件、把握它们的相互关系的过程。它要求学生对汉字进行仔细的观察与分析，然后才能画出结构图形来。而这，又可以帮助学生记忆汉字。例如，给学生"国"字，让他们画出图形，并标上书写序号[2]，他们就必须分析这个字的部件"囗"和"玉"及其相互关系。这个训练过程，是让学生熟悉汉字结构模式，学会分析汉字的过程。

3. 由图归字。学生在掌握了汉字的基本结构模式之后，就要对相同结构的汉字进行归类，从而在整体上逐步认识、把握汉字的基本结构规律。例如，我们学习"特、猪、意、屋、厅、迎、选、菜"这几个字时，给出 [1/2/3] [1/2] [1/2/3] [1/2/3] 这几个结构图形，让学生把相应的汉字归纳起来：[1/2/3]意菜，[1/2]选迎，[1/2]厅屋，[1|2/3]特猪。

这样的训练，不仅需要学生对每个汉字本身的结构有明确的认识，而且对各个汉字之间结构上的异同也要有明确的认识，只有这样，才能正确归类。如此训练一段时间，就可以使学生对汉字的结构规律有一个理性的认识和理解，从而自觉地利用这种结构规律，进行汉字的学习。

当然，无论是析字画图，还是由图归字，都不是我们的最终目的。我们的最终目的，是想通过这种结构训练，让学生在学习汉字时，建立起明确的方块汉字意识和部件有机组合的观念，从而自觉地分析结构以记忆汉字，有机地组合以书写汉字。实践证明，经过一段时间的部件结构教学，这个目的是可以达到的。

五　部件结构教学的实用价值

（一）从教学理论上说，部件结构教学贯彻了形象直观的教学原则，把汉字的基本理论寓于部件结构教学的实践之中，使学生在对汉字实际材料的感悟之中把握汉字的特点及规律。我们的汉字教学，应尽量避免汉字的笔画名称、笔顺、偏旁部首、结构等等理论在教学中的正面出现，否则，它们就必然成为师生在教学中共同的难题。部件结构教学，不强调学生对这一系列理论的正面掌握，而只要求学生在熟练掌握了基本部件的基础上，能够按照汉字的合理结构，写出正确的汉字。

（二）从学生记忆汉字的角度说，部件结构教学，是化零为整、减轻记忆负荷的有效方法。传统的汉字教学，无论是笔画教学，还是由独体字到合体字的教学，都是以学生对每个汉字的笔画的准确记忆为前提的，因而，记忆单位是每个汉字的每一笔画。而部件结构教学，在学生一开始接触汉字的时候，就把由若干笔画构成的基本部件作为一个整体的模块来记忆。因此，它的记忆量就比记忆笔画要小得多。据统计，每个汉字的平均笔画数为 7，而每个汉字的平均部件数为 2.3，这样，记忆同样数量的汉字，就可以减少一半的记忆量。比如，传统的汉字教学，要求学生写"角"字，要"丿 𠂊 𠂆 𠂊 角 角 角"这样来记忆、书写，而部

件结构教学,则只要求记忆部件"夂"和"用",结构为 $\begin{array}{|c|}\hline 1 \\ \hline 2 \\ \hline\end{array}$ 就可以了。

（三）从教学规律来说,部件结构教学,遵循了由简到繁、循序渐进、培养扎实的基本功这一原则。部件结构教学,要求学生熟练掌握118个基本部件和4类19种结构类形,可以说,这是整个汉字学习的基本功。而这个基本功的培养,又是从最简单的汉字部件开始的,而这些部件,无论是形式还是意义都很简单、浅显。这就为外国学生初学汉字减小了难度。我们认为,在学生熟练掌握了这些基本部件的书写之后,再去学习其他较为繁难的部件及汉字,就会熟能生巧,举一反三。我们现行的汉字教学,虽然考虑到了先独体,后合体的教学规律,但是,由于没有部件结构的系统而严格的训练作基础,要让学生在汉字学习的最初阶段就写像"我、爸、她、哪、宿、谢、堂"这样的汉字,无疑是相当困难的。反之,要是部件结构教学进行了基本部件"女、口、阝、宀、亻、讠、寸、土"等的训练和相应的结构训练之后,再来学写这些汉字,就会容易得多。

（四）从教学实践的需要来说,部件结构教学,为今后汉字教学中的对比、联系、区别,为形声字的教学,找到了基本点。由于汉字的相似性,使得许多汉字似是而非,这就要求我们经常进行近形字的辨析。这样,就要求学生能够抓住近形字的相同点与不同点。而这,又是以学生对部件的熟练掌握和对结构的准确认识为前提的。所以,我们说,部件结构教学,教给学生以汉字对比、联系、区别的基本点。只有掌握了这个基本点,才能进行有效的汉字辨析,以加强记忆。

再看占汉字80%的形声字,是汉字教学中的一个有利因素,而要利用这个有利因素,就必须让学生掌握汉字基本部件的形音义,否则,形声字的特点就无法体现出来。比如,学生不明白"女"的意义和"马"的读音,就让他们体会"妈"的形声特点是不可能的。反之,要是学生在学习"妈"之前,就已经掌握了"女"和"马"的形音义,那么,"妈"的形声字特征就十分易于把握了。

(五)从汉字教学的长远目的来说,部件结构教学,着眼于学生正确书写汉字,自学汉字能力的培养。我们知道,外国留学生的汉字错误,主要是部件和结构这两方面的问题,而部件结构教学要进行严格、系统的基本部件的训练,在学生基本熟练掌握书写部件的前提下,通过规范的结构模式,让学生进行汉字的书写训练。从统计可知,如果学生熟练掌握了118个基本部件的正确书写形式,也就解决了1000最常用汉字中80%的部件书写问题。而经过汉字基本结构的训练之后,学生就有了明确的方块汉字的意识,就会自觉地把握汉字的大体框架以及部件组合的相互关系,从而在书写汉字时,找到正确的参照点。这实际上就培养了他们自己书写汉字的能力与技巧。

部件结构教学,也是交给学生自学汉字,扩展汉字知识的一把钥匙。我们的教学本身,不可能教写学生学到的每一个汉字,大量的汉字还得靠学生的自学来掌握。因此,在我们汉字教学的初级阶段,就教给学生基本部件和基本结构的有关知识与技能,使他们掌握好汉字学习的基本功,那么,在以后的汉字学习中,学生遇到新的汉字,就会分析这个汉字的部件与结构,从而知道这个新的汉字该如何书写。从汉字本身来说,越往后学,合体字、繁难的字越多,结构也就越复杂。如果学生对汉字部件与结构都熟练、准确地掌握了,那么,他们在学习汉字的过程中所遇到的困难将会小得多。这一点,对以后长期从事汉语学习和工作的人来说,尤其重要。

因此,我们说,汉字的独特性之根本,在于它的生成系统与立体结构。我们的部件结构教学,力图利用这个独特性,遵循汉字本身的客观规律,寻找一条汉字教学的有效途径。它的核心在于,在学生熟练掌握了少量的基本部件的前提下,利用汉字有限的结构规律,去认读、书写汉字。我们希望把"汉字部件结构教学"作为汉字教学的一个新的尝试,在教学实践中加以运用,以期推动汉字教学方法的改进和教学水平的提高。

第二节 汉字教学原则

壹 遵循汉字认知规律的原则[①]

随着对外汉语教学学科体系的逐步建立与完善,一方面,各课程之间的配合更加紧密,形成一个有机联系、互为辅助的整体;另一方面,各课程之间的分工又日趋明确,形成各自相对独立的课程规范。在这种情况下,以往未被重视的汉字教学就显示出相对后滞的局面。"汉字教学是汉语教学的一个组成部分,

---

① 本文以"汉字认知规律与汉字教学原则"为题发表在《汉字与汉字教学研究论文选》,北京大学出版社 1999 年版,作者冯丽萍。

在汉语教学中如何处理语言与文字的关系,是一个十分复杂的问题。"(吕必松《对外汉语教学概论》,1996)汉字的难关不渡过,就会影响学生掌握全面的汉语技能。因此,众多从事汉字本体研究与对外汉语教学的专家学者就如何改善对外汉语教学中的汉字教学提出了种种原则与设想。目前普遍认为,基础汉语阶段的汉字教学不同于本科高年级的汉字课,更不同于中国学生的文字学课,后者是以传授系统的文字学理论为目的,而前者主要是帮助学生了解汉字的基本特点与规律,能认字、写字,从而掌握全面的汉语语言技能。因此,在确定基础阶段汉语教学的原则时,不仅要考虑汉字本体规律、语言教学规律,同时要考虑语言学习的规律,具体地说,就是要考虑汉字的认知规律。

认知心理学是随着语言学、信息科学等的发展于五六十年代从欧美一些国家发展起来的,在对拼音文字研究的基础上,从80年代开始,对汉语、汉字的认知规律展开了深入的探讨,并取得了丰硕的成果。我们将近年来与汉字教学有关的心理学对汉字认知的研究成果进行一个简单的综述,①以期对我们的汉字教学、汉字教材的编写提供参考。

一

在介绍研究成果以前,我们先简单介绍一下认知心理学在研究汉字加工时常用的方法:

命名:通过指导语使被试读出目标字,从目标字刺激呈现到被试作出反应的时间为命名的反应时,根据反应时与正确率可

---

① 由于篇幅所限,对于各实验结果的出处,实验者无法一一注明。致歉。

以测算出被试对不同汉字加工的心理过程。

真假字判断：在实验中，让被试对目标字是真字、假字还是非字做出判断。所谓真字，就是汉语中实际存在的汉字；所谓假字，就是部件按正常结构顺序排列，合于汉字的结构位置规律，但实际上不存在的字，如"氵"可居左作偏旁，"寸"可居右作部件，但"汋"在汉语中是不存在的，它就是假字；所谓非字，是部件的位置排列违反正常结构顺序，不合于汉字的结构规律，如"断"，"亻"在汉语中不位于字的右半边。通过测算、比较被试辨认真字、假字、非字的反应时与正确率，可以研究汉字加工的过程与机制。

语义分类：这主要是在研究字的意义或形声字义符时使用的方法。以非形声字或形声字为刺激目标字，要求被试判断该目标字词是否属于某个语义范畴，并以反应时为记录指标。

随着科学技术的发展，目前还使用一些现代化的研究仪器与手段，如 ERP（event related potential）、PET（position emission tomography）、FMRI（functional magnetic resonance imagine）等脑成像技术。通过绘制、比较实验前后的大脑区域图像，可以更准确直观地研究汉字的加工过程。

运用精密的实验设计与多重的实验处理，认知心理学取得了如下成果：

（一）认知心理学对字形加工的研究

对汉字字形加工的研究，起步较早，研究所涉及的方面也较多，它基本上包括了汉字形体从笔画到整字的各个层面以及各层面信息特征对汉字加工的影响。

1. 笔画

行为实验的多数研究结果表明,少笔画字的命名快于多笔画字,在高频与低频字中都表现出了笔画数效应。喻柏林、曹河圻两人曾于1991年较系统地考察了2—15画常用字和不常用字的命名反应时。结果表明:总的趋势是,无论是常用字还是不常用字,反应时都随笔画数的增多而加长,但这种变化不是线性的,而是阶梯式上升,即在笔画数相差较少的某几个范围内,反应时的变化不是很显著。

用眼动技术研究阅读中笔画数与阅读注视时间的函变关系。眼动技术就是用眼动仪记录读者在正常阅读条件下眼球运动的轨迹。结果发现:汉字从1画增加到24画,注视时间增加106毫秒,平均1画增加4.6毫秒。

2. 部件

不同的空间位置提供不同的信息:通过省略恢复、统计分析、掩盖再认、命名等实验方法,发现汉字的不同部位、不同结构类型所提供的识别信息是不同的。一般来说,整体轮廓信息多于内部细节信息;左上角信息多于右下角,构字能力强于右下角;在快速呈现条件下,左右结构字识别快于上下结构字,对称字识别快于非对称字;上下字的部件结合较左右字紧密,因此上下结构字中部件的分解与组合都较难。

部件数量影响汉字识别:在控制笔画数的条件下,部件的数量影响汉字的识别,但这种影响不是线性的,2部件字最快最好,3部件字最差最慢,而独体字居中。

部件位置不同则对字识别的作用不同:右部件对字识别的作用大于左部件,表现为左部件频率与位置合法性作用的产生必须受右部件的制约，而右部件则无此限制。在部件识别的任务中，上部件明显慢于下部件，表现出了下部件的识别优势。

部件位置频率影响真假字判断：从理论上说，每个部件都可以出现在字中不同的部位上，但是同一部件出现在不同位置上具有不同的记忆存储特征。因为在部件位置合法性的情况下，部件的位置频率可能是不一样的。左右部件位置频率都高的假字，如"仟"被拒绝的时间明显长于左右部件位置频率都低的假字，如"毡"。

部件性质不同则加工方式不同：将标准形声字中的左形旁和右声旁与非形声字中的左右部件以部件识别的任务相比，形声字中的左形旁与右声旁差异不大，但形声字的右声旁快于非形声字的右部件，左形旁也快于非形声字的左部件识别。从而说明：形声字的整体结构与特征对部件知觉有易化作用。

部件是由笔画组成、可直接参与构字的一个层次，有的部件还具有音和义，是一个重要的构字单元、识别单元与教学单元，因此对它的研究较多。除上述介绍以外，还有对重复部件、部件组字频率及部件组合进行的研究。这些研究为很多学者提出的"以部件为重要的汉字教学单元"的汉字教学体系提供了参考。

3. 汉字的正字法知识

按照语言学家的普遍看法，正字法就是"使文字的拼写合于标准的方法"。因此我们这里所指的正字法不同于拼音文字中的拼写规则，而主要是指汉字字形书写中的正字法。合乎正字法规则是指组成汉字的部件都处于合法的位置。有关正字法的

研究结果表明:

(1) 运用真假字判断方法研究正字法作用,实验结论基本一致:部件处于不合法位置、不合乎汉字正字法规则的非字被拒绝为真字的时间要显著快于合乎正字法的假字。说明正字法规则作为一种长期语言学习与使用中形成的积累,自上而下①地对汉字识别起着作用。

(2) 儿童的正字法知识。主要用真假字判断法,结果表明:与成人相似,儿童对汉字组合规则已有一定认识,不合正字法规则的非字识别显著快于合于正字法的假字。但随着年龄的增长、识字量的增加,或同一年级内语文能力的由高到低,这种正字法意识有一个逐步发展的过程。三年级小学生有可能已掌握了汉字的正字法,但他们的熟练程度还达不到六年级和大学生的水平。

(3) 儿童的正字法知识对其局部特征识别的影响,主要是儿童对形声字中形旁和声旁的识别。

关于声旁:研究表明,从一年级到六年级,儿童对形声非字的识别较形声假字容易,但对于由假声旁构成的假字的识别成绩需随年级的增高而升高。说明:儿童对声旁和声旁的位置及组合规则的认识发展较早,而对声旁内部结构的认识发展较晚。

关于形旁,研究表明:在语义相关判断中,三、五年级儿童对形旁相同字和声旁相同字的选择比率没有很大差异,但六年级儿童选择形旁相同字的比率已显著高于声旁相同字。特别是在

---

① "自上而下"是心理学中的术语,是指人脑根据已有的知识结构,组织和调节外部输入的信息,又称概念驱动;反之,人脑直接接受由感官输入的信息,经过编码,形成内部存储,叫做自下而上加工,又称数据驱动。

对低频字的语义加工中,对语义透明度差①的汉字,高年级儿童更懂得利用形旁来推理整字的意义。儿童对形声字形旁与语义关系的认识与年级、语文能力相关,形旁知识随年级的增高而逐渐出现并发展。

从上述研究可以看出:笔画、部件、结构、正字法知识等多种因素都会影响汉字字形的知觉与识别,但它们的影响程度是不同的。同时汉字的识别有一个随年级、语文能力、识字量的提高而发展的过程。这些都是基础汉字教学阶段不容忽视的问题。

(二)关于汉字的语音加工

由于汉字字形本身所提供的语音信息不如拼音文字那样直接、丰富,因此对于汉字语音加工的研究也还不能说很多。目前主要有:

1. 语音规则性效应

所谓规则性是就形声字声旁与整字读音间的关系而言,声旁与整字读音相同的为规则字,如"抬",反之为不规则字,如"排"。大多数的研究结果表明,规则形声字的命名快于不规则形声字。尽管关于形声字规则性效应的结果还不完全一致,但在形声字的语音识别机制上各家说法却大致相同:即形声字的声旁在整字的语音识别中具有重要的线索作用,规则形声字的语音识别成绩普遍好于非形声字,特别是不规则形声字,说明规则声旁对语音识别起了促进作用而不规则声旁有干扰作用。特别是在不熟悉的低频字中,声旁的语音提示作用更加显著。规

---

① 语义透明度是在评价字形与字义间关系时使用的术语。如果字形表面提供的语义信息较多,字与字义间联系较紧,如由字形"松"可猜测其意义与树木有关,则称语义透明度高,反之,则说语义透明度低。

则性意识有一个逐步发展的过程,它以识字量的增长、汉字知识的积累为前提。就语文能力而言,同一年级内语文能力高者会更早地发现并使用声旁对语音识别的线索作用。

2. 一致性效应

所谓一致性是指由同一声旁构成的一组形声字的读音相似性。若具有同一声旁的全部形声字读音相同,则称为一致字,若某个字与同一声旁的其他大多数字的读音不同,则该字称为不一致字,如以"黄"为声旁的形声字"璜、潢、簧"读音均为 huáng,而同样以"黄"为声旁的"横"读音则为 héng。研究结果表明:一致字的读音快于并好于不一致字,声旁读音多的字,如"台"作声旁有 tái(抬、苔)、dài(怠、殆)、yí(贻、怡)、zhì(治)、shǐ(始)、yě(冶)等读音,则反应时较长。

(三)汉字的语义加工

由于意义的研究较为抽象,而且形旁与整字意义间的关系也很复杂,因此在语言学中,对形声字义符本体的研究比较少,心理学中对形声字义符的表征与加工的研究也比较少。目前的研究主要在两方面:

1. 成人语义提取中义符的作用

利用语义范畴判断的方法,研究结果表明:在单字词的语义提取中,形声字的义符对语义判断有显著影响。有标明上属概念的义符存在,如"松"、"河",对于范畴判断的肯定反应起促进作用,对否定反应则有干扰作用。

从义位或义素的角度来说,字词的特征有定义特征(如"全身有羽毛"是鸟的定义特征)和特有特征(如"会唱歌"是画眉鸟的特有特征),有结构特征(如燕子有羽毛、两足等)与功能特征

（如燕子会飞）。运用范畴判断的实验方法，结果表明：形声字的义符对汉字词的结构特征语义与功能特征语义的提取有重要作用。当义符与上属概念范畴一致时，可加快范畴判断的速度。但这种作用只表现在定义特征中而对特有特征语义的提取没有作用。

从上面的研究可以看出：形声字的义符对汉语字词的语义特征提取有促进或干扰作用，但这种作用是局部的，只表现在与其上属类概念语义相关的定义特征上。同时，这种作用与频率、语义距离、特征强度、义符位置、语义透明度等因素共同对语义提取产生作用。

2. 儿童形旁意识的发展

运用语义相关判断的方法，研究儿童的形旁意识。结果表明：年级从低到高、语文能力由低到高，形旁意识也逐步发展。低年级形旁意识尚未出现，但三、六年级儿童已意识到形旁与词义的关系，并能利用形旁来学习和推理整字意义。

（四）汉字的认知神经机制

1. 语言的脑功能定位

人脑的两半球具有各自的分工，二者通过胼胝体等神经束相联结。信息的传输具有对侧传导的特点，即由右侧传来的视觉听觉信息首先输送到左半球，而右半球则首先接受由左侧传输的信息。通过对不同部位脑损伤引起的失语症及利用科技手段对正常人进行的研究表明，语言功能主要定位于人脑的左半球，不同的大脑部位与相应的语言功能相联系，由于不同部位的脑损伤所引起的失语症会产生不同的症状。但是由于研究所需要的条件较高、难度较大，目前对于大脑两半球及半球内各部位具体的语言功能分工了解得还不是很清楚。

在字词加工方面,以英文为材料,对右利手正常人重复实验,都表现为左半球优于右半球。但是以汉字词为材料所得的实验结果还不很一致。

2. 认知神经机制的发展

以 7—16 岁母语为汉语的儿童作研究对象,结果发现:7—10 岁儿童对汉字词与英文单词的认知表现出左脑优势,而 11—16 岁儿童则都表现为两脑均势,从而说明:由于汉字性质、语言环境等因素的影响,对汉字词的认知机制、加工策略有一个随个体发育从左脑到两脑均势的发展过程。

3. 母语不同者对汉字及拼音文字辨认的认知神经机制

通过比较汉族成人与拼音文字母语的成人(英语、藏语、维语)、比较学过或未学过汉语的以拼音文字母语者对汉字及拼音文字的识别,发现他们具有不同的神经认知机制。对于汉字识别,汉语被试与熟练掌握汉语的拼音文字母语者(包括留学生与少数民族学生)都表现出左右脑均势;对于拼音文字识别,熟练掌握汉语的拼音文字母语者也表现出了两脑均势,但是未学过汉语或刚学过汉语而尚不熟练者则表现出了左半球优势,从而说明了成年熟练者汉字认知的两脑均势以及语言学习对语言加工机制、策略的影响。

4. 失语症病人的形音义加工

有关这方面的研究报告数量还不是很多,但研究结果颇为一致:即汉语失语病人都不同程度地存在形音失读与形义失读,说明汉字认读过程中形音义的整合途径可能是以字形的视觉感知为基础,分别与字义和字音单独建立联系,它们有各自的神经传输路径和结构基础。也就是说,汉字的意义识别与拼音文字以语音为中介通达意义的识别不同,它可以直接地由字形分别通达字音或字义。失语症研究还表明:汉字的形义联系是点对面的,它强于点对点的形音联系。

5. 脑成像及相关研究

随着 ERP、PET、FMRI 等现代技术的发展,对汉字认知的脑定位、脑机制及加工过程的研究越来越深入,也越来越精细。目前在此方面取得的成果主要有:

关于形音义加工:字形加工属于较浅层次的加工,因此它的同侧视野与对侧视野的反应时没有很大差别,就是说字形加工在大脑半球内就可完成;而字音和字义的加工由于加工信息复杂,要求大脑两半球间的协同作业,因此半球间的加工优于半球内,但字音与字义之间的加工反应时间并无很大差别。

关于脑定位:大脑一侧化研究表明:右半球善于加工较低能量的信息,表现出前语言优势,而左半球更适合加工具有高分辨率的信息;在字的分类上,左视野右半球更适合加工具体字,而左半球则更多地加工抽象字。

形音义的加工时间进程:左脑的加工时程稍晚于右脑,形音义加工是交错进行的,形音义在认知中均存在加工与再加工的反复、综合过程。

除了汉字的形音义加工、汉字的认知神经机制外,心理学还对双语的加工与存储、汉语字词与篇章的阅读、形音义的加工时间进程、语境在加工中的作用、字词的记忆等诸多方面进行了研究。需要指出的是,认知心理学在研究方法上也存在着许多有待改进之处,不同研究者对汉字认知的研究在许多方面也还没有得出完全一致的结论,但是我们将目前已有的、大致相同的研究结果总结出来,希望对汉字教学的课程安排、汉字教材的编写能够提供参考。

二

根据汉字认知的这些特点与规律,我们认为,在汉字教学中应该考虑下列因素①:

(一)教学对象的确定:不同的语言文化背景、不同的年龄或语言能力,语言的习得规律是不同的,汉字的认知过程也是不同的。因此在教学中,我们就要将教学对象区分为汉字文化背景还是拼音文字背景、毫无汉语学习经历的基础汉语阶段学生还是中高级已掌握一定汉语汉字知识的学生。更细一点,还应该按年龄、语言能力等分成不同的组别,根据学生特点,针对不同对象采取不同教学方式。

(二)语音意识的培养:目前我们的汉字教学,主要定位于基础阶段的拼音文字母语者。对这些学生而言,有一个从单向线性排列到二维平面结构、从形音联系到形音义三结合、从表音文字到语素文字的转变过程。因此汉字教学的一个很重要的任务就是要帮助学生形成正确的汉字观念,初步了解汉字的性质、特点与规律,因为正是这种汉字意识作为一种预存的知识自上而下地影响汉字识别的心理过程。

(三)教学汉字的选择:从总体上来说,汉字是作为语素文

---

① 这些教学原则只是就汉字认知规律而言的,而未考虑语与文的关系、字与词的关系等其他因素,并不是全面的汉字教学原则。

字或表意文字而存在的,但是不同汉字的形音义关系又是各不相同的,字与字之间的相关关系也在很大程度上影响着汉字的存储与提取。因此,在汉字教学的不同阶段,应该选择不同的汉字,帮助学生掌握系统的汉字规律。例如,在基础汉字教学阶段,可选择一批频率高、理据强、较规则、组词能力强的汉字,这样可帮助学生形成相应的汉字观念,对汉字的认识逐步深化。

(四)教学单位的编制:笔画、部件、部件组合、整字都有可能成为知觉与加工的单元,它们在不同的识别条件下发挥的作用是不同的。因此我们认为在汉字教学单位的确定上,不必一味地确定为笔画或部件或其他,而是可以在对汉字定量研究的基础上,确定出一个综合上述几种要素的汉字教学单位体系,分阶段、分对象地开展汉字教学。

(五)定性、定量研究。目前,母语汉字教学中已经对汉字进行了一系列定性定量研究,对外汉语教学应该吸收与借鉴这些研究成果,形成自己的规范体系,如口语用字与书面语用字频率、形声字声旁与整字读音的关系、字频与词频、部件频率与部件位置频率等,从而为更好地开展汉字教学提供科学依据。

贰 多项分流、交际领先的原则[①]

一 问题的提出

对外国人的汉字教学是目前对外汉语教学的难点。教学界

---

① 本文以"对外汉字教学中多项分流、交际领先的原则"为题发表在《汉字与汉字教学研究论文选》,北京大学出版社 1999 年,作者周小兵。

尝试过几种教学方法，如："先语后文"，"语文并进"，"拼音汉字交叉出现"，"听说与读写分别设课"等。尝试过程中发现，这几种方法"各有优点和不足"，①都不能很好地满足教学的需要。

要解决这个难题，先要弄清楚产生难题的原因。汉字难学，有主客观两方面的原因。客观原因是汉字的特质。汉字从象形文字演化而来，主要特征是表义性，跟语音没有直接关系；文字的单位跟语素基本对应。由于它跟表音文字有本质区别，认知、记忆、使用时的大脑神经机制和运作程序也跟拼音文字不同。比如说，拼音文字的认知一般只涉及大脑的左半球，而汉字认知时要涉及大脑的两个半球和比较复杂的加工传递程序。因此，对母语是拼音文字的外国人来说，学习汉字自然会出现许多困难。②

具体来说，汉字有内在生成性、结构立体性、部件变异性和字形相似性等特点。这些都跟拼音文字完全不同，是留学生学习汉字的困难所在。③

主观原因是教学方法的偏差。表现是施教者没有认清对外汉字教学与对内汉字教学的本质不同，"对外汉语教学中最常见的偏向是把外国人的语言技能训练变成对中国人的语文教学或理论知识的教学"，"把对中国人适用的模式搬用到自己的教学中来，把对中国人需要的理论知识灌输给外国人。"④如：把适合

---

① 李培元、任远《汉字教学简述》，《第一届国际汉语教学讨论会论文选》，北京语言学院出版社1986年版。
② 周小兵《第二语言教学论》，河北教育出版社1996年版。
③ 张旺熹《从汉字部件到汉字结构》，《世界汉语教学》1990年第2期。
④ 施光亨《对外汉字教学要从形体入手》，《世界汉语教学》预刊1987年第2期。

中国儿童的集中识字法搬进对外教学,勉强使用"六书"的方法解释汉字等等。

要解决对外汉字教学难的问题,就必须解决主观原因,认清对外汉字教学跟对内汉字教学的本质区别。这是最根本的分流。只有解决了这个问题,才可能切实解决对外汉字教学中的具体问题。

本文所要讨论的,是对外汉字教学中多项分流,交际领先的原则。我们认为,在对外教学跟对内教学基本分流的前提下,还必须有不同层面、不同角度的分流,即在对外汉字教学中,针对不同的对象和情况,分别采用不同的方法,提出不同的要求。而在这些分流中,始终贯彻的则应该是交际领先。

二 学习主体的分流

主体分流主要指跟学生密切相关的分流。如,学习目的和时间长短的不同,对汉字学习的要求应有所区别。只是短期学习汉语,如半年以内,对汉字的要求当然不能过高。否则,会使学生负担太重,不但学不好汉字,还可能影响汉语听说能力的掌握。

(一) 学生来源的分流

学生来源会影响对汉字的学习。日本文字中常用的汉字有 3 000 左右,而韩国人在中学大多学过 2 000 左右的汉字。[①] 这些国家的学生在学习汉字方面的困难较少。在对外汉字教学

---

① 蒋家富《汉字——架设在汉、韩语之间的一座桥梁》,《对外汉语教学论文集》,百花文艺出版社 1995 年版。

中,当然要考虑日韩学生跟其他学生的区别。如:给其他来源的学生单独开设汉字课;在读写练习时对其他来源学生的要求可适当放宽一些,如以汉字为主,但可夹带一些拼音。如果方法和要求一视同仁,在教学中很难操作,还会大大增加其他来源学生的负担和压力,使之顾此失彼,汉语听说能力和汉字学习都受到影响。此外,西方学生的自尊心比东方学生要高,在学习汉字方面同等对待会让他们感到不公平,成绩不好时又会感到自尊受伤害,最终使一部分人失去学习的信心。

一般认为,东南亚学生的汉字认知和读写比欧美学生好。但实际情况并非如此。1992年在广东省参加汉语水平考试的学生中,东南亚考生43人,欧美澳考生16人,两类考生的平均总分一样。但跟汉字联系最密切的阅读和综合填空两项,前者平均成绩分别是50分、43分,后者平均成绩分别是52分和48分。周小兵、万业馨等在1997年夏季做的调查和问卷也表明,东南亚学生的汉字认知书写能力并不比西方学生好。主观原因可能是教师和东南亚学生都有一种误解,以为东南亚学生学习汉字会比西方学生容易一些。客观原因是东南亚大多数国家跟西方国家一样,文字系统都是表音的。

(二) 学生性别的分流

学生性别的不同也会影响其对汉语的掌握。1992年在广东省参加HSK的考生中,女性(39人)平均成绩245分,比男性(43人)的219分高26分。整体讲,女性模仿能力比男性强,语言学习的敏感性和易接受性都比男性好。加上社会期待不同,语言学习比男性努力。这些是导致女生汉语比男生强的原因。

值得注意的是,调查结果发现,在跟汉字联系不那么密切的听力和语法两个项目中,女生的平均分只比男生高3分;而在跟汉字联系相当密切的阅读,尤其是综合填空方面,女生比男生的平均分数分别高7分和13分。这说明女性对汉字的认读、书写能力比男性要强得多。① 原因当然跟汉字的性质,跟认知汉字时大脑神经机制和加工传递程序的特殊性有关。一般说来,女性形象思维能力强一些,男性抽象思维能力强一些。认知汉字时要动用主管形象思维的右脑,女性自然就有一些优势了。

因此,在教学中要适当地注意男生女生的区别,如:在要求上可以有轻重缓急的不同处理、使用一些不同的教学手段、给男生多一些学习时间等等。男性学习外语的能力本来就比女性稍弱一点,加上汉字的特殊性,加大了这种差距。如果在学习汉字方面完全"男女平等",不但会加重男生的负担,还会挫伤其学习汉语汉字的积极性。

三 学习方式的分流

学习方式的分流跟汉字性质和认知读写相关。

我们都承认,汉字难认难写难记。问题是,"三难"的具体含义是什么?如难认,是仅仅指从字形到字义的认知,还是指从字形到字音的认读,或是两者都包括?难写也存在类似的问题,是从字义到字形,还是从字音到字形,或是两者都包括?难记含义更不清晰,除了前面的难认难写之外,还有字音到字义,字音到字形,或字音到字形、字义。由于汉字形音义的关系不像拼音文

---

① 周小兵《第二语言教学论》,河北教育出版社1996年版。

字处于一条直线上,而是处于一个三角形的立体结构中,①加上输入输出的区别,就构成上述少则 6 对,多则 9 对认知关系。如果加上书写时拼音和汉字的区别,关系就更多了。只有认真分析这些关系,才能真正把对外汉字教学的研究和实践推进一步。

(一) 输入与输出的分流

输入输出主要指认读与书写。认读和书写的对象虽然都一样,但使用者的大脑神经机制和运作程序对这两种方式的处理是有很大区别的。认读是被动的接受,书写是主动的创造,后者比前者要难得多。因此,对认读和书写要区别对待。这方面的分流包括两点。

1. 总量的分流。根据语言习得和学习的理论,输入和输出的量是有很大区别的。一般来说,学习一种语言,输入量起码要比输出量大 10 倍以上。具体到认读与书写,输入输出量的差别还要增大。而在实际交际生活中,认读量和书写量的比例更是大大超过 10:1。有了大量的输入,大脑中才会储存足够的汉字信息,才可能进一步产生自动处理汉字的机制,才可能进一步促进书写能力的提高。

王碧霞等认为,"留学生对汉字学习的质的突破有赖于客观量的保证,需要在大量输入的基础上培养学生的'字感',即快速识别、感知汉字的能力。但目前汉字教学的现状是,仅靠精读课的输入,从量上无法保证,也难有质的突破。"②适当调整输入与

---

① 施光亨《对外汉字教学要从形体入手》,《世界汉语教学》预刊 1987 年第 2 期。

② 王碧霞、李宁、种国胜、徐叶著《从留学生识记汉字的心理过程探讨基础阶段汉字教学》,《语言教学与研究》1994 年第 3 期。

输出的关系,用增加泛读课、补充读物等形式加大输入量,是改善对外汉字教学的当务之急。

2. 汉字掌握的分流。本族人掌握的汉字,往往是能认读的多,能书写的少,即使是语言教师也是如此。本族人尚且如此,我们对外族人就不能过高要求。在教汉字的过程中,要求学生能认读的和能书写的应有一个合理比例。比如说,2∶1或3∶1。一个学年下来,可以认读800多汉字,书写300—400个汉字。如果要求每学一个生词,都要听说读写"四会",就会增加学生的负担,也不符合语言学习的规律,到最后,也不可能达到预想的目标。

实际上,汉字的掌握分成三个层次可能更合理一些:会读写的;只会读不会写的;单个不会读,但放在一定上下文里,加上表义的字形,可以推测出大致意思的。教学中能把汉字的掌握做这样或更细的处理,效果肯定比胡子眉毛一把抓要好。

从实际交际来看,这种分流也很有作用。比如说,一个人能认读1 600个汉字,能写其中的600个;另一个人能认读1 100个汉字,能写其中的1 000个。在实际交际中,头一个人掌握的汉字应该比第二个人有用。因为一般人靠汉字交际主要是认读,书写的时间和内容比认读汉字要少得多。

我们对在全日制院校学过一年半汉语的30个学生做过统计。按《汉语水平汉字等级大纲》的要求,他们应学过1 900个左右的汉字。从他们所用的教材看,学过近2 000个汉字,4 000多词汇。但从他们一个学期的作业(包括作文)来看,汉字输出总量是1 300多个,而平均每人的汉字输出量不到900个。

(二) 输入时识记字义与识记字音的分流

认读时是从字形到字义,还是从字形到字音,或是两者兼顾,对学习者来说是有很大区别的。只能从字形到字音,对交际没有多少实际意义,最多是使查找字典更为方便一些。能从字形推出字义字音,当然很好。但是,连汉族人认知汉字时都常常会出现知义不知音的情况,要求外族人完全掌握所学汉字的形音义就更不现实。因此,在阅读输入时注重学习者从字形到字义的认知,对字形—字音的要求放松一些,不但符合汉语作为第二语言的学习规律,而且符合通过阅读进行交际的规律。

拼音文字的形体是表音的,人们的阅读认知方式可能有三种:(1) 通过字形先唤起字音,再唤起字义;(2) 通过字形同时唤起字音字义;(3) 通过字形直接唤起字义。不完全认知是只会发音不懂字义。

汉字的形体主要是表义的,人们的阅读认知方式往往是通过字形直接唤起字义(尽管在阅读时间、条件允许下也可以同时唤起字音);当然也可能是通过字形同时唤起字义和字音。由于汉字的特点,不完全认知往往是只知道意思(或大概意思)而不懂发音。值得注意的是,这种不完全认知并不影响一般阅读的进行。可见,在汉字阅读时重形义的联系而对形音联系的要求放松一些,是符合汉语阅读的实际要求的。

施光亨说,汉字一直在建立形义的直接联系上下工夫,如象形、会意、指事、形声字的义符都是这种关系的体现。[1] 王碧霞

---

[1] 施光亨《对外汉字教学要从形体入手》,《世界汉语教学》预刊 1987 年第 2 期。

等指出,使用汉字的读者在文字加工中主要是靠识别字形来唤起字义。① 石定果认为,现代汉字形—义的结合度超过形—音的结合度。维系形—义结合度的能力是汉字内在的性能。汉字教学就要充分利用字形的可解释性,以扬长补短。②

在教学中,不少学生阅读时常出现只明白字义不知道字音的情况。如学过三个月汉语的学生朗读"桌子上放着一本书",不少人会忘记"桌"的发音,但知道它的意思相当于 desk。从快速阅读的理论和实践来看,从字形推测字义也具备可能性和现实性。在阅读时,碰到不懂的汉字,可以通过已懂的形旁推测大概的字义。有关资料表明,用形旁推测字义,成功率大约在30%左右。③

由于汉字的表义性质,我们很难要求学生在阅读时完全同步掌握形音义,而应该有所侧重,要求学生主要掌握形义的结合。如归纳字形的特点尤其是形旁的类别,让学生掌握它们跟字义的联系。这样比全面要求掌握形音义要实际一些,效果也会好一些。

(三) 输出时拼音与汉字的分流

为了减轻学生学习汉字的负担,有些初级教材有拼音与汉字交叉出现的情况。既然在输入时可以这样,在输出时当然也不应该完全排斥拼音与汉字交叉出现。如对日韩以外的学生,可以允许其在输出时有限制地使用一些拼音。

---

① 王碧霞、李宁、种国胜、徐叶著《从留学生识记汉字的心理过程探讨基础阶段汉字教学》,《语言教学与研究》1994年第3期。
② 石定果《汉字研究与对外汉语教学》,《语言教学与研究》1997年第1期。
③ 周小兵《第二语言教学论》,河北教育出版社1996年版。

现今世界上绝大多数文字是拼音文字。对使用拼音文字的学习者来说,学习另一种拼音文字比学习以表义为主的记号文字要容易得多。这是我们使用汉语拼音教学汉字的原因。问题是,从汉语拼音到汉字的过渡需要多长时间?是不是像目前通行的教学那样,在很短时间内就要完成这一过渡?

教学实践证明,如果要求西方学生很快就全部用汉字输出,会增加其心理负担,往往会吓跑一些学生。如1995年秋季,中山大学初级班有9个西方学生,8个东方学生。到1996年春季开学时,西方学生只剩下5个。到了1996年秋季,又走了3个。原因是觉得汉字书写太难,很难跟东方学生一起学。考试,若允许在输出时有限制地用一些拼音,可以达到七八十分。若必须写汉字,稍好一点的学生可能因书写太慢而不能在规定时间内完成,只能得六十多分;稍差一点的学生可能因为记不住一些汉字的写法(尽管能认读这些汉字)而不合格。剩下的2个西方学生,有一个要求做作业时可以写一些拼音。为了能让他留下来继续学习,任课老师满足了他的要求,使他坚持到中级班结束。

据我所知,国内一些学校(如云南大学)采用东西方学生分班方式教学,允许西方学生使用一定数量的拼音输出。国外一些学校(如瑞典隆德大学)则允许学生在相当长的时间内较多地使用拼音输出。

设计推广汉语拼音的目的,开始主要是为了满足学习汉字的需要,为了减少文盲。随着计算机科技的发展和中文软件的开发,汉语拼音已经广泛应用到中文输入系统中。这也为外国人书写汉字提供了极大的方便。通过电脑,在输出时可以将拼音转化为汉字。既然学习汉字的主要目的是交际,既然一些西方学生在认读汉字方面已经基本达到要求,只是在书写方面有一些困难,而电脑又为汉字书写提供了方便,使这些学生的实际交际成为可能,我们为什么不能在教学上放宽一点要求,使这部分学生能坚持学习到一定的程度呢?

第五章

汉字教学模式与教学方法

第一节 汉字教学模式①

本文拟提出一个对外汉语教学用的汉字教学单位体系。这个体系由汉字部件(本文称"基本部件")和一部分汉字(本文称为"基本字")构成。体系所适用的汉字范围为《汉语水平考试词汇大纲》中 8 822 个词所使用的 2 866 个汉字。笔者认为,在对外汉字教学中,把"基本部件"和"基本字"二者结合起来,符合汉字的认知规律,可以更充分利用汉字及其构件所提供的形、音、义信息,提高汉字教学的质量。

下文的讨论将用到一些概念,为明确含义,对几个主要概念作限定如下:

汉字教学。本文中指对母语非汉语者的汉字教学,即对外汉语教学中的汉字教学。

部件教学。指某些学者主张的以汉字部件为基本教学单位教授汉字的方法,也称"字素教学"。

汉字教学单位。汉字教学的基础成分,笔者认为,它也应当是汉字认知的基本单位。如:笔画、部件、整字。对什么是汉字

---

① 本文以"关于汉字教学的一种思路"为题发表在《汉字与汉字教学研究论文选》,北京大学出版社 1999 年,作者崔永华。

认知和汉字教学的基本单位,可能有不同的看法。本文认为基本部件和基本字可以作为汉字教学的基本单位。

汉字教学单位体系。适用于一定范围的汉字教学的教学单位的集合。

教学单位的成员。汉字教学单位体系中的各个成素。

部件(汉字部件)。一般指汉字部件系统中的基础部件或称末级部件。

整字。每一个完整的汉字。

独体字。只由一个部件构成的汉字,又可称成字部件。

一 部件是汉字认知、教学的一个重要单位

部件是影响汉字识别的一个重要的因素。彭聃龄1997年在《汉语认知研究》的第五章"汉字识别的两种加工"中综述了国内外汉字认知研究的成果。其中包括:笔画数和部件数都对汉字认知有影响;在高频条件下,独体字反应时显著快于双部件字,低频条件下,二者无显著差异;汉字正字法(即汉字部件的排列方式——笔者注)对汉字识别有影响;汉字的右部件在识别中的作用大于左部件;等等。由此推见,部件应当是汉字认知、教学中的一级重要单位。[1]

多人主张利用汉字部件进行对外汉字教学。其含义为,汉字教学应以部件为纲安排教学,以充分利用部件的特性所提供的方便。崔永华在1997年中就此提出以下理由:

---

[1] 以上实验都是以中国人为被试的,但笔者认为有理由假定,对母语非汉语的学习者的实验,也应当有相应的反应。

第五章 汉字教学模式与教学方法

（一）以部件作为教学单位，较之利用笔画教授，识记每个汉字的记忆单位少，符合记忆规律。

（二）部件多有固定的含义和称谓，①有利于汉字的理解和识记。

（三）外国学生识记汉字的错误，大都可以归结为部件使用不当。强化部件意识，应当有利于纠正识记汉字的错误。

对于第 2 项，王建勤已经做过实验，初步证明其基本成立（成果待发表）。

可见，部件是汉字认知的一个重要因素，汉字教学应当对汉字部件给以足够的重视。

二 利用部件教授汉字的局限性

笔者曾试图根据崔永华 1997 年关于利用部件进行汉字教学的看法，拟定一个对外汉语教学用的汉字部件体系。但在制定体系，特别是在考虑如何使用这种体系时，感到单独使用部件进行汉字教学，在实际操作中困难之处甚多。这包括：

---

① 王建勤在设计实验时发现，部件的可称谓性和表义性是重合的，可称谓必定表义，表义者必有称谓。王的话是对的。

万业馨指出，崔永华 1997 年的"可称谓"这个概念不明确。文中的"可称谓"实际上包括了两种有本质区别的情况，一种是有读音的成字部件，另一种是有名称的偏旁部首。如"言字旁"、"三点水"等。综合王、万的意见，部件的可称谓和表义情况如下表：

有读音	可称谓	表义	
+	+	+	成字部件
-	+	+	偏旁部首
	+	-	笔画
-	+	-	无义部件

从这个表上看，对于部件来说，是否表义，比是否有称谓更为重要。

虽然部件多有含义和称谓,但也有较多的部件没有含义和称谓。据笔者1997年的统计,可称谓部件与不可称谓部件的比例为255:176。不可称谓部件比例过大,显然会给教学带来障碍。

一般的部件体系,不成字的部件都较多。据笔者1997年的统计,成字部件和不成字部件的比例为218:213。不独立成字的部件,如"带字腰"、"然上角"不能在教学中组词、组句,很难单独教授。因此,这些部件很难在学习者长期记忆中储存,这就削弱了部件对汉字认知的作用。

运用部件教学时,有些部件,需要用没学过的汉字来解释(命名),如学"请"时要用尚未学过的"青"来定义"青字头"、"青字底"。有时还会出现循环定义的情况,如"凶"字由"艾字底"和"凶字框"构成。这种对汉字的解释方法,需要记忆一些无关的字,加重了学习负担,又不符合认知规律,应当尽量避免。

一般根据部件拆分原理制定的部件体系,有时将汉字拆得太碎,给汉字的解释和记忆带来一定的困难。例如:将"格"拆分成"木、夂、口",将"菇"拆分成"艹、女、十、口",将"枝"拆分成"木、十、又",等等。这样将汉字本身存在的音、义联想功能破坏殆尽,成了为拆分而拆分。这似乎无助于汉字教学。①

---

① 彭聃龄1997年提到,两部件构成的汉字识别的成功率高于单部件字,也高于三部件及三部件以上的字。文章没有提到原因,据笔者推想,其中的重要原因可能是两部件汉字的可解性(字音上、字义上或二者兼有)是最强的。这也许可以提示我们,在教学中不宜将汉字拆得太碎。

三 解决问题的思路

第一节和第二节讨论了利用部件进行汉字教学的利和弊。利用部件教汉字,确有好处,也确有不足。理想的思路应当既能发扬部件教学的好处,又能最大限度地弥补其不足。笔者认为,问题的关键在于找到一种比较合理的识记单位(即教学单位)的体系。这种教学单位体系应当尽量包含以下性质:

(一)每个单位成员的笔画应尽量少。如对笔画不做限制,就容易混同于整字教学,而采取整字教学,则记忆单位的笔画过多,记忆负担过重。

(二)教学单位体系要有生成能力(即单位成员有较强的构字能力)。这样的单位才对教学有意义,否则记忆太多的构字单位,也会增加记忆负担。

(三)单位成员要有固定的语音形式和含义,以利于对构成的汉字的解释和记忆。

据此,可以看出:

独体字(成字部件)是符合上述条件的最理想的教学单位。

偏旁部首(表义部件),虽不独立成字,因其具有固定的称谓形式和独立的意义,也是较理想的单位成员。

其他部件(不表义部件),其中一部分应适当地合并为表义部件或整字,也作为汉字教学的基本单位。这样可以减少不表义部件,增加教学单位中表义部件和整字的比例,如把"青字头"、"青字底"合并为"青"字,把"艾字底"、"凶字框"合并为"凶"字。

这一思路的实质在于,把一些独体字(成字部件)以外的整字也吸收为汉字的教学单位,即把部件(包括独体字)和部分整字共同作为汉字教学的基本单位,我们称为"基本部件＋基本字体系"。

四 "基本部件＋基本字体系"构成

根据上面的分析,汉字教学单位体系包括基本字和基本部件两大部分。

基本字。指笔画不多又有较强生成能力的整字。确定为基本字的整字包括以下几种情况:

独体字。根据字源,不能再行拆分的整字。如"口、木、日、又、土"等。

笔画少、构字能力强的整字。指在本文讨论的汉字范围内可构字5个以上者。如"开、斗、出、平、化"等。

笔画较多,但构字能力强,对构字有较强的音、义解释力者。如:

多:够多爹哆侈移

乔:侨骄娇轿桥乔

京:景就惊影凉京鲸晾谅掠

虽只能构成一两个字,但构成的都是常用字,且拆开有时要增加新的部件。如:甩、午(许)、无(抚)、当(档、挡)等。

基本部件。基本部件是指在本体系中不再进行拆分的部件,属于传统意义上的部件。这里的部件可以分成两类:

偏旁部首和其他有义部件。这些都是有固定含义和称谓的部件。如"扌、艹、讠、疒"。

无义部件。尽管构字不多,但又无法不保留的部件。一般都依所处位置命名。如：××边、××旁、××角、××心等等。

无义部件实际上是我们要解决的问题的遗留问题。上面讲的部件教学的四点不足，都集中在这里。建立本体系的目的就是要缩小这一部分的比例，使汉字教学单位更具可操作性。①

下面，表1是"基础部件+基本字体系"（表中称为"本体系"）各类单位成员的统计表；表2是崔永华1997年使用的部件体系统计，供分析时参照。

表1　本体系各类部件组字情况分析

部件类别	部件数量	部件比例	构字次数	构字比例
整字部件	350	65%	4522	63.2%
有义部件	42	8%	1535	21.4%
无义部件	145	27%	1104	15.4%
合计	537	100%	7161	100%

表2　部件体系各类部件组字情况分析

部件类别	部件数量	部件比例	构字次数	构字比例
整字部件	218	50.5%	4520	54.2%
有义部件	37	8.6%	1790	21.4%
无义部件	176	40.9%	2030	24.3%
合计	431	100%	8340	100%

由上两表可以看出，"基础部件+基本字体系"在综合评价上都好于部件体系。其优越之处在于：

（一）提高了教学单位的表义性和可称谓性。这将有利于汉字教学。理由已在崔永华1997年中说明。下表说明，本体系

---

① 笔者以为，所谓汉字教学的好办法，只是相对而言，希望能通过探索规律，缩短学习时间，提高学习的质量（认和写的准确率），化难为易罢了。没有医治百病、有利无弊的药方，也无法在实践上将一种原则贯彻到底。本文提出的办法也只是如此，希望能为加快汉字教学的进度提供一点思路。

中，表义、可称谓的教学单位多于部件体系。

表 3 两体系表义、可称谓单位的比较

	整字数	比例	有义部件	比例	无义部件	比例
部件体系	218	50%	37	8.6%	176	40.9%
本体系	350	65%	42	8%	145	27%

（二）提高了构成汉字的部件的可称谓度和意义上的可解性，有利于汉字的理解和记忆。

表 4 两体系可称谓单位构字情况比较

	整字构字比例	有义部件构字比例	无义部件构字比例
部件体系	54.2%	21.4%	24.4%
本体系	63.2%	21.4%	15.4%

（三）降低了教学单位的认知难度。一方面，进入教学单位的汉字笔画少，生成能力强，又可以独立使用，便于教学单位本身的识记，同时为用它生成其他汉字打下基础；另一方面，也更符合一般的认知规律，减少了循环定义和以未知项来定义未知项的现象。

五 关于"基本部件＋基本字体系"的用途

"基本部件＋基本字"教学单位体系可以看做是教授汉字的一种大纲。它可以在以下几个方面起作用：

作为教材编写的依据之一。在编写教材时可以据此安排汉字教学的进程，利用汉字的构字规律和生成关系，提高汉字教学的质量和速度。例如可以尽早出现生成能力强的基本字，为后面的汉字教学打好基础。像"人口、大气、青年、自行车、木头、主页、口令、元旦、工具、工厂"在一般教材中都出现较晚，根据这种体系,应当安排它们早出现。

对已有一定汉语和汉字基础的教学对象来说,这个体系可以用于为他们编写专门的汉字教材,类似中国小学生的集中识字教材。①

在教学过程中,这个体系可以帮助教师把握汉字教学的重点,并充分利用基本字和表义部件的解释和生成能力教授新汉字。

这个体系还可以用于学生掌握了一定数量的汉字后,进行归纳、帮助积累、对比记忆等。

在教材中可以以附录形式,以此体系为纲整理学过的汉字,为教师、学生提供方便。

附录:"基本部件+基本字"汉字教学单位体系(草拟,共537个成员):

1 整字(共350个,构字4 522次。字后括号中的数字是此成员的构字次数,下同)

口(318)木(186)日(117)又(107)土(104)人(85)月(78)女(66)贝(64)大(60)八(60)心(59)十(58)力(54)火(54)禾(51)田(51)广(50)尸(41)曰(40)立(39)寸(39)几(39)目(39)车(38)虫(37)白(36)山(36)米(35)石(34)隹(33)巾(33)戈(31)工(29)方(28)习(27)厂(26)页(25)马(25)斤(25)子(24)王(23)干(23)皿

---

① 在对外汉语教学的初级阶段,不可能使用中国小学生集中识字的办法。因为中国小学生是在会说汉语的情况下学习汉字的,而且他们已多年接受汉字环境的熏陶。外国学生在不懂汉语的情况下,不可能成功地学习汉字。但是外国学习者在经过一段汉语学习之后,是可能进行集中识字教学的。

(23)古(23)匕(23)门(22)穴(22)夫(21)耳(20)丁(19)示(19)矢(18)酉(18)刀(18)夕(18)欠(18)止(18)小(18)士(17)用(17)共(16)旦(16)雨(16)丰(16)辛(16)犬(16)弓(16)分(15)且(15)可(14)由各合皮卜艮　其(13)中亡母歹儿少　巴(12)占舟里肖走乃

户(11)舌甫见令业白豆缶

内(10)青昔非羊自去天比不包京交凶

手(9)鸟云免生元廿龙束

牙(8)衣至豕反寺正乍也弋勿上甘申乙壬具

勺(7)已革化兄有而今兼九氏毛水鬼了言主仓次丸支尧兑

五(6)争牛万文半聿北身出此扁之千丘良寿句多尤巨七先予头亏气台亥辰我凡冈孑曷乔

刍(5)直夭必关父采长果两告卑才更开是丑并斗尚平同勾电央及切尔高世周垂鱼隶末夹兆矛尹罗

齐(4)布发瓜巳韦录风未疋介义成仑象单与兰黑东尺亚专井屯司禺冬西永二光甲朱

求(3)片本足重玉州于斥当久臣册市川串耒瓦禹向太肉弗兴民匀爪骨

会(2)丌亦午乎食为芾击匆丈无金乐史三卯盾乌先

夷(1)事凹年竹秉已入吏丹刁书飞丐曲乡龟虎豸鹿束四凸熏冉曳甩

  2　表义部件(共42个,构字1 535次,因部件造字困难,暂以名称代之)

  提手旁(176)三点水(155)单立人(132)横(116)草字头(110)言旁(73)走之(65)绞丝旁(64)立刀(53)金旁(50)撇(48)

竖心旁(46)反文(43)冬字头(34)竹字头(33)足旁(29)双立人(27)病字旁(26)卧人(26)犬旁(25)点(22)玉旁(22)采字头(19)食旁(17)两点水(17)四头(16)衣补旁(13)竖(10)尚头(10)示旁(9)西头(8)牛旁(5)虎字身(5)辛旁(5)亦头(5)手旁(2)鸟字身(2)半旁(2)户旁(1)小头(1)羊旁(1)

3　无义部件(共145个,构字1104次,因部件造字困难,暂以名称代之)

宝盖(80)亩字头(68)左右耳(55)秃宝盖(53)倒八字(51)私字边(40)青字底(30)右字头(29)围字框(27)角字头(24)老字头(23)艾字底(22)前字头(21)横四点(21)形字边(19)幼字旁(16)节字底(15)区字框(14)仓字底(13)临字旁(13)衣字底(11)异字底(11)半字身(10)同字框,令字底,包字头,占字头(9)壮字旁,春字头,延字旁,兴字头,雪字底,既字旁,杨字边(8)泰字底,钱字边,寒字腰,青字头,临上角,流下角,经字边(7)竖弯钩;官字底(6)着字头,号字底,竖横,冬字底,登字头,农字底,美字头;页字头(5)抑字心,冒字头,敝字旁,番字头,决字边,买字头,师字旁,共字头,然左角(4)今字底,隶字腰,既字边,叟字头,留字头,离字底,曾字腰;降下角(3)学字头,邦字旁,反字头,刺字旁,步字底,拣字边,曹字头,那字旁,肆字旁,唐字腰,以字旁,候上角,段字旁,迅右角,收字旁,风字框,恭字底,凶字框,农字旁;足底(2)班字心,夜字底,假字心,假上角,报字边,聚字底,带字头,互字底,豕字底,司字框,追字身,祭上角,永字腰,齿字底,可字框,眉字头,枕字边,旅下角,逆字心,卸字旁,妻字头,改字旁,冒字头,比字旁,贯字头,董字底,肃字头,肃下框,丝字头,惠字头,啄字边,面字心(1)舞字腰,捺,齐字底,制字旁,顾字心,餐左角,臧字旁,竖提,承字心,亦字底,典字头,看字头,兜上框,尚字头,印字旁,临下角,鼠字底,黎上角,捷字边,佳字边,衰字腰,囊字头,巡字心,庸字底,舆上框。

第二节 汉字教学方法

壹 汉字怎么教?①

一 汉字教学的定位

本文说的汉字教学,是对外汉语教学中的现代汉字教学。仿造对外汉语教学名称,也许可以称之为对外汉字教学。它是对外汉语教学的组成部分。诚然,在汉字教学中不可能不涉及汉字文化及其相关问题,但我们不能把汉字教学的重点放在文化揭示和知识讲授方面。汉字教学虽然涉及文化,但是汉字教学不是文化教学。必须十分明确:对外汉字的教学对象是现代汉字,汉字的文化教学不是对外汉字教学的主要任务。实践表明,如果对汉字教学的定位含混不清,就会干扰和偏离汉字教学的方向,影响汉字教学的效果。

二 汉字教学的目的

所谓对外汉语教学中的现代汉字教学是指:以外国人为对

---

① 本文以"汉字教学:教什么?怎么教?"为题发表在《语言文字应用》1999年第1期,作者卞觉非。

象的、以现代汉字为内容的、用外语教学方法进行的、旨在掌握汉字运用技能的教学活动。汉字教学的根本目的是讲清现代汉字的形、音、义,帮助学生认读汉字,书写汉字,学习汉语,掌握汉语的书面语;当然,学生在学习汉字的过程中,同时必然也在接触和学习汉字文化,毫无疑问,这是汉字教学自然产生的客观效果,无须刻意追求。必须特别强调,汉字是语素文字,一个学生掌握汉字数量的多少,不仅关系到学生的汉语口语水平的高低,而且也是学好汉语书面语的关键。

三 汉字教学的现状

现代汉字教学,应该贴近教学对象的实际。我们的教学对象可分两类:一类是既不懂汉语又不识汉字、在语系上和文字体系上跟汉语汉字完全不同的欧美等国学生;另一类是同属汉字文化圈的日本、韩国学生。后者虽然认识一些常用汉字,但不会说汉语,而且日语和韩语在语系上跟汉语没有亲属关系。比较起来,日本学生和韩国学生学习汉字相对比较容易,因为,日本学生在中学阶段就会日本常用汉字 1945 个,韩国学生也会 1 800 个韩国常用汉字,撇开读音不谈,这对他们学习汉语词汇会有一定帮助。不过,由于日本和韩国汉字的字义在借用汉字时跟中国汉字在内涵和外延上不尽相同,因此他们很容易望文生义,产生负面效用,有名的例子是:日本的"手纸"相当于汉语的"信",汉语的"点心"则相当于韩国的"午饭"。从学习汉字的角度,汉字文化圈的学生肯定要比汉字文化圈外的学生容易得多,但是必须指出,三个国家的汉字分别记录的是三种不同的语言,因而日本、韩国学生在学习中国汉字时都应该把汉字当做外语外文来学习,不这样是学不好汉语的。事实上,也许由于认识上的偏差,日本和韩国学生并没有因为认得汉字的优势而一定比欧美学生学得更好,特别是口头表达方面。

当然,学习繁富复杂的汉字,对于年过 20 岁的欧美学生而言也绝不是一件轻松愉快的事情,若要记忆更是苦不堪言。据我所知,国内大多数学校都比较重视汉字教学,作出了较好的安排。在初级阶段有的学校还专门开设了汉字课,布置汉字书写练习。到了中级阶段,则把汉字教学置于课文教学之中,汉字教学与汉语词汇教学同步进行。这样做的好处是,可以把汉字教学与汉语词汇教学结合起来,使学生比较准确地理解汉字的字义;但是如果处理不当可能也会产生弊端,以词汇教学取代汉字教学。因为,教师在课堂教学中,通常把注意力放在课文的阅读与理解上面,关注的是词语和语法教学,汉字只是作为一个词汇单位教给学生,这样很容易忽视汉字的教学。所以,有人说,所谓汉字教学只是初级阶段才有,到了中级之后就不知不觉地被取消了,很难说还有严格意义上的对外汉字教学。我认为,汉字教学应该贯彻基础汉语教学阶段的全过程。当学生看到"美不胜收"时,首先是查看英语翻译:So many beautiful things that one simply can't take them all in. 或者 more beauty that one can't take in. 他们是从英语翻译来了解该成语的含义,却不大理会这一成语四个汉字的字形、读音和字义。他们通常从图形上认读汉字,摄取汉字的形体图像,疏于记忆,如果教师不作特别强调和提示,学生们很难分辨汉字的部件和笔画,因此写起来常常丢三落四。通常的情况是,各校一年级学习汉语的人数很多,但许多人浅尝辄止,遇有困难就半途而废。"经过十年寒窗生活以后，只剩下极少数的学生攀登硕士或博士的高峰。"① 据我所知，即使这些佼佼者，他们的毕业论文几乎很少是用汉语写就的，通常是用自己的母语。他们的汉语说得很流利，但是他们中一些人在阅读、特别在书写方面依然存在许多困难，离所谓"语言通""文化通"和"中国通"还有相当的距离，"最明显的原因是汉字的难关"。② 他们对汉字往往缺乏审断能力，不能分辨"浃、挟、狭、铗，挡、档、裆，买、卖、实，没、设，讷、纳、呐、衲，募、幕、蓦、慕，卷、券"等等，所以动起笔来常常出错，打出来的文字也错得离奇。这就是当前的汉字教学情况。

究其原因是多方面的。

在理论层面上，有人从本体论出发，认为先有语言，后有文字，文字只是记录语言的符号，符号是可以跟本体分离的。最能体现这一思想的是美国结构主义者 John De Francis，他主编的《初级汉语读本》、《中级汉语读本》、《高级汉语读本》就分为拼音本和汉字本两种。他主张先教会话，后教汉字，对于那些只想学习会话单项技能的人也可以不教汉字。这种看法和做法曾流行于欧美。这种看法也深深地影响着欧美学生，他们普遍地存在着重口语、轻汉字、重阅读、轻书写的倾向。从哲学层面上说，我以为语言先于文字的观点无疑是正确的；但是如果某种语言一旦拥有了文字，文字对语言的反作用也是不可忽视的。特别是像汉字这样的语素文字对汉语的反作用尤其明显，达到了惊

---

① [德]柯彼德《汉字文化和汉字教学》，《第五届国际汉语教学讨论会论文选》，北京大学出版社 1997 年版。

② [德]柯彼德《汉字文化和汉字教学》，《第五届国际汉语教学讨论会论文选》，北京大学出版社 1997 年版。

人的程度。是汉字保留了古代汉语的词语,保留了古代圣贤的语录,保留了古代优秀的诗词歌赋、格言成语,保留了古代汉语特有的语法格式,并把它们中的一些成分原封不动地保留在现代汉语之中。汉字与汉语简直难解难分。一个外国学生,如果真的要学好汉语,成为汉语方面的高级人才,我想,不学习、掌握汉字简直是不可能的,把汉语学习跟汉字学习对立起来的做法也是不可取的。事实上,汉字已经成为汉语特定的组成部分,学习汉字就是学习汉语;若要学好汉语,必须得学习汉字。

在操作层面上,有人从同源论出发,认为汉字就是汉文化,在教汉字时往往大讲汉字的源流嬗变、文化考察、风俗探源、书法艺术欣赏等等。如果如此理解汉字教学,人们就可以这样讲授"茶"字:"茶"在《说文·草部》中为"荼":"荼,苦荼也,从草余声。同都切。"据大徐本注:"此即今之茶字。"然后引证《广韵》:"宅加切,平麻澄。"再论"茶"字三种写法"茶、㯓、荼",根据《唐陆羽〈茶经·一之源〉》注解:从草,当作"茶",其字出自《开元文字音义》;从木,当作"㯓",其字出自《本草》;草木并,当作"荼",其字出自《尔雅》。再解释"茶"的民俗含义:"旧时订婚聘礼的代称。如三茶六礼,受茶。"明陈耀文《天中记·茶》:"凡种茶树必下子,移植则不复生,故俗聘妇必以茶为礼。"《清平堂话本·快嘴李翠莲记》:"行什么财礼?下什么茶?"再讲茶的种类,茶的功能,茶具、茶道等等。讲者用心良苦,努力在弘扬汉字文化,听者如坠入云雾之中,一无所获。难道这是对外汉语教学中的现代汉字教学吗?当然不是。正确的方法是,讲清"茶"的形、音、义,告诉学生"茶"字的用法和写法。还有,教师可以通过组词练习,比如"红茶、绿茶、新茶、陈茶、茶馆、茶道、茶点"等,并且隔三差五地考考学生们记住了没有。事情就这么简单!

我认为,只有在理念上和操作上取得一致的看法,才能进行真正意义上的对外汉语教学中的现代汉字教学,才能实现汉字教学的目标。

四 现代汉字不同于古代汉字

对外汉语教学中的汉字教学应该定位于现代汉字。现代汉字虽是古代汉字的发展,但是经隶变后的汉字形体已经由圆而直,大幅度地丧失了以形示义的功能,汉字已逐渐脱离了图画的意味,变成了一种记录语言的符号。这是汉字成熟的标志。传统的"六书"理论虽与现代文字学有相通之处,但已不能完全适用于现代汉字的分析。同样的术语有的名同字异。比如,"六书"中的象形字"日、月、山、水、手、心、子、女、弓、矢、刀、戈、户、舟"等在现代汉字中已不再具有象形的特质,变成了记号字。"日"字在"晴、明、旦、昏、晒、晖、晨、暗"中只是意符。"六书"中的指示字,如"凹、凸、丫、一、二、三"在现代汉字中却已成了象形字。在简化字中又出现了许多新会意字,如"宝、笔、尘、巢、伞、泪、灭、灶"等等。古代汉字中的所谓形声字,如"江、河、打、布、刻、蛇、霜、逃、醉"等在现代汉字中已变成半意符、半记号字。在"六书"中有些形声字已与今义不同,如"骗":《集韵》匹羡切。《字略》:"骗,跃上马也。"现指"欺骗"意。"特",《说文解字》:"特,朴特,牛父也。从牛寺声,徒得切。""牛父"即"公牛",现指"特别、特殊"义,意符和声符均发生变化,成了合体记号字。汉字教学,虽然古今不能截然分开,但在观念上必须区分古今汉字。

五　对外汉字的教学内容

汉字教学是实用科学。从事对外汉语教学的教师应该具有丰富的汉字知识，但并不是把这些知识统统都要倒给学生。一方面要加强现代汉字本身的研究，利用他人的研究成果，用于汉字教学之中；一方面也要研究汉字的教学方法，了解学生的实际，选中切合学生学习汉字的重点和难点，通过反复讲练，形象而直观地分层级进行汉字教学。

首先，讲清现代汉字的性质。汉字是语素文字，而非拼音文字。一个汉字均由形、音、义三个部分组成。形、音可以变化，但基本字义一般不变。如：女，《说文解字》："妇人也，象形。王育说。凡女之属皆从女，尼吕切。"现代汉字"女"字形由篆而隶而楷，但基本字义不变。很多由"女"组成的合体字仅《说文》就有"姓、娶、婚、妻、姑、妹"等244个。"女"作为基本语素，可组成多字结构，前置如"女儿、女方、女工、女皇、女人、女色、女士、女强人"等等，"女"也可后置，如"处女、闺女、妓女、美女、少女"等等。记住一个"女"，就可以认知由"女"组成的合成字以及跟"女"有关词语的意义，由此可见，记忆构字能力很强的独体字，对于学习汉语和汉字是何等重要！

现代汉语常用汉字有3 500个。对外汉语教学根据实际对3 500个常用汉字作了适当的微调，按照《汉语水平·汉字等级大纲》规定：甲级汉字800个，乙级汉字804个，丙级汉字500＋11，丁级汉字2 864＋41，共计2 905个，可以据此编写教材，进行课堂教学和教学测试。至于是否要把2 905个汉字再分成"复用式掌握"或者"领会式掌握"，这是可以而且应该研究的。

其次，解析现代汉字的字形结构。现代汉字整字可分为独体字和合成字两种。"六书"中的象形字和指事字都是独体字，会意字和形声字都是合体字。现代汉字中的独体字多半来自古代象形字和指示字。前者如"人、手、水、火、日、月、禾、田、井、虫、止"等，后者如"甘、方、七、八、上、下、本、末"等；有些合成字是经简化后而进入独体字，如"龙、专、门、书、卫"等。现代汉字的合成字多数来自古代会意字和形声字：前者如"休、林、男、旅、盖、析"等，后者如"芽、理、简、案、沐、际、盛"等；少数来自古代象形字和指事字：前者如"燕、鱼、泉、阜"，后者如"亦"。① 应该让学生知道，独体字既是常用汉字，又是构成合成字的部件，组字能力很强，必须牢牢记住。解析合体字可以理性地了解汉字的构造原理，领悟汉字的理据性，从而掌握记忆和书写汉字的诀窍。应该指出，在造字过程中，"有的字有理据，有的字没有理据，有的字有部分理据。有的在造的时候就没有理据，有的字本来有理据，在发展过程中失去理据。"② 所以，应该特别强调，记忆汉字不能没有诀窍，也不能没有方法，但是最基本的方法只有一个字：记！这一点应该向没有背诵习惯的欧美学生反复说明，反复强调！

第三，剖析汉字的部件。部件也叫字根、字元、字素、字形，是汉字基本结构单位。独体字只有一个部件，合体字有两个或两个以上部件。如"地、和、对、好、动、园"等是两个部件，"想、娶、树、坐、渠、谢"是三个部件，"营、韶、筐"等是四个部件，"燥、赢、膏"等是五个部件，"麓、臂"等是六个部件，"憨、鳞"等是七个

---

①② 苏培成《现代汉字学纲要》，北京大学出版社1994年版。

部件,"齉"是八个部件。部件与部件的组合是分层进行的,不是一次组合而成。如:

```
           韶
         /    \
       音      召
      / \    / \
     立  日  刀  口
```

"韶"的部件是"立、日、刀、口",这些可称为末级部件。末级部件一般都可以成为独体字。由此可见,剖析一个字的部件对于认知汉字的构造和正确地书写汉字都是很有帮助的。

第四,讲授现代汉字的笔画。笔画是构造汉字的线条,是汉字构形的最小单位。现代汉语通用字中最小的汉字只有一画,如"一、乙"等,最多的是36画,如"齉"字。其中以9画字居多,10画和11画次之。如果把提归入横,捺归入点,钩归入折,汉字基本笔形有五类:横、竖、撇、点、折;并有26个派生笔形。[①]我认为应该教会学生正确书写汉字的先后顺序,要求学生掌握汉字书写的基本笔顺:1.先横后竖:十、干、丰;2.先撇后捺:八、人、入;3.先上后下:三、京、高;4.先左后右:川、衍、做;5.先外后内:月、匀、同;6.先中间后两边:小、水、办;7.先进去后关门:回、目、国。教授汉字时,教师始终应该对学生严格要求,认真训练,反复默写,养成规范的书写习惯,这对学生将会受益无穷!

六 汉字教学的方法

国家汉办颁布的《汉语水平汉字等级大纲》不同于一般

[①] 苏培成《现代汉字学纲要》,北京大学出版社1994年版。

的教学大纲,而是一种规范性的水平大纲。在对外汉语教学中如何实施《汉字等级大纲》需要另订汉字教学计划。母语的汉字教学与对外汉字教学存在着很大的不同:前者是学习者已会说汉语后再学汉字,其教学顺序是从字→词,学字难和学词易是对立的也是互补的;后者是学习者既不会汉语也不识汉字,其教学顺序则相反,是从词→字,学汉字和学词是同步进行的。① 因此,绝大多数学校的对外汉语教材都是把汉语的词汇教学和汉字教学结合在一起,同步进行。我以为这是很好的方法。我只是担心,如果安排不妥,只注意词汇教学,就会影响汉字的掌握。汉字教学的方法值得研究。要加强科学性和计划性,克服随意性和盲目性。

首先,应该制定汉字教学计划,把《汉语水平汉字等级大纲》所列的甲级字、乙级字、丙级字和丁级字具体化,也就是要制定一个怎样分别实现上述各级字目标的具体规划。具体要求是:列出一份汉字教学计划,列出汉字教学点,确定每一课应教的重点汉字,并将这些汉字醒目地印在课本的显著位置。就像 John De Francis 在他主编的《初级汉语读本》(汉字本)等教材中所做的那样,每一课都用方框列出一组汉字,放在课文的右上角,以供学生读写、记忆。教师应该采用各种有效的方法,帮助学生记住这些汉字。

其次,在这份汉字教学计划中,应该分层次地列出构字能力很强的独体字和常用合体字,精选例字,用现代汉字学的理论,

---

① 刘英林等《汉语水平词汇与汉字等级大纲》,北京语言学院出版社1995年版。

精当地解析这些例字的字形(部件、笔画、笔形和笔顺)、构造(意符、声符、记号及其变体)和理据,以利学生认知和记忆。据本人统计,在甲级800个字中,有独体字137个,约占17.1％。如"八、白、百、半、办、包、本、必、不、布、才、长、厂、丁、车、成、大、单、当、刀、电、东、儿、二、发、反、方、飞、丰、夫、干、个、工、广、互、户、几、己、见、斤、火、九、开、口、乐、立、力、了、六、录、写、买、毛、么、门、米、母、内、年、牛、农、女、片、平、七、其、气、千、目、求、去、人、日、三、色、上、少、声、生、十、史、示、事、手、术、束、水、四、太、无、头、万、为、文、五、午、西、习、系、下、先、小、辛、羊、也、页、业、一、衣、已、以、义、永、尤、有、友、右、鱼、元、月、云、再、在、占、正、之、中、主、子、自、走、足、左"。这些独体字,一般使用频率很高,构字能力也很强。比如,学会了"木"与"白",就很容易理解"柏":"木"是意符,"白"是声符,也容易理解"材""杆"等等,具有认知意义。在解释汉字字义时,不宜把一个字的所有义项一股脑儿全教给学生,因为他们领会不了,应该分层地进行,先教基本的常用义,再教派生义,用逐步积累、不断加深的方法,让学生最终掌握一个汉字的主要义项和基本用法。实践证明:解析汉字的部件及其意符和声符对于理解和记忆合体字都是有效的方法。

第三,分析现代汉字的结构也是学习和记忆汉字的有效方法。统计表明,现代汉字的构成方法主要是形声字,约占90％,会意次之,象形极少。这跟《说文解字》相似:《说文》共收9 353个小篆,其中形声字7 967个,约占85％。所以,我们的教学重点应该放在形声字教学上面。由于语言的变化,现代汉语的形声字有三种情况:1. 狭义形声字,如"湖、榆、恼、疤、搬、苞、枫、陲、俘、荷、狮、铜、谓、锌、洲、株、砖、肤、护、惊、态、钟、桩、油、娶、驷"等；2.广义形声字,如"江、河";3.半意符半记号字,如"缺、刻、蛇、霜、逃、醉、灿、础、灯、炉、拥"等。除狭义形声字外,学习者都需要特别记忆,避免字读半边的类推错误。从现代汉字学的观点,由于篆书隶化而楷,古代的象形字已变为独体记号字,如"日、月、山、水、手、心、子、女、弓、矢、刀、戈、户、舟"等,如能适当作些溯源分析,有助于了解这些字符的含义,可能会激发起学生学习汉字的兴趣;但不宜离题万里。我不赞成在讲现代汉字时,过分渲染汉字的象形特征,因为这不是现代汉字的本质,也不符合事实,即使在《说文》中也只有象形字364个,仅占3.8%。在教学中,偶而也可采用"戏说汉字"的办法,使人一笑也是效果,但是不能成为析字的主要方法。因为它既不能揭示汉字的构造规律,也无助于理性地认知汉字、记忆汉字。

第四,对比结构异同,区别易淆之字。汉语是一个庞大的字符集。汉字是语素文字,不同的汉字表示不同的语素,不同语素则用不同的汉字来区别。汉字的方块形体限制了汉字的构造,一个汉字与另一个汉字只能靠部件、笔画、横竖、长短、位置等来加以区别,这就给汉字造成纷繁复杂的局面。初学者常常不易分辨。从字形方面分析,常见易淆的情况有:多横少点:亨享、兔免;上长下短:未、末、士、土;左同右异:扰、拢、伧、伦;左异右同:课、棵、裸;上同下异:暮、幕、简、筒;下同上异:籍、藉;外同内异:遣、遗、圆、圜;左右相同,中间有别:辨、辩、瓣。从字义方面分析,因理据和用法而引起的混淆有:字义理解不准:(国)事、(国)是;很、狠;用法分辨不清:作(法)、做(法),分(子)、份(子)等等。

从书写方面分析,容易出错的是:笔画增损,笔形失准,笔顺颠倒,部件易位,偏旁紊乱,间架不匀,以及由于形似、音近或义近导致写错别字。① 由于打印不便,恕不一一列举。经验表明,当学生已经学过了一些汉字,在认读或书写时出现混淆或错误时,教师如能进行结构、字义和用法方面的对比,是非常有效的方法。

总之,对外汉字教学,对于外国学生学习汉语和书写汉字都至为重要。应该重视对外汉字教学,应该编制一份对外汉字教学大纲,详列汉字教学点;应该讲究汉字教学方法;应该编写一套能够体现《汉语水平汉字等级大纲》的教材。这应该成为完善对外汉语教学的一大目标。

贰 利用"字族理论"教汉字②

汉字是记录汉语言的最重要的甚至是唯一的符号体系。自然,汉字是汉文化的载体。而且,无论是中国学生,还是外国留学生,要全面学习或掌握汉语,并由此学习和研究中国文化,就必须要学习汉字。但是,对于如何学习汉字,如何进行汉字教学的问题,我们的研究还很不够,还有待进行不断的深入的探讨。在高等师范院校里,许多学科都有相应的教学法,如针对语文教育有"语文教学法"、针对数学教育有"数学教学

---

① 石定果《汉字研究与对外汉语教学》,《第五届国际汉语教学讨论会论文选》,北京大学出版社 1997 年版。

② 本文以"关于汉字教学法研究的思考与探索——兼论利用汉字'字族理论'进行汉字教学"为题发表在《汉语学习》2001 年第 3 期,作者陈曦。

法",唯独各种学科的载体——汉字的教学却没有相应的教学法,这不能不说是一件憾事。也正是由于我们对汉字教学研究的缺憾,导致了汉字教学中存在着事倍而功半的弊病。小学六年主要任务之一就是学汉字,到初中还要花一定的精力学汉字,但是有不少学生中学毕业了,还是错别字连篇。留学生教育中也存在同样的问题。因此,这也警示我们,必须重视汉字教学的研究,建立汉字教学法学科。

如何进行汉字教学研究呢?在多年的汉字研究和对外汉语教学实践中,我们体会到研究汉字教学、建立汉字教学法学科、科学有效地进行汉字教学,必须要从以下两个方面入手:一是要研究解决能教哪些字的问题(只教实用的部分,在此基础上自学其他需要的部分);二是要研究怎样教或学的问题。下面分别讨论。

一

教哪些字的问题,是科学的汉字教学首先必须要解决的问题。

汉字到底有多少,目前还没有精确的统计。据有关字书收字来看,汉字的总量是不断增加的。东汉时(公元100年)许慎所著《说文解字》(大徐本)收字9 353个;南梁时(公元543年)顾野王所著《玉篇》收字达16 917个;宋代时(公元1039年)王洙等所编《类篇》收字增至31 319个;清代(公元1716年)张玉书等所编《康熙字典》收字已增至46 933个;1990年大陆出版的由徐中舒主编的《汉语大字典》收字已达53 768个;1994年大陆出版的《中华字海》共收字81 019个。

可见汉字总量是随着历史的发展累增的,其中有些字古今都很少用,有些字只存于古代典籍之中,现代汉语根本不用或很少用。我们学习或教汉字不可能也不必要学习这么多的汉字,只需教首先要学习或掌握对我们用处大的现代汉语常用字或多用字就可以了。所以,这就存在一个选择的问题。在浩繁的汉字中选择出一部分首先要学、要教的汉字,也不是一件易事,这又需要解决两个问题:一是常用字的数量问题;二是常用字的具体字目问题。

先说第一个问题。选择多少字基本可以满足一般人用于书面交际即阅读和写作呢?经历代学者的研究,这个问题已有了基本一致的结论。有代表性的结论是周有光先生提出的著名的"汉字效用递减率",[1]其内容见表1。

表1

字种数	增加字数	合计字数	覆盖率%	欠缺率%
1 000		1 000	90	10
1 000	1 400	2 400	99	1
2 400	1 400	3 800	99.9	0.1
3 800	1 400	5 200	99.99	0.01
5 200	1 400	6 600	99.999	0.001

这个规律表明,掌握最高频的1 000个汉字,阅读和写作的覆盖率为90%,以后每增加1 400个汉字,大约提高覆盖率1/10。这就意味着,汉字总量虽然有八九万之多,但其中2 400个大体上是一个最常用的量,3 800个大体是一个常用量,一般人掌握2 400至3 800个汉字就基本满足阅读与写作的需要了。

---

[1] 周有光《中国语文纵横谈》第156页,人民教育出版社1992年版。

同时也说明 3 800 以后的汉字，就一般的需要而言，就可以了，在已掌握的 3 800 个汉字的基础上，可据自己的需要自学。6 600 个汉字大体是一个通用字字量，学习者掌握 5 200 至 6 600 个汉字就可谓渊博了。6 600 以后的汉字虽然还很多，但覆盖率只不过 0.001%，无关文字使用大局。据郑林曦先生讲，他们用 2 160 多万字的材料统计分析了汉字的出现频率，发现"最常用字 560 个，占一般书报刊物用字的 80% 以上；常用字 940 个，与前项合起来共 1 500 字，占一般书报刊物用字的 96% 以上；次常用字 700 个。一个人学会这 2 200 个字，普通书报刊物中的字 98% 以上都可以认识。这也就是说，现代汉语词汇中的绝大部分，一般只用两千多字就可以记写下来"。① 这个结论与周先生的结论基本相近，反映了学者们在这个问题上的认识是基本一致的。

在教或学的字量问题，即教多少字的问题确定之后，那么第二个问题就是要教或学哪些字的问题。经过几代学者的不断努力，这个问题也有了基本一致的结论，最权威的成果就是《现代汉语通用字表》。为了适应出版印刷、辞书编纂和汉字机械处理、信息处理及语文教学等方面的需要，国家语委汉字处在新闻出版署等有关部门的协助下，从选取使用频率较高的字，选取学科分布广、使用度较高的字，选取构词能力较强的字，选取日常生活比较常用的字等"选字原则"出发，利用《印刷通用汉字字形表》和 1928 至 1986 年期间的 19 种资料，通过对汉字在不同学

---

① 郑林曦《精简汉字字数的理论和实践》第 63 页，中国社会科学出版社 1982 年版。

科的分布和使用度的统计分析,确定了 7 000 个通用字,结集为《现代汉语通用字表》,已于 1988 年由国家语委、新闻出版署正式发布面世。它可以作为汉字教学选取字目的一个重要参考资料和依据,在汉字教学中必须自觉利用。

但是,对于小学汉字教学或留学生的汉字教学,7 000 个字(与周有光先生说的 6 600 个汉字在数量上接近)还是太多。如前所述,这个层次的学生学习汉字的字数,应是 2 400 至 3 800 左右比较合适。那么,这 2 400 至 3 800 左右的汉字应该是哪些具体的字呢?这个问题也已解决,其成果就是《现代汉语常用字表》。为了语文教学及其他方面的需要,国家语委汉字处据上文所述四个"选字原则",利用了 1928 至 1986 年期间的总量达 7 000 多万字的 15 种统计资料和 5 种通用字资料,经过对汉字在不同学科的分布和使用度的统计分析,并经过对 200 万字语料的抽样检验,确定了 3 500 个常用汉字,其中 2 500 个为常用字,覆盖率达 97.97%;1 000 个为次常用字,覆盖率为 1.51%,合计覆盖率达 99.48%。1988 年 1 月,由国家语委和国家教委以《现代汉语常用字表》的名义正式颁布面世。这个字表中的 2 500—3 500 字正是我们进行汉字教学最权威的依据。这个表确定的字目数量,与周有光先生的结论相符,也与大量的统计材料相符,如《毛泽东选集》前四卷总字数 660 273 个,而实际用到的汉字只有 2 981 个。① 文艺作品如曹禺的《雷雨》、《日出》、《北京人》三个剧本总字数 17.2 万字,只用了 2 808 个不同的字;赵

---

① 见《毛泽东选集》用字统计资料》,中国文字改革委员会资料室,1974 年编印。

树理的《三里湾》全书12.4万字,只用了2 069个不同的字;老舍的《骆驼祥子》全书10.7万字,只用了2 413个不同的字。①可见,人们记录现代汉语所需要的常用字数量一般就在3 000字左右,其中最常用的大约是2 000多个。这证明《现代汉语常用字表》所选汉字符合使用实际,可信可靠。这个表不仅适合于基础教育,也适合对外汉语教学。1990年至1991年,国家对外汉语教学领导小组办公室汉语水平考试部和北京语言学院联合研制并出版了《汉语水平词汇与汉字等级大纲》。本大纲是我国对外汉语教学,包括汉字教学的重要依据,大纲所收甲、乙、丙、丁四级汉字总计2 905字,其中2 485字正是《现代汉语常用字表》中的一级常用字。这说明这个字表也适合于对外汉字教学。有这个字表和大纲,在教什么字的问题上,把对外汉字教学引上了坦途。但是,有不少从事汉字教学的同志在教什么字、教哪些字的问题上仍然缺少自觉的意识,只是随意选取一些字,不分层次、不分轻重缓急地教,这实在是件憾事。我们过去在汉字教学问题上,用力多而对提高中外学生的阅读、写作能力效果不佳的原因之一,就在于此。

下面,我们再补充说明两点:(1)以上,我们通过对教多少字和教哪些字两个问题的分析讨论,不难发现汉字字频的统计,对识字教学、汉字研究等具有重要的意义。所以,冯志伟先生就曾说过:"传统的文字学认为汉字具有形、音、义三个要素,但是汉字作为记录汉语的符号,它必须作为一种实际工具而存在,在交际过程中,有的汉字使用得多些,有的使用得少些,呈现出一定

---

① 转引自杨润陆《现代汉字学通论》第194页,长城出版社2000年版。

的统计规律性。因此,从使用的角度看,汉字还应具备第四个要素——字频。"①(2)教哪些字,实际上与怎样教有密切的关系。因为选择教哪些字本身就体现了教法的一个方面,即根据汉字使用的频率,把汉字分作若干级,先教高频的最常用字、再教常用字等。在此基础上,学习者可根据自己所从事的专业,通过自学掌握一些非常用的专门性的或行业性的用字。

二

学习汉字是学习语文的一个基础,所以,汉字教学是语文教学的一个重点。同时,汉字教学也是语文教学的一个难点,难就难在,汉字是表意性的语素音节文字。上文已说过,仅常用的现代汉字就有 3 500 左右,一个汉字要学懂,就要会写会读、理解其意义,即对其形、音、义都有认识,如此掌握 3 500 个汉字确非易事。而且有一部分汉字还存在一字多形或多音、多义等复杂情况,所以学习汉字就有一定的难度。加之,汉字教学一直没有形成一些行之有效而为大家公认的广泛推行的教学方法,就更增加了汉字学习的难度。所以,重视对汉字教法的研究和探索已成为汉字教学研究的当务之急。

为了解决汉字教学难的问题,自古以来的学者都有不同程度、不同角度的努力。古代学者重在编写识字课本,如周宣王时的《史籀篇》就可能是当时的识字课本;南朝梁武帝时周兴嗣编的《千字文》、宋初编的《百家姓》、宋人王应麟编的《三字经》、清人王筠编的《文字蒙求》则是标准的识字课本了。

---

① 冯志伟《现代汉字和计算机》第 109 页,北京大学出版社 1989 年版。

到了现代,学者们对汉字教学的研究也从未停止。学者们从汉字的不同侧面入手,探讨、研究了汉字教学的方法问题,大抵不外有四种情况。(1)重视文字与语言的关系,强调汉字教学与语言教学同步,字不离词,词不离句,把小学阶段应学会的汉字有计划地分配到小学各年级的课文里,随课文教汉字。有代表性的就是"分散识字"。(2)重视字音的作用,以朗朗上口,求得加深记忆,让儿童在学习韵文的语境中快速识字。古人的《三字经》、《百家姓》、《千字文》教学即属此类,今人的"韵文识字法"①实际上便是此类。以上两类汉字教学法虽有其优点,但教汉字不重视字形的特点、结构的规律、形义的关系,又有其局限性。(3)从字音入手,借助汉语拼音的注音、正音作用教授汉字、学习汉字,并进行读写。其代表性的理论就是"注音识字,提前读写"。这种方法利用汉语拼音使识字、阅读、作文同时起步、交叉并进,使学生的口语能力及书面表达能力同时得到发展,但由于对汉字的形、义关系重视不够,所以,学生对哪个词用哪个字缺少理性的认识,在一定程度上导致了中小学生普遍存在写同音别字的不良后果。(4)根据汉字的有关特点,分别入手研究,不同程度地利用汉字的结构特点或形、义关系,以"字理"指导汉字教学。如"集中识字"就是利用大多数汉字是合体字的特点,选择造字能力强、表音性能好的字为基本字,把基本字相同的一批字放在一起集中学习,效果会比较好。但由于对基本字的确定有缺少科学性、违背字理、不合汉字实际的情况,所以导致了

---

① 此法由辽宁丹东市东港市实验小学姜兆臣老师提出,1995 年由中央教科所正式向全国推广实验。

对字的分析、对字的认识不尽科学。所谓的"字族文识字法"①与"集中识字法"相类似,它只是把"集中识字法"的基本字控制在单位字之中,称为"母体字",把同一"母体字"的合体字称作"字族",再把同一字族的字编成易读易记的韵文来教汉字。但由于此法对"母体字"及字族缺少严格的科学的认识,因而对一些汉字的认识不够科学。我们也讲到"汉字字族",与此字族不是完全不同。此外,还有"字理识字法",②主张依据汉字的结构规律,从了解汉字字形与字义的关系着手进行识字教学。这种方法从传统的文字学出发,重视汉字构形理据和科学的结构分析,化抽象符号为联想性的象形符号,变机械记忆为理解记忆,自有其优势,但未能充分考虑到识字心理、认知规律是缺陷。
(5)从儿童认知心理出发,从趣味的角度揭示现代汉字在形体与意义上的联系,注意通过对一些汉字在形体和意义方面的比较以了解现代汉字。把有关文字编成歌谣、顺口溜、谜语等进行教学。③ 这种方法生动活泼,易于记忆,但有些汉字的分析是随意解说的,有损于汉字的科学性。

上述汉字教学的方法,除"注音识字,提前读写"等少数方法外,大多只是尝试性地用于基础教育之中。各方法本身利弊同在,而且大多偏于一端,缺少广泛容纳吸收其他方法优点的机制,所以,汉字教学法的研究还只是在起步阶段,许多问题还有

---

① 此法由四川井研县鄢文俊老师提出,1994年由中央教科所推向全国。此法与我们下文提出的利用"字族理论"进行汉字教学有本质的不同。
② 此法由湖南省岳阳市教科所贾国均老师于1991年提出。
③ 近年来江苏省淮阴市郭洪老师对趣味识字的方法多有归纳;河南省的俞景娥老师对"识字谜"有所归纳。

待进一步探索。至于对外汉语教学中的汉字教学，情况则更为不妙：教学中多重语言教学，轻汉字教学，因而听说能力的培养趋前，而阅读、写作能力的培养滞后。表现在教学中，首先，缺乏适用的从总体设计方面便重视汉字教学的教材；其次，在教学过程中没有行之有效的规律和方法，只是采用随文识字的方式；第三，对母语用拼音文字和母语用汉字的学生学习汉字的异同缺少比较研究，对国内汉字教学方法的一些合理因素、成功之处吸取借鉴不够。

鉴于以上汉字教学法的利弊，我们认为，研究汉字教学法要注意两个问题。一是理论上、指导思想上要注意科学性；一是具体方法上要注意兼收并蓄，不可偏于一隅。要吸收各种方法的长处和合理性，形成多种具体的识字或教学方法，再根据不同常用字的不同特点、不同类型、不同结构等，考虑哪些字适于哪种具体方法，然后以不同方法教授给适合于该法的汉字。也就是说要形成多种既符合学生识字心理、认知规律，又符合汉字特点的具体的汉字教学法。在此基础上，再考虑编制一套或几套汉字教学的教材，以提高识字效率和语文学习的效果。下面做进一步阐述。

关于指导思想、科学性问题。我们认为研究汉字教学法，必须从三个方面入手，才有可能建立科学的汉字教学法。（1）分析中外学生（中国学生为主）认识及识字心理，揭示教学对象的接受敏感点、兴奋点。（2）从中外学生识字的角度，分析研究汉字的结构、认读特点及孳乳组合规律，力求揭示出汉字的认知特点。但是，分析中一定要结合汉字的构形理据，要科学地解析汉字，不破坏汉字的科学性。（3）揭示主、客体二者（学生识字心理和汉字)之间的适应性,总结出对学生进行汉字教学的有效途径、方法和规律,即把上述两个方面的分析结合起来,揭示出汉字教学的方法和规律,总结汉字教学的理论。

下边再说具体方法的兼容性和开放性。汉字相当复杂,只用一种方法处理汉字难免有削足适履的弊病。因此:(1)要结合识字心理,根据不同汉字的不同特点,对常用字进行分类,不同类的字选取最适合于它们的方法教授给学生;(2)学习汉字主要是掌握形、音、义及其相互关系以及字频知识等等。所以,学习汉字的不同方面,也可考虑吸收不同的教法的长处。如讲字音,一定要利用拼音(吸收注音识字之长);讲字形、字义,就要利用结构规律、字族理论等。在此基础上要进一步掌握汉字所记录的词义等,就必须要吸收"分散识字法"的优点,把所要重点掌握的汉字分散到课文中,以掌握字在文章中的意义。同时,为了提高学生的兴趣以便于记诵,编写课文时,不仅要考虑到思想性以及为阅读、写作提供范文,还要考虑到韵语、朗朗上口等问题(吸收韵语识字之长)。所以说,不应只用某一种具体方法教学,要因教学目的、教学内容、汉字特点等的不同,用不同的汉字教法教学。下面再介绍一种识字的具体方法,就是利用汉字"字族理论"识字或教学,我们姑且称之为"字族理论识字法"。

通过多年来对汉字的研究,我们发现汉字中存在着一系列的意义相通、读音相同或相近、字形结构前后传承或有密切关联的汉字。我们称具备这种特点的一系列的字为一个"字族"或"同族字"。这些同族字的特点是有一定的谱系和层次,后一层次的孳乳字总是在前一层次的"母文"(相对孳乳字而言)的形、音、义的基础上分化孳乳的,因而在形、音、义三个方面都有着前后相承的"血缘关系",层层系联,犹如一个有一定谱系的大家族。同一族的字往往是在一个载义较多、兼职较繁的母文基础上,逐渐加上类属符号(一般人称之为形旁)而孳乳分化出一些新的意义相对单一的孳乳字而形成的。我们抓住字族形、音、义的特点及其孳乳规律,有利于科学地认识汉字和提高汉字教学效率。试举证如下:

(一) **共之于供、恭、拱等孳乳字**

共字,甲骨文金文多象以双手捧器供奉之形,本义为"捧物敬献"。因而,在当初:1. 共字可用以表示人的外部的恭敬动作,为"供奉"之义。如《左传》僖公三十年说:"行李之往来,共其乏困。""共"义为供奉、供给。2. 共字可用以表示人的内在恭敬的行为,为"恭敬"之义。如《左传》昭公十一年:"不道,不共;不昭,不从。"杜预注:"貌正以共。""共"义为恭敬。3. 共字还可以表示类似捧物敬献之状的"拱手致敬"之义,如《论语·为政》:"居其所而众星共之。"郑注:"共,拱手也。"但是,仅用此一个共字表数义,在书面语中极不便理解,而且语音也可能有变化,用一字代数音、数义极易造成理解上的困惑。于是,后来人们在共字的基础上,根据所用的具体场合表义侧重点的不同,逐渐分别加注与所侧重的意义相关的类属符合(形旁)来明其义。加注类属标志"人"旁来具体化、外化共字的意义则有"供"字,专表人的恭敬动作,为供奉之义;加注心旁来具体化、外化共字的意义,则有"恭"字,表示人的内心的恭敬活动,为恭敬之义;加注手旁,以具体化、外化共字的意义则有"拱"字,表示含有恭敬之意的双手动作状态,为拱手之义。这样共、拱、恭等就形成了一个字族。

(二)敬之于警、儆

敬,《说文》:"肃也。"肃者,肃而不苟也,今"敬业"一词犹存其义,"敬业"就是对所从事的事业肃而不苟。三国时鲁肃,字子敬,也说明"敬"义为"肃"。《论语·子路》有"执事敬"一句,杨伯峻《论语释注》译为"工作严肃认真"很确实。因而,在当初:1. 敬字又可表示引申出的"警惕"义,如《银雀出汉简》0488号:"昼敬,夜敬,出入复遮,使士卒知其法。"2. 敬字也可表引申之"儆戒"义,如《睡虎地秦简·内史杂》:"善宿卫,闭门辄靡其火,慎宁唯敬。"后来为使词有专字,并使表示不同的词的正字在字形上有明显的区别标志,于是在母文"敬"字上加相关的类属符号,以事类归属其义,造出了专字警、儆,则敬、警、儆形成了同族字。

(三)加之于驾、贺、枷、架、痂等

加,《说文》:"语相增加也。从力从口。"段注:"引申之,凡据其中曰加。"《玉篇》:"加,增也。"即为其义。以具有此引申义的加字为母文,加注有关的类属标志,便孳乳出一组音近、义通、形传承的同族字。加注类属标志马旁则有"驾"字,《说文》:"驾,马在轭中,从马加声。"是将轭加于马脖之上。段注:"驾之言以车加于马也。"加注类属标志贝旁则有"贺"字,《说文》:"贺,以礼相奉庆也。从贝,加声。"段注:"贺之言加也,犹赠之言也。"加注木旁则有枷字和架字,枷、架初为一字之异体,为衣架义,今已分为两字,枷字表示加于人身上之枷,架字表示可在其上加置衣物的器具。加注"病字旁"(病的古字)则有痂字,用于表示加于皮肤之上的疮痂之类物。这样则加、驾、贺、枷、架、痂形成了同族字。

同族字之特点及孳乳规律由上述三例可知。将此理用于汉字教学,不仅可明字理,可明形、音、义,可明形、音、义三者的关系;而且便于记忆、联想,有举一反三、触类旁通之效。

叁 汉字教学十八法[①]

在对外汉语教学中,探索一条有效的汉字教学的路子,总结一套行之有效的汉字教学的方法,帮助那些习惯于拼音文字的初学者攻克汉字难认、难写、难用的三大难关,始终是从事对外汉语教学与研究的教师和专家所共同关注的重要课题。

本文根据汉语教学与汉字教学的关系,借鉴古今汉语作为母语的汉字教学方法,以及笔者多年来从事对外汉语教学实践和教材编写的经验,提出一条"词本位"和"字本位"相结合的教学路子,归纳出对外汉字教学十八法,并在刘珣教授主编的《新实用汉语课本》中进行了实践。[②]

一 汉语教学与汉字教学的关系

(一) 汉语与汉字的关系

语言是人类特有的符号系统。对外汉语教学在基础阶段,必须在有限的时间内帮助学生建立记录汉语的两套符号系统,即汉语普通话拼音方案和汉字字符系统。能直接记录汉语发音的符号系统是《汉语拼音方案》,然而,现在它只是注音符号,还

---

① 本文以"对外汉字教学十八法"为题发表在《汉语口语与书面语教学——2002年国际汉语教学讨论会》,北京语言大学出版社,作者刘社会。

② 刘珣主编《新实用汉语课本》(中国国家对外汉语教学领导小组规划教材),北京语言大学出版社2002年版。

不是正式文字,而书写汉语的文字符号系统却是汉字。可是,汉字跟口语是相"脱离"的,它要通过注音才能把目治的符号转换成耳治的符号。"对汉人来说,表意字和口说的词都是观念的符号。在他们看来,文字就是第二语言。"①而这两套符号系统都有它们自己的组合规则。对习惯于拼音文字的初学者来说,同时要学两套符号,而且是通过汉族人的"第二语言"来学习汉语的,这无疑增加了他们学习汉语的负担和难度。加之汉字结构复杂,字符数量庞大,信息量丰富,汉字"难认、难写、难用"是汉语初学者最感头痛的问题。他们认读汉字的同时,还要学习汉语组词造句的语法规则系统。对外汉语基础教材的任务如此繁重,从习惯于拼音文字的初学者学习汉语的实际情况出发,我们认为,基础阶段应采取口语和书面语分流而治的原则,口语教学以句型为纲,走"从词到字"随文识字的"词本位"的汉字教学路子,充分发挥拼音方案在入门阶段的作用;书面语"以字为本",充分发挥汉字区别语素和构成新词的功能。笔者认为,对外汉语教学,口语与书面语应分设课程,走"词本位"和"字本位"相互兼容的新的教学路子。我们认为这是一条"上下行驶、各行其道、畅通无阻"的提高汉字教学效率的"高速公路"。

(二)"读写"教学的任务

"读写"主要是书面语的教学。我们在编写《新实用汉语课本》时,试图把汉族人从口语到书面语的习得母语的过程微缩到对外汉语教材编写中来,使教材从内容到形式符合语言的习得

---

① [瑞士]费尔迪南·德·索绪尔《普通语言学教程》,高名凯译,商务印书馆1982年版。

规律。对外汉语教学,语音教学是作为一个相对独立的阶段。语音阶段后,语法、词汇和汉字是教学的主要任务。我们认为,口语课本应承担语法教学的任务。扩充词汇是学好语言的关键,应该把汉字教学与读写结合起来,设一门与口语平行的"读写基础"课,根据口语所学的语法和词语来编写汉字课的教学内容。基础阶段,以教汉字的读写与构词为主,进而把教授汉语的书面语作为主要任务。以往在对外汉语教学中只讲词的意义和词的搭配,而字义教学一般都被忽略了。只注意写字难、认字难,而不重视"用字更难"的问题。如果把汉字的义项与组词有机地结合起来,无疑对吸收新词、扩充词汇将有极大的促进作用。如"学"可构成"学习、学生、学校、学院、学问、学科"等六个词。这六个词正好体现了汉字"学"的不同义项。对构字能力强的高频字有选择、有计划、有控制地加以编排,努力做到复习旧词和扩充新词。汉语的构词法与造句法是"一以贯之"的,这样做对学生理解和记忆新词都是非常有利的。

(三) 汉字教学的步骤

对外汉语的汉字教学,原则上应与口语教学同步进行。汉字教学要适应学习者学习汉语的进度和学习汉语的心理。遵循汉字结构内在的规律,分阶段、分层次、有计划、有步骤地安排汉字教学内容。

二 汉字教法的运用

(一) 在对外汉语的汉字教学中,总的来说,我们所采用的是综合联想识字法:所谓"综合"就是将一切行之有效的汉字教学法,不论门派,不分古今,统统运用到对外汉语汉字教学中来;

而"联想"就是遵循汉字符号结构内在的规律以及利用汉字和汉语相互依存、相互适应的关系来培养初学者具有独立认识新字和吸收新词的能力。

（二）对外汉语汉字教学的入门阶段是语音阶段。口语教学与书面语教学，我们认为应分流而治。口语采用拼音识字提前说话法，"以词为本"，注音识字，充分利用《汉语拼音方案》，加大听说量，发挥初学者习惯于拼写文字的优势，多学拼音词，暂不考虑语法规则和汉字的书写，让初学者掌握一定数量的口语常用拼音词语和核心句式，初步完成汉族儿童通过口语来习得母语的基本任务。也就是说，成人是先学会口语，再去学习书面语的。对外汉语教学语音阶段的任务，就是要实现先学会说汉语的日常用语，当然是初步的，进而通过汉字记录的"汉族人的第二语言"去学习汉语。

（三）书面语教学在入门阶段是认字，应"以字为本"，采用部件分析法。现代汉字字符体系是从古代汉字发展演变而成的。在现代汉字中，绝大部分是合体字。然而，汉字字符的结构是分层次的，它可分为笔画、部件和整字三个层次：笔画是汉字的基础，部件是组成汉字的关键，整字是记录汉语的使用单位。部件是按一定的原则和要求对合体字进行拆分的结果。绝大部分汉字的构形顺序都是先由笔画构成部件，再由部件组成整字，而对汉字进行部件拆分则与此相反。例见表 2。

表 2

整字	部件		笔画和笔顺
你	亻		丿 亻
	尔	𠂉	丿 一
		小	亅 小 小

"你"字经第一层级结构拆分得 2 个部件;再对"尔"进行第二层级拆分,又得 2 个部件,累计共得 4 个部件。第一层级拆分有利于汉字认读教学,而拆分到末级部件有利于掌握字形和对汉字的信息处理。"你"字中的"尔、小"是"成字部件","亻、⺈"不能单独运用,是"非字部件"。成字部件是汉字教学的重点。从认字和写字角度来看,非字部件也应给予充分的注意。据统计,在 2 500 个常用字和 1 000 个次常用字中,共有 384 个部件,其中成字部件只有 162 个。[①] 掌握了汉字的部件就能执简驭繁、化难为易、探源求本、由浅入深。在汉字教学中,采用部件分析法就好像牵住了汉字字符集的"牛鼻子",能收到"纲举目张"的效果。在基础阶段的汉字教学中,采用"部件分析法",以笔画为基础,以成字部件为核心来组织汉字教学。从汉字教学实际需要出发,我们对部件的拆分采用如下四条规则:

第一,有利于对汉字的分析与理解,遵循汉字固有的组合规律,采用有理性的规则来拆分汉字。

第二,拆分所得部件应便于称说、便于理解、便于教学。通过部件拆分,有利于初学者建立联想识字的机制。

第三,对初次见面的"部件",按笔顺进行逐笔拆分,没有名称的部件要给它定名。"笔画"是现代汉字字形的最小单位。教授汉字笔画时,应让初学者记住笔画的名称、笔画的形状和笔画的写法。

第四,某些汉字从形体来看,可以拆分,但从教学考虑,不符

[①] 陈仁凤等《一千高频度汉字的解析及其教学构想》,《语言文字应用》1998年第 1 期。

合第三条原则,如"谁"字,其中的"隹",从字形看还可以再拆分,但从字源来看,根据《说文》注释"隹"为"鸟之短尾,总名也,象形",为有利于探本求源,就不要拆分。这样有利于初学者辨清字形、理解字义、识别新字。

(四)教授独体字时,以教汉字的笔画形状为主,根据口语语音所学的音节,采用看图拼音识字法,将60个常用成字部件及其变体作为学习汉字的重点。在入门阶段,通过对约400汉字的分析,教授汉字的笔画、笔顺和合体字的框架结构规则,讲明汉字的笔画形状、汉字的笔画数目、汉字笔画的组合关系以及汉字部件的位置都有区分字义的作用。特别要指出汉字结构是方块形的,一个汉字无论有多少笔画或部件,都要写成一个完整的方块形,尤其是左右结构的合体字绝对不能切分移行。

表3 汉字基本笔画

笔形	名称	例字	写法
、[↘]	diǎn	门	从左向右点。如"门"字的第一笔。
一[→]	héng	一	从左向右。
丨[↓]	shù	木	由上向下。如"木"字的第二笔。
丿[↙]	piě	力	由上向左下。如"力"字的第二笔。
㇏[↘]	nà	八	由左上向右下。如"八"字的第二笔。
一[↗]	tí	刁	由左下向右上。如"刁"字的第二笔。

(五)在书面语入门阶段,即《新实用汉语课本》第一册,教授汉字的笔画、笔顺和合体字的框架结构规则时,学写汉字则采用行之有效的汉字描红法和部件组合法。部件都给个名称,成字部件就以字称谓。非字部件原来有名称的,就用原来的名称,无名称的,就根据它在常用字的部位给予定名,如"爫"定名为"采字头",部件名称要求学生记住。

(六)语音阶段,口语与书面语的教学应暂时分开,如《新实用汉语课本》第一课口语课文出了10个词:你、好、陆雨平、力波、吗、我、很、呢、也、林娜。而汉字教学的内容却作如下安排:

1. 认写基本汉字

(1) 一　yī Num.　one(画一个水果)
　　一　1 stroke

(2) 八　bā Num.　eight(画八个水果)
　　丿 八　2 strokes

(3) 力　lì Num.　strength(画古汉字像农具"犁",借用为力)
　　𠃌 力　2 strokes

(4) 门　mén [門] N. door(画古汉字像两扇柴门)
　　丶 冂 门　3 strokes

(5) 也　yě Adv.　too;also(画一个洗碗盆式的容器)
　　⼕ ㇉ 也　3 strokes

(6) 马　mǎ [馬] N. horse(画古汉字像一匹马)
　　𠃍 马 马　3 strokes

(7) 女　nǚ A. female(画一个女人)
　　𡿨 女 女　3 strokes

(8) 五　wǔ Num.　five(画伸出五指表示)
　　一 丁 丌 五　4 strokes

(9) 木　mù N.　tree(画一棵树)
　　一 十 才 木　4 strokes

(10) 火　huǒ N.　fire(画古汉字像架着木柴燃烧的火焰)
　　丶 丷 少 火　4 strokes

2. 写课文中已出现的生词/汉字

林 lín→木＋木（画两棵树并列着）

汉字教学是"以字为本"，像古人教蒙童书面语那样，念"三字经"，写"上大人"，将"读"和"写"暂时分开，对比较复杂的合体字先不写，只随文认读。

（七）在口语语法阶段，即《新实用汉语课本》第二册，是汉字教学的第二步，是以"字义"为基础的。为了理解字义，运用"六书"造字法，简单解释字形与字义的关系。初学者在入门阶段，已经学习了近400汉字，对汉字形体结构有了感性的认识。在此基础上，我们运用"六书理论"来说明汉字的形、义关系。这是古人教授汉字行之有效的方法。清代文字学家王筠在教授汉字时，也很注意对汉字的分析，他在其《文字蒙求·原序》中写道："人之不识字也，病于不能分，苟能分一字为数字，则点画不可增减，且易记而难忘矣，苟于童蒙时，先会知某为象形，某为指事，而会意即合此二者以成之，形声字即合此三者以成之。岂非执简御繁之法乎？"运用"六书理论"来揭示汉字形体内在的组合规律，我们称之为六书释义法。汉字没有字母，但可把成字部件看成是"母字"。宋代文字学家郑樵在其《六书略·论字母篇》中说："臣旧作《象类书》，总三百三十母，为形之主，八百七十子，为声之主，合千二百文，而成无穷之字。"宋末元初文字学家戴侗对汉字"作了全面系统的分析，从中归纳出最基本的字形'文'→母，又由文孳生'字'→子，子又孳生新字→孙"。[①] 也就是说，在教第二个400字时，

---

① 党怀兴《〈六书故〉研究》，陕西师范大学出版社2000年版。

使惯于拼音文字的初学者逐渐认识到汉字形体结构不仅是有规律可循的,而且是有理据的。这样能帮助他们建立认读汉字的联想机制。

（八）汉字教学的第三步,即《新实用汉语课本》第三册,将教授约 400 汉字。在前 800 汉字的基础上,引入现代汉语的构词法,使认字和组词有机地结合起来,突显"以字为中心"的优点。我们称之为构词识字法。从学过的汉字着手,激起学生的记忆,利用他们已建立的"心理词典"中原有的词语进行联想扩展,从而能较快、较全面和较牢固地理解和掌握新词、辨别词义。这种以旧带新、新旧结合、温故知新的做法是符合汉语组词规则和学习者认知心理的。这既有利于理解,又有助于记忆。

（九）汉字教学的第四步,是巩固和扩大汉字教学成果的阶段。在掌握 1 200 左右汉字的基础上,也就是《新实用汉语课本》第四册,即后基础阶段,再教授约 400 新字,采用"字以类聚,义以群分"的集中识字法,复习和巩固所学过的汉字,通过联想组词,加大阅读输入量,扩大词汇量,达到"以字为本"汉字教学路子所追求的目标,为进入中级阶段打下坚实的字词基础。

（十）在对外汉语教学中综合联想识字法,根据不同阶段、不同教学环节,以及学习者在学习汉字时所遇到的不同问题,采用不同的教学方法。从《新实用汉语课本》编写的内容和练习的方式来看,我们综合运用了汉字教学十八法:

1. 在课本中展示汉字

（1）部件分析法（贯彻第一、二册,约 800 汉字）。

(2) 看图拼音识字法(第一、二册汉字教学,约100原象形字或指事字)。

(3) 注音识字听说法(第一册口语课本)。

(4) 六书释义法(第二册汉字教学的基本内容)。

(5) 汉字构词识字法(第三册汉字教学的基本内容)。

(6) 集中识字与联想构词法(第四册按字的结构分类,按字的部首分类,按字的语义构词分类等)。

2. 汉字练习

【认汉字】

(7) 汉字和拼音互换法。

a. 根据拼音连线识字,例如:

请　jìng
静　qīng
清　qǐng

b. 根据拼音连线构词,例如:

①jùhuì　②cānjiā　③hóngjiǔ　④zhùhè　⑤xǐhuan

参　聚　红　祝　喜
贺　欢　加　酒　会

c. 根据拼音将所给的汉字组成句子,例如:

①Wǒ mǎi liǎng píng hóngpútaojiǔ.

(瓶买两我酒葡萄红)

②Lín Nà hěn xǐhuan chī dàngāo.

(很吃蛋糕喜欢林娜)

(8) 部首查字法(第一册介绍完汉字形体结构后,教授部首查字法)。

【写汉字】

(9)手指书空法(用于课堂教学,边唱笔画或部件名称,边用手指书空)。

(10)描红写字法(用于入门练习写字)。

(11)临摹写字法(用于练习写字)。

(12)部件组字法(用于练习拼写合体字),例见表4。

表 4

zǎo	日 + 十	早				
yín	钅 + 艮	银				
pái	扌 + 非	排				
duì	阝 + 人	队				
huàn	扌 + 奂	换				

(13)课堂听写法(用于课堂教学,检查预习和复习汉字)。

(14)汉字信息处理法(用拼音输入法对汉字进行信息处理)。

【用汉字】

(15)构词辨字法(区分同音字)。

①据拼音填写合适的汉字,例如:

　　林娜不 zài ____ 家,她朋友说下午 zài ____ 来找她。

②合适的汉字填空,例如:

　　他到休息____去了。

　　(a.室　b.试　c.是)

③汉字联想构词法,例如:

　　→学:学习、学生、学院、学校、大学、中学、小学、同学

　　→以:以后、以前、以上、以下、以内、以外

　　→边:右边、东边、南边、西边、北边、前边、后边、里边、外

边、上边、下边

→年：今年、明年、去年、前年、后年、年轻、年级

(16)语用辨析法，给加点的字注音(区分多音字)，例如：
林娜去图书馆还____书，她还____要借书。

(17)对比分析法(区分形近字)，从笔画数目、字形结构、组合关系、部件异同、语用搭配等方面进行辨析，例如：

大(3画，dà，像正面站立的人)；

→天(4画，tiān，"大"的上面一横，表示天空)；

→夫(4画，fū，古人留长发，成年人把长发盘在头顶，用一棍子把它别起来，"夫"上面的短横就是别发的棍子。"夫"的本意是成年人)；

→笑(10画，xiào，"大"的上面部分，像眉开眼笑的样子)；

→哭(10画，kū，"大"的上面的两个"口"表示眼睛，"点儿"表示流泪)。

"哭"与"笑"的解说虽有戏说之嫌，但对初学习者来说，生动有趣，很实用。

(18)猜字谜法(用于课堂和练习，增加汉字学习的趣味性)，例如：

①太少了一点儿。(猜一个汉字。谜底是"大"字)

②一家有两口，
　大口养小口。(猜一个汉字，谜底是"回"字)

③天没它大，
　人有它大。
　你问它是谁？
　你也认识它。(猜一个汉字。谜底是"一"字)

④顶天立地。(猜一个汉字。谜底是"工"字)

三 结语

在对外汉字教学中,存在着一个教授简化字与繁体字的问题。在《新实用汉语课本》中,我们遵循"识繁用简"的原则,在课文和练习中,我们所教的是普通话和规范的简化字。繁体字随文附上,让学习者认识,但不作要求。因为只要学好简化字,在电脑上处理汉字信息时,将简化字转换成繁体字是非常容易的事。

《新实用汉语课本》是板块式组装的综合型教材,可由一位教师承担"口语"和"读写"两门课程,也可由两位教师分别承担。"阅读短文"和汉字部分以及汉字练习,可作"读写课"的基本教材,安排课程时,最好"口语课"在前,"读写课"在后。

在编写《新实用汉语课本》的工作中,笔者主要承担汉字教材的编写任务,笔者把汉字教学十八法付诸实践。《新实用汉语课本》第一、二册已由北京语言大学出版社出版,并在加拿大、英国试用,初步反映效果还不错。第三、四册也即将问世。本文提出对外汉字教学应"以字为本",从字到词;而口语课仍"以词为本",从词到字、兼容并蓄的"高速公路"的教学路子。其全面教学效果如何?尚待实践检验。笔者写作此文,旨在引起专家学者和从事对外汉语教学的同仁对现代汉字与现代汉语教学的相关问题展开深入讨论,共同努力,探索一条新的教学路子。

第六章

汉字国别教学

第一节 韩国学生的汉字教学

壹 韩国人的汉字字音认知基础及其教学[①]

中韩两国有着悠久的历史渊源关系,韩国曾经借用汉字作为自己的文字使用。因此汉字的三个要素形、音、义上都留下了大量的痕迹,为韩国人对汉字的认知奠定了很好的基础,它显然成了韩国人学习中国汉字的有利因素。不少韩国人即使未曾学过汉语,却能看懂中文,靠的就是对汉字字形、字义的理解,而语音则是他们最难把握的,因为二者属于两个不同的语音系统。尽管如此,汉字毕竟是从中国传过去的,在语音上保留着中国汉字音的痕迹,与现代的汉字音保持着较为整齐的对应关系。如果充分利用这一有利条件,汉字音的教学会更加有效。

本文以《汉语水平词汇与汉字等级大纲》2 905个汉字为主要研究对象,从韩国汉字音的认知单位、音节结构、音节数、语流音变中的特点以及中韩两国汉字音的对应关系等几个方面入

[①] 本文发表在《汉语口语与书面语教学——2002国际汉语教学研讨会论文集》,北京语言大学出版社2004年,作者全香兰。

手,比较中韩两国的汉字音,揭示韩国人学习中国汉字字音的认知基础,提出汉字学习和教学中需要克服的障碍、干扰及对策。

一 韩国汉字音的认知单位

中国汉字的注音过去采用直音法、反切法。新中国成立以后,中国文字改革委员会普遍征求各方面对拼音方案的意见,经过分析研究,于1956年2月拟订出《汉语拼音方案(草案)》。最后在1958年2月,由第一届全国人民代表大会第五次会议批准作为正式方案推行。《汉语拼音方案》采用国际上流行的拉丁字母。

韩国的汉字音,过去也是跟中国古代一样采用反切法注音。训民正音(韩文)创制之后,人们才开始用韩文记录汉字的读音。日语中的汉字音有训读和音读,同一个汉字的读法有好几种,比如"春",训读是"はる[haru]",音读是"しゅん"。而且每个汉字对应的音节数不等,有的是一个音节,如"二(に)";有的是两个音节,如"家(うち)";有的是三个音节或者更多,如"话(はなし)、志(こころざし)"等。韩国汉字音的情况就不一样,韩国语中一个汉字,就用一个音节来记录(除了多音字),这一点跟汉语是一样的。而且,韩文字母并不是线性排列,而是合成一体表示一个音节。也就是说韩国汉字不仅在语音上一个字一个音节,字形上也是一个音节一个字。说明两国语言中汉字的视觉单位和听觉单位是相同的。例如:

家:ga[1][ka] = g[k] + a[a]

---

[1] 此为韩国语罗马标记,符号[ ]内为国际音标,下同。

坐：jwa[tsoa] = j[ts] + wa[oa]
见：gyeon[kiən] = g[k] + yeo[iə] + n[n]
品：pum[p'um] = p[p'] + u[u] + m[m]
活：hwal[hual] = h[h] + wa[oa] + l[l]
光：gwang[kuaŋ] = g[k] + wa[oa] + ng[ŋ]

二 韩国汉字音的音节结构与分布

韩国语有19个辅音、21个元音。韩文的音节由初声、中声、终声三个部分组成。初声相当于汉语的声母，中声和终声合起来相当于汉语的韵母。为了考察韩国汉字音音节中元音、辅音的分布，我们对等级大纲2 905个汉字的韩国汉字音节的初、中、终声分别作了以下统计：

（一）初声

表1

	初声辅音	音值	出现次数	例　字
1	g	[k]	441	歌各感甘更孤棍骨功国
2	n	[n]	45	男南纳娘内女年念捻宁
3	d	[t]	127	段达胆担淡答大队对德
4	r	[r]	184	力垃篮览啦略掠俩丽旅
5	m	[m]	152	媒梅玫昧每枚脉麦陌盲
6	b	[p]	263	博泊扒杯倍背辈白百壁
7	s	[s]	334	丝私死算酸色岁素所孙
8	-	[ø]	370	牙雅亚鹅饿儿握岳恶颜
9	j	[ts]	355	资字自子昨作杂祖组足
10	ch	[ts']	227	错窜擦参策册醋促寸匆
11	k	[k']	2	快筷
12	t	[t']	76	贪塔吐土痛统通腿退套

续表

	初声辅音	音值	出现次数	例 字
13	p	[p']	101	派 颇 坡 婆 破 片 偏 平 品 匹
14	h	[h]	227	何 恨 狠 含 函 喊 合 盒 核 赫
15	kk	[k']	—	
16	tt	[t']	—	
17	pp	[p']	—	
18	ss	[s']	2	双 氏
19	jj	[ts']	—	

以上统计表明,韩国汉字音节中出现在初声位置的辅音只有16个,没有紧音kk[k']、pp[p']、jj[ts'],且初声为ss[s']的只有"双、氏"(韩国汉字音中初声为紧音的极少数,初声为kk[k']的有"kkik(吃)"字),初声为k[k']的只有"快、筷"。

(二) 中声

韩国汉字音的中声位置出现20个元音,没有复合元音yae[iɛ]。中声里元音a[a]出现次数最多,共出现643次,复合元音we[uɛ]出现次数最少,只出现4次。

表2

	中声元音	音值	出现次数	例 字
1	a	[a]	643	罗 蘑 幕 末 薄 四 撒 我 牙 握
2	ya	[ia]	46	也 夜 爷 野 药 香 乡 若 让 良
3	eo	[ə]	269	语 鱼 抑 忆 言 业 举 巾 杰 居
4	yeo	[iə]	232	黎 励 铝 侣 虑 辩 怜 恋 面 连
5	o	[o]	414	姑 故 估 固 路 度 珑 某 梦 步
6	yo	[io]	75	墓 猫 乔 绕 扰 挠 辱 甬 容 交
7	u	[u]	311	累 垒 泪 楼 门 墨 不 崩 随 朋
8	yu	[iu]	67	隶 轮 栗 律 休 叫 纠 均 菌 润
9	eu	[ɨ]	102	根 给 陵 能 得 等 邓 极 今 急

续表

	中声元音	音值	出现次数	例　字
10	i	[i]	287	基美饼悲地亲几味飞吉
11	ae	[ɛ]	155	拜奶台太在来牌改买海
12	yae	[iɛ]	—	
13	e	[e]	31	帝齐世提制递体涕滞梯
14	ye	[ie]	30	阶届戒界启溪系闭币废
15	oe	[ø]	42	乖拐怪崔瑰宏轰雷脑恼
16	wi	[y]	35	就取聚趣贵骤辉挥醉吹
17	ui	[I]	20	喜牺戏希稀拟义医仪椅
18	wa	[ua]	104	过果丸况科课霍郭娃完
19	wo	[uə]	26	圆远愿权圈券缘月元原
20	wae	[uɛ]	12	挂槐洒锁碎快筷衰歪倭
21	we	[uɛ]	4	跪溃轨柜

（三）终声

表3

	终声辅音	音值	出现次数	例　字
1	g	[k]	260	阁格谷乐录绿读脉目肃
2	n	[n]	457	懒嫩短练廉免变演进眼
3	d	[t]	—	
4	l	[l]	148	葛骨达垃沫灭咽月日察
5	m	[m]	138	甘男南淡蓝三森暗严厌
6	b	[p]	74	腊蜡粒叶压鸭甲合摄十
7	s	[s]	—	
8	ng	[ŋ]	539	公刚共娘龙弄农冻龄孟
9	j	[ts]	1	串
10	ch	[ts']	—	
11	k	[k']	—	
12	t	[t']	—	
13	p	[p']	—	
14	h	[h]	—	

通过韩国汉字音终声音节的统计,我们发现,韩国语音节中出现的 d、s、ch、k、t、p、h 辅音,不出现在汉字音节中。现代汉语辅音韵尾只有/n/和/ng/两个,而韩国汉字音的终声位置共出现 7 个辅音,分别是 g、n、l、m、b、ø、j。其中终声为 j 的汉字只有一个字"串(goj)"。

汉语的中古音有入声字,入声字的韵尾有[p]、[t]、[k]。后来,随着语音的发展演变,除了南方的一些方言还保留着部分入声字外,北方方言中入声字分派三声,逐渐消失。

韩国语的终声相当于汉语的韵尾。韩国汉字音基本保留汉语中古音,入声字也保留得比较完整,所以韩国汉字音终声中出现的辅音韵尾明显多于汉语,而且与中国的汉字音具有较为严整的对应关系。

三 韩国汉字音的音节数

韩国语音节数有 2 088 个,①而其中表示汉字的音却非常有限。韩国各种现代韩语字典收录的汉字音大概是 460—490 个。目前内容最为庞大的张三植的《汉韩大字典》共收录 554 个音,其中包括为了标记固有音而创制的几十种汉字音。

据韩国学者闵丙俊的统计,韩国 5 122 个汉字的音节数量共 471 个。② 而我们对等级大纲 2 905 个汉字所作的统计是不计声调共 423 个音节。如果不考虑声调,中国汉字音和韩国汉

---

① 金镇容《朝鲜语言学论文集》,吉林省朝鲜语言学会编,延边大学出版社 1987 年版。

② 闵丙俊《国语的汉字语问题与教育》,《韩国国语教育研究会论文集》第 46 辑,1992 年。

字音的音节数相差不大。声调的区别大大增加了汉字的音节数,韩国语中没有声调,汉字音的音节数自然明显少于中国汉字的音节数。

这里值得一提的是,韩国的汉字音虽无声调,却有长短音之分,如"光"与"广"都读为 gwang,但前者是短音后者是长音。长音用符号":"来表示,如"广:"。再举几个例子:

	长音	短音		长音	短音
gae	改:	开	no	怒:	努
dong	洞:	同	ryang	两:	良
mun	问:	门	ban	半:	饭
su	数:	水	yeong	永:	英

韩国汉字的长音是中国汉字声调在韩国语中的一种变异。目前韩国的汉字字音教学中,长短音也是教学内容的一部分,可是由于书面语中不表示长短音,逐渐被人们淡忘,长短音的区分也就不是那么清楚了。在这次统计与比较中,我们忽略了韩国汉字长短音的区别。

以上两国汉字音节数的比较表明,二者在音节的数量上差别不大。也就是说,韩国人在认知汉字音节的量上是可以接受的,问题不大,而主要的难点在于声调上。韩国汉字音不分声调,虽然它有长短音的区分,但由于长短音在书写中反映不出来,大部分人已不去细分,不足以此为凭借。因此,对韩国人来说,声调应该是汉字音教学中的难点。

四 韩国汉字字音在语流音变中的特点

语音在语流中并不是孤立地一个个发出,而是连续地发出的。在连读的语流中,一个音往往由于临近音的影响,或在语流中所处的位置不同,或说话的快慢、高低、强弱的不同而发生一些变化,这些变化叫做语流音变。常见的语流音变有同化、异化、脱落等几种。

韩国语汉字音同样存在语流音变现象,它与韩国语固有语的语流音变有相同之处,也有不同之处。

首先,韩国人对汉字音读音的心理呈现不同于非汉字音节。韩国语中一个汉字的读音与不同的音结合时,其实际读音是有变化的。比如,"国"字的韩国语读音是"guk",但是与其他音——ga(家)、eo(语)、min(民)相结合时,读音分别变成 guk、gu、gung,①但按韩国语的正字法仍书写为同一个字。

15 世纪韩文创制后,直到 1930 年制定正字法统一案之前,韩国语固有词以及其他非汉字词的正字法基本上根据实际读音来记录的,唯独汉字词根据每个汉字的固定音来记录。这说明韩国人对汉字词的音一直以个别汉字的固定读音来认知的,而且这一特点反映在其书写上。因此,即使目前汉字词转写为韩文,人们还是根据汉字音与汉字之间的固定对应关系来推测汉字词所表示的汉字,进而理解意义。如果汉字的音没有固定的书写与之相对应的话,这种推测是不可能的。

具体考察韩国汉字音在硬音(紧音)化、同化、语音脱落等语流音变中表现出的特点,我们可以看到,汉字的读音与汉字之间的关系非常固定,汉字即使被转写为韩文,人们也能通过对应规律推测出汉字来。

---

① guk kka(国家);gu geo(国语);gung min(公民)。

韩国汉字音在语流音变中体现出的独立性和固定性特点,给汉语汉字学习提供了方便。如果没有这种固定的对应关系,韩文转写之后几乎分辨不出哪一个是汉字词,哪一个不是,韩国语也不再需要区分汉字词与固有词,也就不再需要汉字了。这也许有助于纯化韩国语,但从学习汉语的角度来看,韩国汉字音的固定对应关系是韩国人学习汉语汉字的一个有利条件。

五 中韩汉字音的对应关系与汉字教学

从《汉语水平词汇与汉字等级大纲》2 905个汉字的分析和比较中,我们发现中国汉字音与韩国汉字音之间有密切的关系。按我们自定的粗略的归类标准和原则,等级大纲中的汉字在中韩两国语言中声韵相同的有259个字;声母相同、韵母不同的有1 076个字;声母不同、韵母相同的有270个字;声韵都不相同的共有1 300个字。

虽然只有259个汉字在两种语言中声韵相同(占9%),但如果把声母相同、韵母相近的219个汉字和声母相近、韵母相同的114个汉字以及声母相近、韵母也相近的36个字加起来,共有628个汉字(占总数21.62%)与汉语的汉字音基本相同。其余将近占80%的汉字中,要么声母相同(860个,占29.6%),要么韵母相同(156个,占5.37%),即使声母、韵母都不相同的汉字,大部分也有对应规律。

(一) 声韵相同的汉字

声母和韵母的相同标准,除了两组辅音,我们是基本上根据国际音标的读音标记来确定的。这两组辅音,一组是汉语的声母"l[l]"和韩国语的辅音"l"。韩国语的辅音"l"有[r]、[l]两种,我们把这两个算做与汉语的声母"l[l]"相同的音,因为韩国语中"l"的两种读音[r]、[l]是互补的,前者只出现在初声,后者只出现在终声。另外一组是汉语的舌根音"h[x]"和韩国语的喉音"h"音。汉语的舌根音[x]拼音写做"h",跟韩国语的"h"读音上非常相近,往往被视为同一个音。根据以上标准,2 905个汉字中得出259个声韵相同的字,例如:

/a/啊阿① /hua/画划华花哗话化
/an/安案岸按 /huan/痪幻换唤欢环患还
/ban/伴般斑拌班板半扳颁搬 /huang/黄蝗皇荒谎慌煌凰晃
/cang/仓苍舱 /lan/烂栏拦兰
/dan/但旦蛋丹单 /lang/浪狼朗郎廊
/gan/干秆肝杆竿赶 /li/李璃狸哩离梨犁篱里理厘利俐
/gong/躬宫弓 /liang/亮凉梁两量粱粮良晾辆谅
/gua/瓜寡 /wang/往枉王汪旺
/guan/罐官关观冠贯馆灌棺管惯 /yi/移以异已姨伊
/han/寒汗旱汉捍罕焊 /yang/杨养阳痒样氧洋扬羊

以上列出的汉字是中韩两国语言中字音基本相同的字。这些汉字,虽然在国际音标上标出的读音基本相同,但实际读音并不完全相同。汉语的声母/d、g、s、z/,分别对应韩国语的d、g、s、j,国际音标皆标为[t]、[k]、[s]、[ts],各代表一个音位。国际音标的这一标音是宽泛的标音,跟实际音值是有距离的。汉语的声母有清浊之分,清音分为送气、不送气,韩国语的辅音则除了清浊音外还有紧音。汉语的声母/d、g、s、z/在部分音节中,

---

① 符号//内是汉语拼音,下同。

其实际音值更接近于韩国语的紧音 tt[t']、kk[k']、ss[s']、jj[ts']。比如,"歌"和"干"在汉语中声母都是/g/,但"歌"的声母的读音相当于韩国语的 g[g],而"干"的声母的读音相当于韩国语的紧音 kk[g']。因此韩国学生学习汉语的发音时,对语音的对应往往感到困惑,把握不好何时该读紧音,这一点在自学汉语或没有经过正规汉语教学的韩国人身上表现尤其明显。这也是韩国学生学习汉语时发不好汉语汉字音的一个主要原因。

同样,汉语音节/ban、bang、bing、bu/声母的读音更接近韩国语的紧音 pp[p'](ppan、ppang、pping、ppu);汉语音节/dan、dang、du/的声母[t]的读音更接近韩国语的紧音 tt[t'](ttan、ttang、ttu);汉语音节/gan、gang、gong、gua、guan、guang/的声母[k]更接近韩国语的紧音 kk[k'](kkan、kkang、kkung、kkwa、kkwang);汉语音节/san、sang、sun/的声母[s]更接近韩国语的紧音 ss[s'](ssan、ssang、ssun);汉语音节/zang、zun/的声母[ts]读音更接近韩国语的紧音 jj[ts'](jjang、jjun)。

另外,汉语中声母/r/、/l/是两个不同的声母,一个是卷舌音,另一个是平舌音,分得很清楚。而韩国语中这两个音是互补的,属于同一个音位,在韩国语的音节中前者只出现在初声,后者则只出现在终声,其文字书写也没有区分,用同一个字母表示。因此,韩国学生读汉语汉字音时不分/r/、/l/的现象很普遍,发声母/l/时很容易读成韩国初声[r]音。从等级大纲汉字声母出现频率的统计来看,声母/l/的出现率很高,达 180 次,仅次于零声母和卷舌音/zh/,教学时需要重点纠正其错误发音。

汉语的舌根音"h[x]"和韩国语的喉音"h"音,虽然我们暂且把它们归为相同的音,其实还是有差别的。汉语的舌根音[x]拼音写做"h",跟韩国语的"h"读音上非常相近,二者英文字母的相同又往往强化这一观念,学生容易把它们视为同一个音。汉语的"h[x]"是舌根音,跟韩国语的喉音"h"相比,发音部位靠前,发出来的音更有力度。汉语声母发音部位的紧张感是学生不好掌握、短时间内又不好练就的一个难点。

(二)声韵相近的汉字

1. 声母相同、韵母相近的汉字

汉字传到韩国之后,汉语中的一些元音在韩国语中没有对应的音,起初他们力求完整地记录汉语原来的音,但毕竟语音系统不同,完整而真实地记录汉语的原来的音有一定的困难,久而久之他们就用与汉语的音相似相近的韩国语元音来代替汉字音,尤其是汉语中的复合元音。比如,汉语的复合元音韵母 ai[ai]在韩国变成单元音 ae[ɛ],读音接近汉语的复合元音[ai]。"ae"实际上是"a[a]"、"i[i]"的组合音,只是读的时候读为单元音。

汉语的韵母 ao[au]与韩国语的韵母 o[o],uai[uai]与 wae[uɛ]、ou[ou]与 u[u]、ui[uei]与 wi[y(u+i)]、iao[iau]与 yo[io]、uei[uei]与 wi[y(u+i)]、iou[iou]与 yu[iu]的关系也类似。我们把这些韵母看成相近的韵母,此类韵母共有 219 个。例如:

中:/ai/—韩:ae   中:/ao/—韩:o

/ai/碍唉哀艾挨蔼隘哎埃爱矮   /ao/熬奥傲澳

/cai/睬采彩踩菜   /bao/报保宝堡

/dai/带贷袋待代戴   /dao/导道到倒捣刀稻盗岛蹈叨悼

/g ai/概溉改盖钙　　　　　　/z ao/造澡噪糟遭灶燥皂枣早躁

中：iao—韩：yo　　　　　　中：ou—韩：u

/l iao/潦料聊疗了僚辽　　　　/ou/偶

/m iao/庙渺苗描妙　　　　　　/d ou/豆抖斗逗陡兜

/p iao/飘票漂　　　　　　　　/g ou/够勾购狗构沟钩

/y ao/邀窑要腰谣耀妖摇遥　　/h ou/侯候厚吼喉猴后

中：iou—韩：yu　　　　　　中：ui—韩：wi

/y ou/有由幼油铀幽悠诱游犹　/c ui/翠脆

　　　　　　　　　　　　　　/g ui/轨贵归鬼

　　　　　　　　　　　　　　/h ui/徽挥辉

中：u ai—韩：w ae

/k uai/快筷

中：uei—韩：wi

/w ei/伪为委魏危胃伟谓位围慰违喂威卫维

　　以上汉字在中韩两国语言中韵母相近且有对应规律,学习汉语时容易记住。同时,就是因为其读音只是相近而不完全相同,若不去加以区分,容易造成韩国语式的汉语发音,往往发不准正确的读音。

　　以上汉字韵母之间的对应关系告诉我们,汉语的三合元音对应韩国语的二合元音或单元音,汉语的二合元音对应韩国语的单元音。所以韩国学生读汉语中的二合元音 ao[au]、ou[ou]、ui[uei]时,容易读为单元音 o、u、wi 或干脆用两个音节来读,读为[a][u]、[ə][u]、[u][i];汉语中的三合元音 uai[uai]、iao[iau]、uei[uei]、iou[iou],也容易读为元音 wae、yo、wi、yu。其中,把 uai[uai]读为[ua][i],uei[uei]读为[uə][i],iou[iou]

读为[iə][u]两个音节也是常见的现象。

韵母容易出现读音不正确的现象是韩国语中有相近的音而没有完全对应的音所致,教学过程中需要尽量排除母语音的干扰,有针对性地去纠正母语的习惯。

2. 声母相近、韵母相同的汉字

从中韩两国语言的声韵表中我们可以知道,汉语辅音/f、j、q、zh、ch、sh/是韩国语中没有的辅音。汉字进入韩国之后,这些辅音分别读为与之相近的辅音"b(p)、j、ch、j、ch、s"。这些辅音之间读音相近,有整齐的对应关系,我们将其归为声母相近的一类。这类汉字,共有114个。例如:

中:/ch/—韩:ch

ch a-[ts'a]   岔叉差
ch ang-[ts'aŋ]   敞畅猖唱倡昌
ch ong-[ts'uŋ]   虫冲充
ch un-[ts'un]   春

中:/sh/—韩:s

sh a-[sa]   啥沙傻纱砂
sh ang-[saŋ]   裳商尚晌赏上伤
sh eng-[səŋ]   圣声省牲盛
sh u-[su]   殊数输竖树

中:/zh/—韩:j

zh ang-[tsaŋ]   障掌仗章张帐丈
zh eng-[tsəŋ]   睁正整郑政征
zh ong-[tsuŋ]   重中众
zh u-[tsu]   主拄珠朱注株蛛铸柱住驻

中:/j/—韩:j

j in-[tsin]　　　　　津尽晋进

中:/q/—韩:[ch]

q in-[ts'in]　　　　亲

中:/x/—韩:s[s]

x in-[sin]　　　　　薪辛信新

中:/f/—韩:b、p

f an-[pan]　　　　　返反饭

f an-[p'an]　　　　 贩

f ang-[paŋ]　　　　纺房访妨仿芳放肪方坊防

f u-[pu]　　　　　 敷副俘付俯府赴赋咐傅负妇斧附浮符
　　　　　　　　　 肤扶父夫腐

　　韩国人学习汉字声母的读音,最难学的就是唇齿音/f/和卷舌音的读音。韩国语中没有唇齿音/f/,韩国语中与之相近的辅音有 b、p,因此,韩国学生往往把声母/f/读为双唇辅音 b、p,嘴唇用力不够还容易读成喉音 h。此外,韩国语不分平卷舌,汉语中的卷舌音/zh、ch、sh/是韩国人学习汉字音的难点之一。

　　从对等级大纲中的汉字的声母出现频率的统计来看,汉语声母/f/共出现 96 次,卷舌音/zh/共出现 181 次,卷舌音/ch/共出现 115 次,卷舌音/sh/共出现 146 次,这四个声母的出现频率合起来共 538 次。这说明,这些声母的出现频率都很高,教学时应着重对这几个音进行训练。

　　3. 声母相近、韵母相近的汉字

　　根据前面提到的归类标准,我们找出了 36 个声母相近、韵母相近的汉字:

中—韩

ch ao-[ts'o]　　　抄钞吵超炒

sh ao-[so]　　　　烧少捎绍

zh ao-[tso]　　　　赵罩照找兆

ch ou-[ts'u]　　　　抽丑臭

f ou-[pu]　　　　　否

sh ou-[su]　　　　首兽手瘦受守寿售授

zh ou-[tsu]　　　　宙周舟昼洲州

ch ui-[ts'ui]　　　　吹炊

sh uai-[suɛ]　　　　衰

(三) 有对应规律的汉字

除了上述类型的字之外，大部分汉字在中韩语言之间有对应规律：

声母相同、韵母不同

中—韩

g u-[ko]　　　　股估固古鼓辜故孤姑菇顾雇

h u-[ho]　　　　沪呼蝴互胡乎户狐葫湖瑚壶虎糊护

l uo-[la]　　　　罗萝螺逻箩锣骡

m ei-[mɛ]　　　　每玫梅酶媒昧妹枚霉煤

m u-[mok]　　　　目木穆睦牧

z i-[tsa]　　　　子自仔姿籽滋资紫字咨

韵母相同、声母不同

中—韩

b a-[p'a]　　　　把巴罢爸疤笆芭吧

j i-[ki]　　　　饥肌基技己寄机讥既冀忌纪记

k uang-[kuaŋ] 筐狂框旷眶矿
q i-[ki] 其歧弃淇棋欺旗企汽期起气器奇骑
t ang-[daŋ] 糖躺塘膛唐堂倘
w u-[mu] 雾务无武舞巫诬
x iang-[hiaŋ] 向乡享响香

声韵都不相同

中—韩　　　　　　　　　中—韩
b i-[pʻie]　弊闭蔽币毙　　j ian-[tsʻən]　溅贱荐践
c i-[tsa]　磁雌瓷慈刺　　j ian-[kən]　建件健键
d i-[tsei]　第帝堤弟　　　k e-[kua]　课棵科颗
d ian-[tsən]　淀典奠殿颠电　q ian-[kiəm]　歉钳谦遣牵谴
d ing-[tsəŋ]　丁盯钉叮定订顶　q ing-[kiəŋ]　顷氢庆轻倾
d uo-[tʻa]　惰朵跺堕躲舵　q uan-[kuən]　拳券圈权劝
j ia-[ka]　稼驾架加佳假家嫁嘉价　r en-[in]　认忍韧仁刃人
j ian-[kan]　柬艰简拣奸间　t an-[dam]　痰谈毯潭
j ian-[kiən]　肩见茧坚　　　t i-[tsei]　提梯蹄题
j ian-[kəm]　剑俭检捡　　　t i-[tsʻei]　屉体剃替涕
j u-[kə]　锯举居距巨矩据拒

　　从以上例字可以发现,中韩两国语言中大部分汉字在字音上有对应关系。这些有对应规律的汉字,学习时可以用类推的方法。不过,这种对应关系也有不利的一面,容易受母语的干扰。
　　为了让学生学好汉语的读音,我们根据中韩两国汉字音之间的对应关系,有针对性地进行教学和指导,应让学生逐步掌握中韩汉字音之间的对应关系和对应规律,让他们学会分辨两者之间的细微差异。

　　学好汉字的读音,除了掌握上述的规律和差别以外,还要正确了解汉语的语音。汉语拼音是汉语语音的注音符号,它有一整套的书写规则,要是了解不深,容易引起读音的错误。如,按汉语拼音的书写规则,元音[-i]、[-ɿ]、[-ʅ]都书写为{-i}。普通话里这些音位之间是互补的,[-ɿ]只拼/z、c、s/,[-ʅ]只拼/zh、ch、sh、r/。但是由于都书写为{-i},学生容易读作[i]音。[-ɿ]、[-ʅ]两个音,与韩国语中的元音 eu 比较接近。教学时应讲清这些音之间的关系,尽早纠正错误的认识,摆脱视觉上的干扰。

　　另外,在声韵配合上,两国的汉字音也有所不同,需要注意分辨。如汉语普通话舌面音/g、k、h/不与齐齿呼相拼,而韩国语中是可以的,如"gi、ki、hi"。所以,在汉语汉字音的教学中,不仅要教好每个声母与韵母的正确发音,也应注意汉语声韵的配合规律,帮助学生排除母语的干扰。

　　以上我们对韩国汉字音的音节数、音节结构及特点进行了考察,并且分析了中韩两国汉字音的对应关系和学习策略。音和义之间的关系是约定俗成的,而且汉字字形的表音率低,学习和掌握字音是一个难点,每个汉字的音都要记住。然而,对韩国人来说,学习汉字的音有规律可循,可以有针对性地进行教学。对 2 905 个大纲汉字的考察表明,有 21.62% 的汉字在中韩两国语言中字音基本相同或相近,而且剩下的汉字中,大部分汉字音之间有整齐的对应规律。这对韩国人学习汉语来说无疑是有利的。

　　但是另一方面,这种关系又给正确发出汉语的音带来一定的干扰。字音基本相同或相近,并不等于音值完全相同,而且有对应关系的汉字容易受韩国汉字音的影响,这不能不说是韩国人学习汉语汉字音时的一个不利因素。因此,韩国人学习和掌握汉语汉字的音要扬长避短,充分发挥自己的优势,同时为了发出正确读音,应有意识地去纠正韩国汉字音的读音习惯,只要一个汉字的读音纠正过来了,就可以举一反三,其他的同音字也就迎刃而解了。

贰　汉字对韩国学生的正负迁移[①]

韩国自80年代初旅游开放以来,学习汉语的学生开始到台湾去进修,90年代初学生进修的区域扩大了,去中国大陆的学生越来越多,现在在大陆各大学的留学生当中,韩国学生所占的比率极高。起初他们利用假期参加为期一到两个月的短期进修课程,之后不少学生参加为期半年到一年的长期进修课程。目前在高年级班中一半左右的学生起码是去过一次中国或台湾的。80年代外籍教师不多,即使有也是来自台湾的或者是本地的华侨。1992年韩中建交以来,大陆教师也来韩国讲学,而且来的人数也逐渐增加,现在几乎所有的大学都有以汉语为母语的教师。

教学一般着重于"教"的方面,较少注意"学"的方面。这种偏向在以知识传授为主的教学活动中也有消极的作用,在语言教学中更是如此。因为语言教学不是单纯的知识传授,而是培

---

① 本文以"韩国汉语教学的特点和问题——兼说汉字对韩国学生的正负迁移"为题发表在《第五届国际汉语教学讨论会论文选》,北京大学出版社1997年,作者[韩]孟柱亿。

养一种能力的活动,要了解学习者的情况,如学习者的素质、学习策略、学习环境、交际策略等等,这样才能有的放矢。本文试论韩国汉语教学的特点,旨在加强汉语教学的国际合作及提高其效率。

一 韩国人汉语学习上的优势

韩国使用汉字的历史悠久,关于汉字与汉文最初传到韩国的时期众说纷纭,有人认为是公元前三世纪左右,[①]有人则认为是汉四郡设立的时期。[②] 无论根据哪一种说法,汉字传到韩国的时期不迟于2世纪。当时韩国没有记录语言的文字,汉字逐渐成为记录的手段,书写的形式基本上与古汉语书面语一致,这种书面语在韩国称为汉文。15世纪朝鲜世宗大王时创制韩文字母,但是汉字还是主要文字,汉文仍然是正式的书面语。到了20世纪,韩文的使用比较普遍,不过文章中很多成分还是用汉字,这时期汉字可以说是一种辅助文字。到了本世纪中叶以来,由于政府提倡韩文专用化的政策,汉字的使用越来越受到限制,不过很多刊物里比较重要的成分还是用汉字。因此韩国人对汉字和汉文有一定的修养。韩国语里有大量的汉字词,不管是采用韩文专用还是韩汉混用的书写方式,一段话里总有不少汉字词。任何国语词典所收的汉字词所占的比率至少超过整个韩国语词汇的50%。韩国人在日常生活的口语中用很多汉字词,在书面语中也用相当多的汉字。所以韩国人学习汉语之前多半已

---

① 赵世庸《来自汉字音的归化语研究》,汉阳大学校博士学位论文,1986年。
② 金圭哲《汉字语》,《国语研究到了何处》,东亚出版社1990年版。

学会了不少汉字,起码学过教育部指定的1 800个常用汉字。这既是有利条件,同时也是不利的条件。汉字或汉文知识的正迁移是有利条件,负迁移则是不利的条件。韩国语和汉语是没有亲属关系的语言,所以正迁移主要是词汇方面的,韩国人学习汉语词汇的情形不像欧美学生那样从零起点开始,如果撇开汉字读音不谈,对他们来说相当部分的词汇是早已熟悉的。比如说,"父母、家庭、学校、成绩、国家、政府、外交、科学、战争、国防、地球、动物、建设、运动、增加、豪放、宽大"等等不胜枚举的词是韩国语词汇的一部分,意义也完全相同。此外,有一定难度的一些文言字句,如"温故而知新"、"孟母三迁之教"、"修身齐家治国平天下"等也是学汉语之前已经学会了的。汉字是表意性很强的文字,韩国学生即使遇到不相同的生词,也能用已有的汉字素养类推相当多词的意义。比如说,"再见、录像、名字、名片、圆珠笔、钢笔、房间、超级市场、汽水、布鞋、皮鞋、睡衣、菜单、火腿"等等许多词虽不是韩国语的词,但根据汉字的意义比较容易猜测、理解其义。对一般外国人来说写汉字也是一大难关,即使会写也写得不自然,但是韩国人汉字写得不仅相当熟练,而且十分漂亮。

二 韩国人汉语学习上的问题

韩国人汉语学习上的问题是很多的,其原因及来源也是多方面的。主要可分为与汉字有关的不利因素和与韩国语本身有关的母语负迁移现象。不少汉字的意义因时而异,因地而异,词义也是如此。这正是产生负迁移的主要原因之一。韩国自古以来借用中国的汉字和词汇,一旦借用后在韩国内照借用时的意义使用，几乎没有反映字义、词义在中国的演变。日久天长，有些字、词在韩中两国相差甚远，就成为理解和交际的障碍。下面举一些汉韩两语中的同形异义词。

词例　韩国语的意义
点心　午饭
新闻　报、报纸
合同　联合、联席
结束　团结、集结、集中
客气　血性、意气
汽车　火车
招待　邀请

有些词意义基本相同，但存在不可忽略的差异。如"讲师"在汉语里指大学里的专职教员，在韩国语里则指大学里的非专职教员。又如"学院"在中国指大专院校，在韩国则指补习班。韩国学生平时可以靠已有的汉字或汉文的知识去解释汉语词或汉语句子，这样不知不觉地便形成了套用韩国语词义的习惯，因此，遇到这些同形词就很容易产生误解，更令人忧虑的是由此而造成学生根本不知道自己理解得是否正确，或不求正确的理解。

此外，在汉字的读音方面也存在较为严重的问题。汉字是典型的表义文字，形体和意义的结合很紧密，有容易捕捉意义的特点。所以人们主要是以视觉理解汉字，至于如何念并不十分关心。历来借用汉字的民族都是如此，他们所关心的主要是汉字的形体和意义的结合，至于字音却不十分重视。古代韩国使用的"吏读"是不完全靠汉字读音的，日本的"训读"也跟汉字读音毫无关系，如此脱离字音使用汉字的方法也不存在问题。韩国一旦有了自己的一套汉字读音，就不再关心中国汉字读音的变化，所以韩国汉字读音的保守性很强。在韩国形成汉字读音的时期一般认为是六七世纪，韩国汉字读音所反映的是当时中国的语音系统，即中古的切韵系统。当初韩中两国汉字读音是有井然的对应关系的，但后来韩国没有吸收汉字在中国语音经过历史演变后的读音，因此现在两国汉字读音的对应关系非常紊乱，韩中两语的读音相差甚远。对外国人来说汉字的读音是发音的依据，学习读音是说汉语的前提。韩国学生靠阅读上的先天优势，理解文章大意的能力比较强，这使学生感到一种已经掌握了汉语的错觉，从而忽略朗读练习。有些人根据韩国读音去推测汉语读音，结果说的是一口不伦不类的汉语，有些人甚至干脆用韩国读音读汉语文章。因此在学习汉语的整个过程当中汉字读音的内在化是至关重要的环节。

母语负迁移所引起的问题主要表现在语音上。即使是能自如地操用外语的人，也在语音上多少带有母语的特征。这些特征是可以通过语音对比预测的。根据我们以往的韩汉语音系统的对比研究[①]和韩汉中介语研究，[②]韩国学生汉语发音的特征如下。

（一）以音段音为主的发音

即疏忽汉语声调，只顾元音和辅音的发音。这可以说是最大的特征。因为韩国语是非声调语言，所以韩国学生不容易掌

[①] 孟柱亿《韩中语音系统对比研究》，《人文论丛》1991年第二辑，京畿大学校人文大。

[②] 孟柱亿《韩中中介语研究》，韩国外国语大学校博士学位论文，1992年。

握汉语声调。

（二）个别音段音的问题

有些汉语音素是韩国语语音系统中不存在的，韩国人往往用相近的韩国语音素代替或发出介乎中间的音。主要难点如下：

a. 元音：u,-i,e(后元音),er
b. 辅音：f,l,h,zh,ch,sh,r,z,c,s

（三）复合元音的缩略

这主要是一些二合元音和全部三合元音的问题。韩国语里没有前响二合元音和三合元音，所以学生常把这些元音缩略成单元音或二合元音。

（四）跨音节的辅音变化

语流音变是有民族特色的，汉语的语流音变以声调的变化为主，除了舌根音化、双唇音化之外，几乎没有跨音节的辅音变化。但在韩国语中跨音节的辅音变化很丰富，把这种母语中的音变规律带到汉语中去，使相连的辅音发生变化。

三 如何看待台湾"国语"和普通话的问题

由于历史的原因韩国与中国大陆隔绝了几十年。在这一段时间韩国的汉语教学主要依靠在台湾留学的人或者是从台湾来的外籍教师。因此，韩国的汉语教师比较熟悉台湾"国语"，操用的汉语也多少受台湾"国语"的影响。

为了正确认识规范的汉语，有必要对台湾"国语"和普通话进行对比。在讨论汉语规范问题上，我们不能主观地对待某种社会变体或地区变体，而应该考虑是否符合学习、实用的目的和需要。从这个角度考虑,我们有必要把普通话当作规范。不少韩国人认为北京话就是普通话。虽然北京话是普通话的重要依据,但也有不少土话的成分,也存在语音和词汇的差异。另外,又有些人认为北京话好听、斯文,但这也是非常主观的判断。事实正与此相反,北京人当中,文化水平越低年龄越大,北京话的色彩越浓;北京人当中,文化水平越高越年轻,北京话的色彩越淡越接近普通话。①

许多人认为"国语"和普通话没有本质上的差别。但两者之间除了名称的不同以外,还有实际内容的差异。台湾"国语"实际上是过去的汉语规范在台湾普及的过程中产生的一种过渡语(即地方变体),有它的母语(即闽南语)和社会色彩。这色彩主要表现在语音,其次是词汇。语音是有系统性的,可以通过对比寻找一些对应规律的。根据以往的研究,②③台湾"国语"的主要语音特点如下:

(一)舌尖后音发成舌尖前音。

(二)n 和 l 不分。

(三)舌根音 h 和唇齿音 f 发成喉音[h]。

(四)舌尖后音 r 发成 l 或[j]。

(五)舌尖后音或舌尖前音后的 i 发成[u]或[I]。

(六)单元音 e 发成[o]。

---

① 陈建民《略谈普通话国语》,《语文建设通讯》1984 年第 6 期,香港中国语文学会。

② 魏岫明《国语演变之研究》,台湾大学出版委员会,1984 年。

③ 吴国贤《国语发音在台湾:目前趋势与一般错误之探讨》,《第一届世界华语文教学研究会论文集》,世界华文教育协进会,1984 年。

（七）复合元音缩略成单元音或二合元音。

（八）韵尾 n 和 ng 不分。

（九）u 发成展唇的 u 或前元音[y]。

词汇的差异是没有规律可寻的，但一种语言的变化当中词汇的变化最快。尤其中国大陆自从 1949 年以来经历了巨大的社会变化，这社会变化反映在语言上，使两地词汇产生相当大的不同。此外，台湾的方言词汇和 1949 年以来在台湾造的新词也是产生差异的因素。词汇上的差异可分为如下三类。①

第一类是不同形式的词汇表示相同的事物或概念。例如：

普通话	台湾"国语"	普通话	台湾"国语"
渠道	管道	录像机	录影机
导弹	飞弹	磁带	卡带
圆珠笔	原子笔	打印机	印表机
自行车	脚踏车	幼儿园	幼稚院

第二类是形式相同的词汇表示的意义或用法不完全一致。例如：

爱人　品质　检讨　优良　成长　革命　翻身　文明

第三类是在不同的政治制度和不同的社会环境及不同的文化背景下产生的词汇。属于这一类的在大陆产生的居多。例如：

三好学生　五讲四美　门前三包　个体户　赤脚医生　经济特区　共青团　少先队　先进单位

---

① 胡士云《大陆与港台言语交际中的词汇问题》，《丹东师专学报》哲学社会科学版，1984 年。

第三类词的意义,在中国国情知识的基础上才能理解。第二类的相当部分的词也是如此。

此外,还有两地汉字读音规范不同的现象。台湾"国语"的规范是民国初制定的,普通话的规范是中华人民共和国成立以后经历了几次修订的。读音不同的常用字如下。例如:

	普通话	台湾"国语"		普通话	台湾"国语"
认识	shi2	shi4	寂寞	ji4	ji2
危险	wei1	wei2	天和地	he2	han4
时期	qi1	qi2	口吃	chi1	ji2
品质	zhi4	zhi2	多么	duo1	duo2
亚洲	ya4	ya3	研究	jiu1	jiu4
法国	fa3	fa4	虽然	sui1	sui2
一会	hui4	hui3	随从	cong2	zong4

四 韩国汉语教学环境

韩国的汉语教学在教学研究方面长期比较薄弱,不少教员缺乏科学的精神和态度,只凭经验教学生,一般认为教汉语是一件简单的事情。这种现象跟教师的专业有关系,他们是早期在韩国念大学后继续念研究生院或到台湾去留学的,当时绝大部分人专攻古典文学,相对忽略了现代汉语,也没有研究语言学,更没有关心语言教学。当今国外语言教学取得了长足的发展和较大的成就。继语法翻译法曾出现了听说法、直接法、认知法、功能法等教学方法,更多新的方法还在不断摸索。但韩国的汉语教学界还没有充分吸收这些曾经出现过的教学法上的成就,只是沿用陈陈相因的语法翻译法。

教师对教什么的问题上也没有充分的认识。他们设计的大学教程中文学所占的比重相当高,即使文学也是以古典文学为主,语言教学所占的比重比较低。这似与他们专业上的偏爱和既成学习的经验有关,虽然要专攻古典文学,可在已有的汉字、汉文的基础上直接入门,不经过现代汉语也没有什么问题,但这样无法给学生提供良好的学习汉语的条件,无法让学生实事求是。大学的教程安排是亟待解决的问题。

　　语言教学应该重视听、说、读、写的四种技能协调的发展。但是韩国汉语教学历来有一个偏向,即不太重视有声语言的教学。当然这里有种种原因,如上所述,韩国人在学习汉语之前已有汉字、汉文的修养。长期以来韩国外语教学所采用的教学法是以语法翻译法为主,死板地教学生阅读方法及有关语法知识,而忽略培养口语表达能力。比如说,虽然很多韩国成年人都曾学过十年以上的英语,但是大部分人却不会说英语。汉语教学也因袭语法翻译法,只着重于培养阅读能力和传授语法知识。再有就是由于历史的原因,过去一段时间韩国人几乎没有直接和中国大陆人说话的机会,韩国的汉语教学也只偏重于培养学生读和写的能力,这种风气直到今天也还没有完全改变。因此韩国学生普遍存在读和写的能力强,相反听和说的能力较差的现象。单就韩国学生参加汉语水平考试(HSK)的成绩来看就可以证明这一点。一般韩国学生的成绩是听力理解部分的分数低于其他部分的分数,甚至于有相当部分的学生,虽然他们考试成绩的总分较高,但是因为听力理解部分的分数过低,因而考不到他们应得的等级。

　　近几年日趋频繁的韩中交流让人们认识到培养交际能力的

迫切性,反思过去的汉语教学条件和方法。1993年一些大学和高中的教师为提高汉语教学的质量和师资,成立了中国语教育学会,展开有关汉语教学的研究与摸索科学的教学法的活动。该会已经讨论了发音教学、语法教学、声调教学、造句偏误分析、限制汉语词序的因素、中国大陆与台湾的语言差异和汉语的规范、汉语教学的国际交流、汉语教学所面临的课题等问题。有些会员为结合理论与实际,参与教育部指定的外国语高等学校(外语高中)专用教科书的编写工作。

第二节　日本学生的汉字教学

壹　对日汉字教学分析[①]

与印欧语言相比,汉语是语素文字,其最大特点就是具有方块汉字。从对外汉语教学角度讲,汉字是记录汉语的文字,是音、形、义的载体,是口语汉语与书面汉语相互结合的连接纽带。外国留学生学习汉语,若能掌握HSK汉字等级大纲中规定的、数量为2 905个汉字,就可掌握2 905个左右的基本语素,从而也就具备了学习汉语的基础。因此,汉字教学在对外汉语教学中占有重要地位,可以毫不夸张地说,汉字教学是对外汉语教学

[①] 本文以"试论对日汉字教学——日本留学生汉字生字考察统计分析"为题发表在《汉日语言研究文集》(五),北京出版社2002年版,作者郑杰。

的基石。

　　随着 21 世纪对外汉语教学事业的发展,汉语作为第二语言教学理论研究的深入,以及相关学科研究成果的出现,对外汉字教学仅仅停留在以往汉字结构上的微观研究,远不能适应对外汉语教学的新形势和新时代对对日汉字教学所提出的更高要求。因此,针对不同国别学习者的情况,尤其是针对日本留学生汉字学习优势、难点及具体汉字生字进行量化统计分析,因材施教,就成为目前对日汉字教学迫切需要解决的问题之一。

　　本文依据 HSK 汉字等级大纲,并基于对出现在 HSK 汉字等级大纲中汉日同形字、汉日异形字分布情况与分布形式的考察,进一步从"教"与"学"双向研究角度,考察分析日本留学生需要掌握的 HSK 汉字等级大纲中的汉字生字。

一　日本常用汉字在 HSK 汉字等级大纲中的分布考察

　　为了考察日本常用汉字在 HSK 汉字等级大纲中的分布情况,作者选取国家对外汉语教学领导小组办公室汉语水平考试部编写的《汉语水平词汇与汉字等级大纲》、①[日]白寄まゆみ、入内岛一美和林瑞景编著、旨在指导参加"国际日语水平考试"一级的学习者的《国际日语水平考试汉字・词汇应试问题集(一级)》②(以下简称《一级》)和吴侃主编的日本常用汉字手册《日

---

　　①　国家对外汉语教学领导小组办公室汉语水平考试部编《汉语水平词汇与汉字等级大纲》,北京语言文化大学出版社 1985 年版。
　　②　[日]白寄まゆみ、入内岛一美和林瑞景编著《国际日语水平考试汉字・词汇应试问题集(一级)》,南开大学出版社 1993 年版。

本常用汉字 2000 字》(以下简称《2000 字》)[①]三份资料,并采用逐一核对和排除法的方式,以 HSK 汉字等级大纲为依据,以《一级》为基础,在《一级》的基础上,减去《2000 字》中与《一级》相互重叠的日本汉字,分别考察该两份资料中互不相同的日本汉字在 HSK 汉字等级大纲中的分布情况和分布形式。

考察结果显示,出现在 HSK 汉字等级大纲中的汉日同形字有 1 125 个,约占 HSK 汉字等级大纲的 38.73%;出现在 HSK 汉字等级大纲中的汉日异形字有 792 个,约占 HSK 汉字等级大纲的 27.26%。其中甲级字中的汉日同形字和汉日异形字最多,分别为 425 个和 273 个,分别约占 HSK 汉字等级大纲甲级字的 53.13% 和 34.13%。在汉日异形字中,笔画不同的字最多,有 322 个,约占 HSK 汉字等级大纲的 11.08%;部件笔画皆不同的字最少,只有 20 个,约占 HSK 汉字等级大纲的 0.69%。

二 日本留学生汉字生字统计分析

本文在考察日本常用汉字在 HSK 汉字等级大纲中的分布情况基础上,不再将出现在 HSK 汉字等级大纲中的日本汉字(又称其为"在纲字"),如汉日同形字、汉日异形字和没有出现在 HSK 汉字等级大纲中的日本汉字(又称其为"超纲字"),作为本文考察日本留学生汉字生字的考察对象。本篇论文仍沿用原来的分析方法和资料,考察《一级》和《2000 字》中没有出现,但 HSK 汉字等级大纲中却规定应该掌握的汉字,这些汉字对日本

[①] 吴侃主编《日本常用汉字 2000 字》,上海交通大学出版社 1978 年版。

留学生来说可谓真正的汉字生字,而且也是对日汉字教学的重点和难点。明确了日本留学生汉字生字的数量和范围,对日汉字教学也就能做到有的放矢了。

通过统计得知,HSK汉字等级大纲中的汉字为2 905个,日本留学生略感熟悉的汉字有1 917个,日本留学生实感陌生、被他们称之为真正的生字、即需要认真学习的汉字生字有988个,约占HSK汉字等级大纲的34.01%。其中甲级字最少,102个,约占HSK汉字等级大纲甲级字的12.75%;丁级字最多,421个,约占HSK汉字等级大纲丁级字的60.14%,见下表和后附的《日本留学生汉字生字表》。为了便于对比分析,下面表1中我们将日本留学生感到陌生的汉字称为"生字",将日本留学生较为熟悉的汉日同形字、汉日异形字称为"熟字"。

表1

资料 \ 等级	甲级	乙级	丙级	丁级	总计（占大纲%）
出现在HSK汉字等级大纲中的汉字生字(988个)					
HSK汉字等级大纲	800	804	601	700	2 905 (100)
熟字(占大纲同级字%)	698 (87.25)	599 (74.50)	341 (56.74)	279 (39.86)	1 917 (65.99)
生字(占大纲同级字%)	102 (12.75)	205 (25.50)	260 (43.26)	421 (60.14)	988 (34.01)

日本留学生汉字生字举例如下:

甲级:啊 矮 吧 爸 摆 办 帮 插 厂 晨 楚
　　　穿 床 戴 掉 丢 懂 而 啡 傅 搞 哥
　　　跟 够 姑 刮 哈 孩

乙级：哎 按 傲 巴 扮 榜 膀 笨 逼 毕 辟
扁 饼 玻 脖 卜 猜 踩 餐 厕 叉 拆
柴 倡 吵 趁 衬 翅

丙级：唉 癌 碍 熬 扒 叭 坝 柏 瓣 绑 磅
剥 甭 菠 拔 勃 惭 灿 苍 舱 铲 颤
钞 扯 尘 撑 仇 喘

丁级：蔼 艾 隘 袄 芭 捌 笆 疤 掰 斑 扳
拌 谤 雹 堡 狈 惫 绷 蹦 鄙 蔽 毙
痹 臂 鞭 贬 辨 憋

通过以上考察发现：

（一）随着汉字等级的提高，日本留学生的汉字生字也逐渐增加。

（二）随着汉字等级的提高，汉字含义越来越具有抽象性。

（三）随着汉字等级的提高，能够构成双音节语素的汉字也逐渐增加，且多集中在丁级字中。

三 余言

以往对日汉字教学不甚理想的一个重要原因就是缺乏针对性。

日本留学生与非汉字圈的留学生相比，在汉字学习上具有相当的优势和自己的困难。他们在母语日语的学习过程中，从小学一年级至高中毕业为止，至少已经学过日本文部省所规定的 1945 个日本常用汉字。这些日本常用汉字中有很多与中国汉字完全或部分相同。从现代汉语角度观察，这些汉字也多属于现代汉语中的常用字。从对外汉语教学角度分析，这些字以相当的数量出现在 HSK 汉字等级大纲中。也就是说，从字形上看，日本留学生来中国以前，就已经掌握了一定 HSK 汉字等级大纲中的汉字，有了一定的汉字知识和汉字书写基础，这是日本留学生汉字学习的极大优势。

除此以外，日本留学生还需要排除汉日异形字给他们学习汉字带来的干扰，还需一一记忆 988 个出现在 HSK 汉字等级大纲中、但日本汉字却没有或不单独出现的这些对日本留学生来说确实属于生字的汉字，这些汉字既是日本留学生汉字学习的难点，同时也是对日汉字教学的重点。

由此可以认为，如果我们能够通过考察日本常用汉字在 HSK 汉字等级大纲中的分布情况，进而量化研究日本留学生容易和较难掌握的汉日同形字、汉日异形字和汉字生字，并相应地制定出反映日本留学生学习特点，适应日本留学生学习规律的汉字表，相信将肯定会对日本留学生学习汉语大有益处，也将会使对日汉字教学更具针对性，达到更为理想的教学效果，最终使日本留学生快速学习汉语的愿望得以实现成为可能。本文正是基于这一思考，在量化日本留学生汉字生字表上做了一些基础研究工作。

针对日本留学生学习特点和汉字学习难易程度，制定日本留学生汉字生字表，量化其汉字学习范围与内容，明确教学目的与学习重点，使对日汉字教学更具针对性，这是对日汉字教学思考的第一步。但是仅此还不够，还需从教材编写、具体教法等方面，对此进行深入研究，这是有待以后进一步研究的课题。

附：日本留学生汉字生字表

（按 HSK 汉字等级大纲顺序排列，988 个）

甲级：102 个

啊 矮 吧 爸 摆 办 帮 插 厂 晨 楚 穿 床 戴 掉 丢 懂 而 啡
傅 搞 哥 跟 够 姑 刮 哈 孩 喊 很 划 挤 驾 蕉 饺 叫 姐 睛
咖 卡 棵 哭 拉 啦 篮 俩 联 脸 辆 妈 嘛 吗 么 们 拿 哪 呐
奶 呢 嗯 你 您 爬 怕 旁 跑 碰 啤 篇 苹 墙 赛 什 舒 嗽 虽
它 她 抬 躺 疼 挺 腿 袜 玩 喂 些 鞋 呀 页 已 谊 赢 圆 咱
澡 怎 站 找 嘴 做 坐

乙级：205 个

哎 按 傲 巴 扮 榜 膀 笨 逼 毕 辟 扁 饼 玻 脖 卜 猜 踩 餐
厕 叉 拆 柴 倡 吵 趁 衬 翅 厨 闯 聪 脆 呆 挡 跌 抖 逗 堵
肚 堆 吨 蹲 躲 朵 鹅 泛 吩 份 蜂 逢 咐 杆 赶 糕 搁 胳 巩
狗 估 瓜 逛 跪 滚 毫 盒 嘿 哼 猴 乎 胡 糊 恢 昏 伙 圾 夹
尖 艰 拣 捡 剪 箭 骄 巾 俱 砍 扛 靠 颗 扣 裤 跨 筷 捆 阔
垃 拦 懒 烂 狼 捞 厉 哩 梁 聊 另 萝 码 骂 迈 馒 貌 煤 蜜
庙 闹 扭 弄 牌 盼 乓 胖 捧 脾 骗 飘 拼 乒 坡 泼 咸 牵 签
歉 枪 抢 敲 悄 瞧 渠 缺 裙 嚷 扰 绕 扔 仍 酒 嗓 嫂 傻 晒
衫 闪 稍 狮 柿 瘦 蔬 摔 甩 撕 毯 趟 烫 掏 套 梯 填 甜 桶
偷 兔 拖 挖 哇 歪 弯 谓 悉 掀 羡 歇 醒 讯 牙 咽 厌 邀 咬
爷 姨 于 糟 皂 扎 窄 涨 睁 址 抓 撞 捉 仔 钻

丙级：260 个

唉 癌 碍 熬 扒 叭 坝 柏 瓣 绑 磅 剥 甭 菠 拨 勃 惭 灿 苍
舱 铲 颤 钞 扯 尘 撑 仇 喘 串 蠢 瓷 卤 匆 丛 凑 窜 摧 搓
挫 耽 档 蹈 蹬 瞪 凳 垫 惦 谟 爹 叮 钉 陡 兑 哆 俄 粪 疯

第六章 汉字国别教学

讽 袄 俯 溉 缸 岗 膏 鸽 钩 勾 辜 乖 灌 柜 棍 裹 旱 焊 呵
阂 痕 狠 吼 蝴 猾 煌 毁 汇 浑 缉 歼 煎 碱 贱 溅 僵 浆 疆
椒 胶 浇 搅 狡 截 捷 竭 揪 灸 舅 聚 倦 窟 垮 筐 亏 愧 喇
蜡 辣 牢 姥 愣 黎 帘 梁 淋 咙 窿 垄 拢 搂 喽 驴 铝 掠 逻
锣 骆 瞒 氓 茅 霉 闷 蒙 眯 蔑 冥 陌 嫩 捏 拧 噢 哦 趴 攀
抛 袍 佩 蓬 臂 凭 葡 恰 腔 侨 翘 俏 娶 拳 饶 揉 塞 删 婶
蚀 驶 售 梳 耍 栓 烁 斯 诵 艘 嗦 塌 哨 摊 滩 坦 倘 萄 蹄
惕 吞 驼 蛙 娃 挽 枉 吻 卧 诬 晰 锡 媳 瞎 虾 咸 厢 巷 淆
锈 墟 询 鸭 讶 淹 掩 燕 焰 秧 氧 耀 钥 冶 倚 婴 蝇 呦 屿
愈 寓 冤 怨 匀 晕 砸 凿 燥 渣 炸 沾 盏 崭 仗 罩 挣 帜 粥
皱 骤 烛 砖 赚 幢 赵 宋 孟 葛 刘 陕 浙

丁级:421 个

蔼 艾 腌 袄 芭 捌 笆 疤 瓣 斑 扳 拌 谤 雹 堡 狈 惫 绷 蹦
鄙 蔽 毙 痹 臂 鞭 贬 辨 憋 滨 秉 搏 驳 簸 埠 睬 蹭 岔 诧
搀 掺 蝉 馋 逞 缠 阐 昌 猖 敞 嘲 秤 侈 畴 踌 稠 筹 绸 蹿
锄 储 疮 捶 葱 磋 瘩 歹 氮 荡 叨 捣 涤 蒂 颠 掂 淀 叼 叮
碟 叮 董 兜 睹 杜 镀 妒 缎 跺 舵 讹 匪 诽 锋 凤 辐 俘 斧
钙 竿 秆 冈 杠 疙 梗 躬 汞 拱 菇 瑰 硅 闺 桂 函 罕 捍 禾
轰 哄 烘 瑚 葫 狐 槐 徊 痪 蝗 凰 谎 徽 秽 豁 霍 讥 嫉 脊
奸 柬 姜 浆 娇 缴 轿 劫 诫 兢 颈 玖 鞠 锯 惧 捐 凯 糠 亢
炕 磕 啃 抠 寇 挎 眶 旷 馈 溃 腊 揽 唠 涝 勒 蕾 棱 犁 篱
狸 荔 俐 沥 莲 链 晾 潦 磷 凌 瘤 榴 珑 聋 陋 芦 鲁 碌 赂
侣 屡 滤 抡 螺 箩 螺 蚂 芒 茫 氓 玫 酶 镁 昧 檬 渺 谬 蘑
莫 沫 拇 姆 穆 囊 挠 撵 捻 柠 挪 呕 俳 叛 庞 刨 沛 烹 坏
劈 僻 撇 瞥 聘 萍 屏 颇 魄 瀑 柒 沏 歧 淇 岂 乞 砌 掐 洽

钳 嵌 锹 茄 怯 芹 禽 蜻 氢 趋 瘸 鹊 榷 雀 韧 任 绒 腮 叁
刹 啥 筛 珊 擅 晌 裳 捎 奢 呻 渗 尸 屎 薯 鼠 竖 肆 耸 蒜
隧 笋 踢 贪 瘫 痰 潭 碳 塘 膛 涛 滔 淘 涕 屉 贴 蜓 捅 秃
屠 椭 唾 豌 惋 汪 旺 桅 畏 瘟 窝 沃 巫 呜 乌 梧 晤 熄 厦
衔 馅 镶 橡 销 啸 挟 谐 泄 泻 屑 锌 崤 腥 汹 羞 嗅 酗 絮
熏 汛 逊 鸦 哑 衍 雁 殃 杨 痒 妖 蚁 淫 盈 颖 佣 铀 榆 舆
郁 吁 喻 曰 蕴 酝 孕 昨 攒 噪 灶 轧 闸 眨 寨 瞻 斩 辙 蔗
筝 郑 蜘 侄 挚 掷 洲 蛛 挂 瞩 拽 缀 籽 棕 踪 揍 啄 澳 邓
冯 戈 侯 沪 淮 蒋 卢 聂 潘 崔 冀 赫 秦 萨 魏 匈 粤 邢 殷
袁 埔 埃

贰　日本学生汉字书写问题分析①

在对外汉语教学界，公认书写汉字对于外国留学生是一只"拦路虎"，是一道"障碍"，是一个必须花大力气才能克服的"困难"。但是一般又认为这只令人谈而色变的"虎"，这个难度很高很大的障碍物，主要是对欧美人而言，对日本人则不然，因为他们同是"汉字文化圈"的圈内人，容易掌握汉字的书写规律。因此在书写汉字方面，教师对欧美学生特别关照，对日本学生则有点疏于照顾，甚至掉以轻心了。而日本人自己也自恃日文里同样有汉字，写汉字的功底比欧美人"好"，因而对如何正确书写中文汉字不以为意。殊料就在这个问题上，老师和学生都可能"大

---

① 本文以"对日本人书写中文汉字差错规律的分析及思考"为题发表在《对外汉语教研论丛》第二辑，华东师范大学出版社 2002 年，作者王幼敏。

意失荆州"。我在教学实践中发现,日本人写中文汉字的错误并不少,只是有着与欧美人不同的规律特点而已。

欧美人学习汉字,是在接受一种新鲜事物,心理上会受到冲击,认知上会遇到困难,记忆上会碰到障碍,常常感到眼花缭乱,印象模糊。他们书写汉字常犯的错误大致不出以下几类:(1)部件混淆。比如把"努"写成"势"。(2)部件易位。比如把"叫"写成"吅"。(3)部件遗失。比如把"语"写成"吾"。(4)笔画增损。比如把"安"写成"安","英"写成"英"。(5)笔画变形。比如把"盖"写成"菩"。(6)结构错位。比如把"喂"写成"喂"。(7)音同字错。比如把"园、圆"混用。(8)混音错字。比如在听写时把"人民"误作"人们"。

虽然欧美人犯有以上错误,对写汉字有畏难情绪,但是他们在学习书写时一般都能采取小心翼翼、一丝不苟的认真态度。然而日本人则不同,他们对汉字"似曾相识",甚至有"驾轻就熟"的错觉,对学习书写汉字大多表现出不耐烦,因此他们所犯的错误和欧美人大不相同。大约只有10%的日本人犯欧美人的错误,绝大多数日本人犯的是另外一种性质的错误。简而言之,欧美人犯错基本上属于接受新事物时遇到的"困难",日本人犯错基本上源于熟知的相似的旧事物对接受新事物的"干扰",是受日语影响所致。笔者把教学中遇到的日本人书写中文汉字的错误归纳成六类,前四类都是受日文汉字的"干扰"所致,故把中日汉字一一对应举出为证,中间用横线"——"隔开,前者为中文汉字,后者为日文汉字。还有两类错误是别的原因所致,但为清楚起见,也用横线把正确的中文汉字和学生的错字隔开。兹分析日本人书写中文汉字的错误如下:

1. 笔画增损

步——步　对——对　带——带　况——况　减——减
凉——凉　决——决　净——净　浅——浅　收——収
器——器　桌——卓

2. 笔画变形

所——所　边——边　船——船　团——団　写——写
舍——舎　黑——黑　画——画　角——角　别——別
旅——旅　判——判　春——春　微——微　推——推
反——反　今——今　低——低　户——戸　真——真
置——置　化——化　处——処　强——強

上述两类错误都是由于对中日汉字的细微差别未加考察，误认为相同所致。值得注意的是，这些日文汉字中有相当一部分是中文汉字的异体字，比如"况决処強"等。我们切不可误认为日本人写的是中文异体字，而应了解他们写的是日文汉字，应该作为错字对待。

3. 习惯误记

长——長　习——習　鱼——魚　风——風　园——園
师——師　馆——館　绍——紹　场——場　热——熱
迟——遲　乐——楽　济——済　乘——乘　预——予
图——図　劳——労　气——気　广——広

上述各组中日汉字的结构有一部分是相同的，由于学生对中文汉字记忆不牢固，就习惯性地写出了日文汉字。这类错误尤其要引起我们的注意，因为其中有很大一部分日文汉字即是中文繁体字，还有一部分则和繁体字字形相近，会使人误以为学生是受了港、台等海外中文字的影响，写的是中文繁体字，而不以为错,却不明了学生写的其实是日文,致使学生长期犯错而无人纠正,积久成习,沿袭难改。

4. 意会错字

坐——座 树——木 书——本 鞋——靴 脸——颜(顏) 菜——料理 报——新闻(聞) 经历——经验(経験) 情人——爱(愛)人

火车——汽车(車) 工厂——工场(場) 蔬菜——野菜 结实——丈夫

行李——荷物 孩子——子供 优点——长所(長所) 电影——电映

现代化——近代化(化) 画地图——写地图 交作业——提出作业

自行车——自転车(車)

(说明:括号里的汉字为日文汉字。学生表达该意念时,用的是日文词汇,而表示该词汇的汉字,有的学生写日文汉字,有的学生却会写成相应的中文简体字。笔者一并列出,以揭示学生脑子里表达该意念的词汇仍然是日文。)

犯这类错误的情况比较复杂,其共同点是滥用日文词汇代替中文词汇。虽然有一部分日文词在中文里也是一个词,但所表达的意念完全不相同。有的学生在考试时,虽然知道自己要表达什么,但一时想不起相应的中文词,情急之下就用同义日文词代替,比如用"颜(顏)"、"荷物"代替"脸"、"行李"等;有的学生平时学习不认真,根本没记住相应的中文词,在造句或作文时,习惯性地使用同义的日文词,比如用"本"、"新闻(聞)"表达"书"、"报"等;有的学生想要表达某种意念,但是相应的中文词还没学过,在非要表达的情况下,只好用同义或近义的日文词来表达,比如用"丈夫"、"经验(経験)"表达"结实"、"经历"等;有的学生联想发生错误,比如把"电影"写作"电映"、"画地图"变成"写地图"等。联想发生错误的情形要解释一下,才能使人明白。"电影"一词,在日文里是"映画",而在中文里"影"和"映"音近,于是就写成了"电映"。"画地图"的"画"和"写字"的"写",在日文里是同一个词"書く",日本人习惯说"地図を書く",而不用另一个表示"画"的词"描く",所以日本人在表达"画地图"的意念时,脑子里很自然地就涌现出"書く"这个动词。而如果这个日本人只知道或者只记住"書く"就是汉语的"写"(这种情况极可能发生,因为"写"这个词比"画"这个词学得早,用得多),那么就会发生"写地图"这样的错误。

5. 混音错字

(1) 柏树——拍树　大——他　口——个　旧——去
　　庄稼——传家
(2) 积极——织极　墙——常　小——少　热——乐
(3) 放——还(huán)
(4) 忙——慢　针——钟　脱——偷　去——七
　　学——写　有——用　忘了——完了　豫园——语言
(5) 扔——仍　那——哪　刻——棵　年——念
　　私人——死人　通知——同志　梅花鹿——美华鹿

上述错误是由于发音不准确,在听写中将汉字写错。犯错有声母、韵母、声调方面的原因。在声母方面,日本人对汉语里的六对送气和不送气音 b/p、d/t、g/k、j/q、z/c、zh/ch 感到难念,难以区分,因此常常混淆,造成误听,例如上述(1)的情形;日本人对 j/q/x 和 zh/ch/sh、r 和 l 也感到很难分辨,常会犯上述(2)的错误;日语里没有唇齿音"f",因此日本人感到"fu"特别难念,常念成类似"hu"的音,犯上述(3)的错误。在韵母方面,日本人对 an 和 ang、eng 和 ong、uo 和 ou、ü 和 i、üe 和 ie、iou 和 iong、uan 和 uang、üan 和 ian 感到难以区分,因此会犯上述(4)之错。在声调方面,因为日语里没有四声,日本人普遍感到很难掌握,因此常因声调不准而写错字,如上述(5)之情形。从上述例子还可以清楚地看到,有很多错误不单纯是由一个方面的原因所造成,而是两个或三个方面的原因交叉在一起,比较复杂,比如"去——七"、"庄稼——传家"等。

6. 书写不正

去——去 等——等 没——没 名——名

上述汉字的"错",宽松一点讲也可不算错,只是看上去不太顺眼,有点"异国情调"。在日文词典里,这些汉字的印刷体都和中文的印刷体一样,但是凡有"厶、𥫗、冫、夂"这些部件的汉字,绝大多数日本人都会写成上述模样。我曾做过一个试验,找了二十个有"夂"部件的汉字,让十个日本学生写,结果有九个学生把"夂"部件写成"ク"。这是什么原因呢?我认为一方面是受日文假名笔画的影响,比如把"冫"写成"冫",另一方面就只能说是日本人的书写习惯和书写风格使然。

日本人犯的上述六类错误中,尽管也有笔画增损、笔画变形、混音错字这些类型,但其特点和欧美人是截然不同的。要纠正上述六类错误,可采取以下办法:

1. 把中文汉字同相应的日文汉字对照比较,着重指出学生不易察觉的细微差别。

2. 针对学生用同义日文词代替中文词的情况，先要搞清楚学生想要表达什么意念，然后写出相应的中文词同日文词对照比较。如果学生写的日文词在中文里也存在，还要讲清楚此词的不同含义。比如"料理、颜、靴"在日文里分别表示"菜、脸、鞋"，而在中文里则不是。另外，应严格要求学生书写简体字，如果学生写了异体字或繁体字，都要先作为错字对待（理由已如前述），然后向学生说明这些是中文汉字的异体字或繁体字，现在一般已不用了。

3. 对一些常常写错的汉字部首和笔画，要独立地摘出来加以比较分析，告诉学生正确的书写法。比如"推"字的"圭"、"春"字的"夫"、"卷"字的"䒑"、"反"字的起首一笔"丆"，日本人常写成"圭、夫、䒑、-"，这就需要向学生展示中文汉字和日文汉字在书写笔画方面的不同之处，凡有这些笔画的字都要改写成中文汉字的书写笔画。

4. 对由于发音不准确而发生的书写错误，先要从纠正发音入手。(1) 把日本人感到难以区分的几组音加以比较分析。(2) 把某些汉语拼音的读音同日语中相近的假名读音进行比较，比如汉语中的"fu、su、hen"和日语中的"ふ、す、へん"，日本人常把前者念成后者，这些都是日本人发音的顽疾，需要予以重点纠正。

日本学生书写汉字有这么大的问题，虽然是受其母语影响所致，但和我们教学的缺陷也有关系。在目前的对外汉语教学体系中，汉字教学尚未受到应有的重视，其表现有二：(1) 没有合适的汉字教材。(2) 没有独立的汉字教学课。现在的汉字教学一般都从属于阅读课,课时明显不足。长期以来,一些师生有重语轻文的思想,认为一个学生汉语学得好不好,快不快,就看他能不能说,说得怎么样。随着中国经济的快速发展,来华留学生的成分发生了变化,大多数人的学习目的是为了找工作,急功近利的实用主义倾向明显增强,日本学生尤甚。在汉语学习中,学生们对听、说的重视程度远高于对读、写的重视程度。这种偏颇的想法现在之所以左右着不少人的思想,其根源除了实用主义倾向以外,还源自人们长期以来对汉字在汉语句法结构中的地位认识不足。

学习汉语的人自然重视汉语的句法结构,留学生们都希望能早一点掌握它。但是汉语的句法结构和汉字到底有什么关系呢?却是很多人都不明了的。如果说清楚这个问题,不重视汉字的人也许就会重视汉字了。说到汉语的句法结构,当然先要分析汉语句法的基本结构单位。在古代,语法问题是通过熟读领悟来解决的,所以传统的"小学"只研究字形、字音、字义,而不研究句子结构,不研究语法,中国的语言学在19世纪末之前只是语文学。自从《马氏文通》面世以后,印欧语系的语法理论输入我国,我国的语学界逐步摒弃了传统的理论,而以"词"为基本单位来研究汉语语法。这样研究的时候常常会遇到以下情形:当我们讨论语义句法结构的理论背景、语言结构基础等问题时,以"词"为单位;而在讨论语言结构单位的构成时又不得不强调汉语音节结构规则的重要作用,表现在书写符号上,也就是汉字的重要作用,这两者显然是不协调的。长期以来,这样的语言理论和语言事实的矛盾一直困扰着我国语言学界。其实早在二十多年前,赵元任先生就发现汉语句法的基本结构单位是"字",而不是"词"。他在《汉语词的概念及其结构和节奏》一文中明确指出,印欧系语言中 word(词)这一级单位"在汉语里没有确切的对应物","在说英语的人谈到 word 的大多数场合,说汉语的人说到的是'字'。"赵元任先生在用大量的语言事实分析了"字"和"词(word)"的相似性和区别性之后得出结论,以"词"为单位来分析汉语可能有用,"但这不是汉人想问题的方式,汉语是不计词的,至少直到最近也还是如此。在中国人的观念中,'字'是中心主题,'词'则在许多不同的意义上都是辅助性的副题,节奏给汉语裁定了这一样式"。经过长时期汉语研究的挫折,我国语言学界也终于回过头来重新研究传统的"字"的理论,重新认识"字"在汉语结构中的地位,用现代语言学的理论和方法去研究它的性质和作用,使传统和现代结合起来,推进汉语的研究。有人认为赵元任先生所说的"中心主题"就是语言的结构本位,也就是说,汉语的结构以"字"为本位,应该以"字"为基础进行句法结构的研究。在"音节"作用的启示下发现了"字"的作用以后,有人认为"汉语的基本结构格局隐含在传统所说的'字'之中。'字'所代表的语言现象是汉语的语音、词汇、语义、语法的交汇点,隐含着'一个音节·一个概念·一个词'的一对一的结构关联。汉语的句法结构是以此为基础展开的"。由于本文的主题并不是讨论语法问题,所以对此种观点的正确与否不展开论述。我只是想通过以上所引来强调"字"是汉语的基本结构单位,要理解和把握汉语的句法结构,必先理解和掌握每一个汉字。

既然"字"是汉语的基础,对于汉语研究有如此重要的作用,那么对于汉语学习者来说不是更重要吗?汉字是形、音、义的统一体,要完整地理解一个字,记住一个字,三者缺一不可。而记住"形"的最有效方法便是"写",并且要写得"正确"。如此看来,书写汉字对于学习汉语的外国人(包括日本人)来说,确实有着不容忽视的重要意义。必须彻底改变轻视汉字书写的错误思想,对于在汉字书写方面存在的问题再也不能等闲视之了。

第三节　西方国家学生的汉字教学

壹　西方国家学生汉字教学的理论性思考[①]

对外汉字教学不仅是对外汉语教学的主要环节,而且也是跨世纪对外汉语学科建设的重要内容。尽管对外汉字教学的内容千头万绪,杂乱纷呈,但仍有其内在的规律可循。从宏观上考察,笔者认为应该把视点集中于汉字的特点、汉字教学的要点、汉字教学的难点这三个主导方面,并力求探寻出它们之间的规律性来,简言之,即需要牢牢把握住"三点":特点、要点、难点。"特点"系指汉字的总体性特点和具体使用上的特点,这些特点是建立汉字教学理论的前提。"要点"系指汉字教学中有规律性的重要之处。要点根据学习对象的不同而有层次之分:有的地

[①] 本文以"关于对西方国家学生汉字教学的理论性思考"为题发表在《北京大学学报》(哲学社会科学版)1998年第6期,作者田惠刚。

方对于水平较低或较高的学生是要点，有的地方则不是，不能一概而论。这一点过去往往被许多人所忽略，是需要加以重视的地方。"难点"系指外国学生学习汉字时的难懂、难解之处。这些难点有些是带有普遍性的，适用于所有的外国学生，而有些则只带有有限度的普遍性，只适用于一部分外国学生——或适用于"汉字文化圈"国家的学生，或适用于西方国家的学生，或适用于其他国家的学生。本文旨在结合对外汉字教学的实践，从理论上简明扼要、深入浅出地论述这些特点、要点和难点。

一 汉字

对于学习汉语的外国学生来说，汉字始终是一个很大的难点。由于一些国家和地区的当用汉字在数量、字形、字音、字义（词义）等方面都有所不同，所以即使是"汉字文化圈"内的国家（如日本、韩国、朝鲜等）的学生，在认、记、读、写汉字时也仍然会遇到一些意想不到的困难。不过，尽管如此，"汉字文化圈"国家的学生毕竟在学习汉语时有着比其他国家的学生有利一些的条件。对于西方国家的学生来说，汉字实际上是比四声更难掌握的一项学习内容，这已是一个不争的事实，也是一个我们必须永远面对的现实。

二 汉字教学

我们说汉字教学是对外汉语教学的重要环节之一，就在于它与读写的关系特别密切。长期以来，围绕着汉字教学和汉字学习这两个相辅相成的侧面，人们对汉字教学的特点、规律、方法论及其重要性的认识也在逐年摸索和探究中不断得到加强和深化。随着世界各国各地学习汉语热的兴起,国外人士对汉字的兴趣愈来愈大;国内人士对汉字的再认识则愈来愈明确,国内外人士对汉字的重视程度也愈来愈高。这无疑是一个可喜的现象。

然而,由于历史和现实的原因,对外汉字教学和汉字研究一直是对外汉语领域的一个薄弱环节。"在目前的对外汉语教学体系中,与语法、词汇教学相比,汉字尚未受到足够的重视。"[①]对外汉语学界在听说方面积累了不少经验,取得了不少共识,但对于汉字的研究还很不够。在对外汉语教学中,汉字教学仍然处于相对滞后的状态,在一些学校甚至处于刚刚起步的阶段。专谈汉字教学的文章很少,而针对西方国家学生汉字教学的文章更可谓寥若晨星。在前四届国际汉语教学讨论会论文选中,专论汉字的文章仅占入选论文的3.5%(23:625)。这个现象令人忧虑。但这绝不意味着汉字教学和汉字研究不重要,而是恰恰相反。

其实,汉字教学领域是一个广阔的天地,其中有很多处女地需要我们去认真探索和刻苦耕耘,就是那些我们似乎耳熟能详甚至自认为轻车熟路的地方,也未必不需要作更多的思考和更深的耕耘。之所以会造成这种情况,无非是两种不正确的观念在制约对外汉语教师的行动:(1)眼高手低的人把汉字教学视为枯燥的启蒙技能,认为无足轻重;(2)畏而却步的人则把汉字研究视为畏途,认为高不可攀。这两种观念从两个侧面反映了一

---

① 施正宇《对外汉语教学体系中的汉字教学》,载《对外汉语教学法研究》,北京大学出版社1996年版。

部分人对汉字教学和汉字研究的不正确认识,在对外汉语领域造成了不良的影响。只有端正态度,解放思想,打破陈规陋习,锐意改革,积极进取,才能开创汉字教学和汉字研究蓬勃发展的新局面。

三 汉字的构造

汉字是记录汉语的书写符号系统,是一种以象形为本源的意音文字。它的构造是以六书(象形、指事、会意、形声、假借、转注)为其内部规则;而在这六种特点中,反映字形结构的是前四书,即象形、指事、会意、形声。随着时间的推移和语言文字的发展,汉字象形的特点已不大明显,指事和会意的特点也已淡化;形声的功能虽然也有所减弱,但其作用即使在今天仍十分突出。无论是第一语言教学还是第二语言教学,汉字教学都不能忽略汉字的构造这一特点。

四 汉字的结构

汉字结构包括结构系统和结构方式两个方面;前者包括笔画系统、偏旁系统和部位系统三大系统,后者则可分为不带表音成分的结构和带表音成分的结构两大类。

不带表音成分的结构是纯粹表意的,这一类的表意方法不外乎象形、指事、会意三种,它们中的大多数都是常用字。

(一)象形 象形系描画事物形状的一种造字法。这是最古老的造字方法,其渊源可与原始图画和图腾相联结。古汉语中的象形字与图画十分相近。例如:口、刀、日、月、山、木、水、火、牛、羊、鹿、瓜、等等。这类字只要用图解的方法对西方国家学生讲清楚,他们很容易领会,并且马上会表现出兴趣来。这是汉字教学的一个乐趣所在。

(二)指事 指事系指采用象征性符号或在象形字的基础上加上符号来表示某个意义。用指事方法造的字就是指事字,其特征在于利用指事来表意。例如:一、二、三、上、下、末、末、旦、刃,等等。这类字实际上是上一类字的补充和复杂化。对西方国家学生来说,只要教师讲解得当,他们也能领会。

(三)会意 会意系指把若干个字组合起来表示意义,这若干个字在远古时就是若干个图形,其特点是能够表示抽象的概念。用会意的方法造的字叫会意字。这类字是上两类字的进一步复杂化,在表意方法中是最显著的。例如:休、伐、林、牧、北、明、寒、冠,等等。需要注意的是,如果没有上两类字以及形旁部首的基础知识,西方国家学生掌握这类字有较大的困难。

(四)形声 形声系指带表音成分的结构是半意半音的,即一半是形旁,另一半是声旁。利用形旁和声旁组成的字叫形声字。"形声是最进步的造字方法。"①由于象形、指事、会意需要通过意义才依附于语言,故局限性很大。形声字可说是在上述字形结构基础上的重大发展。"形声"造字法产生后,突破了纯表意造字的局限,可以造出大量的字。形声字在 3 500 个常用汉字中约占 72%。例如:沐、湖、忠、想、功、期、阁、草,等等。对西方国家学生来说,掌握这类字有一定的困难,但由于这类字较易发音,故亦有一定的趣味性。主要的难点在于书写而不在于认读。

---

① 吴玞《中国文字的特性》,载《语文建设通讯》(香港)总第 40 期(1993 年)。

形声字通常是用一个形旁表意,而另一个声旁表音,其结合方式主要有以下六种:

(1)左形右声——例如:河、校、惜、爬

(2)右形左声——例如:功、切、顶、期

(3)上形下声——例如:草、零、崇、景

(4)下形上声——例如:盒、盲、忩、堡

(5)外形内声——例如:阔、府、衷、园

(6)内形外声——例如:问、闷、辨、辫

上述六种结合方式中,以第一种为最多见,第三种也很常见。在讲课举例或做练习时可有详略、多少之分。

对于西方国家学生来说,发形声字的音会有六种不同的感受,其难度依下列次序呈升幂排列:

(1)找出声旁即可直接发音,容易认读的,例如:功、盒、堡、惜、佑、蚊,等等。

(2)可根据声旁发音,仅四声有异,仍较易认读的,例如:花、岭、腿、府、景、窍,等等。

(3)韵母相同且声母有对应关系,仍可勉强发音的,例如:爬、煎、瓶、洞、靠、裳,等等。

(4)仅韵母相同,发音有一定困难的,例如:河、裸、问、翁、艄、额,等等。

(5)韵母相近,发音有较大困难的,例如:切、闽、街、挽、洗、霜,等等。

(6)几乎完全看不出声旁,发音有很大困难的,这样的字较少,但必须单独记忆,例如:金、急、哉,等。

需要说明的是,由于"汉字文化圈"国家的学生辨识汉字的能力较强,认读汉字的错误相对较少,故上述细分原则主要适用于西方国家学生。

五　形体

形体又称字体,系指汉字的书写外形。汉字的形体与偏旁、部首、笔画和笔顺直接相关。汉字在其发展、演变过程中出现过甲骨文、金文、大篆、小篆、隶书、楷书、草书和行书等八种各具特点的形体。这些内容不宜作为对中等程度的西方国家学生汉字教学的内容,可在高年级本科生或研究生的汉字史课程中讲授。

(一)偏旁部首　偏旁系指在汉字形体中某些固定的组成部分。例如:亻、氵、扌、阝、木、日、目、辶,等等。部首系指字书根据汉字形体所作的分类,一般是字书中形旁各部的首字。例如:山、口、火、石、心、月、立、文,等等。汉字教学实践证明,掌握汉字的途径要从偏旁、部首出发。西方国家学生学习了一定数量的汉字后,就可以利用偏旁来辨认,也可利用部首查找字词,这对加强他们的认读能力确有好处。

(二)笔画　笔画系指构成汉字形体的各种线条。汉字的基本笔画共分为点、横、竖、撇、捺、提、折、勾等八种。每一个规范汉字的笔画皆有定数。例如:"一"是一画,"丁"是二画,"山"是三画,"天"是四画,"生"是五画,"向"是六画,等等。汉字的笔画有两个特点:(1)绝大多数汉字是由多笔画构成的;(2)汉字的笔画在楷书中呈直线型。在数笔画方面,西方国家学生明显不如"汉字文化圈"国家的学生。错字有时由于笔画数不对而造成。

(三)笔顺　笔顺系指汉字笔画的书写顺序。汉字笔顺的一般规则主要有五条:(1)先上后下;(2)先左后右;(3)先横后竖;

(4)先撇后捺;(5)先框后收口。外国学生的笔顺错误较多,即使"汉字文化圈"国家的学生也是如此;但西方国家学生的笔顺错误更多。让西方国家学生切实掌握笔顺对他们的正确书写大有好处。

六 形似字

形似字系指字形和笔画都十分相似、相近的字;"其特点在于两个或几个字笔画数目完全相同或近似相同,只是在某关键部位的那一点、撇、捺、横、竖、勾有异,所以在学习时马虎不得,在书写中更不可粗心大意,以免造成歧义,引起误解。"①例如:

{己(自己)
 已(停止;已经;后来)
 巳(地支的第六位)

{末了(最后)
 未了(还没有完)

{士兵(军人)
 土兵(特指氏族社会的军人)

{市(城市;市场)
 巿("韨"的本字,古代祭服)

{官人(古代妇女对有地位男子之称谓)
 宫人(多指宫女)

{要人(名词词组:重要人物)
 耍人(动词词组:玩弄人)

---

① 田惠刚《请特别小心形似字》,《写作》1990年第7期。

{ 竿(竿子)
{ 竽(古乐器的一种)

{ 刀吏(古之官名)
{ 刁吏(狡诈之小官)

{ 剌开(刀刃深入物件)
{ 剌开(刀刃平移使物件破裂)

{ 金鸟(金制鸟)
{ 金乌(太阳)

{ 赦(赦免)
{ 敕(皇帝的诏令)

{ 毋妄言(不要乱说)
{ 母妄言(母亲乱说)

形似字是汉字教学中的一个难点。一般说来,西方国家学生比"汉字文化圈"国家的学生更感到形似字难以区分,故需随时加以纠正。

七 单体字

单体字又称独体字,系指那些不能分解的字或可作偏旁部首的字。例如:人、口、刀、手、牛、羊、五、月,等等。单体字一般较易认记,对西方国家学生不是难点。

八 合体字

合体字系指那些能够分解的字,一般由两个或两个以上的单体字合成或由偏旁加单体字合成。例如:好、学、汉、语、你、唱、磊、森,等等。合体字比单体字结构复杂,在对西方国家学生讲解时要加大训练力度。

  合体字的偏旁部位 合体字有个偏旁部位的问题,其偏旁各有固定的位置,主要可分为:(1)左右结构,例如:休、刚、部、娘,(2)左中右结构,例如:辨、辫、树、储,(3)上下结构,例如:字、思、垄、吉,(4)上中下结构,例如:京、冥、黄、冀,(5)半包围结构,例如:医、迷、闻、句,(6)全包围结构,例如:四、回、国、固。

  上述六种结构中,以(1)为最常见,(3)、(5)也较常见。已有数据证明,"左右结构在常用字里占近七成,次常用字里占近五成。"[①]在汉字教学中,这一部分内容无论对于"汉字文化圈"国家学生还是对于西方国家学生都是饶有兴味的。

九 形素

  形素是汉字的基础构形元素,是能够体现汉字构造的最小单位。例如:人(亻)、木、口、水(氵)、手(扌)、心(忄)、艹、阝……,等等。

十 分解

  分解系指根据汉字的结构对汉字的形素按照其部位进行拆分。它大致上可分为双重分解和三重分解两种;前者如"思、功、岩、知"等等;后者如"冀、磊、解、坐"等等。分解是对汉字偏旁、部首的形象图解,可对汉语高级班以上的西方国家学生讲授。

  双重分解系指汉字的形素可以拆分成两个基本部分。例

---

  ① 石定果《汉字研究与对外汉语教学》,载于《语言教学与研究》1997年第1期。

如:思。

思 —— 田
　　 心

有的双重部分还可进一步分解。例如:怒。

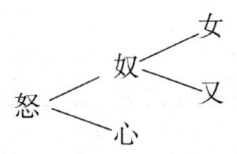

怒 —— 奴 —— 女
　　　　　　又
　　　 心

三重分解系指汉字的形素可以拆分成三个基本部分。例如:冀。

冀 —— 北
　　 田
　　 共

极少数三重部分还可进一步分解,但只偶尔出现于繁体字中,故对西方国家学生可以省略不讲。

十一　组合

组合系指根据汉字的结构对汉字的形素进行拼合。拼合的过程就是组字的过程,它实际上是分解的逆过程。例如:思、冀:

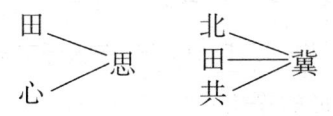

田 ——
心　 思

北 ——
田 —— 冀
共

与分解法相比,组合法是一种更高层次的图形演示,它通过逐层拼合不仅能够体现汉字的构形及其寓意,而且从符号功能上再现了汉字的造字过程。这部分内容比较适合汉语水平较高的西方国家学生。

以形素为元件对汉字进行分解和组合是对外汉字教学理论框架的基点。将分解和组合二者结合起来讲授原则上只适宜于针对西方国家学汉语的高年级本科生和研究生。

十二 扩展

扩展系指利用汉字的偏旁、部首认读合体字的过程。以"目"为例：

"目"之本义：眼、睛

"目"之构造：睦、眶

"目"之相关部位：眉

"目"之疾病：盲、瞎、瞽、眇、矇、瞖

"目"之动作：盯、相、眄、看、盼、眨、睁、睬、瞧、睹、瞄、瞪、瞟、瞭、瞻、瞋、瞠、瞅、睆、瞥、睃

"目"之状态：眩、眠、睡、瞑

扩展法是学习汉字增加字数的有效方法，可以根据西方国家学生的汉语程度灵活采用；程度愈高，扩展可以愈充分。

十三 联想

联想系指认读合体字时根据个体汉字的字形想起或悟到该字的构意。例如，"眉、盯、眨、眠、瞭、盹、睡、盼"等字不仅有拟声功能，而且还有象形的作用。

联想法需要学生有较强的形象思维和抽象思维的能力，故一般只宜对西方国家汉语专业高年级本科生或研究生讲授。

十四 汉外对比

汉语使用方块字,欧美大多数国家都使用拉丁字母,彼此之间有着若干对应关系,但也有无法替代的特殊表现手法。早期汉字是从图腾发展成象形文字的。汉语修辞中的析字都与象形文字的结构和形状有关。拉丁字母表虽然只有26个字母,但这些字母也能使人想起远古的图腾来。这样,"方块字和拼音文字这两种截然不同的文字在日常生活和语言交流中居然能够找到其有趣的对应关系"。① 了解它们的实质内涵及其种种变化,对于对外汉字教学具有毋庸置疑的实际使用价值和研究价值。请看下面的几组例子。

(1)中西有对应关系的:

汉字	拉丁字母
之	S,Z
弓	D
丁(字尺(街))	T
十(字街头)	X
工(字楼)	H
丫(树杈,弹弓)	Y
山……(国际视力表)	E
人	I,K
口	O

---

① 田惠刚《对外汉语教学中的东西方文化背景》,载于《外语教学》1993年第2期。

尖   A

(2) 中有西无的：

八（八字步，洞开的衙门）、井、田、回、林、森、磊、目、日、月、川、火、鸟、瓜、牛、羊、鹿、马、鱼，等等。

(3) 西有中无的：

C，G，L——表示"钩"和"锚"

V——表示环形路线

N——表示急转弯

P，B——表示旗帜

M，W——表示仪器波纹起伏

Q——表示蝌蚪

十五　教材　字典

国内对外汉字教学目前采用的教材没有一种编得比较适合西方国家学生的。有的教材看似遵循了循序渐进的原则（例如先教笔画等），其实效果并不很好。原因在于它们没有针对西方国家学生的特点，也没有迎合西方国家学生的心理。在汉字教材中不如先安排一些单体字和简单的合体字的内容，让学生先建立对于汉字的轮廓印象，提高其兴趣，然后再从教过的汉字中归纳、概括出笔画、笔顺等项内容来，这样更符合汉字教学的规律，也更具有理论性。

目前也缺少一本适应对外汉字教学的汉字综合词典。这本词典无论在选字、释义、解词、举例等方面都应区别于《现代汉语词典》，应具备科学性、实用性的特点。如果能够出版分别用英、法、俄、日、朝五种文字注释的字典或词典，则更为理想。

十六　教师

对外汉语教师应具备比较全面的知识结构。除了应具备现代汉语、语言学、外语等方面的知识，还应具备一定的古代汉语知识。对于教汉字的教师而言，还应具备一些训诂学的知识。只有这样才能真正适应日益繁难的对外汉语教学工作的需要。笔者曾经发现有的教师在教学中或著文中有这样那样的知识性甚至常识性错误。例如，对"好"字竟有多种阐释，有人释为"女子"；古人结婚不易，故认为女子为"好"，甚至举出"窈窕淑女，君子好逑"的古句来加以佐证，闹了一个大笑话。又如，对于"江"、"河"、"男"、"高"等这些最简单、最常用的汉字的字源和原义都解释错了，很不应该。有的字本来只需自己勤快一点，查一下词典就能了然；有的字如果平时多看些书多积累一些知识也能解决。然而，有的人就是不愿下苦功夫，花大气力，总是满足于似懂非懂和一知半解，结果难免捉襟见肘，苦于应付，也就难免信口开河，误人子弟。这一现象应当从根本上得到扭转。

十七　教学和科研

"汉语作为母语教学和汉语作为外语教学最大的区别之一在于汉字教学，但两者在教学内容和方法上至今尚未分开。"[①]

[①] 柯彼德《关于汉字教学的一些新设想》，《第四届国际汉语教学讨论会论文选》，北京语言学院出版社，1995年。

非但如此,对外汉字教学与中国中、小学汉字教学的异同至今也尚未有明确的区分;而对外汉字教学针对不同学习对象因材、因人、因时、因地施教的工作也尚未充分展开;汉字教学中还存在着随意性大的弊病;所有这些都是我们必须重视的地方。对外汉字教学从宏观上要注重理论性和系统性,从微观上则要注重知识性和趣味性。汉字教学与词汇教学有很密切的关系。在对西方国家学生的汉字教学中,如何正确处理"字教学"和"词教学"之间的关系,是今后汉字教学的一个重要课题。

汉字教学与汉字研究是水涨船高的关系,前者是基础,后者是指导。汉字研究更要注重理论性和系统性。不要孤立地研究汉字,应从历时和共时两个角度加强对汉字的研究。过去的汉字研究多停留在微观研究和个体字词研究的层面上;从整体上、宏观上把握汉字系统并论之有据、言之成理的著述尚不多见。这些都是今后亟待提高之处。

小结

对西方国家学生的汉字教学是一个不容忽视和回避的重要课题,它的难度明显大于对"汉字文化圈"国家学生的汉字教学。有关西方国家学生汉字教学的诸多理论问题如能解决得好,必将对下一世纪中国的对外汉语教学起到有力的推动和促进作用,对于开拓21世纪对外汉语教学的新天地无疑也具有重要的意义。

贰 波兰学生汉字教学的分析和思考[①]

汉字历来是以拼音文字为母语文字的学生学习汉语的难点所在。不少汉语已说得相当流利的学生,一遇中文报,就"知难而退"了。走在北京的街头,"斗大的字不识几个",倒把"东直门大街"念成"dōng zhén mén dà jiē"。会说不会写,又读不全,显然不能算是把汉语学到手了。充其量只算个文盲或半文盲。但这却是大多数印欧语言为母语的学生的现状。也是令教师们挠头的问题。

问题的关键在哪儿?是教的手段不够齐全,还是学生们真的缺少汉字这根"筋"?还是没有找到欧美学生汉字习得的症结所在,未能"对症下药"?……带着这些疑问,笔者对几组不同的教学对象进行了考察,希望通过调查与分析对以印欧语言为母语学生的汉字习得有进一步的认识。

本文的主要考察对象是波兰亚当·密茨凯维奇大学(Adam Mickiewicz University,Poland 简称"密大")东方研究院汉语专业的学生。在讨论中再引入一组有关美国学生的数据作为参照。波语和英语同属印欧语系,但又分属斯拉夫语族与日耳曼语族[②],以这两种语言为母语的学生的汉字习得问题在以印欧语为母语的学生中应该是具有一定代表性的。

[①] 本文以"波兰学生暨欧美学生汉字习得的考察、分析和思考"为题发表在《第六届国际汉语教学讨论会论文选》,北京大学出版社 2000 年,作者朱志平,与波兰教师哈丽娜合写。

[②] 高名凯、石安石《语言学概论》,商务印书馆 1962 年版。

一般说来,汉字习得与否表现在两个方面:认读与书写。由于认读有一定的时限性,问题常随着语音的流逝而消失,不易采集形成数据供分析研究,我们拟将考察重点放在书写方面,但在讨论中将引入认读问题及其散例,以使考察相对全面。

学习汉字,除了自习,总与教有关系。所以,教学手段首先对习得产生影响。不同的教学手段,对习得产生的影响有何不同,这是本文要讨论的第一个问题。

一

"密大"是波兰西部最大的综合性大学,它所属东方研究院(The Chair of Oriental and Baltic Studies)的汉语专业成立于1990年。该专业每两年招生一次。1996—1997学年,我们对在校的一年级和三年级学生汉字习得情况分别进行了调查。① 下面先来介绍一年级的情况。

从课程安排的教学要求看,一年级设有主干课——精读,语法教学为其核心内容。围绕精读课的语音、汉字、口语等是在精读课的词汇基础上进行的。期末进行综合统考。通过该考试,一年级学生才有可能成为该专业的正式学生。这种学习内容相对限定在一定范围内并有确定学习目标的教学模式,我们称之为"封闭式"。

封闭式的教学设置要求学生全面掌握课程教授的语言知识,由于考试作为一种近期目标和压力的存在,迫使学生

---

① 两年招生一次,与一年级同时在校的还有三年级和五年级。五年级情况较复杂,未列入考察范围。

要努力在语言技能方面达到相当的熟练程度。"密大"一年级的文字课也是根据这个原则进行教学的。凡是精读课词汇所涉及的汉字都要求学生能认、能读、能写,并能书写无误。

在每周两学时的文字课中,"密大"一年级学生所受的训练归纳起来有下述几个方面:(1)笔画、笔顺和笔数等基本概念的建立。从笔画开始,要求学生懂得"横、竖、撇、点、捺"这些基本笔画是组成每一个汉字的最基本的"零件",每一笔,每一画怎么写都有严格的规定并相互严格区别。其次是笔顺,让学生明白,每个字的若干笔画有严格的先后顺序,不是杂乱无章的堆砌。随着认字数量的增加,学生还要建立笔数的概念,以确保认读和书写的正确,同时为学习查中文字典打基础。(2)基本技能的训练。每周两学时的文字课主要用于认读和书写的实践,以及与之相关的课堂训练。(3)汉字结构关系的认识。这类训练的主要内容是字形分析,通过对传统"六书"理论的简要介绍把学生带入形声字的天地。形声字在整个汉字系统中占90%以上,了解形声字将加快学生掌握汉字的速度。学生要在认识形声字的同时熟悉偏旁部首,认识汉字的结构关系。直接的使用目的则是中文工具书的使用。

在一年级为期30周的课程中,"精读"和"文字"是两门直接关系到汉字读写的课程,"精读"每周6学时(45分钟/学时),"文字"每周两学时,合计总学习时间为180小时,读和写的比例为3∶1。这30周内学生习字总量约为900字。从学生的各类作业中,我们搜集到错字30例左右,出错率为

3%。

为了测知上述教学手段对"密大"一年级学生汉字习得的影响,我们使之与另一组美国学生相比较。① 这组美国学生不以汉语为专业,仅把汉语作为一门外语课来学习,但由于他们所处的下述条件与"密大"一年级相同或相近,故引为参照:(1)教学设置也是封闭式的。在完成汉语课时总量为 270 小时(其中读写总时 216 小时)的课程学习后,通过考试可取得以资大学毕业的外语学分。(2)在每周的课程中,汉字读写的比例也约为3:1。每周 5 次课,有 3 次用来学习语法和课文,与读有关;一次用于汉字练习。读写时间合计为 216 小时,与"密大"一年级相近。(3)在这段时间里,学生的习字总量约为 1000 字,亦与"密大"学生相近。

在每周 50 分钟的文字课里,这组美国学生要接受下列内容的训练:(1)反复书写本周课文所出现的生字;(2)进行一次与本周生字有关的汉字测验;(3)提交一份汉字作业,要求每个生字至少写 10—15 遍。

在这组美国学生的各类作业中,我们搜集到错字 130 例,出错率为 13%。设波兰一年级学生为 A 组,美国学生为 B 组,我们现在把这两组学生的有关情况及数据列入下面的表格:

---

① 材料取自美国威廉·玛丽大学(The College of William and Mary)的学生。这组学生把汉语作为一门外语来学习,课程安排是:每天 50 分钟,每周 5 天,64 周完成《实用汉语课本》第一、二册(包括汉字 986 个)。通过考试学生可取得以资大学毕业的外语学分。严格地说,把专业与非专业学生放在一起比较是不公平的。本文的重点在测知教学手段的影响,而不在评判学生的成绩。

表 1

	A	B
1. 教学模式	封闭式	封闭式
2. 读写总时	180 小时	216 小时
3. 读写比例	3∶1	3∶1
4. 习字量	900 字	1000 字
5. 出错率	3％	13％
6. 训练方法	基本概念的掌握 基本技能的掌握 汉字结构的认识	基本技能的掌握

上表所显示的情况表明，A、B 两组学生情况在所列出的六项参数中，前四项是相同或相近的。在这个前提下，第五项也应当是相同或相近的。但出乎我们意料的是，这一项却大相径庭。其原因我们可以首先在第六项——训练方法中寻找。已如前述，B 组学生在日常文字课中受到过"反复读写生字"、"生字测验"和"汉字书写作业"等训练。究其实，这些训练均属于"基本技能的训练"，即汉字认读、书写的实践活动。这只是 A 组学生三个方面训练（基本概念、基本技能、汉字结构分析）中的一个方面。与 A 组相比，B 组显然缺少另外两个方面的训练。

诚然，在 A、B 两组之间除了上面已经列出的具有可比性的参数以外，还有许多因素是不可比的。比如：专业与非专业的差别。A 组学生在除去每日必修的读写课程以外，还有听说课程辅之以汉语语境，加强了语感的培养，以及相关的文化课程吸引学生对所学语言产生兴趣。而 B 组学生在每日的汉语课程以后，便奔波于与之毫不相干的其他课程之间，所学语言知识容易随着注意力的转移而散失等等。但我们从以上的对比中至少看到了一点,那就是教学手段对汉字习得有明显影响。A、B两组学生在出错率上的差异,清楚地说明了这一点。我们同时也看到,基本概念与汉字结构分析这两项训练,是减少出错,增加习得效率的很有效的方法。

二

那么,是不是只要一年级文字课中包括了上述三项训练就可以一劳永逸了呢?这是本文所要讨论的第二个问题。前面考察A、B两组教学对象处于同一个学习水平。也就是说,他们都是从零这个起点开始学习汉字的。它们之间的对比是一个横向的对比。在这个对比中我们考察了处在同一水平、类似教学模式下教学手段的差异对汉字习得的影响。下面,我们将使接受过同样训练的波兰密茨凯维奇大学汉语专业三年级学生与一年级学生作一个纵向的对比,以考察汉字训练手段的时效性问题。

三年级与一年级不在同一水平,但它是一年级学习阶段的延伸,三年级学生在一年级阶段受过同样的训练。与一年级不同的是,三年级没有专门的文字课。在课程安排方面,三年级不设主干课,涉及汉字读写的阅读、写作、古代汉语等课程分别由任课教师自行安排内容,期末分科考核。我们把这种教学模式称之为"开放式"。与"封闭式"相比,其学习内容不是限定在某个范围,也没有近期的确定目标成为学习的外界压力。学生所接触的汉字范围边沿是不明确的。也就是说,学生在各门课程中碰到多少新字,哪些新字,以及对这些新字的认读和书写达到什么程度等等,没有一个手段来考察测定。显然,汉字的认读和书写在这段时期处于放任的状态下。①

为了考察这种状态下的汉字习得,我们从用字的角度对学生的作文进行了调查。在搜集到的30篇作文中,所用汉字计1 200个左右,其中错别字有150例左右,出错率13%。若把写作课作为与写有关的课,阅读、古汉语等作为与读有关的课,则读写比例为4:1。设三年级为C组,那么一、三年级学生的有关情况和数据可列如下表:

表2

	A	C
1. 教学模式	封闭式	开放式
2. 文字课	有	无
3. 读写比例	3:1	4:1
4. 用字量	900	1200
5. 出错率	3%	13%

这张表格清楚地显示,C组的出错率是A组的四倍以上!由于C组学生处在"开放"的教学设置条件下,我们无法测知这批学生的习字量,但从读写比例可以肯定,学生这段时间所接触到的汉字,即他们在各门课程中学习的新词所包含的汉字量,远远大于他们在作文书写中所用汉字的数量。如果把学生作文以外的其他作业也全部纳入考察范围,出错率有可能比表2里所显示的还要高。

由于本文没有测定学生汉字认读的情况,尚不知学生认字与写字的比例,但从C组读写比例大于A组这一点来看,可以明确的是,仅靠读,无助于减少写字出错,也就是说,读的训练不

---

① 这种情况始于二年级,文字课只在一年级开设。

能代替写的训练。

如果对比表1和表2,我们很容易发现B组和C组的出错率是一样的。在本文A、B两组的对比中,我们已经得到的结论是:教学手段对汉字习得有明显影响。B组由于缺少A组所受到的三项训练(基本概念、基本技能、汉字结构分析)中的两项(基本概念、汉字结构分析),其出错率大大高于A组,是A组的四倍。无独有偶,现在我们又看到,C组的出错率也是A组的四倍。所不同的是,C组事实上是A组阶段的延伸。也就是说,C组学生经历了与A组完全相同的训练并创造过与A组同样辉煌的习字成绩——出错率仅3%。但时隔两年,C组学生的出错率便直线上升,与缺乏两项训练的B组完全相同。这个事实告诉我们:在一定时期内教学手段的有效使用也不是一劳永逸的。

更值得注意的是,C组与B组既同也不同,二者的出错率是相同的,但学习的背景条件和目标不一样。B组仅把汉语作为一门外语课程来学习,而C组是汉语专业的学生;B组处在"封闭式"的教学模式下,C组的教学模式是"开放"的。由此,我们也看到,教学模式对语言学习的强化作用要有相应的教学手段作保证。一般说来,"封闭式"教学由于有近期目标作为外界的学习压力而较之"开放式"更具"强化"作用。[①] 但B、C两组出错率相同这个结果给我们的启示是,相应的教学手段对"封闭式"教学的强化作用显得相当关键。这一点将在其他文章中再

[①] 朱志平《目的语环境中的强化教学一例》,载《语言教学与研究》1996年第3期。

讨论。

那么,A 组阶段的成果是不是"前功尽弃"了呢?这个问题的答案仅从出错率的统计是得不到的,需要对 B、C 两组学生的情况分别作具体的分析。

三

我们对 B、C 两组学生的错字进行了逐个的分析。从分析的结果看,这些错字可以从字体"成形"与否初步分成两类。一类是由于缺笔、增笔或笔画及部件错位、错用而出错。这些字不存在于汉字系统中,可以说其字体不成形。另一类则是由于字形相近或字音相近而产生的混淆,把某字错写成另一字。因形近而出错的,如:矛—予、路—跟、夏—复、胜—性等等;因音近而出错的,如:每—没、见—间、管—关、响—向。在因形或因音方面其错误产生的根源有交叉,比如:级—极、供—共等,既可以分析为因形而出错,也可以分析为因音而错。第二类错误与中国人写"白字"类似,但有所不同,写"白字"多半产生在同音字或偏旁部首相近的字之间。B、C 两组的第二类错误,在因音而错的字中,除同音字外,还包括大量同音不同调的字。比如:愿—源、关—管,等。这与欧美学生四声学习障碍对汉字习得的影响有关。在因形而错的方面,除了偏旁部首的错误以外,也表现在笔画的偏差上。如:头—兴、人—入。B、C 两组学生包括 A 组学生在出错类型上是一致的,这种"误区"的一致性说明波兰学生和美国学生在汉字习得上的共同问题:对汉字笔画和基本部件的掌握与对汉语四声的掌握同时影响汉字习得。

在分析 B、C 两组的这两类错误时,我们注意到,两个组的这两类错误在各自的错字中所占的比例是不一样的。B组第一类错字一共85例,占错字总数的65%;C组第一类错字共72例,占错字总数的48%。C组第一类错字的比例低于B组。已如前述,这类错误是由于缺笔、增笔或笔画及部件的错位、错用而产生的。从这些错字可以看出,学生对汉字笔画和部件等这些汉字结构基本单元还比较生疏。

第二类错字虽与中国人写"白字"的问题有偏差,但它们仍不失为汉字——只是用错了地方。这说明学生掌握了一批汉字的基本结构,对字形较熟悉,但是对字义或字音还不够熟悉,导致使用时不同字之间的混淆。C组的第一类错误比例低于B组,就至少说明,C组学生对所学汉字掌握的熟练程度高于B组。

认知心理学对汉字识别的研究结果表明,"笔画是识别所有汉字的一个基本单元",而且"部件也是识别所有汉字的一个基本单元。与笔画的特征分析相比,部件分析发生在一个较高的层次上"。[1] 由于C组在一年级阶段对汉字结构中基本识别单元——笔画进行了较为系统的学习,对与笔画相关的其他基本概念,如:笔顺、笔数,有一定程度的了解,并且在汉字结构分析的训练中对以笔画为基本组成部分的中间层次——部件(包括偏旁部首)亦有所认识,致使他们在中断文字课两年之后仍能较少写出第一类错字。这表明,A组阶段的教学手段并不是前功尽弃,它对学生汉字习得的积极影响依然存在。

A、B两组以及B、C两组之间,都是"横向对比",它向我们

---

[1] 彭聃龄《汉语认知研究》,山东教育出版社1997年版。

展开了:在相同或相近的条件下,适用的教学手段对汉字习得有明显的积极影响。因而,在汉字教学中采用有效的教学手段就能起到事半功倍的效果。A、C两组之间,则是"纵向对比",对比的结果使我们认识到,有效的教学手段不是一劳永逸的。事实说明,随着时间的推移,有效手段的积极影响在逐渐淡化。汉字习得是一个长期的过程,在学校条件下,应当有足够长时间的延续课程维护习得的成果并加强新字的学习。

四

那么,以拼音文字为母语文字的学生汉字习得的过程至少应该有多长呢?如果用中国学生汉字习得的时间来衡量,我们首先得知道二者在习得方面是不是相同,差异何在。这是本文要讨论的第四个问题,也是我们作上述调查时自始至终都在思考的问题。

在本文的第一部分里,我们已经得知,基本概念、基本技能和汉字结构分析,这三项训练是汉字教学中提高汉字习得效率,减少出错的有效手段,这三项训练似乎缺一不可。B组学生由于缺少三项中的另外两项,其出错率大大高于A组。如果我们回过头来考察一下中国学生在初习汉字时所受的训练,我们不难发现,A组学生所受到的上述三个方面的训练几乎均用于对中国小学生的习字教学中。中国小学生的语文课程,除了词语、篇章等的学习之外,最重要的一个内容就是习字。从笔画开始学起,笔画、笔顺、笔数等概念的训练在小学一年级到四年级这段时间始终受到相当的重视。也就是说,中国小学生随着习字量的不断增加,至少要用四年以上的时间进行这方面的训练。这段时间是A组学生训练时间的四倍。对汉字结构的分析、偏旁部首的认识,中国学生也是随着字典的学习使用,从小学二年级就开始了。那么,认读和书写的实践则是贯穿每个非文盲中国人一生的活动。

从汉字正字法的角度来要求,上述三项训练正是每个中国人在获得汉字正字法知识过程中不可缺少的训练。"汉字的正字法知识是人们加工汉字时必须依赖的一种语言知识。"①认知心理学认为,在汉字识别中有两种加工,一种是数据驱动加工(data-driven processing),一种是概念驱动加工(concept-driven processing)。"前者依赖于由感官直接输入的信息","后者依赖于人脑已经储存的信息。"②后者正是人们通过长期的学习实践形成于头脑中的正字法知识,它的形成则有赖于这三项训练。对正字法越熟悉,错字的产生率就越低。有实验证明,中国小学生在三年级时已掌握正字法,六年级达到熟练水平,这种水平一直持续到大学阶段,不会有更大的变化。③也就是说,运用上述训练,经过至少三年的汉字学习可以掌握正字法,经过六年的学习之后,汉字习得的成果就可以保持相当长的时间了。

A组学生由于接受了培养正字法的三项训练,其汉字习得优于B组。C组学生由于中断了培养正字法的训练,其汉字习得水平开始下降(出错率上升)。事实证明,以拼音文字为母语文字的学生同样需要汉字正字法,同样可以通过三项基本训练掌握正字法。从这个角度看,欧美学生的汉字习得过程与中国学生是基本相同的。就C组学生而言,很显然,他们的训练时

---

①②③ 彭聃龄《汉语认知研究》,山东教育出版社1997年版。

间不够长,仅是中国小学生掌握正字法时间的三分之一。学生尚未掌握正字法。对 B、C 组的对比分析让我们进一步看到,正字法的知识同样可以与中国人相同的方式储存于以拼音文字为母语文字的学生的"心理词典"(mental lexion)中。也就是说,欧美学生具有与中国人相同的汉字习得潜能。从乔姆斯基(Noam Jomsky)"普遍语法"(universal grammar)的观点来看,"人天生具有某种心理机制,这种机制使人能够在特定的语言环境中获得特定的语言知识",①以上的考察与分析也从一个侧面证实了这一观点。

然而,欧美学生与中国学生汉字习得的差异也同样明显。与中国学生相比,欧美学生在开始学习汉语时已经不是儿童,而是成人;不是初步掌握母语,开始习其读写,而是已经熟练掌握母语及母语文字正字法。因而,前者是学习母语文字,后者是学习第二语言文字;前者是"先语后文",后者多半是"语文并进"。从后者"创造"的若干错字中不难发现这种差异。

分析欧美学生的第一类错字,我们会了解到,这种错很少出现在中国学生的错字中。中国学生面对这些"怪字"不知为何物。显然,这些字在中国人的心理词典中没有与之相应的词条,当然也就不可能被"激活达到阈限所要求的水平"②,不可能被中国人认知。

有趣的是,当笔者把这些"字"单独地出示给"创造"这些"怪字"的欧美学生时,他们本人或同一班级的其他人却往往能很快

---

① 朱志平《乔姆斯基谈语言学对心理研究的贡献》,《北京师范大学学报》1990 年增刊。

② 张必隐《阅读心理学》,北京师范大学出版社 1997 年版。

地辨识这些"字",指出"字"音、"字"义,有时也能指出错误所在。从这项实验可以看出,欧美学生习字时有可能是把它与正字作为同一个字储存入心理词典的。如果把对这个现象的分析推而广之,我们会进一步发现,欧美学生第二类错字中因形而错的一类与上面讨论的现象有实质上的相同之处。如"坏"与"环"、"买"与"实"、"到"与"致"等的混淆,可能也是由于学生在习字时把上述每一对字作为"异体字"而储存在同一个心理词典的词条下而造成的。

心理实验的结果表明,"在注意超载或受干扰的条件下,存在着由于汉字的笔画或部件交换而产生的错觉结合现象"。①比如,"核"与"村"有可能因错觉结合成"材"。我们认为,欧美学生汉字书写的错误实际上也是这种"错觉结合"的另一表现。这种"错觉结合"是由于母语文字背景干扰和汉字正字法尚未充分掌握双重障碍造成的。

由于大部分欧美学生习字时是"语文并进",即,他们在开始学习汉语的同时开始学习汉字。基于对母语中"词"的认识,学生往往是把汉语的双字词作为一个整体接受下来,形成对双音词的混淆。比如,在学习"身体"这个词的时候,学生接触到"shenti"这个音,看到该词的书写形式"身体",也会很自然地将其翻译成母语(比如英语"body"),但并没有更进一步地分别认识"身"与"体"这两个字本身的意义,之后便有可能把"身"或"体"作为"shenti"这个词书写形式的"部件"之一而存入记忆。以后学生碰到"体育"这个词,就会根据"身体"和"体育"都包含

---

① 彭聃龄《汉语认知研究》,山东教育出版社 1997 年版。

"体"这种"形似",而将记忆中的"shenti"误读出来。把"体育"读成"shenti"。这样的例子在学生日常的阅读中举不胜举。再如,把"明白"读成"白天",把"意义"读成"同意"等,这时,错读的还是存在于汉语中的词。又如,把"绿色"读成"绿颜"(与"颜色"相混),把"农村"读成"民村"(与"农民"相混),错读的就不再是存在于汉语中的词了。

这种情况可以说是另一种"错觉结合"。这是由于在母语文字形式和母语语言翻译的干扰下,学生学习汉语时把汉语的双字词作为单个词结构储存进相应的心理词典词条下,加之汉字正字法尚未掌握,双字词中的单个汉字与单字词的组成部件很难在学生记忆中区别开来。因而,在阅读时就有可能将有一字相同的另一双字词辨认为与母语相应的某一词。从而,产生了上述混淆。这种混淆实际上是书写中笔画或部件混淆问题在词层次上的延伸。

汉字是形、音、义的结合体。从这个角度看欧美学生的两类错字和双字词的混淆,不难看出,第一类错字的问题在于没有掌握字形,第二类错字的问题在于字形本身或字形与字音的混淆,因为尚未准确掌握字义。双字词的混淆同样也是未掌握字义而产生的。可见,单字字义的学习不够是学生产生错字的又一重要原因。说明在汉字习得过程中,字义的学习是个薄弱环节。应该在教学中注重形、音、义全方位的训练。

印欧诸语言在文字形式上的近似性(都是拼音文字,读音可帮助拼写)使印欧诸语言的使用者易于掌握母语以外其他语言的书写。这个背景无形中增加了以印欧语为母语学生学习汉字的难度,使他们更易产生"重语轻文"的倾向。这也是本文开头指出的,欧美学生"听说"优于"读写"这一现象产生的原因之一。

但从汉语本身的特点来看,现代汉语中双音词居多,这些双音词中合成词占多数。"大部分的双音合成词,特别是口语中的词,是在现代生活中由单音语素结合而成的,但这些双音词构词的语素也仍是古汉语单音词发展而来的。"[①]这些语素在一定程度上还保留着古代单音词词义,在此基础上合成双音词词义。而这些语素的书面形式就是单个的汉字。在另一方面,汉字中的合体字又是由独体字结合而成的。因此,学习汉字及掌握每个汉字的字形、字音与字义,对汉语习得,包括口语习得都将助益匪浅。

有统计表明,在131万个词的阅读材料中,出现一次以上的字只有4574个,也就是说,在掌握了四千多个汉字的形、音、义以后,就可以达到阅读一百多万词的材料的水平。心理学家也认为"中文可能是以字的形式储存于心理词典之中的"。[②] 显然,学好汉字,对全面掌握汉语是一条捷径。

本文的考察与分析表明,施之以有效的教学手段、保证足够长的有效训练时间,并在教学中注重汉字形、音、义的全方位训练,就有助于以拼音文字为母语文字的学生克服自身母语背景条件的干扰而习得汉字,并达到中国学生的习字水平。

---

① 王宁《训诂学与汉语双音词的结构和意义》,《语言教学与研究》1997年第4期。

② 张必隐《阅读心理学》,北京师范大学出版社1997年版。

第七章

汉字教学调查与实验

第一节 教学调查[①]

一 调查的缘起与宗旨

1997年6月,国家教委对外汉语教学领导小组办公室在湖北宜昌召开汉字与汉字教学研讨会,会上除达成必须进一步重视对外汉字教学的共识外,中心议题便是如何行动。为此,首先须对以往的汉字教学作一回顾。与会代表提议,在全国范围内有计划、有步骤地开展有关汉字教学的调查研究。我们正是受会议委托着手进行这项工作的。

据高彦德等《外国人学习与使用汉语情况调查研究报告》(北京语言学院出版社,1993年)统计,学习汉语的外国人中,以汉语教学或汉语研究为目的者比例十分有限,当前从事这类工作者仅占调查对象的3.2%,打算从事这类工作者占13.8%。因此,大部分外国学习者满足于一般性地会认读、记忆、书写汉字,基础阶段的汉字学习便成为他们了解汉字的主要的甚或唯一的途径。

[①] 本文以"关于对外汉字教学的调查报告"为题发表在《语言教学与研究》1998年第1期,作者石定果、万业馨。

我们认为,对汉字教学作调查的主要目的,应是掌握留学生在基础阶段的汉字学习过程、困难和需求,然而面临的矛盾是:处在这一阶段的学生虽有新鲜而真实的感受,却难以准确、清晰地表达,而中高级阶段的学生表达虽已无大障碍,其感受却系追忆,未必十分可靠,甚至可能用后续认识去代替初时的印象。

经反复考虑,我们决定先以北京语言文化大学的部分至少具有三年以上汉语学习经历的留学生为对象进行小型调查,以取得对基础阶段学生进行调查的参考依据。本次调查的对象包括研究生、进修生和本科高年级学生,鉴于他们在表达方面的有利条件,设计问卷时除安排选择题外,还安排了部分表述题,让他们各抒己见。问卷中也包括了对他们的自然情况的调查,如姓名、国别、母语、学习汉语的时间与地点等。本文由于篇幅所限,无法原文照录问卷,但核心问题将在下面分析有关结果时逐一复现。

为使调查具有一定的兼容度,发放问卷时尽可能做到选取不同背景(母语、所属国家和地区)的对象,但要以汉字不是其全社会通行文字的国家和地区(即所谓"非汉字圈")的学生为调查主体。

1997年6月底至7月上旬,我们完成了这次调查。此时正值期末,但仍然得到了留学生们的支持。问卷发出48份,回收35份,回收率达72.9%。接受调查者分别来自13个国家,其中研究生15人,进修生2人,其余为高年级学生,他们学习汉语的年限平均为5年,最长者达13年。

二 反馈的信息与分析

（一）分类和方法

为便于观察分析母语及文化背景对汉字学习的影响，我们将调查对象进行归类。"汉字圈国家"学生为 A 类；"非汉字圈国家"中，东南亚一带学生为 B 类，西亚和欧洲学生为 C 类。

A 类共 13 人（韩国 7 人，日本 6 人）；B 类共 14 人（泰国 8 人，印尼 2 人，缅甸 3 人，越南 1 人）；C 类共 8 人（叙利亚 1 人，俄罗斯 1 人，德国 1 人，法国 1 人，比利时 2 人，保加利亚 1 人，西班牙 1 人）。

问卷中选择题 5 道，表述题 4 道。我们拟对问卷反馈的信息采用不同方法加以整理说明：选择题答案可量化，故部分以数字和表格形式反映；表述题的答案都是主观叙说，难于量化，因而只能综合介绍。

选择题与表述题的答案分别汇总分析于下。

（二）选择题的统计与分析

首先对各题的每项答案进行比较，然后对三类学生情况进行比较（统计时用简略形式，只取肯定回答。后同）。

1. 你了解汉字的下列特点吗？

表 1

序号	选择题	A 类		B 类		C 类		总计	
		人数	百分比	人数	百分比	人数	百分比	人数	百分比
A	合体字占多数	11	85	13	93	8	100	32	91
B	形声字占 80％以上	7	54	8	57	6	75	21	60
C	形声字的结构	11	85	14	100	8	100	33	94
D	声旁判断	11	85	12	86	8	100	31	89
E	形旁判断	13	100	14	100	8	100	35	100

以上结果说明：

(1)绝大部分学生对汉字的基本结构与特征已有一定认识，尤以形声字形旁的判别率为高。

(2)学生对形声字在汉字总数中所占比例的了解最少，同时判断声旁的能力明显低于判断形旁的能力(有3名学生甚至指认例字"妈，骂，吗"中的"马"为形旁)，这显示学生对形旁的印象更深，而声旁判别的困难可能影响他们对形声字整体的确定。

2. 学汉字初期遇到什么困难？

表2

序号		选择题	A类		B类		C类		总计	
			人数	百分比	人数	百分比	人数	百分比	人数	百分比
A	读	见字不知音	8	62	13	93	6	75	27	77
B		同音字多	6	46	8	57	0	0	14	40
C		同一声旁的形声字读音不同	1	8	9	64	4	50	14	40
D		一字多音	8	62	10	71	2	25	20	57
A	写	写在格子里	4	31	4	29	1	13	9	26
B		结构复杂难落笔	1	8	9	64	3	38	13	37
C		笔顺	3	23	11	79	3	38	17	49
D		形似字	3	23	11	79	5	63	19	54
E		部件变形	1	8	7	50	2	25	10	29

以上结果说明：

"读"

(1)学生在读音方面的困难多于书写方面。

(2)"见字不知音"是最大的困难，其次是"一字多音"。母语使用拼音文字的学生习惯于将语音作为联系语词和文字的纽带，而汉字的表音方式使他们苦恼。有的学生还提出不知音影响查字典,反映出其使用工具书时习惯于音序检索方法。

(3)同一声旁的系列形声字读音有出入,常是推断语音时的难点,而留学生选择此项的却最少,究其原因,可能他们并未意识到字中含有声旁。

"写"

(1)A类学生中近半数未答(日本4人,韩国2人),或直接表示自己没有书写方面的困难。

(2)笔顺问题比较突出,可见笔顺教学尚未取得预期效果。

(3)形似字在书写时难度较大,不易区别。

3. 学汉字时使用过哪些方法?

表3

序号	选择题	A类		B类		C类		总计	
		人数	百分比	人数	百分比	人数	百分比	人数	百分比
A	用母语记音	1	8	3	21	0	0	4	11
B	利用声旁记音	7	54	10	71	5	63	22	60
C	用形旁义辨别形似的形旁	4	31	8	57	7	88	19	54
D	利用形旁推测词义	8	62	12	86	6	75	26	74

以上结果说明:

(1)用母语给汉字记音的人极少,其中1人并声明只是"在开始学习时",留学生们都能较快注意到汉语音系与母语音系并不严整对应,故不取此法,而且他们对于学习一种全新的外语早有思想准备。

(2)利用形旁推测词义的比例最高,利用形旁之义分辨形似形旁则位居第三,联系二(二)1.之E项对形旁识别类达100%的情况,可见形旁在帮助留学生掌握词义方面确有相当作用。

(3)利用声旁记音一项的选择率亦不低,留学生虽并未通晓形声字声旁的判别(参见二(二)1.之 D 项和二(二)2.之"读"的 D 项),但对于一些表音功能较强的常见声旁仍有所注意,且试图根据本人已储存的字音信息加以推导,温故知新。

4．个人主张哪种汉字教学程序？(A、B 两类各有 1 人未答)

表 4

序号	选择题	A类		B类		C类		总计	
		人数	百分比	人数	百分比	人数	百分比	人数	百分比
A	先偏旁,后组合整字	3	23	5	36	2	25	10	29
B	先整字,后归纳分析	9	69	8	57	6	75	23	66

以上结果说明:

留学生更倾向于从整字到偏旁的教法,从而获得对偏旁的具体认识。

5．个人主张哪种汉字教学内容？(A、B 两类各有 1 人未答)

表 5

序号	选择题	A类		B类		C类		总计	
		人数	百分比	人数	百分比	人数	百分比	人数	百分比
A	与语言教学同步(随课文识记有关汉字)	12	92	10	71	6	75	28	80
B	不与语言教学同步(另行设计汉字教材内容)	0	0	3	21	2	25	5	14

以上结果说明:

(1)留学生大都要求汉字教学与汉语教学相配合,即"听""说"和"读""写"的内容尽可能一致,一方面须集中精力,另一方面语言与文字的能力是有机的整体,不应割裂。留学生还提出学习汉字要"边念边写","脑子里出现的是音节,嘴里读,手写,眼睛看,这样容易记住。"联系前引各题答案所示他们对语音的重视,这样的学习体验当在情理之中。

(2)有的学生提出"半同步"主张,即在基本同步时,将一些高频但结构复杂、难写难认的字单独处理(如"谢"),或在教此类字时适当采用先偏旁后整字的方法。

6. 各类学生情况比较

从选择题的答案看,A类即韩、日两国学生习用汉字并不等于真正了解汉字,而且很可能因为习用,反而忽视对汉字的继续深入认识,在这方面缺乏动力和压力;C类则与此形成鲜明对照,在汉字学习中注意寻找内部规律,以期提高效率。

对"读"的方面的困难的选择,B类各项皆最高;C类全不以同音字多为难点(无一选择),而对一字多音以及同声旁形声字读音不同感觉较强,对见字不知音的反应最为强烈,说明他们在意的是文字符号的表音功能,希望文字符号与语音的联系是稳定的。对"写"的方面的困难的选择,B类各项亦最高,综合"读"的各项,说明B类学习时困难最大,原因待考;A类则表现出明显的优势,他们的主要问题在字音而不在字形;C类把形似字看做主要困难,说明他们对汉字的构形特点需要较长的适应过程。

学习汉字的方法的选择,A类各项均低,说明A类的汉字知识是笼统的,欠分析;B类在多项上的选择率均最高,说明他们对各种学习方法的积极态度;C类无人用母语记音,其余几项都高于A类,说明他们对汉字的表意特征比较敏感。

教学顺序的选择,A类和C类"先整字再归纳分析"及"文、语同步"的比例均高,原因却不尽相同,A类是在学习汉语之前已学过相当数量的汉字,C类则不习惯文字符号与语音脱节,也不习惯将与完整语音单位相对应的完整字形单位先行切分。

(三) 表述题的综合分析

1. 题一：你觉得汉字难不难？为什么？

本题调查留学生对汉字的基本看法，回答率为100%。

A类学生13人中，仅3人认为"汉字难"或"非常难"，占23%，其余10人表示"汉字并不难"或"不太难"，占77%。

B类学生和C类学生共22人，无一例外，全部认为"汉字很难"或"相当难"。不过，有2名C类学生说，经过学习，对汉字有所适应，"现在觉得还可以"，当然，这并不意味着汉字的实际难度降低了，详见后文。

持"汉字难"观点者，申说的理由可归结如下：

其一，文字体系的根本差异。他们的母语使用的是拼音文字，与汉字的形式及机制完全不同，因此他们很不习惯。如他们说："汉字跟字母之间的区别很大"，"学习者自己的母语在脑筋中用的地方不一样"。(凡引号内为学生自己的回答，未加改动。下同。)

其二，字符集庞大。拼音文字通常仅二三十个字符，而汉字数以万计，即便现代流通的高频字也达数千，令他们闻之生畏，感到难以穷尽掌握(如："汉字多，记忆力有限"；"要背大量的字才能读能写")。

其三，字音障碍。这里有多重问题。最普遍的困惑是汉字表音度相对而言较弱(如："汉字和读音无关"；"见到字读不出音")。另外，不止一人提出声调辨析很麻烦(如："要同时记住音和声调"；"不但要记写法，还要记声调")，声调作为音位的重要组成部分起区别意义作用，汉语的这一特质给他们以深刻的印象。又,韩、日两国学生或许会受本国汉字读音的干扰(如:"我的母语读音和汉语的读音不对应"),韩、日两国的汉字音读是古代汉语音系的反映,和今普通话音系自然有距离。

其四,字形困扰。一种是不明结构(如:"笔画多";"分不出该从哪笔开始";"经常写不齐";"形近字易混";"再加笔画,它的意思就会变")。一种是不明关系(如:"同义、近义的字";"同音、同形的也多")。

上述难点也是调查对象错别字高发区所在,请参见后文第六题答案综述。

持"汉字不难"观点的韩、日两国学生申说的理由是相同的:他们认知本族语言的文字系统时,就无法回避相当数量的汉字,长期的接触使他们对汉字没有陌生感与隔阂,在这一方面,他们具备相对优势(如:"韩国人对汉字还是比较熟悉的";"跟英语比较,因为汉字个个都有自己的意思,比较容易记住";"本来会用")。

前述 C 类的那两名在汉字学习上渐入佳境的学生谈及体会时则称:"学汉语的最初三个月可能是最难的,掌握了笔画和最基本的部首,了解了汉字的特点,会用了声旁,就容易了","慢慢地了解到一些规律,就觉得好学了……已经不太可怕"。此二人分别是欧洲籍的研究生和高级进修生,都通晓包括母语在内的 6 门语言,作为素质较好、能力较强、专业知识较多的非汉字圈国家出身者,他们不是像 A 类学生那样从习见惯用的经验出发来感知汉字,而是"旁观者清"地进行了理性的观察与思考。

总的说来,本题答案可依调查对象来自汉字圈国家与否而归类。汉字圈国家的学生多数认为汉字不难学,主要原因是在正式学习汉语专业前,他们已在母语教育中接受了汉字;非汉字圈国家的学生认为汉字难学,主要原因是汉字与其母语的文字有本质的不同。

2. 题二:你对汉字感兴趣吗？学汉字以前,你对汉字有哪些了解？现在呢？

本题调查留学生对汉字的基本态度和基本知识。除1名A类学生外,其余的人都作了回答。

A类回答本题的12人中,只有7人明确表示"对汉字感兴趣",占58%,另5人则无所谓(如:"对日本人来说不是感不感兴趣的问题";"一般,作为母语从小就学")。

B类和C类的22人中,有21人都说自己"对汉字很感兴趣"、"非常感兴趣",占95%,而且C类即欧洲学生比B类即东南亚学生的兴趣更浓厚(如C类回答:"就是因为崇拜中国的文化、文学和艺术而开始学汉语的";"我因为对汉字感兴趣开始学汉语"),汉字的独特造型与它象征的东方古老文明对西方人来说颇具新奇感和吸引力,这符合一般的求异求变心理。

联系第一题的答案,可看到这种反差:汉字圈国家学生普遍觉得汉字不难,却只有半数左右真正对汉字感兴趣;非汉字圈国家学生普遍觉得汉字难,却都对汉字感兴趣,甚至是汉字激发了他们中部分人学习汉语的欲望。

至于学习汉字之后有关汉字的了解是否深化了,A类与B、C两类学生的回答也有显著区别。

A类学生中仅1人称"现在可能学术方面的知识多了一些",其余诸人都觉得与此前相比进展不大(如:"以前和现在都没有很深的了解";"学汉语前跟以后没有什么变化";"没有系统的知识"),这正反映出在母语习得时已有一定汉字基础者容易满足于"知其然"的表象,有待于在"知其所以然"方面继续提高。

B、C两类的学生,100%都表示经过学习有长足进步,原来一些混沌的概念得以廓清,特别是不再把汉字看做一幅幅图形,而懂得它们是语言的书面符号(如:"学汉字以前,我认为汉字……是要画出来的,没有笔顺。现在知道了汉字的规律……这样就容易记忆","学汉字以前我以为汉字是一种艺术……现在学习汉字的速度越来越快";"学汉字以前只知道汉字很难写也很难记,现在我知道了汉字的一些特点";"以前我认为汉字是一种图画,直接表达意义而跟语言没有关系,学了一段时间我就知道了,大部分汉字是形声字……一个字的本义和它在某些多音节词里边的意义会差得很远";"以前我认为汉字没有逻辑性,只得背,但是现在学了形声字,觉得很有意思";"以前我只知道汉字可能描摹实物的形象,现在我知道汉字分为六种,其中大部分是形声字")。不过,极少数人的认识仍有误区(如:"构成汉字的每一部分都有意义";"以前觉得汉字像抽象画,现在觉得汉字是很具体的画";"以前我对汉字不了解,现在呢,汉字就是象形字")。

总的说来,本题答案也可依调查对象是否来自汉字圈国家而类归。汉字圈国家学生相当一部分对汉字并不感兴趣,而且基本上对汉字没有更多的新认识;非汉字圈国家学生则都对汉字有兴趣,经过学习,汉字知识较前有程度不等的增长。

3. 题六:你写过错别字吗?是哪些字?请举例。

本题调查留学生错别字情况,以探讨教学应强化哪些环节。

A、B、C 各类都有 3 人未答。

错别字的出现是正常现象。所有的回答者都肯定地说自己写过错别字。至于哪些字易错，他们回忆道："不常用的字"、"较难写的字"、"难以联想的字"、"形状相似的字"、"意义相近的字"、"读音一样的字"、"字和它的部件之间关系没有了解清楚的"、"和日语汉字差不多但有细小差异的字"等。从列举的例字看，错别字大致有如下几种类型（双箭头表示两字相混）。

（1）笔画增损：如将"慕"字下部多加一点，将"美"字少写一横。

（2）笔形失准：如将"谢"字中的部件"寸"写作"才"，将"切"中的部件"七"写作"土"。

（3）结构错位：如将"多"字的两个部件"夕"横向排列。

（4）形近混淆：司↔可　庆↔厌　鸟↔乌　看↔着
特别是意符同而声符形似的字如：绿↔缘　没↔沿
或者是声符同而意符形似的字如：辨↔辩　侍↔待

（5）音同混淆：常↔长　在↔再　作↔做　围↔维

（6）繁简误推：如将"积"的右部写作"责"，"运"的上部写作"军"。

（7）本国汉字写法影响（日本学生用日本标准字形替代汉字标准字形）：如将"隆"字和"德"字少写一横。

此外他们还提出：分不清"够"与"夠"，这是对异体字整理结果未详；又，分不清"骨"与"骨"，这是对新旧笔形对应未详。虽教材及当前规范的工具书上所载是正字，但他们翻阅旧有文献时会遇到旧字或旧笔形问题。

本题的答案各类学生无大出入。错别字多由不熟悉汉字结构规律或历史演变所致,也与一些汉字的用法交叉有关,同时,同音字是较严重的困扰。

4. 题九:哪些方法对你学习汉字有帮助?

本题调查留学生个人在汉字学习上行之有效的手段。

A类5人未答,B类5人未答,C类4人未答,合计14人未答,占总人数40%。本题是表述题中回答率最低的,因为需要调查对象总结自己的心得,如果停留在被动阶段,就无法顾及其他,或者,如果在母语教育中已有了汉字基础,就可能觉得目前无所谓特殊体验。这也许是未予回答的原因。

回答者仍占大多数(60%)。三类学生分析如下:

A类:"多看多写";"看电视,交中国朋友";"写作帮助,不容易忘记汉字,而且能够熟悉已经学过的词语";"对日本人……教他们简体字和日本人容易写错的字就可以了";"我一直把汉语中的汉字当外语的文字来记,从来没有把日语的读音和汉语的读音混在一起";"有些不会念的字,是因为还没有掌握那些词";"一些不好记的字,如能知其来源,演变过程,会有所帮助"……。

B类:"经常练习写汉字,学习书法";"大量阅读";"用汉语记日记";"经常看电视,听录音……跟能说汉语的人聊天";"结构特别复杂的字一定要多写几遍,按照形体相近的字来分别练习";"用其偏旁来巩固,帮助记忆"……。

C类:"介绍第一批汉字时也介绍基本的笔画和笔顺,第一个学期每个所学的字都写了50—70次,这样很快就习惯了笔画和笔顺";"用卡片复习,不怕看汉字,自己写";"了解汉字体系的规律";"重视声旁";"一开始就要了解它由哪些部分组成,一定要注意笔顺……会用声旁,练习、练习、练习"。

三类学生的方法有不少共性,如理解结构,分辨意义,反复读写。值得注意的是 C 类学生重视声旁的价值,感到字音是获取汉字形、义的必要通道,且对形声字是汉字主流有较清楚认识,联系到部分学生提出看电视(经询问,是边看画面边读中文字幕)、听录音(经询问,是边听边想象字形)、用汉语交流也有助于学汉字,我们想,汉字教学是应当也可以在一定阶段启动多媒体技术的,听说能力和读写能力的训练相辅相成,均衡发展。

三 结语

这次调查由于时间等条件的限制,范围较小,人数较少,问卷内容也有需改进之处。如调查对象覆盖面就地域和种族的分布而言不够广泛和均匀。选择题和表述题的设计还应更合理、更全面,以提高调查的信度等。我们当然不能仅据本次调查就制定对外汉字教学的对策,或得出有普遍意义的结论,但作为与教学对象的一次对话,我们从中可以受到启发,有些问题是发人深思的,我们不妨换个角度去观察和处理。

这次调查证实了汉字学习态度与母语及文化背景的关系,证实了汉字学习能力与汉语综合知识水平的关系,不过最值得注意的三点是:

第一,留学生对字音的高度重视超乎我们的想象。我们在教学中多强调形义关系,认为这是汉字的特殊性所在,也是难点重点,而习惯于使用拼音文字的留学生很自然地对汉字也要"因声求义"。今后我们应在汉字字音教学上加大力度,并找出有关规律。

第二，留学生多数希望采取先整字然后归纳分析的教学步骤，与我们惯常主张的由独体到合体、由部件到整字的程序相悖。学生需要获得对整字的形音义的完整概念，在此基础上再进行层次分析，理解其结构原理，或许他们感觉这样更为系统和清晰。

第三，留学生多数赞成汉字和汉语教学同步进行，以免增加负担，即随文识字，而不是各行其是，另搞一套脱离语言课实际的汉字教学内容。单独设立的汉字课也宜考虑与语言课的协调问题。

第二节 教学实验[①]

近年来，汉字教学这个对外汉语教学中的弱点和难点，越来越引起人们的关注。如何将汉字的表意功能和字理识字法应用到对外汉语教学中？能否在听说能力较低的非汉字文化圈学生中进行汉字教学？能否以汉字教学为核心，进行字、词、句、段的听说读写综合训练来提高汉语的口头和书面表达能力？这是人们关注的焦点。为了探索一条汉语教学的新路，摸索出一些汉字教学中行之有效的方法和规律，我于去年8月下旬到9月上旬进行了一次为期16天的教学实验，作了一次大胆尝试。学生一位是来华不到两个月的德国女生，一位是已学过三年汉语的

[①] 本文以"对外汉字教学实验报告"为题发表在《北京大学学报》（哲学社会科学版）1998年第3期，作者钱学烈。

澳大利亚男生。经过16天32个学时的教学实践,取得了令人惊喜的成果。我也从中得到许多启发,受到极大鼓舞。现将教学实验报告公布如下,就教于各位专家和同仁。

一 教学实验目的

通过教学实践,探索对非汉字文化圈的欧美学生进行以汉字教学为主的汉语教学的可能性及其方法和规律。

二 教学实验对象概况

A.姓名:萨比娜(Sabine)

性别:女

国籍:德国;种族:白种;出生年月:1968年3月

文化程度:大专毕业;职业:法律仲裁员

掌握语种:德语、英语、法语、希伯来语;来华时间:1997年7月

汉语水平:来华后学过两周口语听力和汉语拼音,听说有较大困难,主要靠翻译;

汉语拼音:熟练掌握;

汉字水平:零。

参加学习目的:希望向专业老师学习纯正发音、规范语法和标准书写,真正掌握标准、规范的汉语口语和书面语。

参加教学实践时间:16天,每天2小时,共32小时。

课余时间安排:未参加任何其他补习班,每天最多可用3—4小时复习。

第一次测试成绩:95分　40分钟完成。

第二次测试成绩:95分　65分钟完成。

B.姓名:戴维(Dawid Todelope)

性别:男

国籍:澳大利亚;种族:白种;出生年月:1976年2月

文化程度:大学毕业;职业:深圳特区报英文版校对

掌握语种:英语、学过几年法语;来华时间:1996年2月

汉语水平:在澳大利亚学过两年汉语,在深大学习一年汉语。听说自如,基本上没有困难。

汉语拼音:熟练掌握。

汉字水平:能大概看懂报纸大意,但每个字的读音、写法和用法不太明确,学过的忘了不少,很少用汉字写,认识的字比会写的字多。

参加学习目的:帮助恢复以前学过的汉字,并增加会写会认的字。参加教学实验时间只参加6次,每次2小时,共12小时。

课余时间安排:工作较忙,复习较少。但工作中常接触中文和汉字。

测试成绩:因工作和出差,两次均未参加。

三　主要教学内容

共讲授15课,每天一课,每课2小时,共30小时。最后一课是综合测试。共学习了276个汉字,633个词语和37个语法点。这些字词分布在《汉语水平词汇与汉字等级大纲》的甲、乙、丙、丁四个等级中,还有15个四字格成语和熟语是大纲中未收的。

现与大纲的四个等级字比较如表1。

表1

比例\项目\等级	汉字		词语	
	大纲字数	讲授字数	大纲词数	讲授词数
甲级	800	207	1033	267
乙级	804	50	2018	169
丙级	590＋11	11	2202	88
丁级	670＋30	8	3569	95
共计	2905	276	8822	618＋15

语法点37个,包括名量词12个,疑问代词5个,介词4个,趋向动词2个,助动词2个,时态助词2个,结构助词2个,副词3个,句末语气词3个,还有提问方式和比较句等。平均每次课讲授18—19个字,42个词语,2—3个语法点。

按照学习由浅入深,先易后难的原则,汉字的选择和编排是根据字的笔画数、字的理据性、构字能力和构词能力以及使用频率等几个因素综合考虑的。故开始学的这270多个字并非都是大纲中的甲级字。只要笔画简单,易写易认易记,分布在乙级、丙级以至丁级的字也可选择。如乙级的"巾、寸、木、田、王、灭"等独体字和"尖、姑、众、油、忆、厅"等合体字;丙级的"甲、乙、丁、兰"等独体字和"尘、孙、蚊、炉"等合体字;丁级的"川、禾、夕、瓜"等独体字和"叮、竿、汽、拌"等合体字。这些字由于形象鲜明,理据清楚,声符与字音一致,学起来简易轻松,印象深刻,效果显著。而甲级字中有不少笔画复杂、字理难解、难写难认的字,如:"矮、戴、赛、橘、脚、舞、嘴、赢、整"等,尽管在口语中出现频率较高,但却不适于在学汉字的初级阶段讲授。这些字一出现,就会把学生吓住,失去学习的兴趣和信心。

我基本上是按照 1988 年 1 月 26 日国家语委公布的《现代汉语 2500 常用字笔画顺序表》选字的,现将所选择讲授的字与该表对照如下:

表 2

比例项目等级	字表字数	讲授字数			讲授字数占字表百分比
		总数	独体字	合体字	
1—3 画	69	52	51	1	75%
4—5 画	242	125	78	47	51%
6—7 画	480	67	14	53	14%
8—9 画	626	29	2	27	4.6%
10 画	284	3	0	3	1%
11 画以上	799	0	0	0	0
共计	2500	276	145	131	11%

从表中可见,随着笔画的增加,所选汉字与字表中字数的比例是呈明显递减趋势的,即字的笔画越多,入选的字越少。而合体字与独体字的比例是逐步增加的。

四 教学方法及进度

汉字是语素音节文字,一个字基本上就是一个语素。很多自由语素都可以独立成词,也可以和其他语素组成一系列词和短语。因此在教学中,采取了以字带词语,以词语带句子,以句子带语法点的扩展式教学法。按照"听→看→写→读→说"的顺序,即听老师读字音、讲字意、讲字的理据→看老师写字形,注意笔画和笔顺→自己按笔顺写字形,边写边数笔画,反复练习→注出汉语拼音,反复读准字音。对于由字扩展的词语和句子,也采取先听懂,后听写,再读准的方法。最后用回答问题和造句等方式反复练习说话和应用。语法点就在讲解字意(包括词汇意义和语法意义)和组词造句的应用中讲明,不必专门提出来讲。如名量词"个"、疑问代词"几"、时态助词和句末语气词"了",等等。

汉字基本上是表意文字,有相当一部分字是有理据可以分析的。对于对汉字十分陌生而又有畏难情绪的初学者来说,讲清字形的理据尤其重要,这是他们打开汉字秘密的一把金钥匙。因此开头先选择三画以内的象形、指事字,如"人、刀、口、大、山、子、上、下、一、二、三、八、十"等,再选四画的象形字,如"日、月、水、火、木、门、马"等,画出象形字的图形和演变过程,让学生一开始就感到轻松愉快、兴趣盎然。在学了二三十个组字能力强的独体字之后,就可以学习由这些独体字部件组成的会意字和形声字,如"明、好、早、男、问、灯"等。这些字虽然笔画多些,但理据明确,结构巧妙,易写易记。掌握了三四十个字以后,就可以组成几十个词语和许多小句子。当学完第五课以后,那位德国学生就可以用准确但比较生硬的发音,自己回答简单的问题和造小句子了,而且几乎没有语法错误。至此,学生对于汉字学习的畏难情绪已基本消除了。

对于一些因隶变和简化而失去原来理据的字,安子介的《解开汉字之谜》[1]和杨洪清、朱新兰的《快速识字字典》[2]作了大胆新颖的解释,虽难免有不妥之处,但可以使无理据符号变成有理据符号,加深印象,加强记忆。其对汉字理据的大胆探索,对汉字教学的贡献,是功不可没的。只要不对字意造成误解,我都乐

---

[1] 安子介《解开汉字之谜》,香港瑞福有限公司出版。
[2] 杨洪清、朱新兰《快速识字字典》,江西古籍出版社1995年版。

于采纳,运用于教学中。实践证明,凡是理据形象生动的汉字,学生记忆特别清楚,从不写错,长期不忘。

由于从汉字入手,听写领先,所以学生可以做到凡是会说的句子都能自己写下来,凡是写下来的句子都能理解并读出来。个别没来得及学的常用字,如"我、是"等,可先用拼音代替,也并不影响语句的理解和表达。这样,通过学习汉字,增加了词汇量,不但提高了口语表达能力和阅读能力,也提高了书面表达能力。

现将16节课的内容及进度列表,见下页。

五 教学效果

由于采取了循序渐进、不断扩展的教学方法和认真设计的教材,加上学生的勤奋努力,半个月的教学效果相当显著。

(一) 两次测试成绩喜人

在讲完十二课之后和十五课全部结束之后,分别进行了两次笔试,试题的覆盖面相当大,第一次涉及100多字,第二次涉及200多字。题目类型也比较多,不仅有对字形、字音的比较与确认,还通过组词、搭配词组、阅读理解、回答问题和造句等题目,考查学生对字、词意义的理解和组词造句的能力及语法点的运用。

戴维因工作忙和出差,未能参加考试。萨比娜两次测试都参加了,第一次一小时的试题,她只用40分钟便完成了。第二次一个半小时的试题也只用65分钟。两次都取得了95分的好成绩。可喜的是她的搭配词组、阅读理解、回答问题和造句,几乎没有错误。这位开始听课还需要翻译、口语听说还相当困难的学生,仅仅经过30个小时的学习,不但掌握了260多个汉字和600多个词语,而且有了这样程度的阅读理解和书面表达能力。这是用交际功能教学法,在同样时间甚至更长时间内,也难以达到的。

表 3

	汉字			词语			语法点
	独体	合体	共计	词语	成语	共计	
第1课	①介绍汉字特点及规律,说明教学目的,填写学生情况调查表						
	②20	0	20	17		17	0
第2课	21	0	21	21	1	22	3个:几、个、了
第3课	18	4	22	26	1	27	1个:陈述句
第4课	13	9	22	29	3	32	3个:副词才、又、也
第5课		11	18	38	0	38	2个:只、时态助词了
第6课	9	7	16	35	0	35	3个:助动词会,动词有,比较句
第7课	6	14	20	38	0	38	3个:本、杯、吧
第8课	4	11	15	33	0	33	3个:吗、疑问句、量词头
第9课	5	11	16	48	2	50	5个:什么、为什么、干什么、可以、为……
第10课	7	13	20	49	1	50	6个:6个量词尺、寸、分、斤、双、米等
第11课	8	9	17	46	0	46	3个:趋动词:来、去、回
第12课	11	7	18	57	1	58	2个:量词片,介词从
第13课	①综合测试1小时						
	②5	12	17	51	3	54	0
第14课	7	12	19	62	1	63	1个:时态助词过
第15课	4	11	15	68	2	70	2个:结构助词的、地
第16课	①语句练习　②综合测试1.5小时						
共计	145	131	276	618	15	633	37个

(二)口语听说能力迅速提高

萨比娜只经过两个星期的听说训练,就来参加汉字学习,且未参加任何辅导班。开始只能模仿我的笔画笔顺写汉字,按拼音读字音,字理、字义及组合的词义讲解都需要翻译。在学了三四课之后,听力提高了不少,课堂用语已不需翻译。用学过的字、词连成句子,她能读出来并能完全理解,可以回答简单的问题。从第五课以后她就能用学过的词口头造句了。如:用"会"造句。她说:"我会开车,我的妈妈也会开车。"用"生日"造句,她说:"我的女儿的生日是五月六日。"她用的都是已经学过的字词和练习过的句式。到后来,她已经可以用中文接听电话,进行简单的谈话,上课基本上不需要翻译了。

(三)汉字成了她了解中国社会的窗口

一些听说能力很不错的欧美学生,因为不识汉字,往往看不懂中文地图,不认识路牌、站牌,十分苦恼。萨比娜每次上街,在琳琅满目的招牌中,都发现自己认识了更多的字。她发现深圳有很多"中心"、"公司"和"村",在住宅楼她认出了"文明小区"、"文明户"的牌子。她可以读出不少站和商店单位名称。有些虽然只认识其中的几个字,不明白整个的意思,但也使她感到欣喜。汉字成了她了解中国社会的窗口。

戴维在本国和深圳已经学了三年汉语,但因没有系统正规地学过汉字,虽然也认识不少字,但读音常常出错,常把形近的字混在一起。也会写一些汉字,但笔画笔顺很不规范,字形也记不准确。已经形成的不良书写习惯,纠正起来不容易。不如萨比娜从一开始就按正确的笔画笔顺书写,养成好习惯,不会出错。可见对于欧美学生来说,养成正确的书写习惯并不难,关键是要从一开始抓起。戴维的汉语基础好,通过字形结构和字理的讲解,很快恢复并扩大了识字范围,写字和辨字能力提高了,为他在报社的工作，提供了更多的方便。

六　几点体会和认识

这次教学实验采取了以汉字教学为核心，以汉字形体笔画为循序渐进的线索，以字带词语，以词语带句，以句带语法，不断扩展的方式，把口语听说、阅读理解和书面表达各种能力的培养密切结合起来，进行综合训练，全面提高的教学方法。把这种方法应用在听说水平较低的非汉字文化圈的外国留学生汉语教学中，到目前为止，还没有太多的先例。这次教学实验的成功证明了，这种方法（我们姑称之为"汉字教学法"）不但可以应用在欧美学生中，而且还可能是一条使之迅速掌握汉语口语和书面语的捷径。与功能交际教学法相比，汉字教学法有如下几个优点：

1. 它避免了以往欧美学生偏重听说，忽视读写的倾向，帮助学生克服对汉字的畏难情绪，打破汉字难写、难记、难认的传统成见，带领学生轻松愉快地一步步走进汉字丰富多彩的殿堂。学生通过汉字的字理构成和表意功能，可以了解汉民族的思维方式和表达方式，了解古代先民的生活情景和文化形态。学生只有掌握了汉字，才能准确分辨出汉语中大量存在同音词、同义词、同形词、双关语、对偶句等的细微差别，才能真正体会出汉语准确、严密、丰富、生动而又灵活多变的特色。

2. 可快速扩大单词量。了解每个字的含义，很容易理解由这些字组成的词语的含意。含有同一个字（语素）的词语相互之间往往有某些必然联系；含有同一个独体字偏旁（形旁或声旁）的字，相互之间在字义或字音上，也必然会有密切的联系。由相同的字或偏旁构成的词或合体字,都可以有规律地成串记忆。这种成批扩大单词量的方法,其效率远远超过在场景交际中逐个记住所遇到的每个单词的办法。在这次教学实验中,学生可以在一次课上学会五六十个词语,用的正是这种以部首带字、以字带词语、成串记忆的方法。

3. 汉字教学法使学生对于字、词、句首先是会读会写,然后是会说会用。凡是由学过的词语组成的句子,学生都能写下来;凡是能写出来的句子,都能理解,并会说会用。这样就完成了读、写、听、说、用的全面训练。在语言教学中,是听说领先还是读写领先,本是各有千秋的,但对于不同的教学对象,却可以有所侧重。对于属汉字文化圈、具有读写优势的日本、韩国和华裔学生来说,加强听说训练是迫切需要;而对于非汉字文化圈,听说能力较强的欧美学生来说,就应该加强读写训练。因此这套汉字教学法是主要针对欧美学生的。

4. 汉字教学法抓住了汉语的本质特征和内部规律。汉语是没有词形变化而以词序和虚词为语法标志的孤立语,它与以词形变化为主要语法标志的印欧诸语种所属的屈折语是截然不同的。因为没有词尾的形态变化,所以汉语中难以划出词的明确界线。汉语中的"词"始终是一个介乎于语素和词组之间的模糊概念。大量离合词的存在即是一例。而汉语中,词、词组、句子这三级不同的语言单位,其内部结构方式又有惊人的相似之处。联合、偏正、述宾(动宾)、述补(动补)、陈述(主谓)等五种类型,可以说是三级语言单位的共同结构方式。这为划分词和词组又增加了一层麻烦。如:白菜——白纸、门户——门窗、打倒——打碎、结婚——结伴,这些结构方式相同,并包含同一汉字的语言单位,前者被认为是词,后者被认为是词组,实在有些牵强。词本是有词形变化的屈折语中能独立运用的最小语言单位,是最重要的语言概念,把它套用到没有词尾变化、没有词形标志的孤立语中来,可以说是以圆凿而纳方枘。汉字是语素音节文字,除联绵词和音译词中的汉字以外,几乎每个方块汉字都具有独立而明确的字形、字音、字义,可以按照语法规律自由组合。与拼音文字不同,汉字不仅是记录汉语的符号,而且是汉语最小的基本语言单位。我国传统的文字、音韵、训诂和启蒙教育从来都把汉字作为汉语研究学习的起点和重点。因此,从汉字的形、音、义入手,也可以成为学习现代汉语最直接、最方便、最快捷的方法之一。对外汉语教学,应该充分体现出汉语作为孤立语的本质特征和内部规律性。对于欧美学生的汉语教学,更要突出孤立语与屈折语的根本差别,采用适合孤立语的教学方法,而不是套用屈折语的教学模式。这样才能使学生尽快地熟悉汉语的思维方式和表达方式,尽快掌握汉语,达到事半功倍的效果。

　　此次教学实验的最大遗憾是时间短、人数少。不过教学实验并未结束,仍在继续进行中,并将继续进行下去。人数也会适当增加。到两三个月或半年以后,第二份实验报告和第三份实验报告写出时,一定会有更新的体会和更多的成果,也会有不少新问题等待解决。汉字教学在对外汉语教学中有着广阔的天地和光辉的前景。"路漫漫其修远兮,吾将上下而求索。"愿与同行诸君共勉。

第三节 心理实验

壹 留学生形声字声旁规则性效应[①]

形声字(phonogram)是汉字的主体,在《现代汉语通用字表》收录的 7000 个通用汉字中,形声字共 5631 个,占通用字总数的 80.5%。[②] 形声字由两个部分组成:形旁和声旁,形旁表义,声旁标音。形声字声旁的读音和整字读音的关系,可以分为三种情况:(1)完全标音,即整字和声旁的读音完全相同,例如:"清、蜻"和"青"、"吧"和"巴"、"蹬"和"登"等。(2)部分标音,即整字和声旁的读音部分相同,部分标音又分为三种情况:声调不同,例如:"请"和"青";声母不同,例如:"睛"和"青";韵母不同,例如:"沙"和"少"。(3)不标音,即整字和声旁的读音完全不同,例如:"猜"和"青"、"的"和"勺"、"捎"和"肖"。声旁完全标音的形声字叫做规则字,声旁部分标音和不标音的形声字叫做不规则字,这种由于规则或不规则而造成的对汉字认读加工的影响叫做规则性效应(regularity effect)。同一声旁可以构成一到多个形声字不等,由同一声旁构成的全部形声字之间又存在这

[①] 本文以"留学生形声字声旁规则性效应调查"为题发表在《对外汉语研究的跨学科探索》,北京语言大学出版社 2003 年版,作者邢红兵。

[②] 李燕、康加深《现代汉语形声字声符研究》,陈原主编《现代汉语用字信息分析》,上海教育出版社 1993 年版。

样两种关系:(1)由同一声旁构成的一组形声字读音完全一致,例如:"永"——"咏"、"泳";(2)由同一声旁构成的一组形声字读音不完全一致,即这组字有两种或两种以上的读音,例如:"青"——"清"、"睛"、"猜"。这样就形成了有的组形声字中有读音例外的情况,这种由于同一组中的相临字对加工过程所产生的影响叫做一致性效应(consistency effect)。

认知心理学界对形声字的加工进行了大量的研究。舒华、曾红梅通过注音的方法要求二、四、六年级的小学生给熟悉和不熟悉的形声字注音,①发现儿童的作业明显受到声旁规则性的影响,给规则字注音要好于给不规则字注音。遇到不熟悉的字时,能够利用声旁推测整字的读音,这种能力随年级的提高而提高。Yang & Peng 通过记录反应时的方法,②发现三年级的小学生表现出规则性效应,即对规则字的反应要快于不规则字,但是六年级学生没有表现出此效应,三年级和六年级儿童都表现出一致性效应,对声旁一致的规则字的命名要快于对声旁不一致的规则字的命名。舒华、武宁宁用同样的方法考察了三、四、六年级学生形声字读音规则性和一致性效应,③发现低频字三年级儿童没有任何效应,四、六年级都有规则性效应,这两个年级语文能力高的学生有一致性效应。舒华、周晓林、武宁宁利用

---

① 舒华、曾红梅《儿童对汉字结构中语音线索的意识及其发展》,《心理学报》1996 年第 2 期。

② Yang, H. & Peng, D. L. The learning and naming of Chinese characters of elementary school children. In H.-C. Chen (Ed.), *Cognitive Processing of Chinese and Related Asian Languages*, The Chinese University of Hong Kong, pp. 323—346. 1997.

③ 舒华、武宁宁《儿童汉字读音的规则性和一致性效应》(未发表,1996 年)。

同音判断的方法专门考察汉字读音声旁一致性的发展,[1]结果发现儿童很早就意识到汉字的结构以及声旁和形旁在表音、表义功能上的分工。小学四年级语文能力较高的儿童已经开始意识到声旁的一致性,六年级儿童基本发展了声旁一致性意识,初二的学生发展了一致性意识,没有能力的差异,大学生的声旁一致性意识最强。

本项研究通过注音和组词两种方法考察留学生形声字声旁规则性效应,通过统计分析回答以下问题:(1)二年级的外国留学生在认读汉语形声字时有没有形成规则性效应;(2)外国留学生认读汉语形声字规则性效应和汉字频率有没有关系;(3)规则性效应和留学生的汉语水平、母语背景的关系等。

一 研究方法

(一) 被试

被试为北京语言大学汉语学院二年级留学生,共34人,他们分别来自荷兰、韩国、日本、俄罗斯、越南、委内瑞拉、意大利、泰国、拉脱维亚、瓦努阿图等10个国家。依据任课教师的评估并参照部分留学生的HSK考试成绩将他们分为高水平和低水平两组,每组各17人。每组按照留学生的母语背景又分为汉字文化圈(包括来自日本、韩国、越南的留学生,以下简称"汉字圈")和非汉字文化圈(以下简称"非汉字圈")两组。

(二) 实验材料和实验设计

我们选取左右结构的形声字共40个,按照规则性特点分为

---

[1] 舒华、周晓林、武宁宁《儿童汉字读音声旁一致性意识的发展》,《心理学报》2000年第2期。

两组:规则字和不规则字,每组各 20 字,其中高/低频字各 10 个,为了避免形声字的笔画数以及声旁的频率对实验结果的影响,在选择材料过程中对各组字的笔画数和声旁的频率进行了匹配,即各组形声字的笔画和声旁的频率的平均数相差很少。(见表 1)

实验设计为 2(频率:高频—低频)×2(规则性:规则—不规则)×2(汉语水平:高—低)×2(国家:汉字圈—非汉字圈)。

表 1 实验材料相关数据表

		整字平均频率	声旁成字平均频率	平均笔画数	例字
规则字	高频	402.9	1187	9.4	评
	低频	79.4	1249	10.5	肢
不规则字	高频	407.0	1674	10.4	课
	低频	78.4	1774	10.5	瞎

(三)实验实施

实验任务有两项:(1)注音。要求留学生使用汉语拼音注音,如果不会写汉语拼音,可以用同音字来代替;如果有不认识的字,可以猜猜这个字的读音。(2)组词。组词时和该字组词的其他字使用汉字,如果不会写汉字,也可以写汉语拼音代替这个字。

二 结果

经过对试卷的评判和分析,我们主要得出两方面的结果:(1)注音和组词在各条件下的正确率。(2)错误类型及错误率。本节我们具体分析这两个方面。

(一)注音和组词的正确率分析

注音和组词的正确率是指注音正确的字占总字数的比例,从结果可以看出,留学生已经不同程度地利用规则性,所以在注音正确的形声字中,包括了留学生能够认读的形声字和利用规则性类推的形声字两个部分。我们的实验是将频度、母语背景、汉语水平和规则性等因素都考虑在内的,具体比例数据见表2。

从表2统计的正确率我们可以得出这样的结论:初中级阶段留学生认读汉字过程中规则性效应起作用,就是说他们认读汉字过程中能够有意识利用规则性特征,规则字的认读正确率明显高于不规则字。但是,在各种条件下规则性大小不一致。

表2 注音和组词正确率表

频度	母语背景	水平	规则性(%)			
			规则		不规则	
			注音	组词	注音	组词
高频	汉字圈	高水平	96	90	96	92
	非汉字圈	高水平	99	84	92	84
	汉字圈	低水平	93	77	87	87
	非汉字圈	低水平	95	56	70	58
低频	汉字圈	高水平	93	59	64	66
	非汉字圈	高水平	97	41	56	46
	汉字圈	低水平	90	21	33	29
	非汉字圈	低水平	81	18	22	18

这种规则性大小不一致的具体表现是:

1. 规则性效应受频度影响。从上表的数据可以得出,高频的规则字和不规则字的平均正确率分别为95.75%和86.25%,低频的规则字和不规则字的平均正确率分别为90.25%和43.75%。可见,高频规则字和不规则字正确率的差距要比低频规则字和不规则字正确率的差距小，这说明高频字的规则性效应比低频字规则性效应小，也就是说这个阶段的留学生在认读低频字时要比认读高频字更多地利用规则性特征。

2. 规则性效应受留学生汉语水平的影响。从上表的数据可以得出，汉语水平高的留学生认读规则字和不规则字的平均正确率分别为96.25%和77%，汉语水平低的留学生认读规则字和不规则字的平均正确率分别为89.75%和53%。可见，汉语水平高的留学生认读规则字和不规则字的平均正确率的差距要比汉语水平低的留学生认读规则字和不规则字平均正确率的差距小，这说明同一年级的汉语水平低的留学生在认读形声字时比汉语水平高的留学生更多地利用规则性特征。

3. 规则性效应受留学生母语背景影响。由于日本、韩国、越南三个国家的母语中都不同程度使用汉字，尽管这些汉字在其母语中的读音和在汉语中的读音不同，但这三个国家母语背景的留学生在认读汉字时的正确率要高于其他国家的留学生，他们认读规则字和不规则字的平均正确率分别是93%和70%，而非汉字圈国家留学生的平均正确率分别是93%和60%。从规则字和不规则字平均正确率的差异来看，非汉字圈国家的留学生比汉字圈国家留学生更多地利用了规则性特征。

(二) 错误分析

从留学生给汉字注音的结果来看，分为三种情况：注音正确、注音错误和没注音。注音正确的规则字包括确实熟悉并能正确认读的字和根据声旁进行类推的读音，这两者的区别从组词可看出来，本文不作深入分析。我们这里所说的认读错误是

指注音不正确或者没有注音,不包括留学生不能认读但是通过规则性类推出的正确读音。概括起来,注音错误主要包括以下几种类型:

1. 直接读声旁。这类错误出现在不规则字中,由于不规则字中声旁的读音和整字的读音不同,而声旁的相对频度比整字要高,在认读这类形声字时会产生直接读声旁的错误,比如在给"轨"注音的时候,直接注为"jiǔ"(九)。这类错误还有:"跌"读"shī"(失)、"腔"读"kōng"(空)、"瞎"读"hài"(害)等。

2. 类比错误(analogy error)。形声字的类比错误是指留学生在认读不熟悉形声字时按照同声旁的其他熟悉的字来读音,比如,在认读"跌"的时候,由于不能认读,他们便采用类比策略,按照同声旁频率比较高的"铁"字的读音来认读。这些错误的字还有:"玻"读"pō"(坡)、"洒"读"shài"(晒)、"跌"读"tiě"(铁)、"砖"读"chuán"(传)、"硬"读"biàn"(便)等。

3. 其他错误。这类错误主要是形似错误,形似错误是指留学生在认读过程中直接使用频率相对高一些的形似字的读音来注音。比如"洒"被误读"jiǔ"(酒)、"肢"读"gǔ"(股)、"抬"读"shí"(拾)等。此外还有一些如:"桩"读"tǔ"(土)、"玻"读"wáng"(王)、"略"读"bèi"(备)、"跌"读"fū"(夫)、"纹"读"zhòu"(皱)、"砖"读"tuán"、"轨"读"luǎn"等错误。

除此之外,还有部分汉字没有填写读音,各种错误类型及没填读音汉字的比例及分布情况参见下表。

表3 各类型错误率表(%)

错误类型	母语背景	高频字				低频字			
		规则		不规则		规则		不规则	
		高水平	低水平	高水平	低水平	高水平	低水平	高水平	低水平
读声旁	汉字圈	0	0	1	5	0	0	19	21
	非汉字圈	0	0	5	7	0	0	40	50
类比	汉字圈	0	0	3	7	1	0	1	5
	非汉字圈	0	0	1	10	0	3	10	6
其他	汉字圈	4	7	0	2	6	7	16	18
	非汉字圈	1	5	1	10	3	14	12	17
没填	汉字圈	0	0	0	0	0	3	0	3
	非汉字圈	0	0	0	3	0	3	1	4

表中的错误率是指某一组被试在给某一类型汉字注音时错误的数量和该组全部字的比例。比如低水平的日韩越留学生出现读声旁的错误率为21%,是指低水平的日韩越留学生出现低频不规则错误字数和他们注音的全部低频不规则字数的比例。

从上表可以看出,留学生最容易犯的错误是直接读声旁,这主要体现在不规则字中,但是这种错误的出现会受到频度的影响,在高频字的情况下,犯这样的错误的比例要小得多。同时也受到母语背景的影响,日韩越学生犯这类错误的机会要比其他母语背景的留学生少。其他错误中主要是形似错误,可见字形问题也是影响留学生认读汉字的一个非常重要的因素。类比错误数量并不多,因为类比错误实际上是频度和声旁规则性效应共同作用的结果,例如将"洒"读为"shài"(晒),是因为这两个字是同声旁的字,但是"晒"的频度要比"洒"高。上表中的前两种错误都体现了声旁规则性效应,虽然属于错误的类推,但可以看出留学生在认读汉字尤其是认读低频汉字时表现出很强的声旁规则性效应。

三 讨论

从上述分析我们初步可以得出以下结论:(1)外国留学生在认读形声字过程中,规则性起作用。(2)外国留学生在认读形声字过程中受到字频的影响。低频字比高频字更多地利用规则性特征。(3)规则性特征的作用和留学生的汉语水平有直接关系,汉语水平低的留学生规则性比水平高的留学生更大,就是说水平低的留学生在认读汉字的过程中更多地利用规则性特征。(4)规则性和留学生的母语背景有直接关系,非汉字母语背景国家留学生的规则性比日韩越等汉字母语背景留学生的规则性更大,就是说非汉字母语背景国家留学生在认读汉字过程中更多地利用了规则性。(5)频度和规则性效应也有交互作用,认读频率高的形声字规则性小,认读频率低的形声字规则性大。

根据上述的研究结果,我们预测:(1)从二年级留学生表现出的规则性效应来看,他们的规则性效应可能在一年级的时候就已经形成。(2)从留学生的语言发展来看,低年级的留学生应该比高年级留学生更多地利用规则性。(3)留学生的一致性效应可能要比规则性效应晚。留学生学习汉字的规则性和一致性效应的形成和发展还需要进一步的实验研究。

总之,留学生学习汉语属于第二语言学习,学习者大都是成年人,他们具有较强的归纳推理能力,因而,作为他们目标语的汉语中有关规则性和一致性的问题会对他们的学习产生重要的影响。规则性和一致性问题不仅体现在汉字学习过程中,也体现在词汇、语法的学习过程中。留学生规则性效应的形成和发展可能要快于中国小学生，而且这种规则性效应一旦形成，将会被最好地利用。从语言教学的角度来说，有效地利用这样的规则性效应，可以提高留学生学习汉语的效率。

贰　初学汉语的美国学生汉字正字法意识①

无论是母语学习还是第二语言学习，学习汉字都是学习汉语阅读非常关键的一步。最近，不少研究者关注在汉字学习和阅读获得过程中汉语儿童对汉字结构信息或组字规则的意识及其发展，也就是关注汉字正字法意识的问题。

正字法意识属于"元语言意识"（metalinguistic awareness）的一个方面。元语言意识指个体将语言文字作为分析的客体或对象，对语言文字的一般性特征的认识和操作，②包括语音意识、句法意识、构词法意识、正字法意识等方面。元语言意识是一种直觉的内隐的知识，这种内隐的知识通过外部表达可以变成外显的，它是个人语言能力的一部分。可以通过一些语言判断任务（例如对字词、句法或语音进行可接受性判断），来测量个体的元语言意识。最近，元语言意识成为第一和第二语言学习

---

① 本文以"初学汉语的美国学生汉字正字法意识的实验研究"为题发表在《对外汉语研究的跨学科探索》，北京语言大学出版社 2003 年版，作者江新。

② Tunmer, W. E. & Hoover, W. A. Cognitive and linguistic factors in learning to read. In P. B. Gdough, L. C. Ehri & R. Treiman (Eds.), *Reading Acquisition*. Lawrence Erlbaum Association Publishers. (1992)

研究的一个热点,①心理学家和语言学家对元语言意识问题都很感兴趣。② 本文讨论的问题主要与正字法意识有关。

语言学家认为,正字法(orthography)是指使文字的写法符合标准的方法。③ 在国内,正字法又称正写法,一些学者认为,拼音文字的正写法主要规定词的正确写法(例如规定字母表达音位的方法、词的定型化、大写规则等),因此称正词法,汉字的正写法主要规定字的正确写法,因此称正字法。任何一种文字都有自己的正字法规则。

心理学家关心正字法在字词识别中的作用。在英语中,单词是字母组成的,但是不是字母的任意组合都能构成可以被人接受的单词。在拼音文字识别的研究中,研究者常常区分真词、假词和非词。真词形音义都具备(例如 dog)。假词符合正字法规则,可音读但无意义(例如 zoc),但英语读者容易把假词接受为真词。非词不符合正字法规则,不可音读也无意义(例如 ocz),英语读者一般都拒绝接受非词为真词。对英语正字法的研究表明,正字法在单词识别中有重要作用;英语儿童对正字法规则概括的能力,与儿童阅读能力的发展有关。

在汉字中,笔画组成部件、部件构成汉字也是有一定规则

---

① 舒华《汉语儿童词汇和阅读获得的研究》,载彭聃龄主编《汉语认知研究》第279—295页,山东教育出版社1997年版。

② Masny, D. The role of language and cognition in second language metalinguistic awareness. In J. P. Lantolf & A. Labarca (Eds.), *Research in second language learning* (Proceedings of the 6th Delaware Symposium on Language Studies). New Jersey: Ablex Publishing Corporation. (1987)

③ 哈特曼、斯托克(著),黄长著、林书武、卫志强、周绍珩(译)《语言与语言学词典》,上海辞书出版社1981年版。

的。符合组字规则、合乎正字法的部件组合,人们容易把它接受为字,反之,就会拒绝为非字。例如"口"和"力"这两个部件组成"加",是一个汉字,反过来组成"叻"也是一个汉字;三点水"氵"和"工"组成"江"是一个汉字,反过来组成"𧘇"就不是。对汉字正字法的研究也常常区分真字、假字和非字。真字是形音义的统一体,假字和非字没有读音也没有意义,但假字符合正字法规则(例如"汱"),非字不符合正字法规则(例如"欠")。有关研究表明,尽管人们不一定有意识地注意到汉字正字法规则的存在,但这些规则确实存在,并且影响着汉字的识别。①②③

汉字的正字法知识是人们识别汉字时必须依赖的一种语言知识,它提供了汉字识别的字内冗余度,对汉字识别产生自上而下的影响。④ 汉语读者对汉字的正字法或组字规则的认识,称为正字法意识。汉语儿童对汉字正字法的意识是如何发展起来的?这种意识对汉字学习和阅读发展是否也有重要影响?由于汉字正字法和拼音文字有很大差异,对这些问题的答案可能与拼音文字的有所不同。有一些研究者对汉语儿童的正字法意识

---

① 郑昭明《汉字认知的历程》,载高尚仁、郑昭明主编《中国语文的心理学研究》,香港文鹤出版有限公司,1982年版。

② 喻柏林、冯玲、曹河圻、李文玲《汉字整体知觉对部件知觉的影响——研究汉字属性的内部表征的一种间接途径》,载匡培梓、张嘉棠主编《中国语文——认知科学第五届国际研讨会论文选编》,科学出版社,1990年版。

③ Peng, D. L. & Li, Y. P. Orthographic information in identification of Chinese characters. Paper presented to the 7th International Conference on the Cognitive Processing of Chinese and other Asian Language, University of Hong Kong. (1995)

④ 彭聃龄《汉字识别中的两种加工》,载彭聃龄主编《汉语认知研究》第105—138页,山东教育出版社1997年版。

的发展做了研究,例如 Peng 和 Li 曾研究小学儿童对左右结构汉字的意识,发现小学 3 年级学生就对正字法敏感,6 年级儿童对正字法的意识已基本达到成人的水平。Cheng 和 Huang 发现二至六年级儿童判断假字为真字的比率随着年级升高而增加,①表明随着年级升高儿童对汉字组字规则的意识逐渐增强。李娟等人研究发现,②小学一年级儿童已萌发对正字法规则的意识,五年级时基本达到成人水平;而且左右结构字的正字法意识好于上下结构、半包围结构字。

以汉语作为第二语言的外国学生,对汉字的正字法意识是如何发展起来的呢? 他们对汉字正字法的意识在汉字学习和汉语阅读发展中的作用如何? 研究此问题,对促进外国学生汉字学习和汉语阅读的发展,有重要的意义。但是至今为止,尚未发现国内外有这方面的研究,因此,我们的研究拟以初学汉语的美国学生为研究对象,对汉语作为第二语言的正字法意识进行初步探讨。

一 方法

(一) 被试

北京语言大学汉语学院美国短期班学生 9 人。他们都是以英语为母语的、汉语为零起点的美国大学生,在该短期班学习汉

---

① Cheng, C. H. & Huang, H. M. The acquisition of general lexical knowledge of Chinese characters in school children. Paper presented to the 7th International Conference on the Cognitive Processing of Chinese and other Asian Language, University of Hong Kong. (1995)

② 李娟等《学龄儿童汉语正字法意识发展的研究》,《心理学报》2000 年第 1 期,第 121—126 页。

语时间为5个月,教材为《实用汉语课本》①,实验时已经学完该教材的前25课。

(二) 刺激

从《实用汉语课本》的前22课生词表中选择32个汉字,其中左右结构、上下结构字各16个。这些字都是最常用字,选择汉字时,左右结构字和上下结构字在频率、笔画数方面是基本匹配的(t检验结果显示差异不显著,分别为 $p=0.568$,$p=0.804$)。以这32个汉字为基础分别构造两组人造字:32个假字和32个非字。假字符合汉字正字法,其部件的位置处在合法位置,非字不符合汉字正字法,其部件的位置处在不合法的位置。例如两部件的左右结构字中,"亻"、"氵"等总是作为左部件,不作为右部件,"寸"、"见"等总是作为右部件,不作为左部件。按照字的正字法规则性和字的结构类型,有四种类型的人造字:(1)左右结构的假字,例如"汯";(2)上下结构的假字,例如"忐";(3)左右结构的非字,例如"欠";(4)上下结构的非字,例如"坖"。非字均由假字的两个部件互换位置后得到,因此假字和非字的部件都是相同的。左右结构的人造字和上下结构的人造字的部件频率和笔画数是基本匹配的(t检验结果显示差异不显著,分别为 $p=0.611$,$p=0.769$)。汉字频率和部件频率数据来自上海交大汉字编码组(1988)的《汉字信息字典》。将假字和非字刺激分为两组,使假字和对应的非字的呈现在被试间进行平衡。32个真字作为真假字判断的填充刺激。每个被试要对64个刺激项目进行真假字判断。

---

① 刘珣、邓恩明、刘社会《实用汉语课本》,商务印书馆1981年版。

(三) 程序

被试坐在实验室的计算机前进行个别测试。实验开始前,被试阅读书面的指导语,实验开始时屏幕中央呈现一个汉字或假字符号,要求被试尽可能又快又好地对屏幕上出现的刺激符号进行真假字判断,如果认为是一个真的汉字,就按一下"YES"键,如果不是一个真的汉字,就按一下"NO"键。刺激的呈现和被试反应的记录由计算机程序自动完成。正式实验之前,被试进行练习,以便熟悉实验程序。

二 结果

(一) 假字和非字的结果

计算每个被试在各类汉字上的正确反应(正确拒绝)道反应时和错误率(平均反应时和正确率见表4)。

表4 被试在各类人造字上正确反应的平均反应时(ms)和正确率(在括号中)

结构类型	正字法规则性	
	假字	非字
左右结构	1224.523	1291.702
	(51.1%)	(58.0%)
上下结构	1178.773	833.098
	(65.1%)	(63.8%)

若正确拒绝假字的反应时长于非字的,那么说明汉字的正字法对汉字识别有影响,即被试具有明显的正字法意识。若正确拒绝假字和非字的反应时没有差异,那么说明汉字的正字法对汉字识别没有显著影响,即被试还没具备明显的正字法意识。

对反应时进行2×2(正字法规则性×结构类型)的方差分析,结果是,正字法规则性的主效应不显著(F(1,8)=2.618,

p=0.144),结构类型的主效应也不显著(F(1,8)=3.387,p=0.103),但正字法规则性和结构类型的交互作用显著(F(1,8)=8.007,p=0.022)。对此显著的效应进行单纯效应的检验,结果是,正字法规则性在左右结构上不显著(F(1,8)=0.21,p=0.661),在上下结构上显著(F(1,8)=33.02,p=0.000)。也就是说,对于上下结构的字,被试拒绝假字(符合正字法规则)的时间显著长于拒绝非字(不符合正字法规则)。这个结果显示,被试对汉字正字法规则性已经有了明显的意识,但是这种意识只限于上下结构汉字,对于左右结构汉字的正字法规则还没发展出明显的意识。

对正确率进行方差分析,结果显示,所有的主效应和交互作用都不显著(p>0.05)。这表明正确率与反应时之间没有权衡效应或"顾此失彼"(trade-off)效应。

(二) 真字的结果

分析被试对真字的反应时和正确率的数据,有助于了解结构类型是否影响美国学生的汉字识别。

表5 被试在真字上正确反应的平均反应时(ms)和正确率(在括号中)

结构类型	
左右结构	上下结构
936.02	866.19
(94.28%)	(88.75%)

对正确反应的反应时进行 t 检验,结果显示,左右结构和上下结构的反应时有显著差异(t(8)=3.088,p=0.015),具体表现为对上下结构字的识别比对左右结构字的快。

对正确率进行 t 检验,结果显示,左右结构和上下结构的正确率没有显著差异(t(8)=1.629,p=0.142)。因此正确率与反应时之间没有权衡效应。

被试对上下结构字的识别快于左右结构字,这表明被试对上下结构字的掌握比左右结构字好。

三 讨论

我们的研究发现,初学汉语的美国学生对正确拒绝假字和非字的反应时存在显著差异,但是这种差异只存在于上下结构字,对于左右结构字,假字和非字的反应时不存在显著差异。这表明他们对汉字正字法规则性已经有了明显的意识,但是这种意识只限于上下结构汉字,对于左右结构汉字的正字法规则还没有明显的意识。

表6 李娟等的小学一年级被试正确反应的反应时和正确率(%)

结构类型	正字法规则性	
	假字	非字
左右结构	1594.94	1485.18
	(48.75)	(78.13)
上下结构	1405.11	1468.42
	(62.50)	(80.63)

我们的研究结果与李娟等对小学一年级儿童的研究结果[①]是基本一致的。李娟等发现,初学阅读的小学一年级儿童正确拒绝假字和非字的反应时没显著差异,但是正确率有显著差异(见表6),表明小学一年级学生已经萌发了汉字正字法意识,我

---

① 李娟等《学龄儿童汉语正字法意识发展的研究》,《心理学报》2000年第1期,第121—126页。

们发现美国学生在学习汉语不到半年时,也开始有汉字正字法的意识,在这一点上,第一和第二语言的研究结果是一致的。

但是,我们的研究发现,这个阶段的美国学生的正字法意识,只限于上下结构汉字,上下结构汉字的正字法意识萌发优于左右结构汉字,这个结果与李娟等的结果不一致,他们也发现正字法意识的发展受结构类型的影响,但是各个年级的小学生都是对左右结构汉字的正字法比对上下结构的正字法敏感(左右结构的假字与非字之间差异显著大于上下结构的)。李娟等认为这是由于左右结构字多于上下结构字、学生对左右结构字经验较多造成的。这个解释似乎是合理的,但是实际上,在他们的实验中小学一年级学生对上下结构真字的识别显著快于左右结构的(反应时分别为 1155.43ms 和 1252.86ms,$p<0.05$),表明小学一年级学生对上下结构字的识别、掌握比左右结构字好,这与他们的解释并不一致。

用左右结构字和上下结构字数量差异也不能解释我们研究的美国学生的结果。如果这个"数量差异"解释是正确的,那么美国学生上下结构汉字的正字法意识萌发优于左右结构汉字,就是因为他们遇到的上下结构字多于左右结构字。实际上,我们曾对美国被试使用的《实用汉语课本》的生字进行统计,发现左右结构生字占生字总数40%左右,而上下结构生字占20%左右,即在美国学生学习的课本中,左右结构字也多于上下结构字。那么,美国学生上下结构汉字的正字法意识萌发优于左右结构汉字,是否因为实验采用的上下结构字在他们的课本中出现的频率高于左右结构字?我们的统计结果显示,实验采用的左右结构字在课本中出现的平均次数为35.12次,上下结构字出现的平均次数为 22.94 次。也就是说,上下结构汉字在课本中出现的频率实际上低于左右结构汉字,因此"频率差异"也不能解释我们的结果。

我们认为,美国学生对上下结构汉字的正字法意识萌发优于左右结构汉字,可能是因为他们对上下结构字的掌握比左右结构字好。实际上,我们的实验数据显示,美国学生对上下结构字的识别比对左右结构字的快(见表 5),且这种差异不是由两种结构字的频率差异造成的,这表明初学汉语的美国学生对上下结构字的识别好于左右结构字。

初学汉语的美国学生在汉字识别中存在结构类型效应,表明汉字的结构方式对整字的认知加工有影响,汉字的视觉特征在汉语初学者的汉字识别中起重要作用。这个结果表明,至少对于初学汉语的美国人来说,自下而上的视觉特征分析过程是非常重要的。

但是,为什么美国学生在初学汉语阶段对上下结构字的识别优于数量较多的左右结构字?对此我们还没有找到一个恰当的解释。还有,结构类型对汉语儿童和汉语作为第二语言学习的美国学生的汉字识别的影响是否不同?汉语第二语言的正字法意识的发展过程如何?这些问题需要进一步探讨。相信随着研究的深入,我们一定会更好地了解汉字正字法意识及其在汉字学习中的作用。

四 本研究在教学上的意义

我们对以英语为母语、以汉语作为第二语言的学习者的汉字正字法意识进行了初步探讨,该研究可以给对外汉字教学提

供以下启示:

(一)应当重视培养学生的汉字正字法意识

第一语言学习的心理学研究表明,儿童在学习阅读的过程中逐渐发展起对母语文字的正字法意识,这种意识又会影响儿童阅读能力的发展。拼音文字的学习是如此,汉字的学习也是如此。汉语作为第二语言学习也存在正字法意识问题,虽然对这个问题的研究会由于学习者母语的不同而复杂化,但是留学生对汉字正字法的意识确实会影响他们的汉字学习和汉语阅读学习。许多欧美学生刚开始学习汉字时把汉字看成图画,就是缺乏汉字正字法意识的表现。因此应当重视培养外国学生的汉字正字法意识,培养他们有意识地抽取汉字组字规则的能力,使他们更快、更早地结束"汉字为图画"认识阶段。

正字法意识不但有助于认读汉字,也有助于写出规范、美观的汉字,减少汉字书写的一些错误。例如,学生认识到汉字笔画中没有圆形,就知道不应把"口"一笔写成"O"或把"官"的下部写成"B"。要探讨采用哪些具体的方法培养正字法意识。例如,利用多媒体技术、汉字手写体识别技术和对外汉字教学的成果,设计互动性较强的多媒体汉字学习软件,其中不但包括规范汉字的动态书写过程,还包括手写汉字笔画和笔顺的识别功能,这样不但可以增强学生判断对错的能力,[①]实际上也可以增强学生的正字法意识。

(二)应当对汉字的正字法规则进行研究和概括总结

大多数汉字由两个或两个以上部件组成,部件和部件之间

[①] 赵金铭《汉字教学与学习的新思路——评〈多媒体汉字字典〉》,《语言教学与研究》2000年第4期,第55—60页。

有组合搭配关系,例如"口"和"木"这两个部件,可以组成"呆",可以组成"杏",但是"士"和"心"这两个部件,只能组成"志",不能组成"坚"。对外国学生来说,在部件与部件的组合上很难找到易于理解的规律。① 但是,如果从正字法规则的角度看,有的地方是有规律可寻的,例如"士"和"心"这两个部件不能组成"坚",是因为"心"这个部件在上下结构字中一般不能出现在上部件的位置上,"坚"不符合正字法。但是目前语言学界对汉字正字法的研究主要集中于规定汉字的字形规范、笔画笔顺,对于汉字的组字规则,包括部件的合法位置、部件与部件之间组合的规则等,研究得还不够充分、细致,这方面的研究应当加强。这里特别要提到的是,部件位置频率与汉字的组字规则有某种联系,假字看起来比非字像真字,就是因为组成假字的部件的位置频率高,组成非字的部件(至少有一个)的位置频率低(甚至低至0)。上海交大汉字编码组②曾对部件的位置频率、韩布新③曾对部件组合频率进行了统计分析。我们有必要根据有关的统计结果,概括总结出汉字正字法的一些规则。只有研究、了解正字法规则,才能更好地引导学生进行有意识的抽取汉字正字法规则的活动,从而增强他们的正字法意识,促进汉字学习。

---

① 费锦昌《对外汉字教学的特点、难点及对策》,载吕必松主编《汉字与汉字教学研究论文选》,第 195—211 页,北京大学出版社 1999 年。
② 上海交大汉字编码组《汉字信息字典》,科学出版社 1988 年版。
③ 韩布新《汉字部件信息数据库的建立》,《心理学报》1994 年第 1 期,第 147—152 页。

后 记

书稿编就,需说明几点:

一、完整的学科内容框架是本书选编的基础,意在全面展现本领域的研究现状,自然各部分选文基数不等,难免有的部分多有割爱之作,实属无奈。

二、所选文章,有的尽管其中部分内容不完全是汉字及汉字教学的内容,但为了保持文章的完整性,概予保留。

三、编者除了改正了原文中明显的讹误外,其他未作改动,文责由作者自负。

四、因文献、编者水平所限,难免会有缺漏、不当之处,概由编者负责。

这里要感谢万业馨教授,选编过程中给予不少好的建议和意见;还要感谢北京语言大学的研究生龚君冉、刘晗璐,选编过程中她们做了很多资料工作,付出很多辛苦。

编者

2006 年春